HISTOIRE

DE

L'ÉGLISE CHRÉTIENNE.

DE L'IMPRIMERIE DE CRAPELET,
RUE DE VAUGIRARD, N° 9.

HISTOIRE

DE

l'Eglise chrétienne,

JUSQU'AU MILIEU DU XVIe SIÈCLE,

CONTENANT

DES NOTICES BIOGRAPHIQUES

ET

DES EXTRAITS DES AUTEURS CHRÉTIENS;

Par J. Milner, A. M.

TRADUITE DE L'ANGLAIS

SUR UNE NOUVELLE ÉDITION REVUE ET IMPRIMÉE A LONDRES.

TOME SECOND.

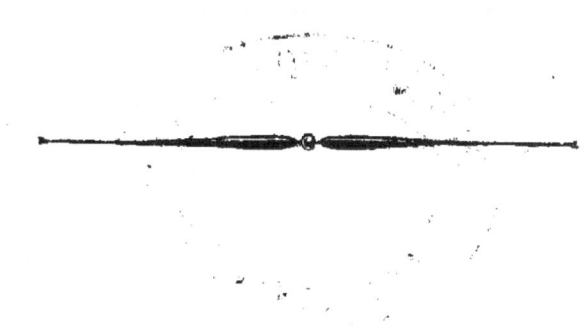

PARIS,

CHEZ J.-J. RISLER, LIBRAIRE,

RUE DE L'ORATOIRE, N° 6.

MDCCCXXXV.

HISTOIRE
DE L'ÉGLISE DE CHRIST
AVANT LA RÉFORMATION,

CONTENANT

DES NOTICES BIOGRAPHIQUES ET DES EXTRAITS DES AUTEURS CHRÉTIENS DES PREMIERS SIÈCLES ET DU MOYEN AGE.

QUATRIÈME SIÈCLE.

CHAPITRE PREMIER.

PERSÉCUTION DE DIOCLÉTIEN.

Vers la fin du siècle précédent, un orage semblait prêt à fondre sur l'Église, qui jouissait depuis long-temps du calme et de la prospérité, mais qui était déplorablement déchue de la pureté et de la simplicité de l'Évangile.

Bientôt après le martyre de Marcel en Afrique[1], on travailla d'une manière plus générale, bien que ce ne fût pas encore tout-à-fait ouvertement, à corrompre l'armée. Les officiers chrétiens eurent l'option de sacrifier aux faux dieux ou de perdre leur rang. Plusieurs rentrèrent dans la vie privée pour éviter cette épreuve; mais d'au-

[1] C. XVII, vol. I.

tres se montrèrent sincèrement dévoués à la cause de Jésus-Christ, et renoncèrent avec joie à tous les avantages dont ils jouissaient. On en fit mourir quelques uns pour épouvanter les autres, et bientôt après arriva la persécution générale, qui moissonna un si grand nombre de chrétiens [1]. On peut facilement deviner quelles furent les considérations politiques qui influencèrent Dioclétien. Il est évident qu'après avoir long-temps favorisé les chrétiens, il s'était laissé prévenir contre eux, et qu'il employa d'abord l'artifice pour satisfaire sa haine, avant d'en venir aux moyens violens.

L'empereur avait pour associé Maximien, et au-dessous d'eux étaient les deux Césars, Galérius et Constance. De ces quatre hommes, le dernier seul avait de la probité et de l'humanité; les trois autres étaient des tyrans, et Galérius était le plus redoutable, à cause de sa cruauté. Il se rendit à Nicomédie, où Dioclétien tenait ordinairement sa cour en hiver (A. D. 302), dans la dix-neuvième année de son règne, et résolut de le décider, s'il était possible, à adopter contre les chrétiens des mesures encore plus sanguinaires que tout ce qu'on avait mis en usage jusqu'alors [2]. La mère de Maximien était extrêmement attachée au paganisme, et ne passait guère de jour sans offrir des sacrifices. Les chrétiens qui faisaient partie de sa maison refusaient de prendre part à ses fêtes idolâtres, et continuaient à s'adonner aux jeûnes et aux prières. Sa colère s'étendit à tous les disciples de Christ, et elle excita son fils, qui était aussi superstitieux qu'elle, à travailler à leur perte.

Dioclétien et Galérius passèrent l'hiver tout entier à consulter en secret. Le dernier proposait une persécution générale; le premier lui représentait

---

[1] Eusèbe, liv. VIII, c. 4. — [2] Lactantius de M. P.

que des mesures aussi cruelles seraient impolitiques, et qu'il serait plus convenable de borner la persécution aux officiers de la cour et aux militaires. Mais se sentant incapable de lutter contre la rage de Galérius, il assembla un conseil composé d'un petit nombre de juges et d'officiers. Quelques uns déclarèrent qu'ils étaient d'avis qu'on mît à mort tous les chrétiens ; et les autres, excités par la crainte, ou par le désir de plaire à Galérius, donnèrent leur assentiment à cette proposition. Dioclétien n'était pas convaincu ; et soit politique, soit superstition, il résolut de consulter l'oracle d'Apollon à Milet ; comme on devait s'y attendre, la réponse de l'oracle favorisa les vues de Galérius. Le vieil empereur hésitait encore ; il ne pouvait se laisser persuader de travailler à détruire le christianisme à force de cruautés ; Galérius, au contraire, voulait qu'on brûlât vifs tous ceux qui refuseraient de sacrifier aux dieux.

La fête des Terminalies fut le jour marqué pour commencer les opérations contre les chrétiens. — Un officier vint de grand matin avec des gardes à la grande église de Nicomédie, et força les portes, « s'attendant, dit l'historien, à y trouver l'image de Dieu » ; ce qui serait la preuve d'une grande ignorance, par rapport aux opinions des disciples de Jésus. On brûla les copies des saintes Écritures qu'on trouva dans l'église, et l'on mit tout au pillage. Les deux empereurs contemplaient d'une fenêtre du palais cette scène de dévastation, et mettaient en délibération s'ils donneraient l'ordre de brûler l'édifice. L'avis de Dioclétien, qui craignait que l'incendie ne s'étendît aux bâtimens voisins, prévalut à la fin. On envoya donc chercher la garde prétorienne, et en quelques heures tout l'édifice fut démoli.

Le jour suivant il parut un édit qui déclara

que tous ceux qui professaient la religion chrétienne, à quelque classe de la société qu'ils appartinssent, étaient déchus de leurs honneurs et de leurs dignités; qu'ils seraient livrés aux tourmens, et que tandis que tout le monde pourrait plaider contre eux, ils seraient, dans tous les cas sans exception, exclus du bénéfice des lois [1]. Les chrétiens se trouvèrent ainsi exposés, non seulement à être persécutés par les autorités, mais à être insultés par tout le monde, sans avoir aucun moyen de se défendre. L'esprit de l'homme se révolte naturellement contre une injustice aussi flagrante, et il se trouva un chrétien assez hardi pour arracher l'édit et le déchirer dans un transport d'indignation. Il fut brûlé vif, et supporta ses souffrances avec un courage admirable, et l'on doit aussi l'espérer, avec une patience chrétienne.

Quelque temps après, le feu prit à une partie du palais; les soupçons se portèrent aussitôt sur les chrétiens, et l'on accusa principalement les eunuques du palais. Dioclétien lui-même était présent à la condamnation de ses officiers, et les vit livrer aux flammes. Il est remarquable que bien que Galérius travaillât de tout son pouvoir à exciter l'indignation du vieil empereur, ses propres serviteurs ne furent pas mis à la torture. Quinze jours après

---

[1] Dans un passage qui paraît avoir été transposé, Eusèbe rapporte que Dioclétien fit publier, dans la dix-neuvième année de son règne, des édits par lesquels il était ordonné que les églises seraient rasées et les saints livres brûlés; que les personnes d'un rang élevé qui persévéreraient à professer le christianisme perdraient leurs priviléges, et que les gens du peuple seraient réduits à l'esclavage. Peu de temps après, ajoute-t-il, on publia d'autres décrets d'après lesquels tous les évêques étaient condamnés à être d'abord mis en prison, et ensuite contraints à sacrifier. Ces mesures de plus en plus sévères et cruelles prouvent que ce ne fut qu'avec répugnance que Dioclétien fut amené à consentir à un carnage universel, bien qu'il ne fût que trop d'accord avec Galérius dans le désir de travailler d'une manière systématique à effacer de la terre le nom chrétien.

le feu éclata dans une autre partie du palais, et Galérius en sortit précipitamment, en exprimant la crainte d'être brûlé vif. Lactance n'hésite pas à voir ici l'effet des artifices de Galérius.

Dioclétien, une fois sérieusement entré dans les voies de la persécution, fit tomber sa rage sur tous ceux qui portaient le nom de chrétiens, et obligea sa femme et sa fille, qu'il soupçonnait d'avoir au moins un secret penchant pour le christianisme, à sacrifier aux dieux. On arrêta les prêtres et les diacres, et on les condamna à mort sans aucune forme de jugement. On fit périr des eunuques qui avaient joui du plus grand pouvoir dans le palais, et l'on brûla un grand nombre de personnes de tout âge et de tout sexe. Mais les persécuteurs, trouvant que l'œuvre de la destruction était trop lente, lorsqu'on ne mettait à mort qu'une personne à la fois, firent préparer des bûchers sur lesquels plusieurs chrétiens pouvaient être brûlés en même temps, et en firent jeter un grand nombre dans la mer avec des meules de moulin attachées à leur cou. Partout les juges contraignaient le peuple à sacrifier. Les prisons étaient remplies. On inventait des tortures nouvelles; et pour ôter aux chrétiens la possibilité d'obtenir justice, on plaçait auprès des tribunaux des autels, où les plaignans étaient obligés de sacrifier avant de pouvoir plaider leur cause.

Les deux autres empereurs reçurent l'ordre d'imiter toutes ces horreurs. Maximien, qui gouvernait l'Italie, obéit avec une joie barbare. Constance ordonna à regret de démolir les églises; mais il fit tout ce qui lui était possible pour éviter de tourmenter les personnes, et continua à gouverner la Gaule avec douceur, tandis que la persécution ravageait tout le reste de l'empire romain de l'est à l'ouest, et que, pour employer l'expression de

Lactance, trois monstres faisaient peser sur le monde leur horrible férocité.

On a cherché à représenter comme très exagérés les récits qui nous sont parvenus sur cette persécution. Nous ne croyons pas nécessaire de raconter d'une manière détaillée les souffrances des chrétiens, mais nous ne voudrions pas qu'on nous soupçonnât d'approuver ce qui a été mis en avant dans ce sens. Il est évident que le plus grand accord règne sur ce point entre Eusèbe et Lactance, tous deux auteurs contemporains et dignes de confiance. On ne peut donc mettre en doute que des édits n'aient été publiés; qu'il n'ait été strictement ordonné de les mettre à exécution, et que l'on n'ait formé sérieusement le dessein d'éteindre la lumière de l'Évangile. Lors même que nous ne posséderions pas des martyrologes authentiques, nous pourrions être bien sûrs, d'après la position où se trouvaient alors les chrétiens, qu'il y eut beaucoup de sang répandu, que les insultes et les outrages furent prodigués, non seulement d'une manière légale, mais aussi par la violence et la méchanceté des individus, qui voyaient qu'ils pouvaient attaquer impunément une classe de personnes qui n'avaient à attendre aucune protection des lois.

Il y eut sans doute des païens qui montrèrent de l'humanité et de la générosité envers leurs amis et leurs parens chrétiens; mais tout homme qui sait de quoi sont capables les passions humaines, lorsqu'elles sont excitées et délivrées de tout frein, ne doutera pas que les souffrances des chrétiens n'aient été bien au-dessus de ce que nous en apprennent les historiens.

Ce fut ainsi que Dieu punit les péchés de ses enfans; qu'il ranima son œuvre dans leurs cœurs en sanctifiant leurs afflictions; qu'il manifesta l'extrême dépravation des hommes, et par-dessus tout qu'il fit éclater sa puissance et sa sagesse en réprimant la rage de Satan[1], et en défendant et délivrant son Église, lorsque tout semblait se réunir pour conspirer sa perte. Les antiquités de l'histoire profane nous fournissent de nombreuses preuves de ce fait. Deux piliers furent érigés en Espagne comme les monumens de la cruauté systématique de cette persécution ; sur l'un se trouvait cette inscription : « A Dioclétien Jovius et à Maximien « Herculius, Césars augustes, pour avoir étendu « l'empire romain à l'orient et à l'occident, et « pour avoir anéanti le nom des chrétiens qui me- « naient l'empire à sa ruine » : sur l'autre : « A « Dioclétien, etc., pour avoir adopté Galérius « dans l'Orient ; pour avoir aboli partout la su- « perstition de Christ ; pour avoir étendu le culte « des dieux. » Il fallait certainement qu'on eût traité les chrétiens avec une grande cruauté, pour que les persécuteurs eussent l'idée de faire frapper la médaille de Dioclétien qui est parvenue jusqu'à nous, et qui porte pour légende : « Après l'extinc- « tion du nom de Christ ».[2]

Après avoir opposé de semblables autorités au scepticisme moderne, qui n'a aucun fondement solide, nous citerons quelques faits. — Plusieurs personnes du plus haut rang, et qui jouissaient de la plus grande autorité à la cour, préférèrent l'opprobre de Christ à toutes les grandeurs terrestres. On rapporte que Pierre, qui faisait partie de la maison de l'empereur, fut amené devant lui à Nicomédie, et fouetté d'une manière si cruelle, que ses os étaient à découvert ; et comme il refu-

---

[1] Si l'on compare avec soin les passages de l'Écriture que nous allons indiquer, on ne sera pas étonné de nous voir attribuer la persécution de l'Eglise à la rage de Satan. Jean, VIII, 38-44 ; I. Thess. II, 18 ; I. Pier. V, 8, 9 ; I. Jean, III, 8-13, etc., etc.

[2] *Nomine Christianorum deleto.* Voyez l'établissement, etc., de Bullen. Eusèbe, liv. VIII.

sait encore de sacrifier, on versa sur ses blessures un mélange de vinaigre et de sel. Ces horribles souffrances ne produisant pas l'effet qu'on s'en était promis, il fut brûlé vif. — Dorothée, Gorgonius, et plusieurs autres qui avaient des charges dans le palais, furent étranglés après avoir été tourmentés de différentes manières. — Anthime, évêque de Nicomédie, fut décapité, et une multitude de chrétiens souffrirent le martyre en même temps que lui. Les hommes et les femmes s'empressaient de monter sur les bûchers. L'esprit du martyre reparut avec la persécution; partout les prisons étaient tellement remplies de pasteurs chrétiens, qu'il n'y restait plus de place pour les malfaiteurs.

Chaque province eut ses martyrs. Ils furent très nombreux dans l'Afrique et la Mauritanie, la Thébaïde et l'Égypte. Eusèbe parle de cinq personnes de ce dernier pays qu'il avait connues en Palestine et en Phénicie, et qu'il vit souffrir avec un courage admirable. Les uns périrent sous le fouet, et les autres furent livrés aux bêtes féroces. Un de ces derniers, qui avait à peine vingt ans, était debout, sans liens, et priait les mains jointes et étendues, livré à des ours et à des léopards, qui montraient moins d'empressement à s'acquitter de leur horrible office, que n'en éprouvaient ceux qui les avaient lancés contre des innocens à être les témoins de leur fureur. Un taureau, qu'on avait voulu exciter en lui appliquant un fer rouge, secoua et déchira avec ses cornes ceux qui le gardaient. L'on eut quelquefois de la peine à trouver des animaux disposés à exécuter les édits sanglans des persécuteurs.

Pendant son séjour en Égypte, Eusèbe vit exécuter un grand nombre de chrétiens en un jour [1],

---

[1] Eusèbe, liv. ix, c. 8.

les uns décapités et les autres brûlés; tellement que les bourreaux étaient fatigués, et que leurs instrumens de torture étaient émoussés. Non seulement les chrétiens souffraient avec une foi et une patience admirables, mais on voyait sur leur visage l'expression de la joie et du triomphe, et jusqu'à leur dernier soupir, ils étaient occupés à rendre des actions de grâces et à chanter des psaumes. Parmi ceux qui moururent alors pour Christ, on cite Philorome, homme riche et éloquent qui occupait un rang distingué à Alexandrie. En vain leurs parens, leurs amis, les magistrats, et souvent le juge lui-même, les exhortaient à avoir pitié de leurs femmes, de leurs enfans et d'eux-mêmes; ils aimaient Christ par-dessus tout, et ils étaient décapités. De semblables scènes démontrent de la manière la plus forte la puissance de la grâce, et la réalité de l'influence du Saint-Esprit sur les chrétiens.

Les souffrances des chrétiens en Égypte furent épouvantables. On fit périr des familles entières par différens supplices; les uns étaient brûlés, les autres noyés, d'autres décapités après d'horribles tourmens. Quelques personnes moururent de besoin, d'autres furent crucifiées, et parmi ces dernières il y en eut plusieurs que l'on attacha la tête en bas, et que l'on conserva vivantes, afin de pouvoir les faire mourir de faim.

Mais il serait impossible de décrire les tortures auxquelles furent exposés les chrétiens de la Thébaïde. Les persécuteurs prouvèrent tout à la fois leur inhumanité et leur oubli de toute décence, en faisant élever en l'air des femmes attachées par un pied. D'autres personnes furent écartelées, au moyen de branches d'arbres qu'on courbait avec force pour leur laisser ensuite reprendre leur position naturelle. De pareilles scènes se perpétuèrent durant plusieurs années. On faisait périr en un jour, par différens tourmens, dix, trente, soixante, et, une fois en particulier, cent personnes, hommes et femmes, avec leurs jeunes enfans.

Philéas, évêque des Thmutites, qui jouissait d'une grande considération dans son pays, souffrit le martyre dans la Thébaïde. Eusèbe nous a conservé un fragment de l'épître qu'il écrivit aux Thmutites sur les souffrances des chrétiens d'Alexandrie, pendant qu'il était en prison dans cette ville, et peu de temps avant son martyre [1]. Chacun pouvait les outrager à son gré : les uns les frappaient avec des bâtons, les autres avec des cordes. Quelquefois, après avoir attaché les mains des chrétiens derrière leur dos, on les suspendait à des machines de bois qui tiraient avec force tous leurs membres. On déchirait leur corps avec des clous, qu'on n'appliquait pas seulement à leurs côtés, comme on le faisait ordinairement pour les meurtriers, mais aussi à leur ventre, à leurs jambes et à leurs joues; d'autres étaient suspendus par une main à un portique, et souffraient cruellement de la tension de leurs jointures, tandis que d'autres encore étaient attachés face à face à des piliers,

---

[1] On demanda à Philéas comment il pouvait être sûr que Jésus-Christ fût Dieu. Il répondit : « Il rendait la vue aux aveugles, l'ouïe aux sourds, nettoyait les lépreux, et ressuscitait les morts. » On lui dit encore : « Un homme crucifié peut-il être Dieu? » Il répondit : « Il a été crucifié pour notre salut. » Le gouverneur lui dit : « Vous êtes riche, et vous pourriez nourrir presque toute la province ; je veux vous épargner, et je vous conseille de sacrifier. » Il paraît que Philéas était très libéral envers les pauvres. Le gouverneur ajouta : « Ta pauvre femme te regarde. » Philéas répondit : « Jésus-Christ est le sauveur de toutes les âmes ; il m'a appelé à l'héritage de sa gloire, et il peut aussi y appeler ma femme. » Un peu avant son exécution, il dit : « Mes chers enfans, vous qui cherchez Dieu, veillez sur vos cœurs. Mes chers enfans, tenez-vous fermement attachés aux préceptes de Jésus-Christ. » *Acta sincera.*

avec les pieds pendans, afin que leurs liens, relâchés par le poids de leur corps, pussent être serrés encore plus fortement, et ils enduraient près d'un jour entier, sans interruption, de semblables tourmens. Le gouverneur ordonnait qu'on les traitât avec la plus grande cruauté; et lorsqu'ils avaient rendu le dernier soupir, il faisait traîner par terre leurs cadavres. « Il ne faut, disait-il, prendre aucun soin de ces chrétiens ; car on doit les regarder comme indignes du nom d'homme. » Quelquefois, après les avoir fouettés, on les mettait aux fers, et on leur étendait les pieds presque jusqu'à la dislocation ; de sorte qu'ils étaient obligés de rester couchés sur le dos, ne pouvant se tenir debout, à cause des blessures qu'ils avaient reçues. Les uns expiraient dans les tourmens, d'autres, après avoir été guéris par les remèdes qu'on leur administrait, étaient réduits à l'alternative de sacrifier ou de mourir, et prenaient avec joie le dernier parti ; car ils savaient qu'il est écrit : « Celui qui sacrifiera à d'autres dieux qu'à l'Éternel seul, sera détruit; » — « et tu n'auras point d'autres dieux devant ma face. » — « Telles sont, dit Eusèbe, les paroles qu'un martyr qui aimait Dieu et sa sagesse écrivit aux frères de son Église, avant d'avoir reçu la sentence définitive de sa mort. »

Des hommes armés assiégèrent une ville de Phrygie dont presque tous les habitans étaient chrétiens, et ils y mirent le feu [1]. Les magistrats et le peuple, les nobles et les plébéiens, refusèrent de sacrifier, et périrent dans les flammes. On vit les hommes, les femmes et les enfans invoquer

[1] Gibbon fait observer que Ruffin, traducteur d'Eusèbe, rapporte une circonstance importante ; c'est que les portes leur furent ouvertes, et qu'ils étaient libres de sortir de la ville. La remarque est digne de lui : peut-on supposer qu'il n'y eut point de condition attachée à cette permission? Eusèbe nous dit qu'on attendait d'eux qu'ils sacrifiassent.

jusqu'au dernier moment Christ, Dieu sur toutes choses, béni éternellement[1]. — Adanctus, chrétien du plus haut rang, qui remplissait à cette époque une charge très importante, fut aussi honoré de la couronne du martyre.

Il y eut des chrétiens qui furent tués à coups de hache, comme en Arabie; d'autres eurent les jambes rompues, comme en Cappadoce; il y en eut aussi qui furent suspendus par les pieds au-dessus d'un feu peu ardent, et qui furent étouffés par la fumée, comme en Mésopotamie; et d'autres qui furent mutilés et coupés en morceaux, comme à Alexandrie. — A Antioche, il y eut des fidèles qui furent brûlés à petit feu, et dans le Pont, on enfonça des roseaux pointus sous les ongles de quelques martyrs, et l'on fit couler du plomb fondu sur le dos de plusieurs autres. Il y eut aussi des personnes qui, pour éviter de tomber entre les mains de leurs ennemis, se précipitèrent du faîte de leurs maisons avec une coupable impatience. L'Église était déjà tellement déchue de sa pureté primitive, qu'il est bien remarquable qu'un si grand nombre de personnes fussent disposées à souffrir pour le nom de Christ. Les juges montraient une ingénieuse cruauté en inventant tous les jours de nouveaux châtimens; mais, lassés à la fin de tant de meurtres, et affectant d'exalter la clémence des empereurs, qui désiraient épargner la vie de leurs sujets, ils se contentèrent d'arracher les yeux des martyrs, et de leur faire couper une jambe. Il paraît que le nombre de ceux qui furent traités de cette manière, et qui furent ensuite condamnés à travailler dans les mines, fut extrêmement considérable.

Lucien, prêtre vénérable d'Antioche, eut l'hon-

---

[1] Eusèbe, liv. VIII, c. 1.

neur de faire sa profession de foi devant l'empereur à Nicomédie, et souffrit ensuite le martyre. Tirannio, évêque de Tyr, fut jeté dans la mer. Zenobius, prêtre de Sidon, qui était un très habile médecin, expira dans les tortures avec une admirable sérénité. Sylvanus, évêque d'Emesa, fut livré aux bêtes féroces avec plusieurs autres ministres de l'Évangile. Peleus et Nilus, et quelques autres évêques égyptiens, furent brûlés vifs. Pierre d'Alexandrie fut mis à mort avec Faustus, Dius, Ammonius et d'autres prêtres. Eusèbe parle encore de plusieurs martyrs égyptiens, et il ajoute qu'il en était beaucoup d'autres dont le courage chrétien serait sûrement célébré par ceux qui avaient été témoins de leurs souffrances, mais que pour lui il se contentait de parler avec plus de détails des martyrs qu'il connaissait et des faits qu'il avait vus de ses yeux.

Nous avons déjà fait observer que l'accord qui existe entre Eusèbe, Lactance et d'anciens monumens de cette époque donne beaucoup de poids au témoignage d'Eusèbe; nous pouvons ajouter ici qu'il entre dans de grands détails sur les scènes dont il a été spectateur, tandis qu'il parle d'une manière succincte et générale, toutes les fois qu'il n'a pas eu l'occasion de connaître les circonstances. Il s'est fort étendu sur les martyrs de la Palestine, sa patrie. Le premier de ces martyrs fut Procope; lorsqu'on l'amena devant le tribunal, et qu'on lui ordonna de sacrifier aux dieux, il répondit : « Je ne « connais qu'un seul Dieu, auquel nous devons offrir « des sacrifices de la manière qu'il l'a lui-même « commandé. » Comme on lui prescrivit ensuite de faire des libations aux quatre empereurs, il répéta un vers d'Homère qui ne fut nullement agréable aux persécuteurs. Il est probable que ce fait fut rapporté à Galérius, de qui dépendait la Palestine, et cet impitoyable persécuteur n'avait pas besoin que de nouveaux motifs vinssent encore redoubler sa fureur contre les chrétiens.

Dans cette même ville de Césarée, où Procope avait été mis à mort, plusieurs évêques des églises voisines furent exposés aux plus cruels tourmens; quelques uns, saisis de crainte, se rétractèrent dès les premiers momens; les autres subirent divers châtimens. On fit cependant quelques efforts pour sauver la réputation des dieux et conserver en même temps la vie des accusés.

On mit en liberté, comme ayant sacrifié, un chrétien qu'on avait entraîné de force devant l'autel, après lui avoir mis une offrande entre les mains. Un autre se retira sans avoir ouvert la bouche, quelques personnes ayant témoigné faussement, par humanité, qu'il avait obéi. Il y en eut un qu'on jeta parmi les morts après qu'il eut été torturé, quoiqu'il fût encore vivant. Comme un autre protestait contre ce qu'on exigeait de lui, on lui ferma la bouche et on le chassa du tribunal. De tous ces évêques de la Palestine, il n'y eut à cette époque qu'Alphée et Zachée qui furent mis à mort. Après qu'ils eurent été traités de la manière la plus cruelle, ils furent encore torturés pendant vingt-quatre heures; ils continuèrent à confesser courageusement un seul Dieu et un seul sauveur Jésus-Christ, et ils furent enfin décapités.

Romain, diacre de l'église de Césarée, souffrit le martyre le même jour à Antioche; il était arrivé dans cette ville au moment même où l'on démolissait les églises, et il vit un grand nombre d'hommes et de femmes, probablement des apostats chrétiens, qui se rendaient aux temples des faux dieux avec leurs jeunes enfans pour y offrir des sacrifices [1].

---

[1] C'est ce que nous apprenons d'un discours d'Eusèbe sur la

Romain, animé du même esprit que Mattathias, le père des Machabées, manifesta ses sentimens d'une manière qui s'accordait mieux avec la religion chrétienne : il leur reprocha à haute voix leur lâcheté et leur perfidie. Mais il fut aussitôt arrêté, condamné à être brûlé et attaché sur le bûcher ; tandis que les bourreaux attendaient l'ordre définitif de l'empereur, qui était alors présent (probablement Galérius), Romain dit, d'un air serein : « Où est le feu pour me brûler? » César, irrité de sa hardiesse, ordonna qu'on lui coupât la langue : il tendit aussitôt sa langue. Après ce châtiment, il fut mis en prison, et y fut tourmenté pendant long-temps ; on le fit souffrir par une grande tension de ses pieds, et on finit par l'étrangler. Cet événement arriva durant la première année de la persécution, pendant qu'elle ne s'exerçait encore que sur les chefs de l'Église.

La seconde année, la persécution étant devenue plus violente, on envoya en Palestine des lettres impériales qui ordonnaient à tous les hommes, sans exception, de sacrifier. A Gaza, Timothée, après de longues souffrances, fut brûlé à petit feu ; Agapius et Thécla furent condamnés à être livrés aux bêtes. A cette époque, où plusieurs apostasièrent pour sauver leur vie, il y eut aussi des exemples d'un empressement excessif à aller au-devant du martyre. Six hommes de Césarée coururent, les mains liées, devant le juge qui se nommait Urbain, et s'offrirent pour le martyre ; ils furent mis à mort avec deux autres chrétiens dont la conduite avait été plus conforme aux règles de l'Évangile.

Lorsque les gouverneurs des différentes provinces eurent été autorisés à punir les chrétiens,

résurrection. *Voyez* liv. sur les Martyrs de la Palestine, c. 2 ; Valérius, dans les notes.

chacun d'eux exerça ce pouvoir selon son caractère; il y en eut plusieurs qui en firent plus qu'il ne leur était ordonné, pour se rendre agréables aux empereurs. Les uns étaient excités par leur propre inimitié contre le christianisme; d'autres par leur cruauté naturelle; d'autres encore répandaient le sang à grands flots, pour se frayer un chemin aux premières places de l'État. Il y en avait aussi (et Lactance[1] parle d'eux comme des plus méchans de tous) qui étaient résolus à tourmenter et à ne pas tuer. Ces hommes abominables s'étudiaient à trouver des tortures qui fissent éprouver les plus vives douleurs sans attaquer la vie. Eusèbe nous dit avoir lui-même entendu quelques uns de ces persécuteurs se vanter que leur administration n'était pas souillée par le sang, et avoir vu un gouverneur de Bithynie qui affectait un ton aussi triomphant que s'il avait subjugué une nation de barbares, parce qu'au bout de deux ans de résistance, un homme avait enfin cédé à la force des tourmens. On se donnait aussi beaucoup de peine pour guérir ceux qui avaient été torturés, afin qu'ils pussent endurer de nouvelles souffrances. Ce sujet tenait une si grande place dans la jurisprudence de Rome, que les constitutions de la loi, sur ce point, avaient été publiées et commentées par le fameux légiste Ulpien, et que les hommes de loi les considéraient comme un important objet d'étude.

Depuis les commencemens du christianisme, on n'avait jamais travaillé d'une manière aussi suivie et aussi systématique à anéantir l'Évangile de Christ; la rage de Satan était grande, comme s'il avait prévu qu'il n'avait que peu de temps à triompher; et si nous considérons combien l'Église était peu préparée à cette attaque, la plus cruelle qu'elle eût

[1] Liv. v, c. 11.

encore éprouvée, nous trouverons bien des motifs d'admirer la grâce de Dieu, qui fournit une noble armée de martyrs, à l'époque d'une aussi grande décadence, et qui fit enfin tourner les projets de Satan à sa honte d'une manière plus efficace que jamais.

Encouragés par la certitude d'être agréables aux empereurs et par l'apparence de désolation qu'avait alors le christianisme, deux auteurs se mirent à insulter les chrétiens, à l'époque même où la persécution était dans toute sa violence en Bithynie; l'un des deux, que Lactance ne nomme pas, était un philosophe, et comme plusieurs prédicateurs de morale de tous les siècles, il exaltait la vertu et pratiquait le vice : c'était un flatteur de la cour, très riche et très corrompu, dont les écrits moraux condamnaient la conduite, et il adressait de grandes louanges aux empereurs à cause de leur piété et de leur zèle à soutenir la religion des faux dieux. On remarqua généralement qu'il y avait une grande bassesse à choisir précisément ce moment-là pour écrire contre les chrétiens, et il n'obtint pas, comme il s'y était attendu, les faveurs de la cour.

Hiéroclès, le second de ces écrivains, était certainement un homme de talent; il était extrêmement opposé à l'Évangile, et avait eu beaucoup de part à la persécution. Après avoir été juge à Nicomédie, il était devenu gouverneur d'Alexandrie; il essaya de comparer les prétendus miracles d'Apollonius de Tyanes à ceux de Jésus-Christ, et écrivait aux chrétiens avec une grande affectation de candeur et d'humanité, tandis qu'il les traitait avec la plus grande cruauté et se baignait dans leur sang.

Les enfans de Dieu ne jouirent d'un peu de tranquillité que dans la Gaule et dans les contrées voisines; cependant Constance, qui voulait sauver les apparences aux yeux de Maximien, qui était son supérieur, manifesta l'intention de persécuter, non seulement, comme nous l'avons dit plus haut, en détruisant les temples, mais en renvoyant les personnes de sa maison qui ne voudraient pas renoncer au christianisme. Il mit donc à cette épreuve les chrétiens qui l'entouraient; mais l'événement ne répondit pas à l'attente des apostats, et Constance conserva auprès de lui ceux qui avaient résisté à la tentation, et renvoya les apostats, jugeant que ceux qui étaient infidèles à leur Dieu le seraient aussi à leur prince.

A Cirta, en Numidie, l'évêque, nommé Paul, ordonna à un sous-diacre de livrer à un officier romain les trésors de l'église; les saintes Écritures et les autres objets qui appartenaient à cette société de chrétiens leur furent ainsi enlevés par la perfidie et la lâcheté de ceux qui auraient dû les protéger. Mais Dieu mit à part quelques chrétiens qui furent doués de zèle et de courage, et qui conservèrent les saintes Écritures au péril de leur vie, et trompèrent l'espérance des persécuteurs, qui avaient certainement l'intention d'effacer de dessus la terre tous les monumens du christianisme. Comme on demanda à Félix de Tibiura, en Afrique, de livrer les Écritures, il répondit : « Je les possède, mais je ne veux pas m'en séparer. » Il fut condamné, et décapité. « Je te rends grâces, ô
« Seigneur! dit ce sincère martyr, de ce que j'ai
« vécu cinquante-six ans, de ce que je me suis
« tenu fermement attaché à l'Évangile, et de ce
« que j'ai prêché la foi et la vérité. O Seigneur
« Jésus-Christ! Seigneur du ciel et de la terre,
« j'incline ma tête, et je te l'offre en sacrifice, à
« toi qui vis éternellement. » La mémoire d'un tel homme mérite d'être conservée. On se plaît jus-

tement à honorer les noms de ceux qui ont souffert pour la liberté de leur patrie ; mais combien doit nous paraître plus digne d'honneur encore le nom de Félix de Tibiura, l'un de ces héros qui nous ont conservé, au prix de leur liberté et de leur vie, la précieuse parole de notre Dieu, la charte de notre éternelle liberté et de notre éternelle paix !

A Abitina, en Afrique, quarante-neuf chrétiens périrent par la faim et les mauvais traitemens. En Sicile[1], on demanda à un martyr nommé Euplius pourquoi il gardait les Écritures après que les empereurs l'avaient défendu ; il répondit : « Parce que je suis chrétien ; elles contiennent la vie éternelle, et celui qui les abandonne perd la vie éternelle. » Conservons honorablement son nom avec celui de Félix, car il souffrit pour la même cause que lui. Plusieurs chrétiens furent aussi mis à mort en Italie, où Maximien était tout aussi disposé à persécuter que Dioclétien.

Il survint, vers l'année 304 ou 305, un changement dans le gouvernement civil de l'empire qui prépara des changemens très importans dans la situation de l'Église, bien que la persécution continuât encore quelque temps : Dioclétien abdiqua l'empire, et Maximien suivit à regret son exemple. Galérius leur succéda dans l'Orient, et Constance dans l'Occident : Galérius, en prenant la place de Dioclétien, mit son neveu Maximin à la sienne.

Maximin hérita de la cruauté et des préventions de son oncle, et la persécution continua avec toutes ses horreurs dans la Palestine et dans les autres provinces de l'Orient qui avaient fait partie du gouvernement de Galérius.

Eusèbe nous donne quelques détails sur les

---

[1] *Acta sincera.* Fleury.

chrétiens qui souffrirent le martyre en Palestine, à différentes époques, sous le règne de ce tyran.

Un jeune homme nommé Apphien, qui n'avait pas encore vingt ans, et qui avait reçu une éducation très distinguée à Bérytus, n'avait pu se résoudre à vivre à Pagæ avec son père et les autres membres de sa famille, à cause de l'aversion qu'avaient ses parens pour l'Evangile, et avait renoncé à sa fortune et à toutes ses espérances terrestres pour l'amour de la vérité et de Jésus-Christ. Il était venu demeurer à Césarée ; voyant un jour Urbain, gouverneur de cette ville, faire une libation aux faux dieux, il fut transporté d'un saint zèle, saisit la main droite du gouverneur pour l'arrêter, et l'exhorta à abandonner l'idolâtrie et à se convertir au vrai Dieu. Le résultat d'une semblable démarche fut tel qu'on pouvait s'y attendre ; on l'arrêta, on lui ordonna de sacrifier, et après lui avoir fait souffrir les plus horribles tourmens, qu'Eusèbe décrit avec des détails qu'il est inutile de répéter, il fut jeté dans la mer [1]. Qui n'admirerait l'ardeur et la sincérité de cet amour pour Christ, qui soutint ce jeune homme à travers tant de souffrances ? qui ne préférerait cette disposition, malgré toutes les imperfections dont elle était accompagnée, à cette lâcheté et à cet amour du monde, qui empêchent un si grand nombre de personnes d'oser manifester une véritable affection pour le Sauveur ?

Apphien avait un frère nommé Ædésius, qui avait poussé plus loin que lui ses études philosophiques, et qui avait aussi embrassé la foi de Christ. Après avoir supporté avec beaucoup de patience et de courage les prisons, les liens et les travaux des

[1] C. 4.

mines de la Palestine, il vint enfin à Alexandrie, et vit le juge manifester sa rage contre les chrétiens, en exposant les hommes à toutes sortes de mauvais traitemens, et en livrant de chastes vierges aux plus odieux outrages. Saisi d'indignation à cette vue, il adressa de vifs reproches au magistrat, et alla même jusqu'à le frapper; à la suite de cet acte de violence, il fut exposé à divers genres de tortures, et fut enfin jeté dans la mer. Il paraît qu'il avait tout à la fois les qualités et les défauts de son frère; il n'est pas inutile d'ajouter[1] que ce magistrat inhumain n'était autre que le philosophe Hiéroclès, qui, comme nous l'avons dit plus haut, affectait dans ses écrits tant de tolérance et d'humanité. Nous interromprons ici notre récit par quelques réflexions.

I. La persécution que nous retraçons maintenant trouva l'Église chrétienne dans une décadence complète de sagesse et de piété, de sorte qu'on ne doit pas s'étonner qu'Ædésius connût si mal son devoir. Lorsque l'esprit de Dieu crée un cœur nouveau et un esprit nouveau, et qu'il donne à l'homme la grâce qui est nécessaire pour le porter à obéir à Dieu, il ne le met pas toujours en état de se passer d'une instruction religieuse approfondie; et lorsque l'on manque de connaissances, le zèle, quoiqu'il soit très ardent, peut être comparativement peu éclairé, et peut se tromper souvent sur la règle du devoir.

La persécution trouva un grand nombre de chrétiens de nom lâches et perfides; quelques âmes choisies furent fidèles jusqu'à la mort; mais il est bien à craindre que même parmi ces personnes-là il n'y en eût plusieurs qui ne connaissaient pas bien leurs devoirs envers Dieu et envers les hom-

---

[1] *Voyez* les notes de Valérius sur Eusèbe.

mes, et qui mêlaient à l'amour de Christ la précipitation et l'aveuglement insensé de leur propre volonté. — Nous voyons ici Eusèbe, un des hommes les plus instruits de ce siècle, vanter chez ces deux frères une conduite que les chrétiens qui ont le moins de capacité et de lumières condamneront aujourd'hui. Cette réflexion doit nous rendre indulgens pour les fautes de ces hommes qui étaient certainement animés d'une vraie piété, et elle doit aussi engager ceux qui jouissent du précieux avantage d'une meilleure instruction et de sages pasteurs, à leur montrer une juste déférence, et à profiter avec reconnaissance de ces priviléges, afin de donner au monde des exemples encore plus édifians et une sainteté vraiment chrétienne.

II. Nous voyons encore dans l'histoire de ce temps les progrès qu'avaient faits tout à la fois l'esprit monastique et l'esprit philosophique. Le nombre de ceux qui se vouaient à la vie solitaire augmentait parmi les personnes pieuses, et l'origénisme avait inspiré un goût toujours croissant pour la philosophie. Sous cette influence, les deux frères dont nous avons rapporté l'histoire s'étaient pénétrés trop profondément du platonisme, et connaissaient trop peu le christianisme; et quoiqu'ils fussent assez sincères pour devenir martyrs de Christ, ils n'atteignirent pas à la simplicité chrétienne. On avait cessé de développer avec clarté les doctrines de Christ. C'est par les souffrances supportées avec une foi patiente et une joyeuse espérance que nous pouvons reconnaître que Christ avait encore une église dans le monde. « Le buisson était exposé au feu le plus terrible, mais il ne s'y consumait pas. » Nous reprendrons maintenant le cours de notre récit.

Agapius souffrit le martyre à Césarée, dans la quatrième année de la persécution, et pendant que Maximin César y donnait au peuple le divertissement des spectacles en l'honneur de son anniversaire. Ces jeux barbares augmentaient sans aucun doute la férocité des païens ; et, dans les temps de persécution, l'inimitié du cœur de l'homme contre la vraie piété n'était pas aussi combattue qu'elle le serait dans ce siècle de civilisation par les mouvemens de l'humanité. Mais on ne doit pas oublier que, sous ce rapport comme sous beaucoup d'autres, ce ne fut pas la philosophie, mais l'Évangile, qui perfectionna la morale de l'empire romain. Agapius, qui avait déjà été amené trois fois sur la scène, et qui trois fois avait été l'objet de la compassion du juge, fut alors conduit devant l'empereur. On fit venir en même temps un esclave qui avait assassiné son maître, et qui fut condamné à être livré aux bêtes. Voulant signaler le jour de sa naissance par un acte de générosité, l'empereur pardonna au meurtrier, et commanda qu'il fût mis en liberté ; tout l'amphithéâtre retentit d'acclamations et de louanges de sa clémence. Mais on devait s'attendre à voir Maximin punir l'innocence après avoir épargné le coupable ; il demanda à Agapius s'il voulait renoncer à la religion chrétienne, et lui promit la liberté à cette condition. Le martyr déclara qu'il était prêt à subir tous les châtimens qu'on voudrait lui infliger, non pour aucun crime qu'il eût commis, mais parce qu'il faisait profession d'adorer et de servir le maître de l'univers. Il fut condamné à être déchiré par un ours ; il respirait encore, lorsqu'on le rapporta dans la prison : après qu'il y eut vécu un jour, on le jeta dans la mer avec des poids attachés à ses pieds.

Dans la cinquième année de la persécution, Théodosie, jeune vierge de la ville de Tyr, qui n'avait pas encore dix-huit ans, fut mise à mort pour avoir protégé quelques prisonniers chrétiens, qui furent ensuite condamnés par le juge Urbain à travailler dans les mines de la Palestine. Un prêtre nommé Sylvain, qui devint plus tard évêque, fut condamné, avec quelques autres chrétiens, à travailler dans les mines de cuivre : on avait auparavant affaibli les jointures de leurs pieds en y appliquant des fers chauds.

Urbain surpassa presque tous les autres persécuteurs par sa méchanceté et son activité; il condamna trois prisonniers à combattre les uns avec les autres, et fit livrer aux bêtes un vénérable vieillard nommé Auxentius; il envoya aux mines un grand nombre d'accusés, et fit ramener les autres en prison après leur avoir fait souffrir les plus cruels traitemens. Urbain avait aussi condamné le fameux Pamphile, ami d'Eusèbe; mais il ne vécut pas assez pour être témoin de son martyre; il fut lui-même convaincu de plusieurs crimes, et mis à mort à Césarée, le théâtre de ses cruautés, par ce même Maximin dont il avait si long-temps et si fidèlement servi la fureur.

Nous savons qu'il est des personnes qui représentent comme peu considérable le nombre des martyrs, et nous sommes disposés à reconnaître que, dans cette persécution comme dans celles qui l'avaient précédée, la politique des ennemis des chrétiens était évidemment de les tourmenter plutôt que de les détruire. Les empereurs ne désiraient pas de perdre un si grand nombre de sujets, mais de les soumettre à leur volonté; cependant il arrivait souvent que le corps ne pouvait résister à de pareilles tortures, et le nombre de ceux qui succombèrent à leurs souffrances ou qui périrent dans la fuite, et par suite de la pauvreté à laquelle on les avait réduits, fut certainement très considérable.

Dans la sixième année de la persécution, on

choisit, dans la multitude de ceux qui avaient souffert dans la Thébaïde, une centaine de chrétiens, que l'on envoya en Palestine; et Firmilien, successeur d'Urbain, les condamna à perdre l'œil droit et le pied gauche, et les fit conduire aux mines. Maximin lui-même fit subir la même sentence à ceux qui avaient été condamnés à combattre les uns contre les autres, et qui refusaient d'apprendre le métier de gladiateurs. Cent trente officiers égyptiens, après avoir souffert des mutilations, furent condamnés par Maximin à travailler aux mines de la Palestine et de la Cilicie. — On arrêta à Gaza quelques personnes qui s'étaient réunies pour entendre lire les Écritures, et elles furent punies par la perte des membres et des yeux, ou traitées d'une manière encore plus cruelle. Deux femmes furent mises à mort, après avoir souffert d'horribles tourmens : comme on menaçait la première d'attenter à sa pudeur, elle éclata en expressions d'indignation contre le tyran Maximin, qui employait de semblables juges, et la seconde renversa l'autel auprès duquel on l'avait entraînée.

Mais il y avait des chrétiens qui connaissaient mieux leur devoir et l'esprit dont ils devaient être animés. On avait condamné un homme nommé Paul à être décapité; il demanda un court délai, et l'ayant obtenu, il se mit à prier à haute voix. Il pria pour tout le monde chrétien, suppliant Dieu de pardonner à tous les disciples de Christ, de détourner le châtiment terrible qui pesait alors sur eux à cause de leurs iniquités, et de leur rendre la paix et la liberté; il pria ensuite pour les juifs, afin qu'ils pussent venir à Dieu et trouver accès auprès de lui par Jésus-Christ, et il demanda les mêmes grâces pour les samaritains. Les Gentils, qui vivaient dans l'erreur et dans l'ignorance de

Dieu, furent ensuite les objets de ses charitables supplications; il pria Dieu de les amener à le connaître et à le servir; il n'oublia pas non plus la multitude qui l'entourait, le juge qui l'avait condamné, et le bourreau qui allait lui ôter la vie; et tous l'entendant, il demanda que leurs péchés ne leur fussent pas imputés. Ceux qui l'environnaient furent si vivement émus, que plusieurs d'entre eux en versèrent des larmes. — Le martyr se recueillit encore un moment, tendit sa tête au bourreau, et fut décapité. Admirable héros chrétien! ton zèle ardent était tempéré par la résignation, et l'amour divin vivifiait ton âme sans troubler ta sérénité. Le Seigneur montra par toi que son bras n'était pas raccourci, et manifesta en toi sa grâce d'une manière digne des temps apostoliques.

La persécution s'apaisa pendant quelque temps, mais les édits de Maximin la renouvelèrent bientôt avec une nouvelle violence [1]. On répara les temples païens; on souilla par des libations aux faux dieux les choses qu'on vendait dans les marchés, et l'on plaça dans des bains publics des personnes chargées de contraindre ceux qui les fréquentaient à s'acquitter de certaines cérémonies idolâtres.

Trois chrétiens, Antonius, Zebinus et Germanus, mus par un zèle téméraire, se remirent d'eux-mêmes entre les mains de Firmilien, et furent condamnés à mort. Une vierge, appelée Ennathus, fut traînée par force devant le juge en même temps que ces trois hommes; elle fut fouettée, et périt enfin par le feu. Ces quatre corps furent exposés et abandonnés aux oiseaux de proie, et l'on veilla avec soin pour empêcher qu'ils ne fussent enterrés. —

---

[1] De Martyr. Pal. c. 9.

Quelque temps après, plusieurs Égyptiens étant venus pour consoler leurs compatriotes confesseurs de la foi, qui avaient été envoyés dans les mines de Cilicie, l'un d'eux fut brûlé, deux furent décapités, et presque tous les autres furent condamnés à être mutilés et à travailler aux mines. — Un reclus, nommé Pierre, fut vainement sollicité par le juge de se rétracter, et donna joyeusement sa vie pour l'amour de Christ. Asclépius, évêque des Marcionites, fut brûlé sur le même bûcher; il était, dit Eusèbe, « rempli de zèle, mais sans connaissance »[1]. Le caractère d'hérétique, sous lequel il est présenté par Eusèbe, n'excluait pas cependant un véritable amour pour Jésus-Christ. Ce serait nous écarter de l'impartialité dont nous faisons profession dans tout le cours de cette histoire, que de nous tenir aveuglément attachés à une rigoureuse et exclusive uniformité de dénomination religieuse.

Eusèbe loue beaucoup son ami Pamphile de son mépris pour les grandeurs séculières auxquelles il aurait pu aspirer; de sa libéralité pour les pauvres; de sa vie philosophique, qui nous semble plutôt un sujet de blâme que de louange pour un chrétien; de cette profonde connaissance des Saintes Écritures qu'il possédait par-dessus tous les hommes de son temps, et enfin de son accueil bienveillant envers tous ceux qui venaient à lui. Lorsqu'il fut amené devant Firmilien, celui-ci lui demanda quel était son pays; il répondit : « Jérusalem. » Le gouverneur ne comprit pas ce qu'il voulait dire, et employa les tourmens pour le forcer à s'expliquer[2]. Pamphile soutint qu'il avait dit la vérité. — « Et où est ce pays dont vous parlez ? » — « Il n'appar-

---

[1] C. 10. — [2] Jérusalem n'était alors rebâtie qu'en partie, et se nommait *Ælia*.

tient qu'à ceux qui servent le vrai Dieu. » Le juge, tout à la fois embarrassé et irrité, ordonna qu'il fût décapité. Douze martyrs souffrirent en même temps que lui. Porphyre, serviteur de Pamphile, ayant demandé que son maître fût enterré, fut condamné à être brûlé; et lorsque les flammes commencèrent à l'atteindre, on l'entendit invoquer Jésus, fils de Dieu. Il est remarquable que Firmilien, après avoir répandu à grands flots le sang des chrétiens, selon l'exemple que lui avait donné Urbain, fut aussi condamné à mort comme lui, d'après l'ordre de l'empereur.

Vers la fin de la septième année, la persécution s'étant un peu apaisée, la multitude des confesseurs de Christ qui étaient dans les mines de la Palestine, jouirent de quelque liberté, et se réunirent même en certains endroits pour le culte public. Le président de la province, qui vint les visiter, leur envia ce soulagement à leurs maux; il écrivit contre eux à l'empereur, et le chef des mines, agissant comme s'il y était autorisé par un décret impérial, les partagea en différentes classes; il en envoya quelques uns dans l'île de Chypre, d'autres au mont Liban, et dispersa tous les autres dans diverses parties de la Palestine, où ils furent employés aux plus pénibles travaux. Il en choisit quatre qu'il fit comparaître devant le commandant militaire, qui les condamna à être brûlés. Maximin fit décapiter le même jour Silvain, évêque d'une grande piété, un Égyptien nommé Jean, et trente-sept autres chrétiens. Quoique Jean fût aveugle, on lui cautérisa une jambe avec un fer chaud, comme on le fit aux autres. Les chrétiens admiraient sa mémoire; il pouvait répéter dans leurs assemblées un grand nombre de passages de l'Ancien ou du Nouveau-Testament, ce qui prouve qu'avant de perdre la vue il avait su faire un bon usage de ses yeux. — Nous terminerons ici ce que nous avions à rapporter des martyrs de la Palestine, d'après Eusèbe.

La plus affreuse persécution avait pesé sur l'Orient pendant huit ans, avec très peu d'intervalles de repos. Dans l'Occident, les changemens politiques survenus dans l'empire avaient donné, après deux ans, un peu de soulagement aux chrétiens. D'un côté, Satan avait pu exercer sa fureur de la manière la plus terrible dans ces deux parties de l'empire, durant cette persécution, qui fut la dernière que l'Église eut à souffrir des païens; et de l'autre, depuis le jour des apôtres, la puissance et la sagesse divines ne s'étaient pas manifestées d'une manière plus éclatante dans la conservation de l'Église. — Le moment d'un triomphe extérieur du christianisme sous Constantin approchait, et lorsqu'on réfléchit au déclin qu'avait souffert l'Église, tant dans la doctrine que dans la pratique, on sent avec force qu'elle avait besoin d'épreuves douloureuses pour être jusqu'à un certain point préparée pour un état de prospérité. Sans cette dispensation, il n'y aurait probablement eu guère d'autre différence que celle du nom entre les chrétiens et les païens.

On voit clairement, en effet, qu'il y avait un déclin notable dans la véritable connaissance de l'Evangile, et que la superstition avait pris un empire marqué. Les grandes vérités de la justification uniquement par la foi en Jésus-Christ crucifié, de la corruption et de l'apostasie de l'homme, de l'influence efficace du Saint-Esprit, faisaient alors peu d'impression sur les esprits. Il est absurde d'espérer que la foi chrétienne puisse abonder sans la doctrine chrétienne. Des instructions morales, philosophiques et monastiques ne peuvent opérer ce que l'on est fondé d'attendre de la doctrine évangélique.

Lorsque nous remarquons un si grand affaiblissement dans la foi (et ce déclin avait commencé vers l'an 270), nous ne pouvons nous étonner de voir dans le monde chrétien des scènes telles que celles dont Eusèbe dit un mot [1]. Il rapporte que les pasteurs de plusieurs églises furent condamnés à soigner des chameaux et à nourrir les chevaux des empereurs; et, quelque éloigné qu'il fût d'attribuer le déclin de la piété à celui de la foi, il était lui-même assez frappé des effets moraux de ce changement pour révérer la justice divine, qui donnait à d'indignes ministres un châtiment approprié à leurs péchés. Ce même historien déplore aussi l'esprit ambitieux d'un grand nombre de chrétiens qui aspiraient aux charges de l'Eglise les plus élevées, les disputes qui avaient lieu parmi les confesseurs de la foi eux-mêmes, les querelles excitées par de jeunes démagogues, et les maux multipliés que s'attiraient les chrétiens par leurs vices. Il fallait qu'il se fût opéré en effet un déplorable changement dans le monde chrétien, pour qu'il en fût venu à présenter un tel spectacle dans le moment même où la verge de la colère divine était appesantie sur lui. — Mais que les esprits profanes ou incrédules ne voient pas là un sujet de triomphe. Ce n'était pas parce qu'ils avaient embrassé le christianisme, mais parce qu'ils s'étaient éloignés du christianisme, que les membres de l'Eglise avaient amené tous ces maux; et même, dans cet état d'abaissement, il y avait encore dans l'Eglise plus de véritable vertu morale qu'on n'en aurait pu trouver partout ailleurs : la charité que montrèrent tant de martyrs prouva que Dieu avait encore une Eglise sur la terre. — Avant d'entrer dans l'histoire de l'Eglise sous Constantin, quelques faits

---

[1] De Martyr. Pal. c. 12.

peuvent nous aider à mieux comprendre sa position, et comment la persécution s'est terminée.

De tous les martyrologes de cette persécution, il n'en est point qui excitent de plus vifs sentimens d'horreur que ceux qui décrivent les souffrances de Taracus, de Probus, et d'Andronicus de Tarse en Cilicie; mais ce serait fatiguer inutilement le cœur et l'esprit de nos lecteurs, que de les arrêter plus long-temps à contempler de pareils tableaux. Sans doute ces tableaux nous présentent une importante leçon, en nous faisant sentir quelle est l'inimitié naturelle du cœur contre Dieu, et de quelle méchanceté l'homme est capable, lorsqu'il est abandonné à lui-même; mais, considérés sous tout autre rapport, les actes de ces martyres sont pénibles à lire.

On a remarqué qu'il y avait dans la conduite des martyrs une aspérité qui pouvait irriter les magistrats. Mais doit-on donc s'étonner que des tourmens si affreux, infligés à des citoyens respectables et paisibles, aient extorqué quelques plaintes et quelques expressions d'indignation ? Ce fut ce qui arriva à Andronicus, et c'est la seule chose qui puisse paraître blâmable dans tout ce récit. Qui pourrait y voir une excuse ou une atténuation pour une persécution aussi barbare ? — Taracus confessa avec courage la vérité. Comme on lui demanda s'il ne servait pas deux dieux, parce qu'il adorait Christ, il répondit : « Christ est Dieu, parce qu'il est le fils du Dieu vivant; il est l'espérance des chrétiens; il nous sauve par ses souffrances. » — Lorsqu'on ordonna à Probus de sacrifier à Jupiter, il dit : « Quoi! adorer celui qui a épousé sa sœur, cet impur et cet adultère, comme tous les poètes le représentent ? » — En rendant de semblables témoignages, ils exprimèrent la vérité sans manquer à aucune convenance. Il n'en fut pas toujours de même dans tout le cours de cette persécution. Mais, de peur que les ennemis du christianisme n'abusent de ce que nous avons dit du grand déclin de la piété parmi les chrétiens de cette époque, nous devons à la vérité et à la justice d'ajouter que ces odieuses persécutions furent exercées contre des hommes qui, alors même, et malgré tous leurs défauts, étaient les citoyens les plus fidèles, les plus paisibles et les plus recommandables de tout l'empire.

La Providence préparait alors un protecteur à l'Eglise. L'empereur Constance, voyant approcher sa mort, pria Galérius de lui renvoyer son fils Constantin. L'empereur d'Orient, après l'avoir retenu auprès de lui aussi long-temps qu'il lui fut possible, le laissa enfin partir, et il arriva à temps pour recevoir le dernier soupir de son père [1]. Constantin, qui lui succéda, accorda la plus complète tolérance aux chrétiens dans toute l'étendue de ses Etats; et la Providence les agrandit encore, afin que, comme un autre Cyrus, il pût donner la paix et la liberté à l'Eglise de Jésus-Christ. Rome et l'Italie demeurèrent pendant quelque temps sous la domination de Maxence, fils de Maximien; et, quoique ce fût un méprisable tyran, il ne paraît pas avoir été, strictement parlant, persécuteur des chrétiens. Mais Constantin passa enfin des Gaules en Italie, renversa Maxence, et devint l'unique maître de l'Occident. On prétend que ce fut pendant son expédition contre Maxence qu'il vit le miracle de la croix. Nous reviendrons sur ce sujet lorsque nous considérerons quels ont été le caractère religieux et la conduite de cet empereur. Maximien, dont Constantin avait épousé la fille, chercha plusieurs fois à ressaisir le pouvoir qu'il avait abdiqué,

---

[1] Constance fut enterré à Thoracum (York), dans la partie septentrionale de la Grande-Bretagne.

à la persuasion de Dioclétien, et son gendre le fit périr pour avoir conspiré contre sa vie.

L'an 310, Galérius fut frappé d'un mal incurable : ses membres inférieurs tombaient peu à peu en pourriture ; une infection insupportable se répandit dans tout le palais de Sardes, où il demeurait. Ce fut en vain qu'il eut recours aux médecins et aux idoles ; il passa une année entière dans cette horrible situation. Adouci à la fin par ses souffrances, il publia, l'an 311, un édit par lequel il ordonna de cesser la persécution contre les chrétiens, leur permit de rebâtir leurs églises, et les engagea à prier pour le rétablissement de sa santé. Dieu lui-même subjugua ainsi ce fier tyran. Les prisons furent ouvertes, et, entre autres personnes, on en vit sortir Donatus, ami de Lactance, qui y avait passé six ans. [1]

Galérius avait surpassé tous les empereurs par sa haine pour la religion de Jésus-Christ ; mais son neveu Maximin, qui gouvernait sous lui dans une portion de l'Orient, lui fut encore supérieur dans l'art de persécuter. Le paganisme était près d'expirer, et le prince des ténèbres trouva dans Maximin un agent bien propre à disputer chaque pouce de terrain. Sans se laisser influencer par l'exemple de Constantin, ou par la clémence que la maladie extorquait à Galérius, il supprima l'édit du dernier, et se contenta de donner verbalement des ordres pour arrêter la persécution. Cependant le préfet du prétoire, Sabinus, déclara la volonté de l'empereur, et assura ainsi l'accomplissement des vœux que lui inspirait son humanité. On relâcha les prisonniers, on délivra les confesseurs qui travaillaient dans les mines ; les grands chemins étaient couverts de chrétiens qui chantaient des psaumes

---

[1] De mort. persecut.

et des cantiques à Dieu en retournant dans leurs maisons et auprès de leurs amis, et toute la chrétienté présentait enfin un aspect de calme et de joie. Les païens eux-mêmes étaient amollis, et un grand nombre de ceux qui avaient travaillé à éteindre le nom chrétien commencèrent à être convaincus qu'une religion qui avait résisté à des attaques aussi formidables et aussi répétées devait être invincible et divine.

Ce calme ne dura cependant pas six mois entiers [1]. Galérius expira peu de jours après avoir promulgué son édit, tout son corps n'étant que pourriture. Sans entrer dans une description détaillée de ses souffrances, telles qu'elles nous sont rapportées par Lactance et par Eusèbe, on peut bien dire que celui qui s'était plu si long-temps à faire subir aux chrétiens les douleurs les plus cruelles, put dire à la fin, avec Adoni-Bezek : « Comme j'ai fait, Dieu m'a ainsi rendu. » [2]

Maximin visait à lui succéder dans tous ses Etats de l'Orient, mais il fut prévenu par Licinius, que Galérius avait nommé Auguste, et qui prit possession de l'Asie-Mineure. La Syrie, l'Egypte et toutes leurs dépendances demeurèrent soumises à Maximin, qui y renouvela la persécution, en usant de beaucoup d'artifices. Il défendit aux chrétiens, sous différens prétextes, de s'assembler dans leurs cimetières, et ensuite il travailla sous main à se faire adresser des pétitions par plusieurs villes pour demander qu'on ne permît pas aux chrétiens de se réunir dans leur enceinte. Théotecnus, gouverneur d'Antioche, lui fut d'un grand secours dans ces perfides menées. Il avait chassé les chrétiens des lieux où ils se tenaient cachés, et avait causé la mort de plusieurs d'entre eux. Il établit ensuite à

---

[1] Eusèbe, liv. IX, c. 2, etc. — [2] Juges I, 7.

Antioche un oracle de Jupiter, et consacra l'idole avec de magnifiques cérémonies. Jupiter déclara que les chrétiens devaient être bannis de la ville, et l'on dit à Maximin que c'était pour lui un devoir de piété et de politique que de persécuter les chrétiens. Tous les magistrats des villes soumises à Maximin suivirent l'exemple de Théotecnus, et les habitans païens envoyèrent des pétitions pour solliciter l'expulsion des chrétiens.

Maximin profita avec joie de prétextes aussi plausibles pour recommencer la persécution. On établit dans chaque ville et dans chaque village des prêtres idolâtres, et l'on mit au-dessus d'eux des grands-prêtres qui s'appliquèrent avec ardeur à soutenir le paganisme chancelant. On offrait des sacrifices avec beaucoup d'assiduité; et, pour donner plus de considération à ses nouveaux prêtres, Maximin les revêtit de manteaux blancs tels que les portaient les ministres du palais. Les personnes les plus distinguées remplissaient les charges importantes du culte idolâtre. On empêcha les chrétiens de construire des édifices destinés à leur culte, ou d'exercer leur religion en public ou en particulier, et l'on en revint à l'ancienne méthode de les obliger à sacrifier. A l'exemple de ce tyran, tous les païens de ses Etats travaillèrent à la ruine des chrétiens; et l'on se montra ingénieux à inventer les calomnies qui pouvaient leur faire le plus de tort.

De prétendus actes de Pilate et de notre Sauveur, qui étaient remplis de blasphèmes, furent publiés avec l'approbation de Maximin, et l'on donna des ordres pour qu'ils se répandissent en tous lieux, et pour que les maîtres d'école les fissent apprendre par cœur à leurs élèves. A Damas, un officier engagea quelques femmes perdues à confesser qu'elles avaient été chrétiennes, et qu'elles avaient été témoins des actions coupables qui se commettaient dans les assemblées le jour du Seigneur. Ces rapports scandaleux, et plusieurs autres, furent enregistrés, copiés, et envoyés à l'empereur, comme la confession authentique de ces femmes, et il les fit circuler dans tous ses Etats. L'officier qui avait inventé cette calomnie périt quelque temps après de sa propre main ; mais ces faux rapports fournirent un prétexte spécieux pour persécuter avec plus de fureur. Maximin, continuant à affecter une grande clémence, donna l'ordre aux préfets de ne pas ôter la vie aux chrétiens, mais de les punir par la perte des yeux et par l'amputation des membres. Il lui arriva cependant de faire périr des chrétiens, bien que l'expérience de tant d'années eût dû lui apprendre, ainsi qu'aux autres tyrans, que « le sang des martyrs était la semence de l'Eglise. »

Cette persécution se distingua de tout ce qu'on avait fait jusqu'alors par une sorte de raffinement. Maximin ne fit pas périr indistinctement des multitudes de chrétiens par d'horribles tortures, comme l'avait fait Galérius. On ôta la vie à plusieurs évêques et à quelques personnes distinguées ; on harassa les autres par toutes sortes de souffrances, excepté la mort, et l'on ne négligea rien pour déraciner le christianisme de l'esprit du peuple, et pour élever la génération suivante dans une profonde aversion pour le nom de chrétien. On grava les décrets des villes et les édits des empereurs contre les chrétiens, sur des plaques d'airain, qui furent fixées sur les murs des édifices publics. On n'avait jamais rien vu de pareil, et la persécution atteignit vers sa fin une perfection qu'on peut à juste titre appeler diabolique.

Une déclaration de l'empereur, attachée à un pilier de Tyr, montre avec quelle joie il avait reçu la pétition de cette ville contre les chrétiens. — Il loue Jupiter et les autres dieux, comme les auteurs de tout bien ; il rappelle aux habitans qu'ils avaient joui d'une grande prospérité depuis que le culte des anciens avait été rétabli ; qu'ils avaient maintenant d'abondantes récoltes ; qu'ils n'avaient ni pestes, ni tempêtes, ni tremblement de terre, et que la paix régnait dans tout l'empire, tandis qu'il en avait été tout autrement tant que le christianisme avait exercé une grande influence. Il ordonne que ceux qui persistaient encore dans leur erreur soient bannis de Tyr, comme le demandait la pétition. Cette déclaration donne une idée de toutes les autres, et l'on ne peut nier que Maximin, ou quelques uns de ceux qui l'entouraient, n'eussent beaucoup de capacité et d'activité ; toutefois il est déplorable de leur voir consacrer leurs talens à une pareille cause.

Dieu laissa tomber son Eglise jusqu'à ce degré de malheur, pour éprouver et purifier sa foi. Il y avait sans doute alors beaucoup de vrais chrétiens qui priaient ardemment le Seigneur de manifester sa puissance en faveur de son Eglise, et il daigna exaucer leurs prières. Tandis que des messagers portaient de tous côtés des déclarations semblables à celle qui avait été appliquée sur les murailles de Tyr, on vit commencer une grande sécheresse, et une famine inattendue désola les Etats de Maximin. Elle fut suivie d'une peste caractérisée par des ulcères brûlans. Le mal se répandait sur tout le corps, et principalement sur les yeux ; et beaucoup de personnes en perdirent la vue. Les Arméniens, voisins et alliés de l'empire d'Orient, commencèrent la guerre contre Maximin ; ils étaient disposés à favoriser les chrétiens, et Maximin les excita à l'attaquer en portant la persécution jusque chez eux. Les projets de Maximin se trouvèrent ainsi renversés, et ses orgueilleuses paroles furent confondues. La peste et la famine ravageaient tout le pays, et les rues étaient jonchées de cadavres. Les chrétiens, excités par la piété et par la crainte de Dieu, étaient les seuls qui s'employaient à faire du bien : on les voyait chaque jour occupés à soigner les malades et à enterrer les morts, tandis que beaucoup de païens étaient négligés par leurs propres amis. Ils réunissaient aussi des multitudes de pauvres, et leur distribuaient du pain ; imitant ainsi leur Père céleste, qui fait tomber sa pluie sur les justes et sur les injustes. Les chrétiens se montraient supérieurs à tous les autres hommes comme membres de la société ; l'Eglise de Christ révélait encore son existence par des fruits qui lui sont particuliers, et qui contribuent à la gloire de son Dieu et Sauveur.

Vers la fin de l'année 312, mourut l'empereur Dioclétien, qui avait gouverné l'empire avec prospérité pendant vingt ans. Vers la fin de son règne, il commença à persécuter l'Eglise, et ayant abdiqué peu de temps après, il vécut encore sept ans dans la vie privée ; heureux si des motifs de piété l'avaient déterminé à cette démarche ! Mais les maux dont il avait été le premier auteur continuèrent sous des tyrans plus féroces que lui, et il vécut, non seulement pour être témoin de ces malheurs sans pouvoir en arrêter le cours, lors même qu'il l'aurait désiré, mais aussi pour voir ses successeurs traiter avec la plus grande injustice sa fille Valéria, veuve de Galérius, et sa propre femme Prisca, et pour être réduit à solliciter vainement leur délivrance. Il mourut enfin rongé d'ennui et de chagrin ; monument frappant de l'instabilité des grandeurs humaines.

Sa femme et sa fille lui survécurent, et, après de longues souffrances, elles furent mises à mort par

Licinius. Il est étranger au but de cet ouvrage de s'étendre sur leur histoire, qui est d'ailleurs demeurée enveloppée de mystère. L'on ne sait pas pourquoi elles furent aussi cruellement persécutées, d'abord par Maximin, et ensuite par Licinius. On peut présenter simplement comme une conjecture qu'il est bien possible que ces deux princesses, qui avaient favorisé le christianisme dans les jours de leur grandeur, et qui s'étaient ensuite souillées en sacrifiant aux faux dieux, d'après l'ordre de Dioclétien, aient souffert plus tard par suite de leur amour pour l'Évangile, bien que leurs persécuteurs ne voulussent pas attribuer à cette cause les mauvais traitemens qu'ils leur firent éprouver. Maximin était certainement capable d'une semblable cruauté, et bien que Licinius se soit montré quelque temps favorable aux chrétiens, nous verrons plus tard que son caractère ne dément pas la supposition que nous faisons ici.

Dans l'année 313, il y eut une guerre entre Licinius et Maximin, qui aspiraient tous deux à soumettre tout l'Orient à leur domination. Avant la bataille décisive, Maximin promit à Jupiter que s'il obtenait la victoire, il abolirait le nom chrétien. Licinius fut excité par un songe à supplier d'une manière solennelle le Dieu suprême, avec toute son armée [1]. Il donna ses ordres à ses soldats, et ils prièrent sur le champ de bataille, faisant usage des paroles mêmes qu'il avait entendues dans son rêve. La victoire se décida en faveur de Licinius, et Maximin, en conséquence de cet événement, publia un décret équivoque, par lequel il défendit d'inquiéter les chrétiens, sans aller jusqu'à leur accorder la liberté de célébrer publiquement leur culte [2]. Les fidèles de ses États con-

---

[1] Lact. de M. P. — [2] Eusèbe, liv. x, c. 9.

naissaient trop la haine qu'il leur portait pour oser s'assembler, tandis que le reste de la chrétienté jouissait de la paix et de la tranquillité sous les auspices de Constantin et de Licinius, qui proclamèrent une tolérance complète de toutes les religions.

Dieu voulait cependant appesantir sa main sur le tyran Maximin. Furieux du revers qu'il venait d'éprouver, il fit périr plusieurs prêtresses, plusieurs prophètes de ses faux dieux, qui l'avaient séduit par le vain espoir d'un empire universel dans l'Orient. Et voyant que son dernier édit ne lui avait pas attiré la confiance des chrétiens, il en publia un autre qui leur était aussi complétement favorable que celui de Constantin et de Licinius, donnant ainsi au monde le spectacle nouveau d'empereurs qui cherchaient à se faire des partisans de ces chrétiens si long-temps persécutés. Bientôt après, une horrible plaie se répandit sur tout son corps; il se sentait dévoré par un feu secret : les souffrances qu'il éprouvait lui faisaient sortir les yeux de la tête; et dans sa détresse, il commença à sentir qu'il était frappé par un juste jugement de Dieu [1]. Il s'écriait dans ses angoisses: « Ce n'est pas moi, ce sont les autres qui l'ont fait. » La force toujours croissante des tourmens l'amena enfin à confesser ses crimes; par moment il implorait Jésus-Christ, et le suppliait d'avoir pitié de sa misère; il se reconnut vaincu, et rendit l'esprit. [2]

Ainsi se termina la plus mémorable de toutes les attaques de Satan contre l'Eglise chrétienne.

---

[1] Lactance nous dit que la cause immédiate de sa mort fut du poison qu'il but dans un accès de rage. Mais le récit d'Eusèbe est plus probable; car Lactance convient qu'il vécut quatre jours dans ces tourmens.

[2] Il est remarquable que tous ceux qui s'associèrent aux crimes de Maximin participèrent aussi à son châtiment. On distingue

Depuis cette époque, il n'a plus eu le pouvoir de persécuter les chrétiens, en qualité de chrétiens, dans les limites de la civilisation romaine en Europe. Nous ne pouvions passer légèrement sur l'effort le plus violent qui ait jamais été tenté pour détruire l'Évangile. Si l'on trouve dans notre récit des choses qui approchent de la nature des miracles, plus que ces faits qui composent généralement l'histoire, la grandeur de la lutte assigne une cause à ces divines interventions, et leur donne ainsi plus de crédibilité. Un scepticisme plus hardi que jamais distingue l'époque où nous vivons; mais dans tous les siècles les hommes pieux et instruits ont tous reconnu que le bras de Dieu était alors levé d'une manière merveilleuse sur son Église pour la châtier et la purifier, et pour démontrer la vérité de la religion chrétienne aux plus orgueilleux et aux plus cruels de ses ennemis; ils ont reconnu que le Très-Haut aura une Église dans le monde qui le glorifiera en dépit des efforts combinés de la terre et de l'enfer, et que cette Église contient dans son sein tout ce qui mérite le nom de véritable vertu et de véritable sagesse.

CHAPITRE II.

ÉTAT DE LA RELIGION CHRÉTIENNE SOUS CONSTANTIN.

Constantin éprouva dès son enfance de la prédilection pour le christianisme. Son père Constance aurait pu dire comme le roi Agrippa, qu'on

---

parmi eux Culcien, le sanguinaire gouverneur de la Thébaïde, et Théotecnus. Licinius força les enchanteurs de découvrir les fraudes de ceux qui les avaient employés, et ils furent mis à mort tous ensemble avec les enfans et les parens du tyran.

lui avait presque persuadé d'être chrétien ; l'un et l'autre furent probablement retenus par la même crainte de l'homme et par le même amour pour le monde. Il a été dit de Constance qu'il condamnait le polythéisme qui régnait de son temps, et qu'il adorait un seul Dieu, créateur de toutes choses [1]. Dans son palais il avait beaucoup de chrétiens, et même des ministres de l'Evangile, qui priaient publiquement pour l'empereur.

La connaissance de ces faits, jointe au contraste remarquable qui existait entre le caractère moral de son père et celui des autres empereurs, devait avoir produit une impression favorable à la religion chrétienne sur un esprit aussi développé que celui de Constantin, bien que des vues plus profondes de la corruption humaine et de notre état de condamnation devant Dieu aient été nécessaires pour le porter à entrer complétement dans l'esprit de l'Evangile. Un homme encore dominé par l'esprit du monde peut éprouver le besoin d'un secours divin, lorsqu'il se sent agité par l'approche d'événemens importans. Constantin était dans cet état d'angoisse lorsqu'il se rendait en Italie pour combattre Maxence ; car il ne pouvait se dissimuler que cette expédition devait avoir pour résultat d'étendre son empire ou de ruiner entièrement ses espérances. Il sentait qu'il était nécessaire que quelque dieu le protégeât dans son entreprise ; celui qu'il était le plus porté à respecter, était le Dieu des chrétiens ; mais il désirait avoir quelque preuve de son existence et de son pouvoir ; il ne comprenait pas quels étaient les moyens d'acquérir cette preuve, et ne pouvait se contenter de cette indifférence produite par une sorte d'athéisme dans laquelle ont vécu et sont morts depuis cette époque

---

[1] Eusèbe, vie de Constantin, XVII.

tant de héros et de chefs d'armées [1]. Sa victoire sur le tyran fut très frappante ; et il y avait aussi quelque chose de bien remarquable dans la crédulité de Maxence, qui s'était vainement reposé sur les oracles païens qui l'avaient encouragé à disputer l'empire à Constantin.

Eusèbe nous apprend que Constantin commença à cette époque à lire les Écritures, et qu'il protégea toute sa vie les pasteurs de l'Eglise. On peut douter qu'il aimât réellement l'Evangile et qu'il eût éprouvé son influence sur son propre cœur ; mais d'après tout le cours de sa vie publique, il est certain qu'il le regardait comme vrai et comme divin.

Il ne se vit pas plus tôt maître de Rome, par la défaite de Maxence, qu'il fit placer une lance en forme de croix entre les mains de la statue qu'on lui érigea à Rome. Il fit construire des églises, et montra beaucoup de libéralité envers les pauvres. Il engagea les évêques à se réunir dans des synodes, les encouragea par sa présence, et ne négligea aucun moyen de donner à l'Eglise plus de grandeur et d'autorité [2]. Licinius, son associé à l'empire dans l'Orient, commença à la même époque ses persécutions.

Malgré les preuves qu'il avait eues de l'intervention divine en faveur de l'Evangile, durant sa lutte

---

[1] Eusèbe rapporte qu'après avoir prié, il continuait à marcher à la tête de ses troupes, lorsqu'il vit dans le ciel une croix avec cette inscription : « *Tu vaincras par ce signe* », et que cette vue produisit sur son esprit une impression qui l'amena ensuite à se décider en faveur du christianisme ; mais ce récit est lui-même un sujet de controverse, et comme aucune vérité importante du christianisme ne s'y rattache, il est inutile de s'arrêter à le discuter. Eusèbe dit que Constantin lui-même lui avait appris ce fait, et l'avait confirmé par un serment. Ed.

[2] C'est à l'histoire séculière qu'il appartient de décrire les événemens de ce règne, et les exploits militaires de ce prince magnanime et guerrier.

avec Maximin, la force des anciens préjugés dont il s'était nourri sous le règne de Galérius, l'emporta enfin, en même temps que la corruption naturelle au cœur de l'homme, et poussa Licinius à renouveler la persécution. Il interdit aux chrétiens la réunion de leurs synodes, chassa les fidèles de sa cour, défendit aux femmes d'assister aux assemblées publiques des hommes, et ordonna qu'elles seraient enseignées par des personnes de leur sexe. Il éloigna de ses armées ceux qui refusaient de sacrifier, et défendit qu'on leur accordât aucun secours dans leurs besoins. Il alla encore plus loin : il fit périr des évêques, et détruisit des églises. Sa cruauté se fit surtout ressentir à Amasie dans le Pont. Il n'était pas probable que Licinius pût marcher long-temps dans cette voie, sans se brouiller avec Constantin; et en effet la guerre commença bientôt. Licinius s'en rapporta à l'événement pour décider sur la vérité ou la fausseté de l'Evangile. Cet appel était bien téméraire; mais Dieu lui répondit selon qu'il l'avait demandé : il perdit tout à la fois l'empire et la vie.

Rien de ce que nous trouvons chez Constantin, chez ses évêques favoris, ou dans l'ensemble de l'Eglise, ne nous annonce que l'esprit de la vraie piété dominât à cette époque; nous voyons, au contraire, beaucoup de pompe et d'apparat, des superstitions grossières, et des formes insignifiantes. Telle est l'impression que produit le tableau tracé par Eusèbe. L'histoire ne nous fournit presque point de matériaux; mais nous les présenterons sommairement pour montrer quel était alors l'aspect du christianisme, et préparer ainsi nos lecteurs à mieux comprendre la grande controverse qui va bientôt nous occuper.

Si nous nous arrêtons à l'apparence extérieure du christianisme, on ne peut rien voir de plus brillant. Un empereur, plein de zèle pour la propagation de la vraie religion, rend à l'Eglise tout ce qu'on lui avait enlevé, dédommage ceux qui avaient souffert, honore les pasteurs, et recommande aux gouverneurs des provinces de travailler à l'avancement de la cause de Christ; et sans vouloir obliger ni eux ni personne à faire profession de christianisme, il leur défend cependant d'offrir les sacrifices qu'ils présentaient autrefois en qualité de préfets. Il élève des églises magnifiques composées de parties distinctes, qui correspondaient sous quelques rapports à celles du temple de Salomon; il montre un grand zèle pour le véritable ou prétendu sépulcre de Jésus à Jérusalem, et l'enferme dans un superbe édifice. Sa mère Hélène remplit le monde romain de ses actes de munificence en faveur de la religion; et après avoir bâti plusieurs églises et entrepris plusieurs voyages pour manifester son zèle, elle meurt avant son fils, à l'âge de quatre-vingts ans.

Constantin détruit les temples d'idoles, interdit les cérémonies païennes, met fin aux barbares combats des gladiateurs, se tient debout dans un respectueux silence pour entendre le sermon d'Eusèbe l'historien, évêque de Césarée; lui donne des exemplaires des Ecritures pour l'usage des églises; ordonne l'observation des fêtes des martyrs; établit à sa cour l'usage de lire l'Ecriture et de faire des prières; consacre des églises avec beaucoup de solennité, et fait lui-même des discours chrétiens, dont un fort long nous a été conservé par Eusèbe; il ordonne d'observer le jour du Seigneur; il y ajoute le vendredi, jour de la crucifixion de Christ, et apprend aux soldats de ses armées à prier, en faisant composer pour eux un court formulaire de prières.—Il ne se contente pas de ce qu'il fait pour la religion dans son empire: il écrit à Sapor, roi de

Perse, pour lui recommander les chrétiens de ses Etats.

On peut regretter d'être obligé de jeter une ombre sur un pareil tableau. Mais quelque avantageuse qu'ait été pour la société l'abolition d'usages licencieux, impies et cruels, et quelque précieux que soient les bienfaits du christianisme, lorsqu'on le compare avec les erreurs des païens, si cet édifice n'est appuyé sur les véritables principes de l'Evangile, sa belle apparence ne l'empêche pas d'être faible et chancelant. Sans anticiper sur ce qu'il sera plus convenable d'examiner plus tard, nous pouvons observer ici qu'il paraît avoir existé chez Eusèbe et chez quelques uns de ses amis, et probablement aussi chez l'empereur lui-même, une disposition dont ils n'avaient peut-être pas eux-mêmes le sentiment, à rabaisser le Fils de Dieu [1]. Dans son discours pour la dédicace de l'église de Tyr, Eusèbe distingue une première et une seconde cause, et s'applique soigneusement à donner exclusivement au Père le titre suprême. On ne trouve guère la saveur du vrai christianisme dans ses sermons ; il assigne différens motifs à la venue de Christ dans le monde, et bien qu'il mentionne entre autres l'œuvre de la Rédemption et le sacrifice pour le péché, il n'en parle qu'en passant, et beaucoup trop légèrement. Dans un autre de ses écrits, il rabaisse aussi le Saint-Esprit ; mais il faut avouer qu'il est tellement rhéteur et si peu clair dans ses discours théologiques, qu'il est difficile d'en extraire aucune proposition précise.

Des erreurs de doctrine si importantes ne pouvaient manquer d'exercer une grande influence sur la pratique. La piété extérieure était florissante ;

---

[1] Il est difficile de disculper Eusèbe de l'accusation d'affaiblir la doctrine de la divinité de Jésus-Christ. Origène était son autorité favorite, et Origène a été exposé à des reproches sur ce sujet.

les sociétés monastiques s'accroissaient en plusieurs lieux; mais la foi, la charité et l'affection pour les choses d'en haut étaient rares. Il y avait cependant, nous pouvons l'espérer, parmi les chrétiens pauvres et obscurs, beaucoup plus de piété qu'on n'en pouvait voir dans les cours, parmi les évêques et les personnes de haut rang. La véritable doctrine de la conversion ou de la régénération était très mal comprise; on lui substituait souvent le baptême extérieur, et l'on connaissait à peine à cette époque la vraie doctrine de la justification par la foi, et l'influence pratique des souffrances et du triomphe d'un Sauveur crucifié pour consoler les consciences troublées. Il y avait beaucoup de religion extérieure, mais ce n'était pas là ce qui pouvait rendre les hommes saints, ni dans le cœur, ni dans la vie. Ce qui fait le plus de tort au caractère de Constantin, c'est qu'à mesure qu'il devenait plus vieux il opprimait davantage et ses sujets et les membres de sa famille, et déployait une magnificence vraiment orientale et toujours croissante. Les faits montreront combien il y avait alors peu d'humilité et de charité dans le monde chrétien, tandis que la superstition et l'esprit de propre justice faisaient de rapides progrès; et ceux qui faisaient profession d'embrasser l'Evangile de Jésus-Christ ne sentaient pas sa véritable excellence.

Le schisme des Donatistes jette du jour sur les mœurs des chrétiens. Pendant le temps où la persécution durait encore dans l'Orient, après avoir entièrement cessé en Occident, un concile d'évêques voisins de Carthage s'étaient assemblés pour donner un successeur à Mensurius, évêque de cette ville; ce concile était moins nombreux qu'à l'ordinaire, par suite des intrigues de Botrus et de Célésius, qui aspiraient tous deux à cette charge, qu'ils n'obtinrent ni l'un ni l'autre, l'élection étant tombée sur Cœcilien le diacre. On avait observé en cette occasion toutes les formalités nécessaires pour la nomination d'un évêque ; car Cœcilien avait le suffrage de toute l'Église. Les deux candidats rejetés protestèrent contre l'élection, et ils furent appuyés par une dame très riche, nommée Lucilla, qui se montrait depuis long-temps rebelle à la discipline de l'Église. Donat des Cases noires, qui avait déjà été schismatique, s'offrit pour être le chef de la faction ; plusieurs évêques, qui avaient été piqués de n'avoir pas été convoqués pour la consécration de Cœcilien, se joignirent à lui : soixante et dix évêques, dont plusieurs avaient été *traditeurs*[1], se rassemblèrent à Carthage pour déposer Cœcilien.

Il fallait que les pasteurs de l'Église d'Afrique fussent à cette époque bien corrompus, pour pouvoir se réunir en si grand nombre pour imposer un évêque à l'Église de Carthage, contre le sentiment général des chrétiens de cette ville, quoiqu'ils n'eussent aucun tort à reprocher à celui qui possédait l'affection du peuple, et qu'ils n'eussent même aucune accusation à présenter contre lui ; ils persévérèrent cependant, et consacrèrent un certain Majorin, affidé de Lucilla, qui appuya l'ordination en donnant de grandes sommes d'argent, que les évêques partagèrent entre eux.

Telle est l'origine de la secte des Donatistes, qui, tant par son origine que par la conduite et l'esprit de ses membres, paraît tout-à-fait indigne d'être comparée à celle des Novatiens, chez lesquels il y avait beaucoup de véritable piété.

[1] Nom par lequel on proclamait l'infamie de ceux qui avaient sauvé leur vie pendant la persécution, en livrant aux persécuteurs les saintes Écritures ou les objets qui appartenaient aux églises.

Nous n'entrerons pas dans le détail de la conduite de Constantin envers les donatistes; il avait certainement un grand respect pour tout ce qu'il regardait comme chrétien. Il examina à plusieurs reprises, et avec beaucoup d'impartialité et de patience, l'affaire des donatistes, et cet examen tourna toujours à leur confusion; ils excitaient les magistrats à priver les pasteurs chrétiens du bénéfice des lois impériales qui les exemptaient de remplir les emplois publics, et s'efforçaient de leur ôter leurs églises, tellement que l'empereur, irrité de leur conduite, en vint à la fin à confisquer les lieux où ils s'assemblaient. Silvain, un des évêques donatistes, ayant été convaincu d'avoir livré les vases sacrés, de s'être rendu coupable de simonie dans l'ordination d'un évêque, et d'avoir privé les chrétiens de leur église, fut banni avec quelques uns de ceux qui le soutenaient. Cependant telle était la bonté de Constantin envers tout ce qui portait le nom de chrétien, qu'il les rappela bientôt, et accorda la tolérance religieuse à tout le parti.

Combien la nature humaine est corrompue! L'Église jouissait de la paix extérieure et même de la prospérité, et cependant nous voyons partout des querelles et des divisions et un indigne esprit d'avarice et d'ambition : tant les chrétiens étaient ingrats pour les faveurs dont les comblait alors la Providence. Un autre fléau semblait donc nécessaire, fléau qui était, à la vérité, le fruit de leurs vices, mais qui fut néanmoins évidemment assigné par le Seigneur pour le châtiment de l'Église. Satan vit que son temps était venu; la pure vérité de la doctrine n'était alors trop communément que simple spéculation. Les hommes étaient mûrs pour une grave altération de la doctrine de Christ; ceux qui avaient étudié la philosophie platonicienne avaient adopté secrètement des opinions fausses ou équivoques sur la personne de Jésus-Christ. Origène avait frayé le premier cette voie dangereuse; Eusèbe l'historien augmenta le mal par une trop prudente réserve. On fit enfin une attaque hardie et déclarée contre la divinité du fils de Dieu, et la persécution fut excitée contre les chrétiens par ceux-là mêmes qui portaient le nom de chrétiens. Les enfans de Dieu furent éprouvés et épurés dans la fournaise de l'affliction ; tandis que la multitude de ceux qui prenaient le titre de chrétiens fut ravagée par la violence, l'intrigue et de scandaleuses animosités, à la profonde douleur de ceux qui aimaient Jésus-Christ, et qui marchaient dans ses voies avec une pieuse simplicité.

CHAPITRE III.

DE LA CONTROVERSE ARIENNE JUSQU'A LA MORT DE CONSTANTIN. [1]

Pierre, évêque d'Alexandrie, avait souffert le martyre dans la persécution de Dioclétien. Un grand nombre de personnes s'étaient rétractées, à cette époque, pour sauver leur vie, entre autres Mélèce, évêque égyptien; cet homme avait un esprit factieux et entreprenant, et Pierre l'ayant déposé avant son martyre, il se sépara de sa communion, continua à demeurer évêque, de sa propre autorité, et conféra les ordres à d'autres ministres : ses disciples ne furent cependant pas accusés d'avoir altéré la pure doctrine. Mélèce ne fut pas le seul qui troublât l'Église et exerçât la patience de Pierre; Arius d'Alexandrie avait fait d'abord con-

[1] Socrates, I, 6.

cevoir de flatteuses espérances, mais dès que le parti de Mélèce fut formé, il épousa sa cause. Il l'abandonna quelque temps après, et se réconcilia avec Pierre, qui l'ordonna diacre; mais ayant condamné la sévérité de l'évêque, qui ne reconnaissait pas la validité du baptême des méléciens, et donné d'autres preuves d'un esprit indocile et remuant, il fut chassé une seconde fois de l'Église. Peu de temps après, Pierre fut appelé à son repos par le martyre.

Achillas lui succéda, et Arius, ayant fait des actes de soumission, rentra en faveur auprès de lui. Avec de l'intelligence et de la capacité, on s'attire facilement la considération parmi les hommes, et Arius était doué de moyens très remarquables; sa taille était élevée, et sa personne avait quelque chose de vénérable; ses vêtemens étaient simples et presque monastiques; ses mœurs étaient graves et sévères, sa conversation agréable et insinuante, et il était profondément versé dans la logique et dans toutes les connaissances qui donnaient alors de la réputation dans le monde.[1]

Tel était le célèbre Arius, qui a donné son nom à une des plus graves hérésies qui aient jamais désolé l'Église, et on peut lui appliquer, avec quelques légers changemens, les paroles de Cicéron dans son portrait de Catilina[2] : « S'il n'avait possédé quelque apparence de vertu, il n'aurait pu former un si grand dessein, ni devenir un si formidable adversaire. » On ne peut réussir à égarer les âmes sans une belle apparence de moralité; c'est là ce qui manquait à Paul de Samosate, aussi n'eut-il qu'un éclat éphémère.

Achillas revêtit Arius de l'office de prêtre, charge plus importante dans l'église d'Alexandrie

---

[1] Sozomen. liv. xv. — [2] Orat. pro Cælio.

que dans beaucoup d'autres, parce qu'à cette époque chaque prêtre avait une congrégation distincte, et n'était pas envoyé alternativement dans différentes églises selon la volonté de l'évêque, comme cela se pratiquait dans d'autres diocèses.

Alexandre, qui succéda à Achillas sous Constantin, traita Arius avec beaucoup de considération, et se montra d'abord peu disposé à le censurer pour ses dangereuses spéculations en matière de religion. L'orgueil du raisonnement entraîna Arius à soutenir qu'il y avait un temps où le fils de Dieu n'était pas, qu'il était susceptible de vertu et de vice, qu'il était une créature, et qu'il était sujet au changement comme le sont les créatures [1]. Tandis qu'il propageait ces opinions, bien des membres de l'Eglise blâmèrent Alexandre de ce qu'il tolérait de pareilles choses. La nécessité le réveilla à la fin ; et, quelque répugnance qu'il éprouvât à entrer en lice, il affirma devant Arius et les autres membres de son clergé [2] qu'il y avait unité dans la Trinité. Arius prétendit que parler ainsi, c'était renouveler le Sabellianisme ; et, se jetant dans l'extrême opposé, il dit : « Si le père a engendré le fils, celui qui est engendré a un commencement d'existence ; d'où il s'ensuit évidemment qu'il y a eu un temps où il n'était pas. »

Ce récit a été présenté en suivant les deux historiens, plutôt dans le but de les accorder ensemble que d'après la conviction que cette dispute ait véritablement eu pour origine le zèle d'Alexandre à s'opposer aux progrès de l'arianisme. Quoi qu'il en puisse être, Arius tomba évidemment dans le péché commun à toutes les hérésies, le désir d'expliquer par notre raison le mode d'existence de choses qu'il nous est ordonné de croire sur le seul témoignage

---

[1] Sozomen. liv. 1, c. 15. — [2] Socrates, 1, 5.

de Dieu. Plusieurs membres du clergé se joignirent au prêtre orgueilleux, et il ne fut plus au pouvoir d'Alexandre d'empêcher un examen solennel de la question qui avait été soulevée ; il procéda lui-même lentement et avec beaucoup de précautions [1], tandis que plusieurs personnes graves, distinguées comme Arius par leur capacité et leur éloquence, embrassaient son hérésie. Arius prêchait sans relâche à son église, répandait ses opinions dans toutes les sociétés, et gagna ainsi beaucoup de gens du commun peuple : un assez grand nombre de femmes qui faisaient profession de s'être vouées à la virginité embrassèrent sa cause, et Alexandre voyait continuellement miner l'ancienne doctrine de l'Eglise [2]. Ayant essayé en vain les argumens et les mesures de douceur, il convoqua un synode d'évêques, qui se réunit à Alexandrie, condamna la doctrine d'Arius, et le chassa de l'Église avec neuf de ses adhérens.

Le meilleur moyen de savoir distinctement quelles étaient les opinions d'Arius, c'est de comparer les témoignages de ses amis avec ceux de ses ennemis. On avait déjà fait quelques essais équivoques et secrets pour affaiblir l'idée de la divinité du Fils de Dieu. Eusèbe l'historien admettait son éternité, mais il n'était pas disposé à reconnaître qu'il fût égal au Père. Arius alla plus loin : il dit que le Fils était sorti d'un état de non-existence ; qu'il n'était pas avant qu'il eût été fait ; que celui qui est sans commencement a mis son Fils au commencement des choses qui sont créées, et que Dieu a fait un être qu'il a appelé Parole, Fils et Sagesse, par lequel il nous a créés. D'après ces expressions et d'autres semblables, on voit évi-

---

[1] Sozomen, 1, 5.
[2] Théodor. liv. 1, c. 2. *Voyez* la vie d'Athanase, par Cave.

demment ce qu'est l'arianisme : l'épître [1] d'Arius lui-même, conservée par Théodoret, représente ses opinions de la même manière que ses adversaires, et prouve que jusque là du moins l'on n'a commis aucune injustice à son égard.[2]

Il est facile de dire que le silence et la charité auraient été des deux côtés le meilleur moyen de maintenir la paix; mais parler ainsi serait faire supposer que la controverse était peu importante. Nul vrai chrétien ne peut regarder comme une chose indifférente de croire que son Sauveur est le créateur ou la créature. L'âme est d'un trop grand prix pour qu'on la hasarde ainsi on ne sait sur quoi. Et tous les chrétiens humbles et charitables pensèrent alors, que persister à blasphémer Dieu était au moins un mal aussi pernicieux que de persévérer dans l'ivrognerie et dans le vol. Ils se

---

[1] Théod. liv. 1, c. 5.
[2] Le lecteur jugera par lui-même de cette épître : nous la donnons ici en entier, bien qu'elle contienne plusieurs choses qui n'ont aucune importance par rapport à la controverse qui nous occupe. C'est le seul fragment qui nous reste des écrits d'Arius, et par conséquent le plus authentique de tous les documens, pour décider cette question : *Qu'est-ce que l'arianisme?*

Épître d'Arius à Eusèbe, évêque de Nicomédie.

« A mon très cher seigneur Eusèbe, homme de Dieu, fidèle et orthodoxe, Arius, injustement persécuté par le père Alexandre, pour l'amour de la vérité, qui triomphe de tout, dont vous êtes vous-même le défenseur, joie dans le Seigneur! Mon père Ammonius partant pour Nicomédie, j'ai cru qu'il était de mon devoir de vous écrire par lui, et en même temps d'informer cette profonde charité et cette bonté que vous avez pour les frères, pour l'amour de Dieu et de son Christ, que l'évêque nous tourmente et nous persécute, mettant tout en mouvement contre nous, étant allé jusqu'à nous chasser de la ville comme des athées, parce que nous ne sommes pas d'accord avec lui, qui dit publiquement : « Toujours Dieu, toujours le Fils : le Père et le Fils ont toujours subsisté en même temps; le Fils existe avec Dieu sans être engendré; il est toujours engendré, et cependant n'est pas engendré : Dieu ne précède pas le Fils dans la pensée un seul moment; toujours Dieu, toujours le Fils; le Fils procède de Dieu même. » Et quand Eusèbe de Césarée votre frère, Théodote,

crurent donc obligés de se joindre à Alexandre contre Arius.

Le silence eût été un péché en pareil cas, bien qu'on ne puisse jamais assez déplorer qu'on se soit tant écarté de l'humanité et de la charité, dont l'exercice se serait parfaitement accordé avec un zèle sincère pour la doctrine de la Trinité : la vraie religion était alors sur le déclin; l'Eglise portait encore une empreinte divine, mais elle était déjà souillée et déshonorée. Dans le grand nombre de ceux qui se joignirent à l'évêque d'Alexandrie par prévention, par mode ou par d'autres motifs, nous devons chercher ceux qui étaient animés d'un sincère amour pour Dieu; car ce sont précisément ces chrétiens-là qui font le sujet de cette histoire. Les principes d'Arius et de ses partisans, et, d'après le témoignage des historiens, nous pouvons aussi ajouter leurs actions, les rendent indignes d'être comptés au nombre des chrétiens fidèles et éclairés.

Paulin, Grégoire, Ætius et tous les évêques de l'Orient, ont dit que Dieu, qui n'a pas eu de commencement, existait avant le Fils, ils ont été condamnés, excepté seulement Philogone, Hellanique et Macaire, hérétiques ignorans, qui appellent le Fils, les uns une expiration, les autres une projection, et les autres encore disent que le Fils est engendré en même temps que le Père.

« Nous ne pouvons supporter d'entendre ces impiétés, quand ces hérétiques nous menaceraient de dix mille morts. Mais ce que nous disons et pensons, ce que nous avons enseigné et enseignons, c'est que le Fils n'est point non engendré, ni portion du non engendré en aucune manière, ni tiré d'aucun sujet; mais que par la volonté et le conseil du Père, il a subsisté avant le temps et avant les siècles, pleinement Dieu, seulement engendré, mais sans mélange d'aucun objet hétérogène, et qu'avant qu'il fût engendré, ou créé, ou terminé, ou fondé, IL N'ÉTAIT PAS; car il n'était pas non-engendré. Nous sommes persécutés parce que nous disons LE FILS A UN COMMENCEMENT; mais Dieu est sans commencement : c'est pour cela que nous sommes persécutés, et parce que nous disons que le Fils est tiré d'un état de NON-EXISTENCE, et nous parlons ainsi, parce qu'il n'est ni une portion de Dieu, ni tiré d'un sujet. C'est pour cela qu'on nous persécute; vous savez le reste. Je prie pour que vous soyez fort dans le Seigneur, vous souvenant de nos afflictions. »

Le monde chrétien ne présenta plus que de déplorables scènes d'animosité et de querelles. Les orthodoxes et les hérétiques travaillèrent de tout leur pouvoir à soutenir leurs diverses prétentions : les uns et les autres négligèrent trop la religion pratique, et l'oubli, ou du moins la profonde décadence de la religion expérimentale, priva les premiers de la meilleure méthode de soutenir la vérité, qui aurait été de montrer son lien nécessaire avec la vertu et la véritable piété. Les Gentils [1] virent la lutte engagée et triomphèrent; ils tournèrent même en ridicule, sur leurs théâtres, ces disputes des chrétiens. Alexandre soutint sa cause par ses lettres et par ses discours ; et il prouva son système d'après les Ecritures, autant que la simple argumentation le peut faire, tandis qu'Arius se fortifiait en formant des alliances avec différens évêques, et en particulier avec Eusèbe de Nicomédie, qui soutenait l'arianisme de tout son pouvoir. Cet Eusèbe avait d'abord gouverné l'église de Béryte en Syrie, et en résidant dans la métropole, il eut occasion d'acquérir du crédit auprès de Constantin. Dans un second synode tenu à Alexandrie, près de cent évêques condamnèrent Arius, et il fut obligé de quitter cette ville pour aller chercher des appuis dans d'autres provinces de l'empire.

L'an 324, Constantin, qui était à Nicomédie, et qui avait l'intention de s'enfoncer davantage dans l'Orient, fut retenu par les nouvelles de ces querelles, tant les affaires de l'Eglise étaient devenues importantes, et bien qu'il soit si difficile de trouver à cette époque un véritable esprit de piété. L'empereur travailla sincèrement à réparer la brèche; il était certainement sincère dans son respect

---

[1] Dans le langage de ce temps, on appelait Gentils le monde païen.

[2] Il ne faut pas le confondre avec Eusèbe de Césarée l'historien.

pour le christianisme, tel qu'il le comprenait; mais nous ne trouvons dans sa conduite, par rapport aux affaires de l'Eglise, aucune trace de cette pénétration et de ce discernement qui lui ont acquis une si grande réputation dans l'histoire. Il écrivit à Alexandre et à Arius, les blâma tous les deux, n'entra dans aucune explication, mais exprima le désir qu'il avait de les voir d'accord. Il envoya la lettre par Osius, évêque de Cordoue, qui s'était distingué par sa foi et par sa piété dans les dernières persécutions. Osius s'efforça de faire la paix, mais c'était entreprendre l'impossible; les deux partis étaient formés, et ils étaient obstinés; les motifs mondains étaient trop prédominans dans l'un et dans l'autre pour qu'on pût les amener à un rapprochement; et, quant à ceux qui aimaient tout à la fois la vérité et la paix, ils ne pouvaient sacrifier la première à la dernière, quelque désir qu'ils pussent éprouver de les voir régner ensemble. La dispute ne reposait pas sur un objet frivole, mais sur un point fondamental de la religion.

Constantin prit enfin la résolution de réclamer le secours de toute l'Eglise chrétienne, et le concile de Nicée fut convoqué.

Des évêques de toutes les parties du monde chrétien se réunirent à Nicée en Bithynie, l'an 325. D'après Athanase, qui était présent, ils s'y trouvèrent au nombre de trois cent dix-huit. Si nous pouvons nous en rapporter à Philostorge, historien arien, vingt-deux de ces évêques soutinrent la cause d'Arius; d'autres écrivains représentent la minorité comme encore moins considérable. Outre les évêques, il y avait à cette assemblée beaucoup de prêtres, et il est probable que le nombre des personnes qui assistèrent à ce concile ne fut pas au-dessous de six cents. Elles avaient été amenées à Nicée aux frais de l'empereur, qui leur fournit les moyens de transport, et qui se chargea de les défrayer de tout pendant leur séjour en Bithynie.

Avant qu'on eût commencé à s'occuper de l'affaire spéciale pour laquelle on était rassemblé, l'attention du synode se dirigea sur quelques philosophes païens, qui se présentaient dans le lieu des réunions : les uns dans le but de satisfaire leur curiosité par rapport au christianisme, les autres avec le désir d'entraîner les chrétiens dans des distinctions subtiles, et de jouir du spectacle des contradictions mutuelles des disciples de Christ. Un d'entre eux se distinguait par la pompe de ses paroles et ses arrogantes prétentions, et traitait les ecclésiastiques d'ignorans et d'illétrés. Dans cette occasion, un vieux chrétien qui avait souffert avec beaucoup de courage durant les dernières persécutions, mais qui ne connaissait pas les règles de la logique, entreprit de disputer avec le philosophe. Ceux qui étaient plus occupés de satisfaire leur curiosité que de chercher la vérité, se préparèrent à s'égayer aux dépens du vieillard, tandis que les esprits sérieux éprouvèrent de l'inquiétude en voyant s'engager une lutte en apparence si inégale. Le respect les engagea cependant à permettre au respectable confesseur de Christ d'entrer en lice ; et il s'adressa aussitôt au philosophe en ces termes : « Écoute, philosophe, au nom de Jésus-« Christ ; il y a un seul Dieu, créateur du ciel et « de la terre, et de toutes les choses visibles et « invisibles ; qui a fait toutes ces choses par la puis-« sance de la Parole, et les a confirmées par la « sainteté de son Esprit. Cette Parole, que nous « appelons le Fils de Dieu, ayant pitié des enfans « des hommes qui étaient plongés dans l'erreur et « dans l'iniquité, a bien voulu naître d'une femme, « vivre au milieu des hommes, et mourir pour « eux ; et il reviendra comme le juge de ce que les

« hommes auront fait dans le corps. Nous croyons
« en toute simplicité que ces choses sont ainsi ; ne
« t'efforce donc pas en vain de sonder de quelle
« manière ces choses peuvent être ou ne pas être,
« et ne cherche pas à combattre des choses qui
« sont destinées à être reçues par la foi; mais si tu
« crois, réponds-moi, maintenant que je te le de-
« mande. » — Frappé de ce discours si simple et
si plein d'autorité, le philosophe dit : « Je crois. »
Il se reconnut avec plaisir vaincu; il confessa qu'il
embrassait les opinions du vieillard, et conseilla
aux autres philosophes de faire de même, déclarant dans les termes les plus forts qu'il était changé
par l'influence divine, et poussé par une force qu'il
ne pouvait expliquer.[1]

On tirera sans doute de cette histoire des conclusions bien différentes; un raisonneur plein de
confiance en lui-même méprisera l'instruction
qu'elle renferme ; mais celui qui pense comme
saint Paul regardera ce fait comme un commentaire de ces paroles de l'apôtre : « Afin que votre
foi ne soit point l'effet de la sagesse des hommes,
mais de la puissance de Dieu. » Un tel homme ne
fera pas grand cas de la prudence de ceux qui ac-
commodent la vérité chrétienne à l'esprit des incrédules, et qui ne font ainsi que s'affaiblir eux-
mêmes, sans rien ôter à l'inimitié de leurs adversaires. Il pensera qu'il vaut mieux marcher en
avant, en se confiant en Dieu, qui peut accompa-
gner sa propre parole d'une victorieuse énergie.
On trouverait facilement aujourd'hui des exemples de semblables conversions; et nous ajouterons pour ceux qui seraient encore disposés à faire
des objections, que quelque conclusion qu'il leur
plaise de tirer de cette histoire, elle a tous les

---

[1] Sozomen, liv. 1, c. 18.

caractères de crédibilité historique que l'on peut raisonnablement désirer.

L'empereur vint lui-même au synode, et exhorta tout le monde à la paix et à l'union; et des accusations mutuelles lui ayant été remises, il les jeta toutes au feu, protestant qu'il n'en avait pas lu une seule, et recommanda aux membres des deux partis de renoncer à faire usage de pareilles armes, et à se pardonner les uns aux autres. Après avoir donné cette preuve d'impartialité et de générosité, il permit au concile de s'occuper sur-le-champ de l'objet pour lequel il était rassemblé.

On discuta la doctrine d'Arius; des propositions furent extraites de ses écrits, et l'on disputa sur le sujet avec beaucoup de véhémence, Constantin agissant comme modérateur et s'efforçant de rapprocher les esprits. Mais on s'aperçut bientôt que si l'on ne convenait de quelques termes explicatifs pour exprimer ce que l'Ecriture a révélé, il serait impossible de lutter contre les incrédulités des Ariens. Si les trinitaires affirmaient que Christ était Dieu, les Ariens l'admettaient, mais dans le même sens que les saints hommes et les anges sont appelés dieux dans l'Ecriture; s'ils affirmaient qu'il était *vraiment* Dieu, les autres reconnaissaient qu'il avait été fait tel par Dieu; s'ils affirmaient que le Fils venait *naturellement* de Dieu, cela était accordé; car nous-mêmes, disaient-ils, nous sommes de Dieu, de qui sont toutes choses. Si l'on affirmait que le Fils était la puissance, la sagesse et l'image du Père, nous l'admettons, répliquaient les autres; car il est aussi dit de nous que nous sommes l'*image* et la gloire de Dieu.

C'est ainsi qu'Athanase rend compte des discussions[1]. Il était à cette époque diacre de l'église

---

[1] *Voyez* la Vie d'Athanase, par Cave.

d'Alexandrie, et le talent et la puissance d'argumentation avec lesquels il soutint son évêque, posèrent les fondemens de la réputation que lui acquit plus tard le zèle qu'il déploya dans cette controverse. Que pouvaient faire les trinitaires? ils ne pouvaient laisser la chose indécise; se renfermer uniquement dans les termes de l'Ecriture, c'était permettre aux Ariens de renverser la doctrine par leurs explications. Ils avaient certainement le droit de commenter selon leur jugement aussi bien que les Ariens; et c'est ce qu'ils firent. Ils réunirent les passages de l'Ecriture qui représentent la divinité du Fils de Dieu, et observèrent que, pris ensemble, ils contenaient la preuve qu'il était de LA MÊME SUBSTANCE QUE LE PÈRE [1]; que l'on disait, à la vérité, des créatures qu'elles étaient de Dieu, parce que, n'existant pas par elles-mêmes, elles tiraient de lui leur commencement; mais que le Fils était du Père d'une manière particulière, étant de sa substance, comme engendré de lui.

Le concile décida à la majorité que nous avons indiquée ci-dessus, que cette explication était exacte; que l'usage que les ariens faisaient des termes, Dieu, vrai Dieu, et d'autres semblables, était une pure déception, parce qu'ils leur faisaient représenter des idées que les Ecritures ne pouvaient nullement admettre. C'est ainsi qu'ont pensé depuis les plus pieux chrétiens de tous les siècles. Blâmer le concile d'avoir introduit un nouveau terme, lorsqu'il n'avait en cela d'autre but que d'exprimer l'interprétation qu'il donnait aux Ecritures, nous paraît donc déraisonnable au plus haut degré. Dire que les orthodoxes auraient dû se borner aux propres paroles de l'Ecriture, une fois que les Ariens eurent introduit leur commentaire, nous paraît à peu près la même chose que si l'on di-

---

[1] Ὁμοούσιος, Omoousios.

sait que les trinitaires n'avaient pas aussi bien que les ariens le droit d'exprimer dans leur propre langage leur interprétation de l'Ecriture.

Le grand patron des ariens était Eusèbe de Nicomédie, qui écrivit au concile une lettre, dans laquelle il combattait l'idée que le Fils n'est pas créé. Tout le parti arien présenta aussi sa confession de foi. Cette confession, et la lettre d'Eusèbe, furent condamnées comme hérétiques. Osius de Cordoue fut chargé de rédiger un symbole, qui est en substance le même que celui qu'on a appelé jusqu'à ce jour le symbole de Nicée. Il reçut la sanction du concile et de Constantin lui-même, qui déclara que quiconque refuserait de se soumettre à ce décret serait banni. Eusèbe de Césarée, l'historien, exprima pendant quelque temps ses doutes, par rapport au terme substantiel. Dans une lettre qu'il adressa à cette occasion à son église, il observa que tout le mal était venu de l'usage des termes qui ne se trouvaient point dans l'Ecriture, et qu'il avait souscrit à la fin pour l'amour de la paix. Il serait certainement injuste d'accuser cet homme célèbre d'arianisme. Mais pourquoi se montra-t-il si disposé à favoriser Arius, en écrivant à Alexandre comme si on lui avait fait tort? Pourquoi fut-il plus tard si prompt à se tourner contre Athanase? Le fait est qu'il paraît avoir eu une opinion mitigée, et qu'il pensait que le Fils de Dieu existait dans toute éternité, mais qu'il n'était pas Jéhovah.[1]

[1] C'est la même opinion qu'a depuis ressuscitée le fameux docteur Clark dans sa *Doctrine de la Trinité d'après l'Écriture*, et qu'a solidement réfutée le docteur Waterland. C'est là ce qu'on appelle le haut arianisme, et il se propage en secret parmi nous. Cette hérésie est sans doute la plus spécieuse de toutes, parce qu'elle ne peut être distinctement comprise, et parce qu'elle peut subsister avec une sorte de doctrine trinitaire. Mais ceux qui la soutiennent paraissent incapables de répondre à deux questions : 1°. Pourquoi Christ est-il si souvent appelé dans l'Ecriture *Jéhovah*,

D'après l'opinion d'Eusèbe, nous pouvons nous former une idée de celle de Constantin, si tant est qu'il en eût une bien claire et bien arrêtée. Eusèbe était son favori, et il modelait à son gré son disciple impérial. Quelles qu'aient pu être ses opinions, il ne paraît avoir été très zélé que pour la paix et pour l'uniformité. Jamais concile ne fut plus libre de toute entrave politique. Les évêques exprimaient leurs opinions sans réserve, et Constantin était disposé à donner sa sanction à toute confession de foi présentée par la majorité. Nous avons donc ici le témoignage presque unanime du monde chrétien [1] en faveur de la doctrine de la divinité proprement dite du Fils de Dieu, témoignage prononcé librement, sans influence étrangère et sans réserve. Comment cela peut-il s'expliquer, si ce n'est en disant que les membres du concile suivaient ainsi le sens clair de l'Ecriture et les opinions de l'Eglise dans les siècles précédens?

Arius fut déposé et excommunié, et on lui défendit d'entrer dans Alexandrie. Les membres qui composaient la minorité refusèrent d'abord de souscrire; ils y consentirent à la fin, d'après les conseils de Constantia, leur protectrice, sœur de l'empereur. Mais en insérant une seule lettre dans le mot grec, ils se réservèrent leur propre sens, déclarant, non pas que le Fils est de la même substance, mais seulement d'une substance semblable à celle du Père [2]. La sincérité est toujours respec-

---

le Dieu qui existe par lui-même? 2°. Comment peuvent-ils se justifier de l'accusation d'admettre plus d'un Dieu?

[1] Un grand nombre de ceux qui étaient assemblés à Nicée portaient sur leur corps les flétrissures du Seigneur Jésus. Paul, évêque de Néocésarée, sur les bords de l'Euphrate, avait eu les mains affaiblies par l'application du fer chaud; d'autres se présentèrent privés de leur œil droit ou d'une de leurs jambes. On pouvait dire en toute vérité que c'était une assemblée de martyrs. Théodoret, liv. I, c. 7.

[2] Ils n'écrivaient pas Ομοουσιος, mais Ομοιουσιος. Il est remar-

table. Sur vingt-deux évêques ariens, il y en eut deux, Second de Ptolémaïde et Théonas de Marmarique qui persistèrent à refuser de souscrire; le premier reprocha franchement à Eusèbe de Nicomédie, qui avait agi en courtisan, la dissimulation dont il s'était rendu coupable. Arius et ses associés furent bannis en Illyrie.

Ce concile prononça aussi en dernier ressort sur la dispute relative à l'époque où devait se célébrer la fête de Pâques.

On prit aussi une décision sur la controverse mélécienne. On permit à Mélèce de vivre dans sa propre ville avec le titre d'évêque, mais sans aucune autorité. Sa secte fut tolérée jusqu'à un certain point, et elle subsista encore long-temps dans l'Eglise.

Nous ferons quelques remarques sur les canons adoptés par ce concile, parce qu'ils peuvent donner une idée de l'état de la religion chrétienne et de l'esprit qui régnait alors.

Un de ces canons défend aux membres du clergé de s'abandonner à ce même zèle insensé qu'avait montré Origène dans sa jeunesse. Un autre canon, qui se fonde sur cette règle bien connue d'une plus haute autorité, « qu'il ne soit point nouvellement converti, de peur qu'étant enflé d'orgueil il ne tombe dans la condamnation du calomniateur », défend de conférer les ordres à de nouveaux convertis. Un troisième avait rapport à la chasteté du clergé. Le concile voulait aller jusqu'à défendre à ceux des prêtres qui étaient mariés de vivre avec leurs femmes après qu'ils auraient reçu les ordres; mais il fut arrêté, par les observations de Paphnuce, évêque de la Thébaïde, qui avait perdu un œil dans les dernières persécutions. Lui-même

---

quable que Philostorge, historien arien, fasse mention de cette duplicité. *Voyez* la Vie d'Athanase par Cave.

avait été élevé dans un monastère dès son enfance, et avait une pureté de mœurs remarquable. Il dit qu'il suffisait de défendre à un homme de se marier une fois qu'il aurait reçu les ordres, mais qu'on ne devait pas le séparer de la femme qu'il avait épousée étant laïque. L'autorité d'un homme d'une aussi éminente sainteté fut décisive; et ce genre de superstition, qui avait déjà fait des progrès considérables, n'alla pas plus loin pour le présent.

Le concile prit aussi des précautions contre les progrès de l'avarice parmi les membres du clergé, en interdisant l'usage de l'usure. On défendit aussi de faire passer d'une ville à une autre les évêques, les prêtres et les diacres. Eusèbe de Nicomédie avait quitté Béryte, et cet abus commençait à devenir un usage. On voit en tout ceci le désir de conserver la pureté des mœurs dans l'Église, bien qu'il ne soit pas toujours dirigé par une vraie sagesse. On peut étendre la même remarque à un autre canon, qui règle la réception des apostats pénitens, en ordonnant qu'ils resteront trois ans parmi les auditeurs, et qu'ils demeureront prosternés pendant les exercices du culte pendant sept ans. On établit aussi une distinction entre ceux qui prouvaient la sincérité de leur repentance par de bonnes œuvres, et ceux qui se montraient indifférens et se contentaient d'une obéissance extérieure aux lois de l'Église, et l'on prescrivit à ces derniers une pénitence plus sévère.[1]

On permit aussi aux novatiens de rentrer dans la communion de l'Église universelle, et l'on n'insista pas pour qu'ils fussent rebaptisés, parce qu'ils ne professaient rien qui fût en opposition avec les vérités fondamentales de l'Évangile. On ordonna au contraire que si les partisans de Paul de Sa-

---

[1] Fleury, liv. xi, 16.

mosate, qu'on appelait *paulianistes*, et dont il existait encore un certain nombre, désiraient d'être admis de nouveau dans l'Église, ils seraient rebaptisés, parce qu'ils ne baptisaient pas au nom du Père, du Fils et du Saint-Esprit; établissant ainsi une distinction pleine de sagesse entre les choses vraiment essentielles et celles qui ne tenaient qu'à l'accessoire de la religion.

On retrouve quelques preuves d'un discernement et d'une piété apostoliques dans l'assemblée de Nicée, malgré l'état de décadence où le christianisme se trouvait déjà. Constantin, zélé pour la paix et l'uniformité, avait invité au concile Acésius, évêque novatien, et il lui demanda s'il donnait son assentiment aux décrets qui concernaient la foi, et l'observation de la fête de Pâques. « Le concile, répondit-il, n'a rien ordonné de nou-
« veau sur ces choses. J'ai toujours compris que
« c'est là ce qu'a cru l'Église depuis le temps des
« apôtres. » — « Pourquoi donc vous séparez-vous
« de notre communion? » lui dit l'empereur. —
« Parce que nous pensons, répliqua Acésius, que
« l'apostasie est le péché à la mort; et que ceux
« qui l'ont commis ne doivent jamais être reçus
« dans la communion de l'Église, mais qu'on doit
« les inviter à la repentance et les remettre à Dieu,
« qui a seul le pouvoir de pardonner les péchés. »
Constantin lui voyant des opinions si sévères, lui dit : « Prenez une échelle, Acésius, et montez tout
« seul au ciel. »

Socrates dit [1] qu'il avait appris ce fait d'un vieillard respectable qui assistait au concile. Il est probable qu'il veut parler de l'évêque novatien lui-même, avec lequel il était intimement lié. La franchise et la modération que montre Socrates en

---

[1] Liv. I, c. 10.

sa qualité d'historien, donnent autant de poids à son témoignage qu'à celui de quelque autre écrivain contemporain que ce soit. Il est donc manifeste, d'après cette autorité respectable, qu'un évêque novatien, dont les passions n'étaient pas échauffées par les querelles intérieures de l'Église, croyait à la doctrine de la Trinité, et croyait qu'elle avait toujours été la doctrine commune de l'Église. Ses opinions particulières comme novatien, qui consistaient principalement en une grande sévérité pour les apostats, ne portaient aucune atteinte à la pureté de sa foi et à l'intégrité générale de son esprit. Et l'on doit remarquer que Constantin et le concile de Nicée, tout en exerçant assez de sévérité, en matières civiles, envers les membres hérétiques de leur propre Église, admirèrent et conservèrent dans toute son étendue la tolérance religieuse des novatiens. Ce fait nous fournit une nouvelle preuve de l'antiquité de la foi dont fit profession le concile de Nicée. Nous avons ici l'opinion d'un homme simple, honnête et pieux, qui n'avait rien à perdre ni à gagner dans cette lutte, et dont le caractère paraît sans tache. Il déclara quelle était la profession de foi générale de l'Église; et, bien que séparatiste, il affirma qu'elle avait toujours confessé la divinité proprement dite de Jésus-Christ.

Les donatistes ne furent pas appelés à ce concile. La mort de Mélèce semblait devoir détruire son parti, mais comme il se nomma un successeur, les méléciens continuèrent à demeurer dans un état de séparation, bien qu'un assez grand nombre d'entre eux fussent rentrés dans le sein de l'Église générale.

Trois mois après la dissolution du synode, Eusèbe de Nicomédie et Théognis de Nicée furent bannis par ordre de l'empereur, pour avoir travaillé de nouveau à soutenir la cause arienne.

Alexandre mourut cinq mois après son retour à Alexandrie ; il avait exprimé le désir d'avoir Athanase pour successeur. Les habitans d'Alexandrie manifestèrent généralement le même désir, mais la modestie d'Athanase résista long-temps. Son intégrité et ses talens le désignaient cependant comme le digne successeur du zélé Alexandre ; et il fut enfin consacré, au milieu des témoignages les plus éclatans de la satisfaction générale. Il n'avait pas alors plus de vingt-huit ans; il conserva ce siége quarante-six ans, et fut exposé pendant tout ce temps, avec très peu d'intervalles de repos, à la persécution, à cause de son zèle contre l'arianisme ; et l'on peut bien dire que jamais homme ne vit sa constance et sa fermeté soumise à une épreuve plus complète et plus décisive.

Après la mort d'Hélène, sa mère, Constantin témoigna beaucoup d'affection à Constantia sa sœur, sur laquelle un ecclésiastique qui appartenait secrètement au parti d'Arius exerçait une grande influence. On lui persuada qu'Arius et ses amis avaient été injustement condamnés, et, sur son lit de mort, elle obtint de Constantin, par ses sollicitations, la promesse de traiter plus favorablement les hommes de ce parti. L'empereur, qui se montrait enfant en discernement religieux, autant qu'il se montrait homme en sagacité politique, se laissa tromper par les artifices d'Arius et de son ami Euzoius, et écrivit en leur faveur aux Églises.[1]

Eusèbe et Théognis recouvrèrent aussi leurs siéges épiscopaux, en reconnaissant en paroles la foi de Nicée[2]. Le premier écrivit à Athanase pour l'engager à recevoir dans sa communion Arius,

---

[1] Sozomen, liv. II, c. 27. — [2] *Ibid.* liv. II, c. 16.

qui était revenu de son exil; mais il écrivit en vain. Athanase avait des principes religieux, et ne pouvait comme ses adversaires se faire un jeu des signatures et des engagemens. Le symbole de Nicée avait encore toute la sanction que pouvaient lui donner l'Église et l'État.

A cette époque, tous les artifices d'hommes habiles, mais sans principes, ne pouvaient persuader au monde chrétien que l'Écriture déclarait ce qu'elle ne déclarait point, ou que leurs pères avaient toujours pensé comme Arius. Les chefs de l'arianisme avaient eux-mêmes été rétablis dans leurs charges, non pas à la vérité en tant qu'ariens, mais comme des hommes qui reconnaissaient la doctrine de la Trinité. Ils essayèrent à la fin d'arriver, par la ruse et les subtilités, à ce qu'il leur était impossible d'atteindre par une franche discussion. Résolus à perdre Athanase, s'il leur était possible, ils s'unirent intimement avec les méléciens et les infectèrent de leur hérésie. Ils parvinrent à faire déposer Eustathe d'Antioche, éloquent et savant professeur, qui, sous d'injustes prétextes, fut banni de son siége. Ce digne ministre, avant de s'éloigner de son troupeau, l'exhorta à demeurer ferme dans la vérité, et ses paroles furent d'un grand poids auprès de cette Église florissante. Il fut banni avec plusieurs prêtres et plusieurs diacres. Il se soumit à la volonté de Dieu avec douceur et avec patience, et mourut en exil à Philippes.

Eusèbe de Césarée et Eustathe avaient eu quelques différends en matière de doctrine. Le siége vacant fut alors offert au premier, qui le refusa prudemment. Asclépas de Gaza, et Eutrope d'Adrianople furent aussi privés de leurs siéges. Et ainsi, tandis que la vérité était soutenue dans la forme, ses amis étaient persécutés au moyen de mille artifices, et ses ennemis triomphaient. Ce cas n'est pas rare dans le temps où nous vivons. Les hommes sans principes jouissaient de tous les avantages séculiers, tandis que ceux qui craignaient Dieu aimaient mieux souffrir que pécher.

Athanase se distinguait éminemment au milieu de ces courageux défenseurs de la vérité. Il n'entre pas dans le plan de cette histoire de rapporter les différentes vicissitudes de sa vie; mais il est cependant nécessaire d'en dire quelque chose, afin que le lecteur puisse voir par des faits la différence des fruits que portaient les principes trinitaires et les principes ariens.

Les efforts répétés des adversaires d'Athanase parvinrent enfin à jeter d'assez grandes préventions dans l'esprit de l'empereur pour le décider à ordonner qu'un synode serait tenu à Tyr, non pour examiner les principes de l'évêque, que ses adversaires eux-mêmes étaient contraints d'admettre, mais pour faire une enquête sur les différens crimes dont il était accusé. L'an 335, le synode se réunit sous la direction d'Eusèbe de Césarée, et de quelques autres évêques; et l'évêque d'Alexandrie fut obligé de comparaître avec quelques prélats égyptiens. Potamon, évêque d'Héraclée, qui avait été en prison avec Eusèbe durant la persécution de Dioclétien, lui dit brusquement: « Eusèbe, devez-vous donc être assis, tandis que « l'innocent Athanase est debout devant vous pour « être jugé? Qui peut supporter de telles choses? « N'étiez-vous pas en prison avec moi à l'époque « de la persécution? J'ai perdu un œil pour la dé- « fense de la vérité; vous n'avez aucune blessure « à montrer, mais vous êtes sain et entier. Com- « ment êtes-vous sorti de prison, si vous n'avez « pas sacrifié, ou promis de le faire? » — Eusèbe se leva, déclara la réunion dissoute pour cette fois, et lui reprocha son insolence. L'histoire ne jette aucun jour sur les insinuations de Potamon; et il ne paraît pas qu'il pût les appuyer d'aucune preuve. Cependant Eusèbe, qui admettait les calomnies que l'on répandait contre Athanase, était de tous les hommes celui qui avait le moins de droits de se plaindre. Il souffrait les mêmes choses qu'il infligeait aux autres; et Satan, qui était parvenu à répandre le trouble et le désordre dans le monde chrétien, continuait à exciter et à enflammer les passions des divers partis.

Athanase était accusé des crimes les plus noirs, la rébellion, l'oppression, le viol et le meurtre. Mais on vit bientôt que ces accusations n'avaient d'autre fondement que la haine et la méchanceté de ses ennemis. Nous citerons un seul fait, et d'après celui-là on pourra juger des autres.

On prétendait qu'il avait assassiné Arsène, évêque mélécien, et les accusateurs produisirent, en preuve de ce qu'ils avançaient, une boîte dont ils sortirent une main d'homme séchée et salée, qu'ils affirmèrent être la main d'Arsène, qu'Athanase avait conservée pour s'en servir dans ses enchantemens. Les méléciens recommandèrent à Arsène de se cacher jusqu'à ce qu'ils eussent accompli leur dessein. La parti d'Eusèbe de Nicomédie répandit dans toute la chrétienté le bruit qu'Arsène avait été assassiné secrètement par l'évêque d'Alexandrie, et Constantin lui-même, vaincu par de continuelles importunités, ordonna qu'il serait fait une enquête.[1]

Athanase avait appris par sa propre expérience que quelque absurdes et peu probables que pussent être les accusations que l'on faisait peser sur lui, elles étaient toujours soutenues par un grand

[1] Socrates, liv. 1, c. 27.

nombre de personnes puissantes. Mais la Providence renversa d'une manière remarquable cet odieux complot. Arsène, méprisant les avis des accusateurs qui l'avaient engagé à rester caché dans le lieu où il se trouvait, vint secrètement à Tyr dans l'intention de se tenir renfermé tout le temps que durerait le synode. Il arriva que quelques uns des domestiques du gouverneur, qui se nommait Archélaüs, entendirent murmurer qu'Arsène était dans la ville. Ils en avertirent leur maître, qui le découvrit, le fit arrêter et en prévint aussitôt Athanase. Le mélécien, qui ne voulait pas faire échouer les projets des ennemis d'Athanase, et qui sentait d'ailleurs combien la position dans laquelle il se trouvait était fausse, nia d'abord qu'il fût Arsène. Mais Paul, évêque de Tyr, dont il était bien connu, lui enleva ce dernier refuge. Le jour du procès étant arrivé, les adversaires d'Athanase déclarèrent d'un ton triomphant qu'ils allaient donner à la cour une démonstration oculaire du crime d'Athanase, et ils produisirent la main séchée. Le synode retentit d'un cri de victoire. Lorsque le silence fut rétabli, Athanase demanda aux juges si quelqu'un d'entre eux connaissait Arsène? Plusieurs l'ayant affirmé, Athanase ordonna qu'il fût amené devant la cour, et dit : « Est-ce là l'homme que j'ai assassiné et dont j'ai coupé la main? » Il soulève ensuite le manteau d'Arsène, et montre une de ses mains; après un court intervalle, il soulève l'autre pan du manteau et montre l'autre main. « Vous voyez, ajoute-t-il, qu'Arsène a ses deux mains; c'est à mes accusateurs à expliquer où ils ont pris la troisième. » — Cette odieuse intrigue se termina ainsi à la honte de ceux qui l'avaient imaginée.

Combien il est à déplorer que des hommes qui portaient le nom de Christ aient pu se rendre coupables d'un tel acte de scélératesse; mais il ne faut pas oublier que ceux qui y prirent part étaient opposés à la véritable foi de Christ, et y furent portés par leur inimitié contre la doctrine de la Trinité. Cette histoire mérite aussi d'être conservée comme un exemple mémorable de l'intervention de la Providence divine.

Malgré les preuves les plus claires de l'innocence d'Athanase, dont la vie tout entière était en opposition directe avec les crimes dont on avait osé l'accuser, ses ennemis parvinrent à obtenir qu'on enverrait des commissaires en Egypte pour faire une enquête sur les lieux. Jean, l'évêque mélécien, qui était un des principaux instigateurs de ce complot, confessa cependant sa faute à Athanase, et en sollicita le pardon; Arsène lui-même renonça à ses anciennes liaisons, et désira d'être reçu dans la communion de l'évêque d'Alexandrie.

L'Egypte, où Athanase devait être le mieux connu, lui fut constamment attaché. Quarante-sept évêques de ce pays protestèrent en vain contre l'injustice du concile. Les commissaires ariens arrivèrent à Alexandrie, et employèrent l'épée, le fouet, le bâton, et tous les instrumens de la violence et de la cruauté pour extorquer des dépositions contraires à Athanase [1]. Le clergé d'Alexandrie demanda à être entendu; mais on le lui refusa. Quinze prêtres et quatre diacres présentèrent leurs remontrances, mais ce fut en vain. Le clergé de la Maréote fit les mêmes démarches, mais elles n'eurent pas plus de succès. Les envoyés revinrent à Tyr avec les déclarations qu'ils avaient extorquées, et le synode prononça sa sentence, par laquelle il déposait Athanase de sa charge d'évêque. Mais déjà ce grand homme, voyant qu'il n'avait

---

[1] Epist. synod. Alexan. Athan.

aucune justice à attendre, avait pris le parti de quitter cette ville.

Il y avait cependant dans le synode de Tyr des hommes de bien qui auraient voulu rendre justice à Athanase. Panuphre, dont nous avons déjà parlé, prit par la main Maxime, évêque de Jérusalem, et lui dit : « Partons d'ici ; il ne convient pas à ceux « qui ont perdu leurs membres pour la cause de « la religion, de demeurer dans la société des « méchans. » Mais les dispositions de la majorité étaient bien différentes.

Athanase se rendit à Constantinople, et demanda à l'empereur d'être jugé selon la justice. Constantin ordonna aux évêques du synode de comparaître devant lui pour rendre compte de ce qu'ils avaient fait. La plupart d'entre eux retournèrent dans leurs villes ; mais le génie d'Eusèbe de Nicomédie n'était pas épuisé, et comme il ne reculait devant aucune fraude et n'avait honte d'aucune iniquité, il se rendit à Constantinople, accompagné de quelques membres du synode, et écartant les anciens chefs d'accusation, il en présenta un nouveau, soutenant qu'Athanase avait menacé d'arrêter la flotte qui portait du blé d'Alexandrie à Constantinople. Constantin fut assez crédule pour se laisser influencer par un semblable rapport. Les artifices des ariens l'emportèrent à la cour ; ceux qui n'employaient d'autres armes que la vérité et l'intégrité furent vaincus pour le moment, et Athanase fut exilé à Trèves, dans les Gaules.

Arius, encouragé par le succès de son parti, retourna à Alexandrie, et fortifia le courage des hérétiques, qui, privés de ses talens, avaient longtemps langui. La ville étant désolée par des divisions intestines, l'empereur ordonna à l'hérésiarque de se présenter à Constantinople pour y rendre compte de sa conduite. Cette ville impériale était alors le principal siége de la lutte; mais la Providence lui avait donné un évêque qui n'était pas au-dessous de la tâche difficile qu'il avait à remplir. Alexandre de Constantinople était un homme éminent par sa piété et son intégrité; et parmi les hommes qui se distinguèrent à cette époque, il n'y en eut aucun dont le caractère approchât davantage de celui d'un chrétien des temps apostoliques. Eusèbe de Nicomédie le menaça de la déposition et de l'exil, s'il ne consentait à recevoir Arius dans l'Église. D'un côté, Alexandre ne savait que trop quelle était la puissance des ariens; ils l'emportaient tellement sur les trinitaires en subtilité et en artifices, que ceux-ci, bien qu'ils eussent été victorieux dans l'argumentation, à la face du monde entier, et qu'ils eussent eu de leur côté l'empereur et le concile de Nicée, étaient cependant persécutés et voyaient leurs ennemis triompher à la cour; mais, d'un autre côté, il ne convenait pas à un évêque chrétien de consentir à l'admission d'un rusé sectaire, qui souscrirait pour la forme à la foi de Nicée, et insinuerait peu à peu dans l'Église ses doctrines empoisonnées. N'eût-ce pas été là, dans le fait, laisser entrer le loup dans la bergerie et dévorer à son aise le troupeau? L'esprit d'Alexandre fut dirigé vers le droit chemin dans cette conjoncture difficile. Il passa plusieurs jours et plusieurs nuits seul, en prières dans son église; les fidèles suivirent son exemple, et l'Église supplia continuellement le Seigneur d'intervenir en cette occasion. On laissa de côté les controverses et l'art de la logique, et ceux qui regardaient la foi de Nicée comme sainte et comme identifiée avec les intérêts éternels des hommes, remirent sincèrement leur cause à Dieu.

On ne put engager Constantin lui-même à admettre Arius dans l'Église avant qu'il fût convaincu de son orthodoxie. Il lui ordonna donc de se rendre au palais, et lui demanda simplement s'il adoptait les décrets de Nicée. L'hérésiarque souscrivit sans hésitation : l'empereur lui ordonna de jurer; il y consentit également. — Socrates, un des historiens les plus sincères et les plus modérés, rapporte qu'il avait entendu dire qu'Arius avait sous le bras un papier où ses véritables sentimens étaient écrits, et qu'il jura qu'il croyait ce qu'il avait écrit. Il n'est pas clair qu'il ait fait ou non usage de cette supercherie; mais Socrates, qui a soin de nous apprendre qu'il l'avait seulement entendu dire, nous affirme que non seulement il avait signé, mais qu'il avait juré, et que c'est par les lettres de l'empereur qu'il avait appris ce fait [1]. Constantin, à qui il ne restait plus de scrupules, ordonna à Alexandre de le recevoir dans l'Église le jour suivant.

Le bon évêque s'était livré au jeûne et à la prière, et avait renouvelé ses supplications ce jour-là même avec une grande ferveur, prosterné devant l'autel et suivi d'un seul prêtre nommé *Macaire*, qui appartenait à l'église d'Athanase. Il demandait à Dieu que si Arius était dans le droit chemin, lui-même ne vécût pas jusqu'au jour de la lutte; mais que si la foi qu'il professait était pure et véritable, Arius, l'auteur de tous ces maux, souffrît le châtiment dû à son impiété. Le jour suivant semblait être destiné à voir le triomphe des ariens : les chefs du parti parcoururent la ville entourant Arius, et attirant sur eux l'attention générale. Lorsqu'ils approchèrent du forum de Constantin, Arius fut saisi d'une terreur soudaine et de violentes douleurs d'entrailles. Dans cette urgente nécessité, il demanda qu'on lui indiquât

---

[1] Liv. I, c. 8.

un endroit où il pût se retirer, et étant allé en grande hâte dans un lieu d'aisances public, derrière le forum, il y rendit ses entrailles avec une grande quantité de sang.

Telle fut la fin du célèbre Arius. Le lieu où il était mort fut regardé comme mémorable pour la postérité, et on le montrait du temps de Socrates[1]. Le témoignage uniforme d'anciens historiens ne laisse aucun motif de douter du fait[2]. Les réflexions qu'il suggère varieront suivant les opinions et les dispositions de ceux qui en feront un sujet de méditation.

Les personnes qui ont une profonde vénération pour la parole de Dieu, et qui se souviennent de ce qui est rapporté d'Ézéchias dans l'Ancien Testament[3], et de Pierre dans le Nouveau[4], ne pourront nier que Dieu écoute les prières de son Église, et les exauce d'une manière remarquable dans des occasions extraordinaires. Tous ceux qui croient que la doctrine de la Trinité renferme tout ce qu'il y a de plus précieux et de plus intéressant dans l'Évangile, admettront également que l'hérésie était à cette époque un très grand danger pour l'Église. D'un côté, on en appelait à Dieu par les moyens qu'il a lui-même indiqués, par la foi, la prière, la patience et la sincérité; tandis que le récit fait voir de la manière la plus évidente que l'autre parti s'appuyait sur la fausseté, l'artifice[5],

---

[1] Sozomène dit que quelque temps après un riche arien acheta ce terrain, en changea la forme et y bâtit une maison, afin que cet événement tombât peu à peu en oubli.

[2] C'est un devoir de prévenir le lecteur que des écrivains très respectables pour leurs lumières et leur piété ont exprimé des doutes sur l'authenticité de ces récits de la conduite d'Alexandre et de la mort d'Arius, ou au moins sur l'exactitude des détails. ÉD.

[3] Esaïe, XXXVII. — [4] Actes, XII.

[5] On ne peut nier cependant qu'Arius ne travaillât aussi à propager ses sentimens par des méthodes plus honorables que celles de la duplicité et de la fraude, dans lesquelles il était si versé. Son

l'ambition, et une politique toute mondaine. D'après ces observations, un homme qui craint Dieu sentira qu'il est de son devoir de croire que Dieu interposa sa puissance pour consoler son Église et confondre ses adversaires. Il est difficile d'éviter cette conclusion.

Le traducteur de Mosheim paraît dans un grand embarras, quand il déclare qu'il est extrêmement probable qu'Arius fut empoisonné par ses ennemis. Jamais il n'entra dans le cœur d'un homme une idée moins fondée et plus absurde. On n'aurait certainement pas dû avancer de pareilles choses sans quelque preuve ou quelque probabilité. Quoique la vraie piété fût languissante dans tous les partis, il est certain que la crainte de Dieu régnait parmi les trinitaires, et l'on ne trouve parmi eux rien qui ressemble à une telle iniquité; tandis que l'on voit évidemment chez les ariens des mœurs très relâchées et des machinations abominables.

Le pieux évêque éprouva une grande joie en voyant que Dieu n'avait pas abandonné son Église. —On ne voit pas quel effet cet événement produisit sur Constantin. Il mourut peu de temps après (A. D. 337), dans la soixante-cinquième année de son âge, après avoir reçu le baptême d'Eusèbe de Nicomédie. Il avait tardé long-temps, et l'exemple de l'empereur donna naturellement une nouvelle force à cet usage. La superstition avait alors attaché par un lien nécessaire le pardon des péchés à l'administration de ce sacrement, et les hommes qui se plaisaient à persévérer dans le péché remettaient leur baptême jusqu'au moment où ils s'imaginaient qu'il pourrait leur être plus avantageux. —Le caractère religieux de Constantin paraît avoir

historien, Philostorge, dont il nous reste quelques fragmens, assure qu'il avait composé pour les matelots, les meuniers et les voyageurs ' s chants qui tendaient à soutenir son hérésie.

eu beaucoup de rapports avec celui de son panégyriste Eusèbe, qui ne donne pas lui-même une idée bien favorable de son christianisme, par le pompeux panégyrique qu'il a publié sous le titre de *Vie de Constantin*.

CHAPITRE IV.

CONTINUATION DE LA CONTROVERSE ARIENNE SOUS LE RÈGNE DE CONSTANTIN.

Le sujet qui va nous occuper est trop spéculatif et trop séculier pour qu'il puisse entrer dans nos vues de nous y arrêter long-temps. Nous resserrerons donc autant que possible ce que nous ne pouvons entièrement omettre, nous attachant toujours d'une manière particulière au grand but de cette histoire.

Constantin eut pour successeurs ses trois fils, Constantin, Constance II et Constant. Le premier régna sur l'Espagne et les Gaules; le second dans l'Orient; le troisième en Italie et en Afrique. Les autres parens de l'empereur furent mis à mort par les soldats. Il ne resta que deux fils de son frère Jules, Gallus et Julien, qui furent épargnés, élevés loin de la cour, placés dans le clergé, et nommés lecteurs dans l'Église. Le dernier était né à Constantinople, et n'avait que huit ans à la mort de son oncle; il fut réservé pour être un fléau pour la chrétienté dégénérée, et un instrument mémorable de la divine Providence.

Nous ne savons que peu de chose de Constantin le fils aîné; mais ce que nous en savons lui fait honneur. Il renvoya Athanase à son église avec de grandes démonstrations de respect, et déclara que son père avait eu l'intention d'accomplir cet acte de justice, et en avait été empêché par la mort. Après un exil de deux ans et quatre mois, l'évêque quitta Trèves pour retourner à Alexandrie, où il fut reçu avec des acclamations générales. Asclépas de Gaza, Marcel d'Ancyre et quelques autres, qui avaient été déposés par les ariens, furent aussi rétablis. — Constantin fut tué bientôt après par les troupes de son frère Constant : il était fermement attaché à la foi de Nicée, mais il est trop peu connu pour que nous puissions porter un jugement fondé sur son caractère.

Son second frère Constance II n'a fourni que trop de matériaux à l'histoire. Un de ses officiers, nommé Eusèbe, exerçait un grand empire sur lui, et était lui-même disciple du prêtre arien que Constantin avait recommandé à son frère, et auquel l'empereur mourant avait confié son testament. L'impératrice, femme de Constance, était aussi infectée d'arianisme. L'empereur, qui avait peu de moyens, qui était corrompu par l'orgueil du pouvoir, et mal instruit de ce qu'était le vrai christianisme, fut amené par degrés à l'hérésie qui dominait alors à la cour. Durant tout ce règne, depuis l'an 337 jusqu'à l'an 361, il y eut une lutte entre les orthodoxes et les ariens, qui employèrent des armes et des ressources adaptées au génie des deux partis; les premiers ayant recours aux prières, aux écrits et à la prédication ; les derniers à la politique, à l'intrigue, à la persécution, et à la protection des grands. Les zélés propagateurs des doctrines antiscripturaires se montrent généralement beaucoup plus disposés à cultiver la faveur des hommes d'un rang élevé qu'à s'appliquer à l'œuvre du ministère, au sein de la multitude.

Vers l'an 340 mourut le célèbre Eusèbe de Césarée. C'était le plus savant de tous les chrétiens. Après un examen scrupuleux de ses ouvrages, nous nous voyons forcés de nous en tenir à ce que nous avons déjà dit de ses opinions [1]. Il prétend qu'il y avait en Dieu une nécessité de produire une puissance intermédiaire entre lui-même et les anges, pour diminuer la disproportion infinie qui existe entre lui et la créature. Il s'explique d'une manière encore plus positive sur le Saint-Esprit, et le représente comme émané du Fils. On serait cependant disposé à interpréter d'une manière favorable plusieurs de ses expressions, si sa conduite n'était un fâcheux commentaire de ses écrits. Il fréquenta la cour, s'associa à Arius, et se joignit à ceux qui condamnèrent Athanase. On éprouve un véritable sentiment de peine, en se voyant obligé de se séparer ainsi d'un historien auquel on doit la conservation de tant de précieux monumens de l'antiquité; mais il faut dire la vérité, et cet exemple, entre beaucoup d'autres, prouve que la science et la philosophie ne sont pas favorables à la simplicité chrétienne, lorsqu'elles ne sont pas subordonnées à la révélation divine. On a fait grand bruit, dans ces derniers temps, de l'opinion que la doctrine de la trinité venait du platonisme, mais c'est la réfuter suffisamment que de prouver qu'Eusèbe lui-même en avait été éloigné par son admiration pour Platon et pour Origène.

Vers le même temps mourut Alexandre de Constantinople, à l'âge de quatre-vingt-dix-huit ans, et après avoir été évêque vingt-trois ans. Son clergé lui demanda, à ses derniers momens, quel était l'homme qu'il recommandait pour son successeur: « Si vous cherchez un homme d'une vie exemplaire « et capable de vous instruire, répondit-il, vous « avez Paul; si vous désirez un habile politique qui « sache se faire aimer des grands, tout en conser-

---

[1] IV Démonstr. Evang. 1, c. 6. *Voyez* Fleury, liv. XII, c. 6.

« vant une apparence de religion, Macédonius est
« préférable. » L'événement prouva le discernement de ce respectable vieillard, qui montrait jusqu'à son dernier soupir un si grand zèle pour la propagation du pur Evangile. Ces deux hommes étaient précisément tels qu'il les avait dépeints : Paul, quoique jeune, était tout à la fois prudent et pieux; Macédonius était déjà vieux, et n'était encore que diacre.

Durant la vie du vénérable Alexandre, le parti arien n'avait pu avoir le dessus dans la métropole. Après sa mort, il s'efforça de faire nommer Macédonius; mais les anciennes idées étaient encore trop dominantes parmi le peuple, et Paul fut élu. Constance, qui arriva après l'élection, en fut mécontent, et Eusèbe de Nicomédie passa au siége de Constantinople, qui demeura quarante ans entre les mains des ariens. L'on apporta ainsi un grand changement aux anciens usages par rapport à l'élection des évêques, et ce fut un fâcheux précédent dont les princes purent s'autoriser pour usurper le gouvernement de l'Eglise dans les villes capitales. Un concile de cent évêques d'Egypte, ayant Athanase à leur tête, protesta contre cette mesure à la face de tout le monde chrétien.

On convoqua à cette époque, à Antioche, un concile où les manœuvres d'Eusèbe furent appuyées par la présence de l'empereur. Les évêques qui y assistaient entreprirent de déposer Athanase et d'ordonner à sa place Grégoire, natif de Cappadoce, et ils persuadèrent à Constance d'ordonner à Philagre, préfet d'Egypte, d'appuyer leur décision par la force armée. L'intégrité et la probité d'Athanase lui avaient acquis un si grand ascendant en Egypte, que tant que le premier mode de gouvernement de l'Eglise par l'élection du peuple aurait subsisté, il eût été impossible de l'expulser; la violence devint nécessaire pour faire triompher l'iniquité, et un prince arien fut obligé de marcher sur les traces de ses prédécesseurs païens pour soutenir ce qu'il appelait l'Eglise chrétienne.

Les ennemis d'Athanase travaillèrent à l'accomplissement de leurs desseins avec une grande vigueur; les religieuses et les prêtres d'Alexandrie furent traités avec beaucoup de cruauté, et les juifs et les païens furent encouragés à faire périr les chrétiens [1]. Grégoire lui-même entra dans l'église avec le gouverneur et avec plusieurs païens, et fit battre de verges et mettre en prison plusieurs des amis d'Athanase. L'évêque persécuté, à qui le courage et la capacité nécessaires pour résister ne manquaient certainement pas, prit un parti plus convenable pour un chrétien: il évita l'orage, et s'enfuit à Rome.

Ces événemens se passèrent vers l'an 342; ce fut une époque bien mémorable pour l'Église de Dieu, qui se voyait encore persécutée lors même que les païens avaient cessé de régner. Grégoire interdit aux partisans d'Athanase, qui refusèrent en grand nombre de reconnaître la domination arienne, jusqu'à la consolation de *prier dans leurs propres maisons*; il parcourut l'Egypte accompagné du préfet Philagre, et l'on infligea les châtimens les plus sévères aux évêques qui s'étaient montrés zélés pour la foi de Nicée, bien que les décrets de ce concile n'eussent jamais été révoqués, et que les ariens se contentassent encore de confessions de foi équivoques où le mot consubstantiel était omis; des évêques furent battus de verges et mis aux fers. Potamon, dont nous avons déjà parlé, fut battu sur le cou jusqu'à ce qu'on crût qu'il avait expiré; il se remit cependant jusqu'à un certain point, mais il mourut peu de temps après.

[1] Apolog. Athan. 2. Fleury, liv. 11, 14.

Il avait, aux yeux des ariens, le tort impardonnable d'un attachement constant à la foi de Nicée.

Tandis que Grégoire usait ainsi de violence, son compétiteur n'employait d'autres armes que celles de la persuasion et du raisonnement; il publia une épître au monde chrétien [1], pour exhorter tous les évêques à demeurer fermes et unis. « La foi n'a pas commencé maintenant, disait-il; « elle nous est venue du Seigneur par ses disciples; « de peur donc que ce qui s'en conserve dans les « églises depuis le commencement jusqu'à nous ne « périsse en nos jours, et que l'on ne nous demande « compte de ce qui nous a été confié, excitez-vous, « mes frères, comme étant les dispensateurs des « mystères de Dieu, et voyant vos droits enlevés « par des étrangers. » Il les informait ensuite de la conduite des ariens, leur faisant observer qu'il ne s'était rien passé de semblable dans l'Eglise depuis l'ascension de notre Sauveur. « S'il y avait quelque « plainte contre moi, ajoutait-il, on aurait dû « assembler le peuple au nom du Seigneur Jésus-« Christ, et examiner toutes choses d'une manière « régulière, et en présence du clergé et du peuple; « et un étranger n'aurait pas dû être imposé par « force et par l'autorité de juges séculiers, à un « peuple qui ne le demandait ni ne le connaissait. » Il engage les évêques « à ne pas recevoir les lettres « de Grégoire, mais à les détruire, et à traiter « ceux qui les apporteraient avec le mépris que « méritent des ministres d'iniquité. »

On ne peut nier que ses argumens ne fussent solides et que sa cause ne fût juste. Les ariens doivent supporter la honte d'avoir été les premiers à séculariser la discipline de l'Eglise; mais le lecteur peut remarquer, dans la fin de la lettre

---

[1] Athan. VI, p. 943.

d'Athanase, quel était à cette époque le déclin de l'esprit de l'Évangile. Tandis que, d'un côté, il serait souverainement injuste de mettre les athanasiens et les ariens sur la même ligne, sous le rapport de la piété et de la moralité, puisque la supériorité des premiers est trop évidente pour admettre aucune comparaison entre eux ; de l'autre côté, il est également certain que ceux qui soutenaient la divinité de Christ montraient un tout autre degré de zèle pour cette doctrine, considérée d'une manière abstraite, que pour son influence expérimentale. De là vient qu'Athanase, qui fut toujours ferme et sincère, manqua plusieurs fois de douceur et de charité. — Ce grand homme demeura exilé à Rome, pendant dix-huit mois, sous la protection de l'évêque Jules ; ce fut dans la même ville que se réfugièrent plusieurs autres évêques que la tyrannie des ariens avait expulsés.

Eusèbe de Constantinople mourut quelque temps après, dans la plénitude de cette prospérité que lui avaient acquise l'oppression et l'iniquité. La dépravation, revêtue d'une apparence de religion, avait atteint chez lui un rare degré de maturité ; et sa vie tout entière présente aux ecclésiastiques un avertissement solennel de se tenir en garde contre l'ambition et l'esprit du monde, qui pervertirent tellement cet évêque, qu'il devint enfin un des plus grands scélérats dont l'histoire ait conservé la mémoire. Sa mort fut suivie d'une double élection, celle de Paul et celle de Macédonius. L'empereur ordonna à Hermogènes, chef de la milice, de bannir Paul[1] ; ses amis, exaspérés par une longue suite de persécutions, oublièrent quel doit être le caractère des chrétiens, et tuèrent Hermogènes. Paul fut alors banni de la ville ; mais son

[1] Fleury, liv. XII, 21.

caractère le met à l'abri de tout soupçon d'avoir eu part à cette émeute. Ces événemens eurent lieu vers l'an 342.

Dans un concile des évêques d'Occident, qui fut tenu à Rome, Jules justifia Athanase et ses compagnons de souffrances. Parmi eux se trouvait Marcel d'Ancyre, qui avait été accusé de sabellianisme par suite du zèle qu'il avait manifesté contre les ariens; il est facile de comprendre qu'on pût revêtir une telle accusation de spécieuses apparences. Marcel s'expliqua de manière à satisfaire le concile, qui le déclara innocent; mais il n'est pas aussi évident que ce jugement fût bien fondé. Athanase lui-même témoigna dans la suite qu'il était loin d'être convaincu de son orthodoxie; il est facile en effet de tomber dans une erreur en voulant en éviter une autre, lorsque le cœur n'est pas humblement soumis à la vérité de Dieu.

Jules publia, à cette occasion, une lettre dans laquelle, après avoir rendu justice à ceux qui étaient persécutés, il conclut d'une manière digne d'un évêque chrétien : il ne menace pas, mais il exhorte ceux de l'Orient de ne pas se conduire de même à l'avenir, de peur, dit-il, que nous ne nous exposions aux sarcasmes des païens, et, ce qui serait bien plus fâcheux encore, à la colère de Dieu, à qui nous devons tous rendre compte de nos actions au jour du jugement.

L'an 347, on assembla un concile à Sardique par l'ordre des deux empereurs Constance et Constant, le dernier se montrant aussi favorable à la foi de Nicée que le premier lui était opposé : Sardique était en Illyrie, sur la frontière des Etats des deux empereurs. On avait l'intention de réconcilier les deux partis, mais ce concile ne fit qu'augmenter encore les haines et les divisions. Les prières ferventes, les supplications spirituelles et la prédication judicieuse et pressante de la religion pratique, étaient des choses généralement négligées à cette époque. Les esprits paisibles étaient absorbés par la superstition, et les esprits turbulens par les querelles ecclésiastiques. La vie de la foi était peu connue; la doctrine de la Trinité était traitée comme une pure spéculation, et le résultat de discussions conduites dans un semblable esprit était que chacun en sortait tel qu'il y était entré. Les Orientaux, voyant que ce devait être un concile libre, s'éloignèrent, laissant les Occidentaux arranger les choses à leur gré. Osius de Cordoue, le vénérable président de Nicée, présidait aussi en cette circonstance, et la cause d'Athanase fut décidée en sa faveur; on fit aussi quelques canons, par lesquels on condamna la translation des évêques d'un siége à l'autre. Le pieux et zélé Osius s'occupa principalement de ces choses; les paroles d'un des canons sont remarquables : « Il faut déra- « ciner un usage pernicieux ; on n'a vu aucun « évêque quitter son siége pour un évêché infé- « rieur : il est donc évident que lorsqu'ils changent « d'église, ils y sont portés par l'avarice et l'ambi- « tion. » Le concile raisonnait et décidait bien ; mais c'est en vain que les canons des conciles prononcent là où n'existe pas la religion du Saint-Esprit, la religion de la foi, de l'espérance et de la charité. Plusieurs canons prescrivirent aussi la résidence aux évêques, leur défendirent les voyages dans les cours, et fixèrent le temps que les évêques pourraient passer dans d'autres diocèses, afin de les empêcher de supplanter leurs frères. Ces ordonnances montrent quel était alors l'état des choses; car l'on ne fait des règles que pour prévenir le retour d'abus qui existent déjà.

Les ariens de l'Orient se réunirent à Philippopolis, en Thrace, et excommunièrent les chrétiens de l'Occident; les deux partis restèrent en cet état pendant quelque temps, et les partisans de la foi de Nicée furent traités avec beaucoup de cruauté en Asie et en Egypte. Les subtilités de cette controverse n'avaient pas encore pénétré en Europe; les esprits de ceux qui y professaient le christianisme étaient plus simples, et ils suivaient paisiblement la foi de la primitive Eglise.[1]

Etienne, évêque arien d'Antioche, fut regardé par ceux de son parti comme trop corrompu et trop irrégulier dans ses mœurs pour demeurer à la tête de cette église; Léonce, qui lui succéda, se montra favorable aux ariens. Diodore, qui menait une vie ascétique, et Flavien, qui fut plus tard évêque d'Antioche, excitèrent le zèle des fidèles pour la religion, et passèrent des nuits entières avec eux auprès des tombeaux des martyrs; Léonce, voyant qu'ils possédaient l'affection du peuple, les engagea à faire ce service dans l'église, et non pas en plein air. Il s'effectua peut-être ainsi un peu de bien réel.

L'an 349, mourut Grégoire, évêque *séculier* d'Alexandrie, comme on peut l'appeler à juste titre, et ce fut alors que Constance, intimidé par les menaces de son frère Constant, écrivit à plusieurs reprises à Athanase pour l'engager à revenir en Orient, et pour l'assurer de sa faveur et de sa protection. Le prélat exilé ne pouvait pas avoir grande confiance dans un homme qui l'avait persécuté si injustement; il céda enfin, et, après avoir visité Jules à Rome, il se rendit à Antioche, où Constance lui fit un accueil très favorable[2], le priant d'oublier le passé, et l'assurant avec des sermens solennels qu'il ne recevrait point de calomnie contre lui à l'avenir.

---

[1] Fleury, c. 43. — [2] Jules écrivit une lettre affectueuse à l'Église en faveur d'Athanase.

Pendant qu'Athanase était à Antioche, il communiqua avec les eustathiens, qui se réunissaient sous la conduite de Flavien ; ce fut ce même Flavien qui composa la doxologie : « Gloire soit au Père, au Fils et au Saint-Esprit » ; et ce n'était pas seulement ceux qui fréquentaient ces réunions, mais en général tous ceux de l'église de Léonce qui avaient adopté la foi de Nicée, qui en faisaient usage dans le chant des Psaumes, en opposition à la doxologie arienne : Gloire au Père, par le Fils, dans le Saint-Esprit. Léonce était un arien décidé, mais il était d'un caractère plus doux que les autres évêques de son parti ; il voyait qu'il n'était en possession de son église que par la force, et qu'il y avait un grand nombre de personnes qui y faisaient profession de la foi de Nicée. Il n'osait donc pas s'opposer aux cantiques trinitaires, et s'efforçait de conserver la paix pendant sa vie ; mais il disait un jour, en touchant ses cheveux blancs : « Quand cette neige sera fondue, il y aura beaucoup de boue », faisant allusion aux dissensions qui devaient probablement s'élever après sa mort.

Constance fit observer à Athanase que puisqu'il allait le mettre en possession de toutes ses églises d'Égypte, il devait en laisser une aux ariens. L'évêque d'Alexandrie reconnut que cela était juste, à condition toutefois que la même faveur serait aussi accordée aux eustathiens, à Antioche ; mais les ariens, qui sentaient que les trinitairiens étaient mieux vus du peuple qu'eux, crurent plus prudent d'éluder la proposition.[1]

Le retour d'Athanase à Alexandrie fut un triomphe ; la joie et le zèle religieux se montrèrent sous les formes superstitieuses de ce siècle : un grand nombre de personnes se vouèrent à la

---

[1] Athan. ad solit. *Voyez* Fleury, liv. XII, c. 52.

vie monastique à cette occasion. On fit aussi beaucoup d'actes de charité et de libéralité, et chaque maison semblait une église consacrée à la prière. Tel est le tableau que fait Athanase lui-même des effets de son retour à Alexandrie [1]. Plusieurs de ses ennemis se rétractèrent, et le justifièrent de la manière la plus honorable; la rétractation d'Ursace et de Valens est surtout remarquable. Asclépas fut aussi rétabli à Gaza, et Marcel à Ancyre. [2]

Il s'opéra un grand changement dans les affaires civiles, par la mort de Constant, et la ruine de l'usurpateur Magnence; et Constance, alors l'unique maître de l'empire, fit renaître la persécution. Vers l'an 351, Paul de Constantinople fut envoyé chargé de fers, d'abord en Mésopotamie, et enfin à Cuense, sur les confins de la Cappadoce et de l'Arménie, où il fut étranglé après avoir souffert les traitemens les plus cruels [3]. Paul reçut la couronne du martyre, et les ariens se montrèrent ambitieux d'égaler la sanglante renommée de Galérius. Macédonius prit possession du siége de Constantinople à force armée, et fit répandre beaucoup de sang.

[1] Socrates, liv. III, c. 20.
[2] Les soupçons qu'on avait conçus par rapport à l'orthodoxie de Marcel, s'accrurent avec raison par les opinions moins équivoques que manifesta Photin, évêque de Sirmium, que l'on supposait marcher sur ses traces, et qui fut déposé d'un consentement universel dans un concile tenu dans cette ville. Germinius, arien, fut élu à sa place. Dans ce temps, aussi bien que de nos jours, les sabelliens et les ariens attaquaient dans leurs luttes la vérité qui se trouvait sur le terrain qui les séparait; les premiers anéantissant toute distinction entre le Père et le Fils, les derniers établissant une distinction qui détruisait la divinité. Les uns et les autres désiraient ôter le mystère de cette doctrine, et le corrompaient par leurs efforts, tandis que ceux qui étaient enseignés de Dieu, et qui se contentaient de recevoir cette doctrine sur la foi de la parole de Dieu, où elle est clairement révélée, adoraient sincèrement la trinité dans l'unité, et gémissaient sur les abominations de ces temps.
[3] Théodorat, liv. XI, c. 5.

Le faible esprit de Constance accueillit de nouveau d'absurdes calomnies contre Athanase ; il paraît que la prospérité n'avait pas fortifié ses facultés, et qu'elle avait malheureusement augmenté la dépravation de son cœur. Un concile fut rassemblé à Milan, l'an 355, en présence de l'empereur, qui proposa une confession de foi arienne, qu'il appuya de cet argument, que Dieu s'était déclaré en sa faveur par ses victoires. La fermeté magnanime de Lucifer, évêque de Cagliari en Sardaigne, et le pieux renoncement d'Eusèbe, évêque de Verceil en Italie, méritent d'être cités d'une manière honorable. Ces prélats, animés d'une piété sincère, répondirent que la foi de Nicée avait toujours été la foi de l'Église. « Je ne « vous demande pas votre avis, répondit l'empe- « reur, et vous ne m'empêcherez pas de suivre « Arius, si je le trouve bon. » On lut le symbole de l'empereur dans l'église, mais le peuple, plus sincère et plus simple que les grands, et plus attaché qu'eux à la doctrine de la trinité, parce qu'il la lisait dans la Bible, rejeta le symbole de Constance, et il n'en fut plus question.

On insista cependant sur la condamnation d'Athanase, et l'on fut assez injuste pour exiger que Denys, évêque de Milan, et les deux autres dont nous avons déjà parlé, la signassent. « Obéissez, ou vous serez bannis », tel était le langage de l'empereur. Les évêques, levant leurs mains vers le ciel, dirent à Constance que l'empire n'était pas à lui, mais à Dieu, et lui rappelèrent le jour du jugement. Il eut un si violent mouvement de fureur, qu'il tira son épée et la dirigea vers eux ; il se contenta cependant de les condamner à l'exil. —Hilaire le diacre fut dépouillé, fustigé, et tourné en ridicule par Ursace et Valens, qui avaient retiré leur rétractation quelque temps auparavant : Hilaire bénit Dieu, et supporta les outrages en chrétien. La masse des évêques souscrivit la condamnation d'Athanase; quelques uns seulement refusèrent, et témoignèrent par là que la grâce de Dieu était puissante pour soutenir ses enfans et leur donner le courage de souffrir avec joie plutôt que de pécher. Maxime, évêque de Naples, fut mis à la torture; les infirmités de son corps faisaient espérer qu'on extorquerait ainsi sa soumission; il fut enfin banni, et mourut en exil.

On envoya Eusèbe de Verceil en Palestine, Lucifer en Syrie, et Denys en Cappadoce, où il mourut peu de temps après. Libère de Rome était avancé en âge lorsque l'orage, qui avait murmuré dans l'éloignement, éclata sur lui; il fut amené devant Constance à Milan, où l'eunuque Eusèbe, l'appui secret de l'arianisme, qui était alors triomphant, aida son maître à le tourmenter. Libère dit : « Lors même que je serais seul, la cause de la « foi ne succomberait pas pour cela : il ne se « trouva une fois que trois personnes pour résister « à un décret royal. » Eusèbe, comprenant l'allusion qu'il faisait à Sadrac, Mesac et Habednego, répondit : « Faites-vous de l'empereur un Nébu-« chadnetsar ? » « Non, reprit l'évêque de Rome; « mais vous êtes aussi déraisonnable que lui, puis-« que vous voulez condamner un homme sans « l'entendre. » Libère fut exilé en Thrace. Il restait à subjuguer un caractère encore plus vénérable, et les ariens, ardens à poursuivre leurs victoires, ne tardèrent pas à l'attaquer.

Osius, évêque de Cordoue, en Espagne, avait alors cent ans; il était regardé comme le premier des évêques. Il avait été confesseur pendant la persécution de Dioclétien; il avait présidé soixante ans dans l'Église, avait dirigé le concile de Nicée, avait eu beaucoup de part aux canons qui avaient

pour objet la discipline, et était universellement respecté. Constance et tout le parti arien sentaient combien un tel homme était important; on employa la flatterie et les menaces pour l'amener à condamner Athanase. Quelques lignes de sa réponse à une lettre impérieuse de Constance peuvent nous donner une idée de son caractère[1] : « J'ai
« confessé Christ pour la première fois dans la per-
« sécution qui eut lieu sous Maximien, votre arrière-
« grand-père ; si vous désirez aussi me persécuter,
« je suis encore prêt à tout souffrir plutôt que de
« trahir la vérité. Ce n'est pas tant une haine per-
« sonnelle contre Athanase, que l'amour de l'hé-
« résie qui influence ceux qui demandent sa con-
« damnation ; je les ai moi-même engagés à venir à
« moi, et à déclarer au concile de Sardique tout ce
« qu'ils avaient à lui reprocher. Ils n'ont pas osé ;
« ils ont tous refusé. Athanase est venu ensuite à
« votre cour, à Antioche ; il a désiré qu'on fît venir
« ses ennemis, et qu'on les invitât à soutenir leurs
« accusations. Pourquoi écoutez-vous encore des
« gens qui ont refusé de semblables propositions ?
« Comment pouvez-vous supporter Ursace et Va-
« lens, après qu'ils se sont rétractés et qu'ils ont
« reconnu par écrit leurs calomnies ? Souvenez-
« vous que vous êtes un homme mortel ; craignez
« le jour du jugement. Dieu *vous* a donné l'empire,
« et *nous* a confié le soin de l'Eglise. Si je vous écris
« ainsi, c'est parce que je prends intérêt à votre
« bonheur éternel ; mais quant à ce que vous vou-
« lez exiger de moi, je ne puis m'accorder avec les
« ariens ni écrire contre Athanase. Vous agissez
« pour les ennemis ; mais, au jour du jugement,
« vous serez seul à vous défendre. »

Constance retint Osius un an à Sirmium, sans

---

[1] Athan. ad solit.

aucun égard pour son âge et pour ses infirmités. Les ordres qu'il adressa aux évêques étaient de condamner Athanase et de communier avec les ariens, sous peine de bannissement; l'exécution de ces ordres était confiée aux juges. Ursace et Valens, à qui leur inconstance aurait dû ôter tout crédit, aidèrent à la persécution par les renseignemens qu'ils fournirent : on employa la force des armes pour établir de zélés hérétiques à la place des évêques exilés, et l'arianisme sembla se charger du soin de venger la cause de l'idolâtrie tombée.

Les aventures d'Athanase ont quelque chose d'extraordinaire : il passa quelque temps dans la maison d'une femme pieuse, qui le préserva de ses ennemis avec beaucoup de soin et de fidélité. Un officier, nommé Syrianus, entra le soir dans la principale église d'Athanase, à Alexandrie, au moment où le peuple était en prières; un grand nombre de personnes furent tuées, d'autres furent battues et insultées. L'intrépide prélat resta tranquille à sa place, et dit au diacre de chanter le psaume 136, le peuple répondant, selon l'usage des chants alternatifs : « Parce que sa miséricorde « demeure à toujours. » Lorsqu'il fut fini, il invita les assistans à retourner dans leurs maisons. Comme les soldats s'avançaient vers lui, le clergé et le peuple le supplièrent de s'éloigner; mais il s'y refusa, pensant qu'il était de son devoir de rester dans l'église jusqu'à ce que tout le monde en fût sorti. Mais il fut en quelque sorte entraîné par les assistans, et on le mit en sûreté; ce fut en vain que les fidèles d'Alexandrie protestèrent contre cet acte de violence.

Les païens prirent courage, et aidèrent les hérétiques à persécuter les orthodoxes, disant : « Les ariens ont embrassé notre religion »[1]. Il se trouva

[1] Athan. ad solit.

un évêque capable de prêter son appui à de semblables mesures ; ce fut George de Cappadoce, dont l'usurpation commença l'an 356. La force séculière, agissant sous son influence, fit battre si cruellement les partisans de la foi de Nicée, que plusieurs en moururent ; un sous-diacre, qui avait été sévèrement fustigé, fut envoyé aux mines sans qu'on lui eût laissé le temps de panser ses blessures, et mourut en chemin. Dans toute l'Egypte, on envoya dans les déserts des évêques vénérables par leur âge et par leur caractère, et l'arianisme triomphant se baigna dans le sang ; les évêchés furent vendus aux hommes les plus indignes, dont on n'exigeait autre chose qu'une profession d'arianisme. Les cruautés de George excitèrent les habitans d'Alexandrie à user de représailles ; mais la force militaire l'emporta, et, après avoir été une fois chassé, l'évêque revint encore plus terrible et plus détesté.

Constance était tellement trompé, que, dans une lettre aux habitans d'Alexandrie, il représente ce même George comme un homme très capable d'instruire les autres dans les choses célestes. Athanase, ayant vu cette lettre, renonça à aller trouver l'empereur, comme il en avait d'abord eu l'intention, et se retira dans les déserts ; il visita les moines, ses plus fidèles appuis, qui refusèrent de découvrir sa retraite à ses adversaires, et présentèrent leur gorge aux épées des persécuteurs, se déclarant prêts à mourir pour la foi de Nicée. Il employa une partie de son temps à écrire son apologie à Constance ; on y trouve des traces frappantes de la vive éloquence et de la clarté de raisonnement qui distinguent cet homme célèbre. Cet ouvrage porte aussi l'empreinte de l'intégrité et de la ferveur ; mais il serait à désirer que, dans cet écrit, aussi-bien que dans les autres, il eût montré plus de zèle pour son divin maître et un peu moins pour lui-même. Le lien qui réunit la doctrine de la Trinité à la gloire de Christ, et à une foi vive en sa méditation, est si évident, que s'il peut se trouver dans une controverse une piété humble et sérieuse, ce doit être dans ce parti. Les hommes qui rabaissent le divin Sauveur à l'état de créature doivent naturellement s'élever eux-mêmes, et ne peuvent avoir cette humilité et cette foi qui sont les élémens constitutifs d'une vie sainte. Le prix des doctrines apostoliques, qui ont été si violemment persécutées dans le quatrième siècle, ne dépend pas de vaines spéculations, mais de la sainte tendance de leur nature ; on trouve des preuves suffisantes de la réalité de cette sainte influence chez Athanase et chez les autres trinitaires de cette époque, et l'on a aussi des preuves plus que suffisantes de la tendance contraire dans les doctrines qu'avaient embrassées les ariens; mais, nous le répétons, la piété chrétienne était bien affaiblie à cette époque, et ceux qui soutenaient la vérité n'insistaient pas assez, dans leurs ouvrages et dans leurs réflexion, sur l'union de la doctrine et de la pratique.

Eusèbe de Verceil, un des évêques les plus estimables et les plus pieux de ce siècle, était toujours cruellement tourmenté en Palestine, où il avait été exilé. La persécution s'étendit jusqu'aux Gaules, qui avaient heureusement conservé la simplicité de la foi apostolique. La terreur qu'inspirèrent les persécutions de Macédonius rapprocha les novatiens de Constantinople de l'église générale, et ils éprouvèrent les uns pour les autres une sympathie que leurs préventions mutuelles avaient long-temps étouffée ; tous ceux qui refusaient de communier avec les ariens étaient exposés à diverses sortes de souffrances. Agélius, l'évêque novatien, s'enfuit;

on mit à la torture un prêtre et un moine, et le dernier en mourut. Le Saint-Esprit n'avait pas retiré son influence aux novatiens, et cette secte eut l'honneur de fournir bien des fidèles qui souffrirent pour la vérité telle qu'elle est en Jésus. Les novatiens avaient trois églises à Constantinople ; on en abattit une par ordre de l'empereur, mais ils emportèrent les matériaux de l'autre côté de la mer : les femmes et les enfans s'y employèrent avec ardeur, et elle fut ainsi rebâtie. Sous le règne suivant, ils rapportèrent les matériaux avec la permission de l'empereur, rebâtirent leur église à Constantinople, et l'appelèrent ANASTASIE.[1]

On essaya de réunir les novatiens à l'église générale ; les membres de l'église de Constantinople y étaient très disposés, parce qu'ils n'avaient point de lieu où ils pussent se rassembler pour servir Dieu ; mais l'étroite bigoterie, qui avait toujours été le grand défaut du novatianisme, empêcha cette réunion.

Nous sommes maintenant appelés à fixer nos regards sur une preuve remarquable de la faiblesse humaine, qui doit nous exciter tout à la fois à la compassion et à la circonspection. Osius avait été retenu un an à Sirmium ; ses parens étaient persécutés, et lui-même avait été frappé de verges et mis à la torture. Le tyran arien croyait soutenir ainsi l'hérésie à laquelle il était attaché, et détruire la vraie piété ; cependant Constance était tellement aveuglé, qu'il fournissait libéralement à la pompe et aux ornemens du culte chrétien, tout en travaillant de tout son pouvoir à déraciner la doctrine chrétienne. Osius, âgé de plus de cent ans, se soumit à la fin à signer une confession de foi arienne ; mais il ne voulut pas approuver la con-

---

[1] C'est-à-dire « ressuscitée. »

damnation d'Athanase. Lorsqu'il fut arrivé en Espagne, où on lui avait permis de retourner, il se rétracta, protestant contre la violence qu'on lui avait faite, et jusqu'à son dernier soupir il exhorta tous les hommes à rejeter l'hérésie d'Arius. Si donc le caractère le plus vénérable de ce siècle succomba un moment, il fut cependant jusqu'à la fin fidèle dans son cœur à la vérité. La longueur de la vie d'Osius l'exposa à une grande variété de souffrances ; mais, quoiqu'il fût permis à la malice de Satan de lui faire beaucoup de mal, il mourut en paix, et prouva que le Seigneur n'abandonne pas entièrement ceux qui lui appartiennent.

La même année, 357, Libère de Rome se soumit, après deux ans d'exil, non seulement à recevoir un symbole arien, mais même à rejeter Athanase. L'adoption du symbole n'était pas une preuve aussi forte d'un défaut de sincérité, que la condamnation de l'évêque d'Alexandrie ; parce que les ariens, fertiles en expédiens, composaient symboles sur symboles, afin de tromper les esprits par des expressions équivoques et pleines d'artifice. Libère recouvra son évêché par ces indignes moyens. Le siége de Rome avait à cette époque assez d'avantages terrestres pour séduire un esprit mondain. Nous ne savons pas si Libère donna plus tard des marques d'un repentir sincère.

La cruauté des ariens mettait alors à une grande épreuve les cœurs des hommes ; mais la puissance de la grâce divine se déploya durant ces tristes jours, en conservant un petit troupeau de fidèles, et particulièrement en fortifiant l'esprit d'Athanase dans cette longue suite d'afflictions. Il composa vers ce temps-là une lettre aux moines, dans laquelle il reconnaît qu'il est extrêmement difficile d'écrire d'une manière convenable sur la divinité du Fils de Dieu, bien qu'il soit aisé de réfuter les hérétiques. Il avoue son ignorance, dit qu'il bégaie à peine lorsqu'il veut parler de ces grandes choses, et supplie les frères de recevoir ce qu'il écrivait, non comme une parfaite explication de la divinité de la Parole, mais comme une réfutation des ennemis de cette doctrine.

On assembla deux conciles, l'un à Rimini, l'autre à Séleucie, pour soutenir l'arianisme. Dans le premier, un assez grand nombre de pieux évêques furent entraînés, par les artifices des ariens, à approuver ce qu'ils ne comprenaient pas. La désunion se glissa alors dans cette secte, qui était victorieuse en tous lieux, et elle se sépara en deux partis. Mais il est inutile de fatiguer nos lecteurs par le tableau des vaines distinctions dans lesquelles s'égarèrent des hommes orgueilleux qui avaient renoncé à la simple foi de l'Église apostolique.

Constance travaillait misérablement à expier la corruption de doctrines et de conduite qu'il avait introduite dans l'Église, en offrant de grands vases d'or et d'argent, des tapis de tissu d'or couverts de pierres précieuses pour l'autel, des rideaux de diverses couleurs ornés d'or, pour les portes de l'église, et des dons considérables pour le clergé, les vierges et les veuves.[1]

Dans ces confusions, Macédonius perdit le siége de Constantinople, qui fut donné, l'an 360, à Eudoxe d'Antioche, et pendant que toute la chrétienté gémissait sous le poids des signatures extorquées en faveur des ariens, Macédonius, l'évêque déposé de Constantinople, forma une autre secte de ceux qui étaient ennemis de la divinité du Saint-Esprit. Les partisans de cette doctrine, qui se distinguaient par des mœurs sévères, se répan-

[1] Fleury, liv. xiv, c. 33.

dirent dans les monastères, et augmentèrent la confusion qui régnait alors dans le monde chrétien. Mais l'esprit vigilant d'Athanase fut excité à combattre aussi cette hérésie. « Le père ne peut « pas être fils, ni le fils père, dit-il; et le Saint-« Esprit n'est jamais appelé du nom de fils, mais « il est nommé l'Esprit du Père et du Fils. La « sainte Trinité n'est qu'une seule nature divine, « et un seul Dieu, et une créature ne peut lui être « unie. Cela suffit pour les fidèles. La science hu-« maine ne va pas plus loin ; les chérubins voilent « le reste de leurs ailes. »

Le siége d'Antioche se trouvant vacant, on y appela Mélèce, évêque de Sebaste, homme d'une douceur et d'une piété exemplaire. Les ariens le croyaient de leur parti. Constance ordonna au nouvel évêque de prêcher devant lui sur le sujet controversé de la Trinité. Mélèce s'exprima avec la sincérité d'un chrétien, reprocha aux hommes leur témérité d'oser sonder la nature divine, et exhorta ses auditeurs à se tenir fermement attachés à la simplicité de la foi. Il n'était resté qu'un mois à Antioche, et il eut l'honneur d'être banni par l'empereur, qui nomma à ce siége Euzoïus, l'ancien ami d'Arius. Les amis de Mélèce se séparèrent alors des ariens, et tinrent leurs assemblées dans l'ancienne église, qui avait été la première bâtie à Antioche. Outre les ariens qui jouissaient de la faveur de l'empereur, il y avait deux partis qui retenaient tous deux la foi de Nicée; les eustathiens, dont il a déjà été parlé, et les méléciens, qui donnaient les plus forts témoignages de leur affection pour leur pasteur exilé.

L'an 361, Constance mourut d'une fièvre, peu de momens après avoir reçu le baptême d'Euzoïus; car, d'après l'exemple de son père, il l'avait retardé jusqu'à cette époque [1]. Il est inutile de rien dire de plus sur le caractère de cet empereur ; son exemple prouve qu'un homme faible, armé d'un pouvoir despotique, peut causer de grands ravages dans l'Église de Christ.

CHAPITRE V.

DE L'ESPRIT MONASTIQUE ET DE QUELQUES AUTRES PARTICULARITÉS, DEPUIS L'ÉTABLISSEMENT DU CHRISTIANISME SOUS CONSTANTIN JUSQU'A LA MORT DE CONSTANCE.

Il nous a paru plus convenable de suivre sans interruption le cours de la controverse arienne ; et si le lecteur n'a pas retiré beaucoup d'instruction, sur l'esprit de la véritable religion, du triste tableau de cette violente lutte, c'est sur les temps et les matériaux qu'en doit retomber tout le blâme. Il y avait probablement à cette époque beaucoup d'âmes sincères, qui gémissaient en secret sur les abominations du siècle ; mais l'histoire, qui montre toujours de la partialité pour les grands, et qui se laisse éblouir par la splendeur des rois et des évêques, ne daigne pas en tenir compte. Les enfans de Dieu se trouvaient dans une position plus humble, et ils sont demeurés inconnus.

Nous avons laissé Athanase dans le désert, employant le loisir que lui laissait l'iniquité de la per-

[1] Un fait rapporté par Théodoret peut nous aider à nous former une idée juste du caractère de ce prince. Lorsqu'il allait faire la guerre à Maxence, il exhorta tous les soldats à recevoir le baptême, leur faisant observer qu'il y avait un grand danger à mourir sans avoir reçu cette sainte cérémonie, et ordonnant à ceux qui refuseraient de suivre ses conseils de retourner chez eux. Ce n'était pas l'incrédulité, mais la superstition qui dominait en lui. Cependant quelle inconséquence que de renvoyer si tard son propre baptême !

sécution, à visiter les moines. Il avait connu leur chef le plus célèbre, Antoine, mais il n'eut pas la satisfaction de le revoir, car il était mort au commencement de l'année 356.

Nous ne devons pas juger les anciens moines d'après ceux des temps modernes. C'était une idée fausse qui engageait les saints hommes des anciens temps à se retirer du monde. Mais l'on a des motifs de croire que cette erreur avait pourtant sa source dans une piété réelle, bien qu'elle fût peu éclairée.

L'esprit monastique dégénéra bientôt de ce qu'il était à sa première institution, et c'est surtout à cela qu'il faut attribuer tous les maux dont il fut la source. Il n'y avait rien de mauvais dans la détermination qu'avait prise Antoine de suivre littéralement l'exhortation du Seigneur. « Vends ce que tu as, et donne-le aux pauvres. » Dites qu'il était ignorant et superstitieux; il était en effet l'un et l'autre : mais il persévéra jusqu'à l'âge de cent cinq ans dans une pauvreté volontaire.

Athanase dit qu'il l'avait vu souvent, et qu'il avait appris les détails de sa vie du moine qui le servait. Antoine montra peu de jugement en refusant d'étudier la littérature, et ce fut un grand désavantage pour lui. Nous avons vu plusieurs hommes entraînés dans des erreurs, par leur attachement excessif pour les lettres et la philosophie : nous en voyons ici un qui s'égara faute de culture. Dans sa jeunesse, il avait entendu lire dans l'église les paroles de notre Seigneur au jeune homme riche, et son ignorance l'engagea à vendre tout ce qu'il avait, et à le donner aux pauvres, pour entrer dans la vie monastique. A cette époque, les moines n'avaient pas encore appris à vivre dans les déserts, sans aucune relation avec les hommes, et s'étaient contentés de s'établir à une petite distance de leur village. Antoine entreprit de se conduire sur le plan le plus sévère, et attacha à l'idée de la solitude des rigueurs jusqu'alors inconnues. Sa réputation s'étendit au loin; on le regarda comme un modèle de perfection, et les Égyptiens se montrèrent ambitieux de suivre son exemple.

Dans la persécution de Dioclétien, il quitta sa solitude, et vint à Alexandrie, s'exposant au danger sans imiter cependant le zèle coupable de ceux qui couraient au-devant du martyre. En tout cela il montra un meilleur esprit que celui d'un moine, celui d'un chrétien rempli de charité. Il n'observait pas non plus invariablement les règles de la solitude. Il y avait deux sortes de moines, ceux qui étaient solitaires, et ceux qui vivaient en société. Bien qu'Antoine eût une forte inclination à se mettre tout-à-fait au rang des premiers, il s'unissait quelquefois aux derniers, et en quelques occasions il parut même dans le monde.

L'hérésie arienne lui fournit une occasion de manifester son zèle. Il revint à Alexandrie, et protesta contre l'impiété de cette doctrine qu'il comparait au paganisme lui-même. « Soyez bien cer-
« tains, disait-il, que toute la nature se révolte
« avec indignation contre ceux qui regardent
« comme une créature le Créateur de toutes
« choses. »

En conversant avec les philosophes païens, il leur faisait remarquer que le christianisme adoptait le mystère de piété, non dans la sagesse de la philosophie grecque, mais dans la puissance de la foi qui vient de Dieu, par Jésus-Christ. « La foi,
« disait-il, a sa source dans l'affection de l'esprit;
« la logique dans un effort de l'intelligence. Ceux
« qui ont l'énergie qui vient de la foi, n'ont peut-
« être pas besoin de la démonstration qui vient du
« raisonnement. » Il en appelait avec raison aux glo-

rieux fruits du christianisme dans le monde, et exhortait les philosophes « à croire et à savoir que « la science du chrétien n'est pas une science de « mots, mais qu'elle vient de la foi qui opère par la « charité; si vous en êtes une fois doués, leur di- « sait-il, vous n'aurez pas besoin de démonstrations « par des argumens, mais vous estimerez ces pa- « roles d'Antoine suffisantes pour vous conduire « à la foi de Christ. »

Mais Antoine ternit tout ce qu'il y avait d'estimable en lui, en entreprenant de faire croire aux hommes qu'il vivait sans nourriture, tandis qu'il mangeait en secret, et par une vaine parade de discours sur la tempérance, qui semblaient inspirés par le fanatisme de Pythagore plutôt que par la piété chrétienne.

Étant parvenu à une très grande vieillesse, il recommanda expressément que l'on enterrât son corps lorsqu'il serait mort, et qu'on ne le conservât pas dans une maison, selon ce que faisaient les Égyptiens envers les saints et les martyrs qu'ils voulaient honorer; il ordonna même aux deux moines qui le servaient de ne découvrir à personne la place où il serait enterré. « A la résurrection des « morts, ajoutait-il, je recevrai mon corps incor- « ruptible des mains de mon Sauveur. » — Il mettait ses amis en garde contre l'hérésie arienne, et les engageait à ne pas se laisser troubler, lors même que la puissance des magistrats se tournerait contre eux. « Tenez-vous fermement attachés à ce que « vous avez reçu des pères, et en particulier à la « sainte foi en notre Seigneur Jésus-Christ, que « vous avez puisée dans les Écritures, et que je « vous ai souvent rappelée. Partagez ainsi mes ha- « bits : donnez une de mes peaux de brebis à l'é- « vêque Athanase, ainsi que le manteau que j'ai « reçu neuf de lui, et que je lui rends vieux main-

« tenant; donnez l'autre peau de brebis à l'é-
« vêque Sérapion; et gardez pour vous le cilice,
« dit-il à ses deux moines. Adieu, mes enfans, An-
« toine s'en va et n'est plus avec vous. » Il étendit ses pieds, et demeura couché avec un air gai,
comme s'il eût vu ses amis venir le voir, et lorsqu'il expira, son visage exprimait la sérénité et la
joie. Telle fut la mort du père des moines. On exécuta ponctuellement ses dernières volontés. — Ce
récit est entièrement tiré de sa vie écrite par Athanase, qui est un monument de la piété et de la
profonde superstition du moine et de son biographe. Tel était alors l'état d'imperfection de la
piété, qui existait obscure dans les ermitages ;
tandis que dans le monde l'Évangile était presque
enseveli sous les factions des ambitieux; il est cependant probable qu'elle était plus florissante dans
la vie commune, bien qu'il ne nous soit parvenu
aucun renseignement précis à ce sujet.

Avec l'aide de Fleury, il serait facile de s'étendre davantage sur l'histoire des moines, car il y
en avait plusieurs autres très renommés à l'époque
où vivait Antoine; mais ces récits ne sont ni intéressans ni instructifs, et la plupart sont entremêlés
de fables extravagantes. Nous ne nous arrêterons
donc pas plus long-temps sur ce sujet.

A l'époque où les évêques se rendaient au concile de Nicée, Licinius, évêque de Césarée en
Cappadoce, s'arrêta à une petite ville de Cappadoce nommée *Nazianze*, et y trouva Grégoire,
depuis évêque de Nazianze, qui lui demanda le
baptême. Cet homme avait mené une vie très sévère, et appartenait à une secte particulière qui
observait, comme les juifs, le sabbat et une distinction parmi les viandes. Sa femme, Nonne,
était une chrétienne exemplaire, et avait été l'instrument de la conversion de son mari. Il y a des

motifs d'espérer que c'était une conversion de l'orgueil de la propre justice à l'humble foi en Jésus. Licinius l'instruisit : il reçut le baptême, et, quelques années après, il fut choisi évêque de cette ville, conserva cette charge quarante-cinq ans, et parvint à une très grande vieillesse. Quoiqu'il fût déjà avancé en âge quand il s'était appliqué à l'étude du christianisme, il acquit un grand discernement, préserva son troupeau de l'infection de l'arianisme, et adoucit les mœurs de ce peuple encore barbare. Grégoire fut élu évêque vers l'an 328, et son souvenir et celui de sa femme méritent d'être conservés, non seulement par rapport à eux, mais aussi parce qu'ils eurent pour fils le fameux Grégoire de Nazianze, qui a célébré leur piété.

Si nous examinons l'état des anciennes hérésies, nous les trouvons sur leur déclin. Les disciples de Marcion, de Valentinien et des autres subsistaient encore à la vérité, mais un édit de Constantin leur avait défendu de s'assembler, ainsi qu'aux novatiens. Ainsi, les plus estimables des sectaires ne pouvaient servir Dieu selon leur conscience, tandis que les donatistes étaient en quelque sorte tolérés. Nous cherchons en vain l'équité ou la sagesse dans les décisions de Constantin et de sa famille qui se rapportent aux affaires ecclésiastiques. Il paraît que les deux sectes des méléciens et des donatistes étaient les seules qui ne fussent pas comprises dans cet édit de persécution, et, par suite de cette omission, elles subsistaient encore. Les anciennes hérésies étaient écrasées, tandis que les enthousiastes montanistes conservaient leur influence en Phrygie, et que les novatiens étaient encore nombreux : ces derniers conservaient des idées étroites sur la discipline, mais ils avaient des mœurs très sévères, et l'on peut espérer que le Saint-Esprit continuait à opérer parmi eux avec une puissance efficace. Les matériaux nous manquent pour leur histoire.

A l'époque même où Athanase était persécuté à Tyr, et où on le regardait comme indigne de vivre à Alexandrie, les évêques étaient occupés à célébrer la dédicace de l'église du Saint-Sépulcre à Jérusalem. Sa magnificence fut un monument de la superstition et de l'ostentation de Constantin. Il est étranger à notre dessein de décrire ces pompes. A cette occasion, Jérusalem, qui depuis le temps d'Adrien portait le nom d'*Ælia* [1], reprit son nom ; les pélerins chrétiens y arrivèrent en foule ; quelques uns la représentèrent comme la nouvelle Jérusalem décrite par les prophètes, et on la tint en grande vénération [2]. Les sermons déclamatoires, les actes éclatans de libéralité, et les panégyriques de l'empereur, abondèrent en cette occasion. L'historien Eusèbe se signala entre tous les autres. Arius fut reçu à la communion de l'Église ; et ainsi fut accompli ce passage de l'Écriture, qui dépeint l'hypocrisie de ceux qui feraient profession extérieure du christianisme : « Vos frères qui vous haïssent, et qui vous rejettent comme une chose abominable, à cause de mon nom, ont dit : Que l'Éternel montre sa gloire » [3]. L'inimitié contre la vraie piété était couverte d'un vernis de dévotion extérieure ; la pompe tenait la place de la sincérité, et l'on croyait suppléer par de vaines formes au défaut de l'intelligence spirituelle des choses saintes.

Quelque temps avant sa mort, Constantin avait écrit au moine Antoine, et lui avait demandé une réponse. Les réflexions d'Antoine en cette circon-

---

[1] Ælia Capitolina, parce qu'elle avait été rebâtie par Ælius Adrianus. — [2] Fleury, liv. xi, c. 54. — [3] Esaïe, lxvi, 5.

stance prouvent tout à la fois son ignorance des affaires séculières et sa connaissance des choses divines. « Ne soyez pas étonnés, dit-il, si un em-
« pereur nous écrit; il n'est qu'un homme : soyez
« plutôt étonnés de ce que Dieu a écrit un livre
« pour l'homme, et de ce qu'il nous a parlé par
« son propre Fils. » Il répondit à l'empereur en l'engageant à ne pas estimer à un trop haut prix les choses présentes, à penser au jugement à venir, à se souvenir que Jésus-Christ est le seul roi véritable et éternel, à être miséricordieux, à rendre justice, et, en particulier, à prendre soin des pauvres.

Sous Constantin, on entreprit de réunir les donatistes à l'Église générale; et, en effet, un assez grand nombre d'entre eux rentrèrent solennellement dans la communion de l'Église. Ceux qui en restèrent séparés étaient des gens méprisables, et ils avaient parmi eux des troupes de furieux appelés *circoncellions*, qui manifestaient beaucoup de violence et de férocité.

CHAPITRE VI.

PROPAGATION DU CHRISTIANISME DEPUIS LE COMMENCEMENT DE CE SIÈCLE JUSQU'A LA MORT DE CONSTANTIN.

Nous voici arrivés à ce qui devrait être le sujet favori d'un historien chrétien et d'un lecteur évangélique. Mais la période dont nous avons à nous occuper est beaucoup plus fertile en querelles ecclésiastiques qu'elle n'est remarquable pour l'extension du christianisme; et les récits qui nous sont parvenus sur les victoires remportées par l'Évangile dans les pays barbares sont trop peu étendus et trop imparfaits pour satisfaire la louable curiosité de ceux qui s'intéressent aux progrès de la vraie piété.

Vers le commencement du quatrième siècle, un philosophe tyrien nommé *Mérope* résolut de parcourir l'intérieur de l'Inde, dans le désir de s'instruire par les voyages [1]. Il emmena avec lui deux jeunes garçons qui étaient ses parens, et qui entendaient la langue grecque. Lorsqu'ils furent arrivés à un certain port, les indigènes massacrèrent tout l'équipage du vaisseau, excepté les deux jeunes garçons, qui furent présentés au roi, qui les prit en amitié et leur donna un rang distingué à sa cour. A la mort du roi, la reine douairière les engagea à surveiller les affaires du royaume et l'éducation du jeune prince. Leurs noms étaient Edesse et Frumence. Le dernier fut fait premier ministre [2]; mais il avait les yeux fixés sur des objets plus élevés que la politique du pays. Ayant demandé à quelques marchands romains qui commerçaient dans ce pays s'ils y avaient trouvé des chrétiens, ils lui en indiquèrent quelques uns. Il les encouragea à se réunir pour servir Dieu; il construisit une église pour eux, et plusieurs indigènes qu'on avait instruits dans l'Évangile furent convertis à la foi. Lorsque le roi fut d'âge à prendre en main le gouvernement du royaume, Frumence lui témoigna le désir de retourner dans son pays; le roi et sa mère le virent s'éloigner avec un

---

[1] Tel est le récit de Socrates, liv. 1, c. 19. Mais ce qu'il appelle l'Inde paraît avoir été le royaume d'Abyssinie, qui prend encore aujourd'hui le titre de chrétien, et qui se glorifie des travaux évangéliques de son premier évêque Frumentius; bien qu'il paraisse, d'après ce qu'en rapporte Bruce, que ce pays est plongé depuis long-temps dans l'ignorance et dans le vice.

[2] Bruce l'appellerait le RAS. Toute cette histoire a une grande apparence de probabilité, d'après la ressemblance des usages de ce royaume indien avec ceux de l'Abyssinie; ce qui confirme la conjecture que l'Inde de Socrates était l'Abyssinie.

très grand regret; mais il partit cependant avec Edesse. Le dernier retourna dans sa famille à Tyr, tandis que Frumence se rendit à Alexandrie, raconta ses aventures à l'évêque Athanase, et lui dit qu'il était très probable que l'Évangile ferait de grands progrès dans ce pays si l'on y envoyait des missionnaires. Après mûres réflexions, Athanase lui dit que personne ne pouvait s'acquitter aussi bien de cet emploi que lui-même, et le consacra premier évêque des Indiens. Cet actif missionnaire retournant dans un pays où l'on avait déjà apprécié ses talens et son intégrité, prêcha l'Évangile avec beaucoup de succès, et fonda plusieurs églises. Ce fut ainsi que l'Évangile se répandit dans un royaume barbare, où l'excessive ignorance des naturels devait beaucoup faciliter ses progrès extérieurs, surtout lorsqu'il était annoncé par un homme qui avait élevé le souverain : il est probable qu'il y eut aussi plusieurs conversions réelles, et une abondante effusion de l'esprit de Dieu [1]. La difficulté d'arriver jusqu'à cette contrée, qui a été depuis si préjudiciable aux progrès des lumières parmi ses habitans, fut à cette époque un heureux préservatif pour cette jeune église. Constance travailla en vain à y faire pénétrer le venin de l'arianisme. Il ordonna que Frumence fût déposé, et qu'on lui donnât un successeur arien; mais ce pays était heureusement à l'abri de son impériale bigoterie.

Les Ibériens, qui habitaient les bords de la mer Noire, avaient fait une excursion militaire dans laquelle ils avaient fait plusieurs prisonniers, et

---

[1] Le despotisme absolu des rois d'Abyssinie, et la supposition assez probable que le souverain d'alors avait embrassé le christianisme, suffiraient pour expliquer l'établissement du christianisme dans tout le pays; de même que la situation inaccessible et la profonde ignorance de l'Abyssinie font comprendre comment le christianisme nominal a pu s'y conserver jusqu'à ce jour.

entre autres une pieuse chrétienne qui s'attira bientôt le respect de ces barbares par la sainteté de ses mœurs. Si nous devons en croire Socrates, Dieu opéra plusieurs miracles par son moyen [1]. Quoi qu'il en puisse être, le roi et la reine embrassèrent l'Évangile, et exhortèrent leurs sujets à le recevoir. Ils envoyèrent des ambassadeurs à Constantin pour lui demander des pasteurs qui pussent instruire ce peuple, et l'empereur leur fit un accueil très bienveillant.

Il est convenable d'ajouter ici, sur l'autorité de Philostorge, que Constantin envoya des ambassadeurs aux sabéens de l'Arabie-Heureuse, pour demander que les habitans et les navigateurs romains pussent bâtir des églises chrétiennes, et qu'il leur fournit l'argent nécessaire. Théophile, indien qui avait long-temps demeuré près de Constantin en qualité d'ôtage, fut consacré évêque par Eusèbe de Nicomédie, et envoyé parmi les sabéens; il érigea des églises, et répandit au moins le nom du christianisme.

On sait si peu de choses de l'histoire de l'Église de la Grande-Bretagne, et ces récits sont mêlés de tant de fables, qu'il ne faut rien négliger de ce qui porte des marques d'authenticité. Au concile de Rimini, qui fut convoqué pour s'occuper de la controverse arienne, l'empereur Constance donna des ordres pour que le trésor public fournît aux dépenses des évêques. Tous acceptèrent cette munificence impériale, excepté les évêques des Gaules et de la Grande-Bretagne, qui trouvèrent qu'il ne convenait pas à des gens revêtus d'un caractère ecclésiastique de recevoir un tel secours de la puissance séculière, et qui voulurent supporter leurs propres dépenses. Il se trouva seu-

---

[1] Liv. 1, c. 20.

lement trois évêques de la Grande-Bretagne qui étaient si pauvres, qu'ils étaient incapables de pourvoir à leurs besoins. Leurs frères offrirent de faire une contribution en leur faveur; mais ils aimèrent mieux profiter de la libéralité de l'empereur que d'être à charge à leurs frères. Gavidius, évêque français, leur en fit des reproches; mais Sévère, qui rapporte ce fait, pense au contraire que cette circonstance leur fait beaucoup d'honneur [1]. En trouvant dans ces églises des preuves si évidentes d'une simplicité et d'un désintéressement qui rappellent l'Église primitive, nous regrettons de savoir si peu de chose sur ces hommes qui vivaient éloignés des scènes de turbulence et d'ambition que présente l'histoire de l'Église pendant ce siècle. Il est probable que la Grande-Bretagne et les autres pays que l'histoire laisse dans l'obscurité étaient précisément ceux où l'Évangile était alors le plus florissant.

Le christianisme se répandait au-delà des limites de l'Empire romain. Les parties des Gaules les plus éloignées, et les nations qui habitaient les bords du Rhin, étaient alors devenues chrétiennes; et, soixante ans auparavant, les Goths qui vivaient auprès du Danube avaient été au moins civilisés par la religion chrétienne, qui leur avait été annoncée par les évêques qu'ils avaient emmenés en captivité sous Gallien; et l'on peut espérer que l'esprit de Dieu avait été avec eux dans les travaux que leur inspirait leur charité.

L'Arménie avait embrassé le christianisme sous son roi Tiridate [2], et, par le moyen du commerce,

---

[1] Sulpit. Sev. liv. II, c. 55.
[2] Il est probable que l'Évangile avait commencé à être annoncé en Arménie long-temps auparavant. Ce ne fut cependant qu'au commencement de ce siècle qu'il y fut établi par la prédication de Grégoire, surnommé *l'Illuminateur*. Il amena Tiridate et tous ses

elle l'avait introduit en Perse, où les chrétiens commençaient à être nombreux. Mais, sous le règne de Constantin, ils y furent cruellement persécutés par le roi Sapor. L'historien Sozomène est entré dans beaucoup de détails sur cette persécution [1]. Des milliers de personnes aimèrent mieux souffrir pour le nom de Christ que de se souiller par le culte du soleil; les mages et les juifs furent les principaux instrumens de cette persécution, et les chrétiens souffrirent avec assez de courage et de sincérité pour prouver que le Seigneur avait beaucoup de fidèles serviteurs en Perse.

CHAPITRE VII.

DÉCADENCE DE L'IDOLATRIE PAÏENNE DANS CE SIÈCLE, JUSQU'A LA MORT DE CONSTANCE.

Une excessive superstition était un des traits les plus marquans du caractère des anciens Romains. Pendant que leurs armes leur soumettaient successivement une si grande portion de l'Europe et de l'Asie, ils étaient exacts et scrupuleux à s'acquitter de tous les devoirs de la religion, et adoptaient les dieux des nations dont ils triomphaient, aussi-bien que leurs arts et leurs sciences. Le scepticisme philosophique et les principes relâchés des épicuriens pénétrèrent à la fin dans la république romaine, en même temps que les écrits des Grecs, et amenèrent avec eux les vices qui les accompagnent d'ordinaire, le goût du luxe et de la dissipation. Le peuple croyait encore ce que croyaient

---

nobles à faire ouvertement profession du christianisme, et fut consacré évêque d'Arménie par Léonce, évêque de Cappadoce. MOSHEIM, *quatrième siècle.*

[1] Liv. II, c. 9, etc.

jadis les nobles et les sénateurs ; le collége des augures et tout l'appareil de l'idolâtrie subsistaient dans toute leur pompe et leur solennité ; et les personnages les plus élevés briguaient l'honneur du titre de pontife, tout en méprisant intérieurement les dieux qu'ils faisaient profession d'adorer.

Lorsque quelques pêcheurs et quelques artisans de la Judée commencèrent à prêcher Jésus-Christ crucifié, on était loin de penser que la religion chrétienne fût destinée à renverser cet édifice d'idolâtrie qui subsistait depuis tant de siècles. Aujourd'hui que les cérémonies païennes sont abolies, et que les usages chrétiens nous sont devenus familiers, nous n'admirons pas assez l'œuvre de Dieu dans la propagation de sa religion. Si l'on considérait ce sujet avec la profonde attention qu'il mérite, on serait forcé de céder à la conviction que « c'est la main l'Éternel qui a opéré ces choses. » — A mesure que le christianisme fit des progrès, le zèle que la philosophie avait éteint, se ranima dans l'esprit des polythéistes, et produisit la persécution. La superstition succéda au scepticisme chez plusieurs des grands et des savans ; et des philosophes eux-mêmes, excités par la haine qu'inspire la corruption du cœur, et par un égoïsme politique, aidèrent de tout leur pouvoir ceux que leur zèle pour l'idolâtrie rendait intolérans. Nous avons vu comment l'Évangile triompha sans aucun appui séculier, et nous avons remarqué comme un symptôme de déclin du paganisme la naissance de cette nouvelle race de philosophes qui s'éleva vers la fin du second siècle, et qui essaya de former une alliance avec le christianisme.

Ces nouveaux platoniciens reconnaissaient tous pour leur maître Ammonius, qui, comme nous le dit Eusèbe, fit profession de christianisme jusqu'à la fin de sa vie. Satan sentait si bien qu'il lui était impossible d'écraser l'Évangile, qu'il ne cessait alors de travailler à l'altérer et à saper ses fondemens. — De cette école sortit, dans le siècle dernier, Porphyre[1], natif de Tyr, dont la vie a été écrite par Eunape. Il étudia six ans à Rome sous Plotin, dont il publia la vie. Socrates nous apprend que dans sa jeunesse il était chrétien[2]; mais qu'ayant été battu par quelques chrétiens de Césarée, le dépit qu'il en conçut l'engagea à abandonner l'Évangile. Il fallait que le lien qui l'attachait au christianisme fût bien faible, pour qu'il se décidât à le rompre à cause d'une insulte reçue de quelques chrétiens de nom. Aussi Augustin lui adresse-t-il ces paroles : « Si « vous aviez jamais aimé véritablement et du fond « du cœur la sagesse divine, vous auriez connu « Christ, la puissance de Dieu, et la sagesse de « Dieu; et vous ne vous seriez pas révolté de son « humilité salutaire, par l'orgueil d'une vaine « science. » Il ne nous reste que quelques fragmens de ses quinze livres contre les chrétiens, dans lesquels il manifeste autant de haine et de malice que Celse, mais avec des talens supérieurs; car il avait certainement beaucoup de moyens et d'instruction.

Dans sa vieillesse, il publia un ouvrage sur la *Philosophie des oracles*, que plusieurs auteurs n'ont pas voulu reconnaître pour être de lui, parce qu'il y parle très honorablement du christianisme, et y exprime des sentimens qu'on n'attendrait pas d'un homme qui avait passé une longue vie dans une virulente animosité contre les disciples de Jésus. Cette inimitié est souvent aussi forte lorsqu'elle est couverte, que lorsqu'elle est déclarée; et les circonstances peuvent dicter une grande va-

---

[1] *Voyez* Lardner sur ce sujet, bien que nous nous voyions forcés d'embrasser une opinion entièrement opposée à la sienne.
[2] Liv. III, c. 23.

riété de manières de la manifester ou de la cacher. Des philosophes eux-mêmes n'eurent pas honte de persécuter, durant la persécution de Dioclétien. Nous avons déjà parlé d'Hiéroclès, qui torturait les chrétiens comme magistrat, tandis qu'il écrivait contre eux comme philosophe. Nous ignorons s'il vécut assez pour voir le christianisme triomphant sous Constantin, mais il est assez probable que s'il avait écrit sur ce sujet, à cette époque, il se serait exprimé comme l'a fait Porphyre dans l'ouvrage qui nous occupe en ce moment. Le succès excite les mondains à admirer, comme les défaites les portent au mépris; les choses extérieures exercent une grande influence sur leurs opinions, mais la disposition secrète de leur esprit demeure la même.

On dit que Porphyre vécut jusqu'à un âge avancé. Comme son ouvrage intitulé *la Philosophie des oracles* montre que la religion de l'Évangile était alors la religion dominante, ce fut probablement son dernier écrit; et Eunape avoue que dans ses derniers ouvrages il exprime des sentimens très différens de ceux qu'il avait manifestés dans les premiers. Il ne paraît pas cependant qu'il ait jamais professé le christianisme depuis qu'il l'eut abandonné dans sa jeunesse. Il reconnaît qu'en beaucoup de choses les *barbares* avaient raison, tandis que les Grecs étaient dans l'erreur. Il parle des réponses de l'oracle d'Apollon qui avait déclaré que l'âme de Christ avait été immortelle après sa mort, qu'il était pieux et saint, bien que les ignorans chrétiens eussent tort de l'adorer. Augustin pense que ces oracles avaient été inventés dans le but de rendre les chrétiens odieux, en les représentant comme alliés de Satan.[1]

Vanter Jésus-Christ tandis qu'on déverse le

---

[1] Civit. Dei, lib. XIX.

blâme sur ses disciples, peut être le plan d'un ennemi de Dieu qui ne se sent pas entièrement libre d'exprimer ses sentimens; et telle a été de nos jours la marche ordinaire des incrédules, qui auraient ouvertement manifesté leur mépris pour Christ aussi-bien que pour ses disciples, s'ils avaient vécu comme Celse dans un temps de persécution. Tandis que Porphyre parlait de Christ comme d'un homme divin, il représentait les chrétiens comme des gens aveuglés et corrompus. La décadence du paganisme est évidente, et les artifices de l'incrédulité philosophique étaient alors ce qu'ils sont maintenant : les hommes qui connaissent le prix de la vérité divine devraient se tenir en garde contre ces vaines subtilités, et ne pas se laisser séduire par une profession de tolérance équivoque et insidieuse. L'exemple de Porphyre nous montre aussi d'une manière bien frappante combien les progrès de l'erreur sont rapides chez les hommes orgueilleux; ceux qui n'ont aucune expérience réelle de la puissance de la piété se laissent facilement engager à abandonner la forme extérieure de la religion : s'ils ont des talens et de l'instruction, ils sont entraînés d'une illusion à l'autre, jusqu'à ce qu'ils arrivent au dernier degré de la malveillance et de l'inimitié. Les circonstances extérieures peuvent à la fin les contenir et les engager à parler respectueusement de Christ; mais s'ils ne sont humiliés et amenés à se connaître eux-mêmes, ils vivront et mourront ennemis de l'Evangile.

La première chose que fit Constantin, après ses victoires en Italie, fut de mettre le christianisme sur le même pied légal que le paganisme, et il protégea toujours l'Eglise de plus en plus; il fit des améliorations dans l'ordre politique et judiciaire, et entre autres il abolit le supplice barbare de la crucifixion. Lorsqu'il fut devenu seul maître de l'empire, il défendit l'exercice particulier de la divination, qui était le grand soutien de l'idolâtrie, et n'en permit plus que l'usage public aux autels et dans les temples ; quelque temps après, il interdit aussi la sorcellerie et la magie.[1]

Il prit un soin particulier de faire observer le jour du Seigneur, et ordonna qu'il fût consacré à la prière et aux exercices de la piété ; il déclara ouvertement qu'il ne voulait pas obliger les hommes à être chrétiens, bien qu'il désirât ardemment qu'ils le devinssent, et il ne défendit pas les rites qui se célébraient dans les temples des faux dieux. Voyant cependant que les païens étaient extrêmement attachés à leurs superstitions, il dévoila publiquement les mystères que l'on avait tenus secrets jusqu'alors, fit fondre les statues d'or, et en fit traîner quelques unes de bronze, avec des cordes, dans les rues de Constantinople ; il fit aussi détruire quelques uns des temples, qui avaient servi de théâtre aux plus grandes abominations.

En Egypte, on conservait dans le temple de Sérapis la fameuse colonne avec laquelle les prêtres mesuraient la hauteur du Nil ; Constantin ordonna qu'elle fût portée à l'église d'Alexandrie. Cette décision causa la plus vive indignation aux païens, et ils osèrent prédire que le Nil n'inonderait plus le pays ; mais la Providence divine se joua de leur prédiction, et le Nil déborda d'une manière extraordinaire l'année suivante. Le paganisme fut ainsi renversé peu à peu ; les sacrifices n'avaient pas entièrement cessé, mais la complète destruction de l'idolâtrie semblait approcher, et bien que la plupart des temples fussent encore debout, ils avaient beaucoup perdu de leur dignité et de leur impor-

[1] État du paganisme sous les premiers empereurs, par Cave.

tance. Les fils de Constantin marchèrent sur les traces de leur père, et travaillèrent à consommer la ruine du paganisme ; on publia sous leur règne un édit qui ordonne expressément l'abolition des sacrifices.

Tant que l'usurpateur Magnence demeura maître de Rome, il permit aux Gentils de célébrer leurs sacrifices la nuit ; mais aussitôt après sa victoire, Constance leur retira cette permission, et défendit solennellement d'exercer la magie sous aucune de ses formes variées. Il ôta aussi l'autel et l'image de la Victoire qui étaient placés dans le portique du Capitole. Cet empereur ne manquait certainement pas de zèle contre l'idolâtrie, bien que, par suite de son malheureux penchant pour l'arianisme, il se soit montré si souvent l'ennemi de la vraie piété.

C'est dans cet état de faiblesse et de déclin que se trouvait le paganisme à la mort de Constance. Les païens étaient cependant extrêmement nombreux ; ils se réjouissaient en silence de la longue et honteuse controverse arienne qui déshonorait l'Eglise, et leurs yeux étaient tournés avec espérance vers l'ennemi déterminé des vérités de l'Evangile, le guerrier, l'entreprenant, le fanatique Julien. Dans la vive imagination de plusieurs de ces zélés idolâtres, Jupiter lui-même semblait prêt à redevenir terrible et à reconquérir l'adoration des mortels ; cette dernière lutte du paganisme expirant, dans laquelle la Providence intervint d'une manière si remarquable, mérite tout particulièrement de fixer notre attention.

CHAPITRE VIII.

EFFORTS DE JULIEN POUR RÉTABLIR L'IDOLATRIE.

L'histoire ne nous présente pas de sectateur du paganisme plus zélé que Julien : caractère, talent, puissance et désir de la vengeance, tout conspirait à nourrir ce superstitieux attachement.

En voyant quels furent les artifices du prince des ténèbres pour rétablir son royaume par les efforts de Julien, nous comprendrons mieux quel est le soin avec lequel la providence de Dieu veille sur son Eglise, et nous admirerons la simplicité des moyens qu'elle avait employés pour faire triompher la vérité divine de l'Evangile. On ne peut qu'être surpris de ce que dit Mosheim [1] de la médiocrité des talens de Julien; car, dans le plan qu'il avait formé pour renverser le christianisme, on trouve le jugement réuni à la persévérance et à la dextérité. Il fit tout ce que pouvaient faire l'esprit et la prudence de l'homme; il est vrai qu'il était extrêmement superstitieux et très adonné à la magie; mais ce ne sont pas là, comme le pense Mosheim, des marques d'un esprit naturellement étroit.— Alexandre-le-Grand avait certainement une vaste intelligence, et cependant il était aussi superstitieux que Julien, dont les ouvrages et les actions prouvent, aussi-bien que sa puissante opposition à l'Evangile, qu'il était doué de grands talens. Il mourut à peu près au même âge qu'Alexandre; ni l'un ni l'autre n'avaient atteint cette maturité de jugement que donne une grande expérience, et cependant tous deux donnèrent des preuves remar-

---

[1] Mosheim, Hist. ecclés., IVᵉ siècle.

quables de génie et de capacité. Si Julien ne put en venir à ses fins, souvenons-nous qu'il combattait contre le ciel : le christianisme n'a nul besoin de déprécier les talens de ses ennemis.

Constance aurait dû réfléchir que la cruauté et l'injustice qu'il avait montrées en sacrifiant la famille de Julien devaient naturellement l'exciter à haïr le christianisme : on peut plaindre Julien, si l'on ne peut l'excuser. La conduite de son oncle et de ses cousins ne devait pas lui donner une idée bien favorable des effets de l'Evangile; et l'Église chrétienne, déchirée par les factions et défigurée par l'ambition, présentait alors un bien triste spectacle; car les vices sous lesquels gémissait le monde païen n'étaient que trop visibles parmi les chrétiens. Ces considérations, auxquelles le ressentiment des maux de sa famille prêtait une nouvelle force, poussèrent dès sa jeunesse le jeune empereur vers le paganisme.

Il était lecteur public dans l'église de Nicomédie, et, durant la plus grande partie du règne de Constance, il affecta beaucoup de zèle pour le christianisme; s'il avait lu le Nouveau-Testament avec attention et dans un esprit de prière, il aurait pu voir que les doctrines qui y étaient inculquées avaient une tendance bien opposée à la conduite que menaient les chefs civils et ecclésiastiques du monde chrétien. Il lui aurait suffi, pour se convaincre de cette vérité, de la dixième partie du temps qu'il mettait à étudier les auteurs classiques; mais, comme la plupart des incrédules de tous les siècles, il ne paraît pas avoir apporté aucune attention aux Ecritures, ni même avoir su ce que sont réellement les doctrines qu'elles enseignent. Dès sa jeunesse, il se montra habile dans l'art de dissimuler ses sentimens. Maxime, renommé comme philosophe et comme magicien, l'affermit dans son attachement au paganisme; il était secrètement en correspondance avec le sophiste païen Libanius, et, tandis qu'il faisait bâtir publiquement une église, il étudiait l'erreur tout le jour, et sacrifiait la nuit. Il priait en public dans l'église, et se levait à minuit pour rendre un culte à Mercure. Il acheva de s'initier à la connaissance de la philosophie alors à la mode, pendant le séjour qu'il fit à Athènes; enfin, il ne pouvait posséder à un degré plus admirable toutes les qualités qu'exigeait le rôle qu'il devait jouer en succédant à Constantin.

Cet événement arriva l'an 361. Il ordonna aussitôt de rouvrir les temples, de réparer ceux qui étaient en ruines, et d'en bâtir de nouveaux partout où ce serait nécessaire. Il condamna à une amende les personnes qui avaient employé à d'autres usages les matériaux des temples qui avaient été détruits, et destina l'argent qui fut recueilli de cette manière à en élever de nouveaux. L'ancien appareil du paganisme reparut avec un nouvel éclat; on vit partout les autels, les feux sacrés, le sang des victimes, les parfums, les prêtres et les sacrifices; et le palais impérial eut lui-même son temple et son culte régulier. Sacrifier aux dieux était chaque matin la première occupation de Julien, et sa présence et son exemple encourageaient ses sujets à l'imiter. Le paganisme leva la tête, et l'on insulta partout les chrétiens; les lois qui avaient été rendues contre l'idolâtrie furent rapportées, et elle retrouva ses honneurs et ses anciens priviléges.[1]

De nos jours, lorsque les philosophes incrédules se sont vus incapables de soutenir le pur scepticisme, ils ont emprunté à la religion chrétienne

---

[1] État du paganisme sous Julien, par Cave. Cet auteur a tracé de main de maître le tableau de la conduite de Julien.

ce qu'ils ont appelé la lumière naturelle, et avec ce secours ils ont travaillé à attaquer le christianisme lui-même. Nous avons vu les philosophes ammoniens suivre la même marche. Chez Julien, ce devint un système arrêté, et il travailla à soutenir l'idolâtrie par des préceptes qu'il avait appris dans sa jeunesse à l'école des chrétiens, sans avouer les obligations qu'il avait à ses bienfaiteurs. La divine excellence de l'Évangile, et l'excessive perversité de la nature humaine, paraissent ici sous le jour le plus frappant. Son premier objet était de réformer le paganisme; car il voyait qu'il était impossible de le maintenir d'après l'ancien système de la croyance populaire. La lumière du christianisme avait alors rendu visibles les ténèbres païennes; elle avait montré combien la difformité du paganisme était dégoûtante et son absurdité méprisable. Il exhortait avec assiduité les magistrats à corriger le vice et à soulager la misère, les assurant que les dieux récompenseraient les hommes de leurs actes de charité; leur disant que c'est un devoir de faire du bien à tous, et même aux plus méchans des hommes et à nos plus grands ennemis; et que la religion publique doit être soutenue par une respectueuse adoration des images des dieux, que l'on devait considérer comme des symboles des dieux eux-mêmes.

Il engageait les prêtres à vivre de manière à être les exemples de ce qu'ils prêchaient, et il déclarait que ceux qui auraient de mauvaises mœurs seraient dépouillés de leur charge. Il ne leur recommandait pas seulement d'éviter les mauvaises actions, mais les paroles indécentes, disant que l'objet de leurs études devait être la divine philosophie, et non pas des livres frivoles et des pièces de théâtre impures; qu'ils devaient apprendre par cœur des hymnes sacrées; qu'ils devaient prier trois fois, ou du moins deux fois le jour; et que lorsqu'ils étaient appelés à remplir à leur tour leurs fonctions dans le temple, ils ne devaient pas le quitter, mais se dévouer à ce qu'exigeait leur devoir. Les prêtres ne devaient pas non plus fréquenter le Forum, ni approcher des maisons des grands, si ce n'est dans le but d'obtenir des secours pour les indigens, ou de s'acquitter des devoirs de leur charge; et en aucun cas ils ne devaient se montrer dans les théâtres, ni faire société avec les conducteurs de chariots, les acteurs et les danseurs. Il ordonna que dans chaque ville on choisirait pour sacrificateurs les hommes les plus pieux et les plus vertueux, sans avoir égard à leur rang ou à leur fortune, et que la meilleure recommandation qu'ils pourraient avoir serait l'éducation pieuse qu'ils auraient donnée à leur famille, et leur active compassion pour les indigens. C'est par leur bienfaisance toute particulière, ajoutait-il, que les impies Galiléens, comme il appelait les chrétiens, ont fortifié leur parti, et c'est en négligeant ces choses importantes que l'on a fait tort au culte des dieux.

C'était ainsi que Julien dérobait le feu du ciel, et tel était l'artifice avec lequel il en faisait usage. Ces règles méritent l'attention des pasteurs chrétiens de tous les siècles, mais il peut sembler étrange que le grand prêtre romain [1] ne vît pas la divinité de cette religion dans laquelle il avait appris des maximes si excellentes, qu'il n'aurait pu découvrir dans Platon ni dans aucun autre de ses auteurs grecs favoris. Il s'appliqua aussi, à l'imitation des chrétiens, à former des écoles pour l'éducation de la jeunesse.

Dans une lettre à Arsace, grand-prêtre de la Galatie, il recommande particulièrement qu'on

---

[1] Tous les empereurs romains avaient le titre de *pontifex maximus*.

prononce des discours sur la religion, qu'on fixe des temps de prières, et qu'on établisse des monastères pour les personnes pieuses, des hôpitaux et des maisons de retraite pour les pauvres, les malades et les étrangers ; et il prétend que la religion des chrétiens doit les progrès qu'elle a faits, à leur bonté pour les étrangers, au soin qu'ils avaient d'enterrer les morts, et à leur gravité affectée. Il engage encore Arsace à recommander aux prêtres d'éviter les théâtres, les lieux publics de divertissement ou de rassemblement, et les emplois lucratifs ; répétant qu'il faut bâtir des hôpitaux dans toutes les villes pour y recevoir les indigens de toute espèce. « Car, ajoute-t-il, les Galiléens ont soin de leurs pauvres et des nôtres. »[1]

Il n'était pas au pouvoir de Julien d'infuser à ses partisans le principe qui peut seul produire de si bons fruits. C'est une chose vaine que de penser qu'on puisse détruire les principes chrétiens, et en même temps conserver la conduite chrétienne. Mais nous avons ici un nouveau témoignage rendu aux vertus des chrétiens par leur ennemi le plus déterminé, et une preuve frappante de l'œuvre qu'avait opérée l'Esprit de Dieu dans les premiers siècles du christianisme.

Julien employa encore, contre le christianisme, l'arme du ridicule, qui n'a été que trop puissante dans tous les temps. La nature de l'homme, si portée à nourrir la pensée du mal, promet un succès assuré à ceux qui s'appliquent à tourner en raillerie les choses saintes. Le fils de Marie, ou le

---

[1] C'est dans le même esprit qu'il dit en parlant des devoirs d'un prêtre, « que les dieux nous ont donné de grandes espérances après la mort, et que nous pouvons nous appuyer sur elles avec confiance » : c'était certainement dans ce christianisme qu'il cherchait à détruire avec une si grande ingratitude, qu'il avait puisé ce langage qu'on retrouve trop souvent chez les philosophes incrédules.

Galiléen, tels étaient les noms qu'il donnait à Jésus-Christ, et il ordonnait d'appeler les chrétiens Galiléens. Dans son ouvrage sur les Césars, il traite très sévèrement son oncle Constantin, et il représente le christianisme comme un asile ouvert aux plus vils des hommes. Les ennemis de Dieu ses contemporains applaudirent sans doute de semblables productions, comme l'ont fait depuis les incrédules modernes.

Julien se montra habile politique dans les moyens qu'il employa pour affaiblir la puissance et l'influence des chrétiens. Il leur fit d'un acte de sacrifice une condition pour conserver leurs honneurs et leur autorité; il diminua ainsi leur puissance ou leur considération, et tout en évitant avec soin une persécution formelle, il persécuta indirectement sous tous les prétextes plausibles qu'il put inventer. Tous ceux qui s'étaient distingués dans les règnes précédens par leur ardeur à démolir les monumens de l'idolâtrie sentirent le poids de sa colère, et plusieurs furent même mis à mort sous de frivoles accusations. Les dons qui avaient été faits à quelques uns de ses sujets, de revenus pris sur les biens des temples païens, lui fournirent une occasion favorable pour appauvrir les chrétiens riches, et il le fit souvent avec une extrême injustice. L'empereur s'empara des trésors de l'église arienne d'Edesse, qui avait combattu les hérétiques valentiniens, et leur dit, en tournant en raillerie les préceptes de leur religion, qu'il les rendait pauvres afin qu'ils fussent riches après la mort. Les gouverneurs des provinces maltraitaient impunément les chrétiens, et quand ceux-ci se plaignaient, il avait la bassesse d'emprunter un cruel sarcasme à la connaissance qu'il avait eue de la religion chrétienne dans sa jeunesse: « Vous savez, leur disait-il, que votre

Christ vous a recommandé de supporter patiemment les injures. » Il affectait aussi d'encourager les hérétiques et les sectaires, et il plongea ainsi le monde chrétien dans la confusion et les factions, en tolérant toutes les sectes, sans en approuver réellement aucune.

C'était cependant par un raffinement de politique qui allait bien au-delà des maximes de ce siècle, qu'un empereur jeune et impétueux comme Julien s'abstenait de persécuter ouvertement lui-même, tout en soutenant ceux qui persécutaient, parce qu'ils savaient bien que c'était un moyen de se rendre agréables à leur maître. Il se vantait de sa douceur, et se comparait à Galérius et aux autres persécuteurs, qui avaient augmenté plutôt que diminué le nombre des chrétiens. « Donnez-leur seulement l'occasion, disait-il, et ils courront au martyre, comme les abeilles volent à leurs ruches. » Cependant un grand nombre de personnes souffrirent pour l'Évangile sous son règne, bien que ce ne fût pas d'après les formes d'une persécution avouée.

On montrait aux ministres chrétiens une haine tout à la fois ingénieuse et déterminée. Dans tous les siècles, ils sont les objets de la malveillance particulière des hommes qui aiment mieux les ténèbres que la lumière ; les empereurs persécuteurs et les philosophes athées sont d'accord à cet égard. C'est la gloire de la religion chrétienne que de pourvoir à l'instruction populaire de la masse des hommes, en ayant pour objet l'utilité spirituelle, et non les applaudissemens, des principes et une conduite réglés d'après la sainteté et la vertu, et non l'ostentation. Les persécuteurs désirent qu'on ne donne au peuple aucune instruction ; et les philosophes, laissant de côté le peuple avec un orgueilleux dédain, bornent leur attention au petit nombre des gens instruits. Si l'Evangile est véritablement la lumière du ciel qui conduit les hommes à cette sainteté que la nature déchue a en horreur, nous voyons aussitôt pourquoi les orgueilleux et les puissans détestent les hommes pieux qui enseignent publiquement le christianisme. Julien les accusait de sédition ; s'il eût été citoyen d'un Etat libre, il les aurait accusés de soutenir la tyrannie avec la même fausseté et la même malice.

Pour priver l'Eglise de la surveillance de ses pasteurs, il saisit leurs revenus, leur ôta leurs priviléges, les soumit aux charges civiles, et en expulsa plusieurs par la fraude et par la violence. A Antioche, les trésors de l'Église furent saisis, les membres du clergé furent obligés de fuir, et les églises furent fermées[1] ; les mêmes choses eurent lieu à Cyzique sans une ombre de sédition. A Bastra, on déclara à l'évêque Titus que, s'il y avait le moindre mouvement, le blâme en retomberait sur lui et sur son clergé ; et lorsque l'évêque déclara que bien que le plus grand nombre des habitans fussent chrétiens, ils vivaient paisiblement sous le gouvernement de l'empereur, celui-ci récrivit

---

[1] Il est certain que le temple de Daphné fut brûlé dans la nuit, après la procession des chrétiens qui avaient transporté le corps de Babylas, martyr de la persécution de Dèce, de Daphné, où Julien ne voulut pas souffrir qu'il restât plus long-temps, à Antioche. Julien, dans sa satire contre les habitans d'Antioche, accusa indirectement les chrétiens de ce fait, et fut bien aise d'avoir ce prétexte pour justifier ses sévérités contre eux. Ammien nous assure qu'il les soupçonnait, mais il ne dit rien qui justifie ce soupçon. L'empereur tourna en ridicule les mœurs des habitans d'Antioche, dans son ouvrage intitulé *Le Misopogon*. Celles de l'empereur étaient austères, et exemptes non seulement de luxe, mais même d'une propreté décente. Les habitans d'Antioche étalaient un luxe asiatique. On s'était bien écarté de la simplicité chrétienne dans cette ville, où les chrétiens avaient d'abord reçu leur nom. Leur nombre était immense, mais la piété avait bien perdu de son efficace.

alors aux habitans de cette ville, accusant l'évêque d'avoir calomnié leur caractère, et les exhortant à le chasser. Dans d'autres lieux, il trouva des prétextes pour emprisonner et torturer les pasteurs.

La haine vigilante de Julien saisissait avec avidité tous les avantages, et en profitait avec une habileté consommée; les ennemis de l'Evangile de tous les siècles ne peuvent trouver une école plus fertile en leçons de persécution. Un homme aussi passionné pour tout ce qui était grec devait haïr ou mépriser les Juifs, et Moïse devait être intérieurement pour lui un objet de dérision tout aussi bien que saint Paul; mais soutenir et encourager les Juifs dans leurs intérêts séculiers était manifestement un moyen de nuire au christianisme. Ce fut le motif qui le porta à parler des Juifs avec compassion, à demander leurs prières pour obtenir du succès dans ses guerres contre les Perses, et à les presser de rebâtir leur temple[1] et de rétablir leur culte; il promit même de se charger de la dépense, et nomma un officier pour inspecter l'ouvrage. Fortifier les mains d'ennemis aussi déterminés du christianisme, et invalider les prophéties chrétiennes sur la désolation des Juifs, étaient des objets très importans aux yeux de Julien.[2]

---

[1] Il envoya chercher les chefs de leur nation, et leur demanda pourquoi ils n'offraient pas de sacrifices selon la loi de Moïse. Ils lui répondirent qu'il leur était défendu de sacrifier en aucun autre lieu qu'à Jérusalem. Là-dessus il promit de rebâtir leur temple; et nous avons encore une lettre de lui à la communauté des juifs, qui, d'après l'autorité de Sozomène, paraît être authentique. Philostorge dit expressément que le but de Julien, en rebâtissant le temple de Jérusalem, était de s'opposer à l'accomplissement des prophéties. SOZOMÈNE, LARDNER.

[2] Mais l'entreprise fut subitement interrompue, et les ouvriers furent obligés d'y renoncer. Nous exposerons en peu de mots le fait lui-même, et les preuves sur lesquelles il repose, et nous laisserons ensuite au lecteur à juger s'il y a des motifs de douter de sa crédibilité. Ammien Marcellin, auteur digne de foi, et qui n'est nullement favorable à l'Évangile, s'exprime ainsi : « Julien

Julien agit encore en profond politique, en interdisant aux chrétiens les moyens d'instruction; il publia une loi qui portait qu'aucun professeur, de quelque art ou de quelque science que ce fût, ne pourrait enseigner en aucun lieu sans l'approbation du conseil de ville et la sanction de l'empereur. Dans le but de tenir l'Eglise dans l'ignorance de l'art du raisonnement et de la philosophie, il défendit aux maîtres d'école chrétiens d'enseigner les lettres humaines, « de peur, dit-il, qu'ils ne nous fassent la guerre avec nos propres armes. Notre savoir est inutile aux chrétiens, qui sont élevés pour être grossiers et illétrés; croire leur suffit; et, par cette défense, je ne fais que rendre les possessions à leurs légitimes propriétaires. » [1]

eut le projet de rebâtir le magnifique temple de Jérusalem. Il confia la direction de cette affaire à Alypius d'Antioche, qui l'entreprit avec ardeur, avec le secours du gouverneur de la province; mais des globes terribles de flammes, sortant à plusieurs reprises auprès des fondemens, rendirent le lieu inaccessible, ayant plusieurs fois brûlé les ouvriers; ainsi cet élément s'obstinant à les repousser, on abandonna l'entreprise. » (AMMIEN, liv. XXIII, c. 1.) Socrates remarque que durant le cours de cette affaire, les juifs menaçaient les chrétiens de faire retomber sur eux les maux que les Romains leur avaient fait souffrir. Ce fait est rapporté par plusieurs auteurs chrétiens contemporains, tels que Grégoire de Nazianze, Ambroise et Chrysostôme. Les trois historiens ecclésiastiques, Socrates, Sozomène et Théodoret, qui vécurent dans le siècle suivant, s'accordent aussi dans le témoignage qu'ils en rendent. On peut encore citer celui de Philostorge l'arien et celui des rabbins juifs. (*Voyez* le Julien de Warburton, p. 98.)

[1] Il ajoute encore : « Si ceux-ci (les professeurs chrétiens) pensent que les auteurs représentent sous un faux jour les choses les plus importantes, qu'ils aillent dans les églises des Galiléens, et qu'ils y expliquent Matthieu et Luc. Je n'exclus pas cependant des écoles païennes ceux des jeunes chrétiens qui voudront y aller. » C'est ainsi qu'il travaillait aux progrès de la philosophie païenne, et au déclin du savoir chez les chrétiens. Il accuse les chrétiens d'être inconséquens parce qu'ils faisaient étudier les classiques à leurs élèves tout en combattant la mythologie païenne. Nous citerons la réflexion que fait à ce sujet La Blétérie : « Expliquer les auteurs classiques, les recommander

La philosophie avait toujours été l'ennemie déclarée de l'Evangile, et ce rusé persécuteur, qui était lui-même philosophe, devait naturellement l'encourager de tout son pouvoir ; il exprimait son ardent désir que tous les livres des impies Galiléens pussent être bannis du monde : mais comme cela était alors impossible, il engagea tous les philosophes à les combattre. Jamblique, Libanius, Maxime et d'autres philosophes, étaient ses conseillers et ses amis intimes, et l'on n'entendait de tous côtés qu'invectives contre l'Evangile ; les travaux de ses ennemis étaient libéralement récompensés, et Julien paraissait vouloir éprouver si véritablement « la folie de Dieu était plus sage que les hommes. »

D'après une autre partie de son système, il employait toutes sortes d'artifices pour entraîner les chrétiens qui n'étaient pas sur leurs gardes à prendre part à des superstitions païennes ; il plaçait les images des dieux auprès de ses propres statues, afin que ceux qui s'inclinaient devant les dernières parussent aussi adorer les autres. Il s'efforçait de mener plus loin ceux qui avaient semblé céder à cet égard ; il accusait de trahison ceux qui refusaient, et les faisait punir. Il ordonnait aux soldats de jeter un grain d'encens dans le feu en l'honneur des dieux, lorsqu'ils venaient recevoir les largesses qu'il leur faisait en certaines occasions. Quelques chrétiens qu'il avait ainsi surpris revinrent auprès de l'empereur, jetèrent son or à ses pieds, et déclarèrent qu'ils étaient prêts à mourir pour leur religion.

comme des modèles de langage, d'éloquence et de goût, et révéler leurs beautés, ce n'est pas les proposer comme des oracles par rapport à la religion et à la morale. » Julien se plaît à confondre ces deux choses si différentes, et c'est sur cette confusion que reposent tous ces vains sophismes qu'il a accumulés dans cet édit.

L'histoire que rapporte Théodoret[1] mérite d'être citée avec plus de détails. Julien avait fait placer auprès de lui un autel avec des charbons ardens et de l'encens sur une table, et il exigeait que chaque soldat mît de l'encens sur le feu avant de recevoir son or. Quelques chrétiens qui furent avertis feignirent une indisposition, d'autres obéirent par crainte ou par avidité; mais la plupart ne s'aperçurent pas du piége qu'on leur tendait. Quelques uns de ces derniers, allant ensuite prendre leur repas, invoquèrent, selon leur coutume, le nom de Jésus-Christ; un de leurs camarades leur dit, tout étonné : « Que signifie cela ? vous invoquez Christ après l'avoir renié. — Que dites-vous là ? répondirent les autres. — Vous avez jeté de l'encens dans le feu. » Aussitôt ils s'arrachèrent les cheveux, se levèrent de table, et coururent dans le Forum. « Nous déclarons devant « tout le monde, criaient-ils, que nous sommes « chrétiens; nous le déclarons devant Dieu, en qui « nous vivons, et pour qui nous sommes prêts à « mourir. Nous ne t'avons pas trahi, Jésus, notre « Sauveur ; si nos mains t'ont offensé, nos cœurs « n'y ont pas consenti. L'empereur nous a trom-« pés ; nous renonçons à l'impiété, et notre sang « en répondra. » Ils coururent ensuite au palais, et jetant l'or aux pieds de Julien : « Sacrifiez-nous « à Jésus-Christ, lui dirent-ils, et donnez votre or à « ceux qui seront bien aises de le recevoir. » Julien, furieux, ordonna qu'ils fussent conduits au supplice. La violence de son caractère était sur le point de lui faire oublier ses maximes politiques ; mais il revint à lui-même assez à temps pour contremander l'ordre qu'il avait donné. Il se contenta de les bannir aux extrémités de l'empire, et de leur défendre d'habiter dans les villes.

[1] Liv. III, c. 17.

En plusieurs occasions, Julien fit souiller les fontaines par des sacrifices païens, et arroser d'eau lustrale toutes les provisions que l'on apportait aux marchés. Les chrétiens connaissaient leur privilége par la décision de saint Paul; mais cette indignité les faisait gémir. Juventin et Maximin, deux officiers de la garde de l'empereur, se plaignirent avec beaucoup de chaleur de ces vexations, et l'empereur en éprouva un tel ressentiment, qu'il les fit mettre à mort, ayant cependant bien soin de déclarer, avec cette dissimulation qui ne l'abandonnait jamais, que c'était comme sujets rebelles, et non pas comme chrétiens, qu'il les punissait.

Jupiter n'eut, dans aucun siècle, d'adorateur plus dévoué que ce prince, qui vivait à l'époque où sa domination sur les hommes allait prendre fin; les Décius et les Galérius n'étaient que des sauvages, comparés à Julien. Le génie de l'homme ne pouvait se montrer plus habile dans le choix des moyens : la défaveur, la pauvreté, le mépris, un degré modéré de sévérité réprimé et réglé par la dissimulation, toutes les méthodes qu'on peut mettre en usage pour ébranler et miner le courage, tout fut employé avec une infatigable persévérance pour renverser le christianisme. Ce plan ne pouvait guère manquer d'obtenir de grands succès, si la Providence avait permis à ce génie actif et prudent de le suivre pendant un grand nombre d'années; mais quel vermisseau que l'homme, quand il veut lutter contre son Créateur ! [1]

---

[1] Il y a des historiens chrétiens qui n'adoptent pas dans toute son étendue l'opinion de Milner. Ils pensent que si les ennemis de l'Évangile ont vanté les qualités de Julien, les chrétiens ont aussi exagéré ses défauts et le mal qu'il faisait à l'Église. Éd.

CHAPITRE IX.

DE L'ÉGLISE CHRÉTIENNE PENDANT LE RÈGNE DE JULIEN.

Après avoir mis sous les yeux de nos lecteurs diverses circonstances qu'il était nécessaire de connaître, pour bien comprendre quel était alors l'état du christianisme, il est temps de reprendre la suite de notre récit à la mort de Constance.

L'Eglise, qu'éclairait alors une lumière très faible, était dans un état bien affligeant; à la fois déchirée par la controverse arienne, et scandalisée par la fureur des donatistes, ses pasteurs et ses membres fidèles n'étaient ni simples dans leurs goûts ni intelligens dans les choses divines, et ils étaient menacés d'une persécution dirigée avec beaucoup plus de malice, de vigueur et d'habileté, qu'aucune de celles qui l'avaient précédée. Les évêques chrétiens profitèrent cependant de la modération affectée de Julien pour reprendre leurs siéges. Mélèce revint à Antioche, Lucifer de Cagliari et Eusèbe de Verceil retournèrent dans leurs églises; mais la puissance de George, l'évêque arien d'Alexandrie, décida Athanase à rester dans sa retraite.

Julien écrivit à l'hérétique Photin, et loua son zèle contre la divinité de Jésus-Christ [1]. Il ordonna, sous des peines sévères, à Eusèbe de Cyzique de rebâtir l'église des novatiens, qu'il avait détruite sous le règne de Constance; cette punition était probablement juste, mais elle était infligée dans de mauvaises intentions, comme tout ce que fai-

[1] Fleury, liv. xv, c. 4.

sait Julien par rapport à la religion chrétienne. Il protégea aussi les donatistes en Afrique, les défendant tout à la fois contre l'Église générale, et les uns contre les autres.

Le décret par lequel Julien avait interdit aux chrétiens l'étude de la littérature profane engagea les deux Apollinaires, le père et le fils, à inventer quelque chose qui pût la remplacer. Le père, qui était grammairien, écrivit l'histoire sainte en vers héroïques, et fit des tragédies, imitées des Grecs, sur des sujets tirées de l'Ecriture; le fils, qui était philosophe, écrivit une défense de l'Evangile sous la forme de dialogues du genre de ceux de Platon. Une très petite partie de ces ouvrages est parvenue jusqu'à nous. Le décret de Julien cessa d'être exécuté à sa mort; les étudians chrétiens revinrent à leurs anciennes études, et nous ne pouvons juger jusqu'à quel point les écrits des Apollinaires méritaient le nom de classiques.

Eubole, fameux sophiste de Constantinople, céda aux caresses de Julien, et retourna au paganisme. Après la mort de l'empereur, il désira rentrer dans l'Eglise; et, se prosternant sur le seuil de l'église, il disait : « Foulez-moi aux pieds comme le sel qui a perdu sa saveur. » Ce personnage ne nous est pas assez connu pour que nous puissions nous former une idée bien juste de son caractère ; mais nous pouvons croire que, malgré toute la corruption qui régnait alors dans l'Eglise, elle devait renfermer un nombre considérable de vrais chrétiens, d'après ce fait important, que la plupart des professeurs et des maîtres chrétiens aimèrent mieux abandonner leurs chaires que de renoncer à leur religion. On peut citer, entre autres, Procrésius, que Julien avait excepté de la loi générale, parce qu'il avait étudié sous lui à Athènes, et qui ne voulut pas profiter de cette distinction et se retira avec ses frères. On ne doit pas non plus oublier Victorin, africain, dont nous rapporterons plus tard la conversion, telle qu'elle a été racontée par Augustin. Dès que l'édit de Julien eut paru, il renonça à son école de rhétorique, et écrivit avec zèle pour défendre la vérité divine; mais il s'était appliqué trop tard à l'étude des Ecritures pour pouvoir traiter convenablement un pareil sujet.

Césaire, frère de Grégoire de Nazianze, continuait à pratiquer la médecine à la cour, comme il l'avait fait sous le règne précédent. Son frère lui écrivit que c'était une chose bien affligeante pour lui et pour ses vieux parens (son père était alors évêque de Nazianze) que de le voir retenu à la cour d'un ennemi de Christ par la séduction des grandeurs mondaines. « Notre mère, disait-il, n'aurait pas pu supporter un tel chagrin; sa santé est si faible et sa piété si fervente, que nous sommes obligés de lui cacher la vérité. » Ces avertissemens firent une profonde impression sur Césaire; et, en dépit de tous les artifices de Julien : « Je suis chrétien, lui dit-il, et je veux demeurer chrétien. » Il quitta la cour, et se retira auprès de ses pieux parens, qui furent aussi joyeux de sa conduite que des parens mondains en auraient été affligés.

Les gardes de Julien étaient commandés par un officier nommé Valentinien, qui fut depuis empereur. Un jour qu'il accompagnait son maître dans le temple de la Fortune, un des gardiens qui se tenaient à la porte pour arroser d'eau lustrale les personnes qui entraient dans le temple, en jeta quelques gouttes sur le manteau de Valentinien; l'officier exprima un vif mécontentement de se voir souillé par cette eau impure, arracha une partie de son manteau, et s'emporta jusqu'à frapper le gardien[1]. Julien, irrité de sa témérité, le

---

[1] Sozomène, liv. vi, c. 6.

bannit de sa présence, en ajoutant cependant, selon sa coutume, qu'il ne le punissait pas à cause de son attachement au christianisme, mais parce qu'il ne tenait pas sa cohorte en bon état; il le conserva pourtant dans l'armée, parce qu'il connaissait son mérite. Il y eut plusieurs autres chrétiens qui, comme Valentinien, manifestèrent leur zèle par la colère et non par la douceur, et qui furent punis de leur folie. La partialité de Julien, et ses préjugés en faveur du paganisme, l'excitèrent à adopter des mesures qui remplirent tout l'empire de troubles et de confusion.

A Mère, ville de Phrygie, Amachius, gouverneur de la province, ordonna qu'on ouvrît le temple et qu'on nettoyât les idoles. « Trois chrétiens, animés, dit Socrates, d'un zèle chrétien, ne purent supporter d'être les témoins d'une semblable indignité [1]. Brûlant d'un amour incroyable pour la vertu, ils se précipitèrent de nuit dans le temple, et brisèrent toutes les images; le gouverneur, irrité, allait châtier plusieurs personnes innocentes, lorsque les coupables s'offrirent généreusement au châtiment : il leur proposa l'alternative de sacrifier ou de mourir. » Leur choix fut bientôt

---

[1] Socrates, liv. III, c. 15. Il y avait dans cette action plus d'orgueil que de zèle. Les chrétiens, ayant goûté le plaisir d'avoir la supériorité sur les païens pendant les deux règnes précédens, et n'éprouvant que bien faiblement à cette époque l'influence des principes chrétiens, redescendirent avec beaucoup de répugnance dans un état de disgrâce et d'infériorité. A Dorostore, en Thrace, un homme nommé Émilien, qui était animé du même esprit, fut jeté dans le feu par les soldats, pour avoir renversé des autels. Ceux-là seulement qui savent employer les armes spirituelles, peuvent s'abstenir avec patience des armes charnelles lorsqu'ils sont provoqués. Il peut cependant arriver que de vrais chrétiens soient entraînés jusqu'à un certain point dans une semblable erreur. Mais les éloges que Socrates donne à la conduite de ces téméraires martyrs montre à quel point l'esprit du christianisme avait décliné depuis les jours de Cyprien.

fait; ils expirèrent dans les tortures, et furent plus admirables par leur courage que par leur douceur.

A Pessinonte en Galatie, sur les frontières de la Phrygie, deux jeunes gens souffrirent la mort en présence de Julien ; on ne peut dire que ce fut uniquement parce qu'ils faisaient profession de croire en Christ, car l'un d'eux avait renversé une idole. L'empereur le fit mourir d'une manière extrêmement cruelle avec son compagnon, leur mère, et l'évêque de la ville.

A Ancyre, capitale de la Galatie, il y avait un prêtre nommé Basile, qui avait résisté à l'arianisme sous le règne précédent, et qui combattait maintenant l'idolâtrie avec la même sincérité ; il parcourait la ville en exhortant publiquement les habitans à ne pas se souiller par les sacrifices des païens. Voyant un jour les Gentils occupés de leurs cérémonies religieuses, il soupira, et supplia Dieu de ne pas permettre qu'aucun chrétien se rendît coupable de tels excès[1]. Le gouverneur le fit aussitôt arrêter, l'accusa de sédition, et le tint en prison après l'avoir fait torturer. Julien, étant venu quelque temps après à Ancyre, envoya chercher Basile, qui lui reprocha son apostasie ; Julien dit alors que son intention avait d'abord été de le mettre en liberté, mais qu'il se voyait obligé de le traiter sévèrement à cause de son insolence, et il le fit périr dans les tourmens. On mit aussi à la torture, dans la même ville, un hérétique de la secte des abstèmes, qui se nommait Busiris ; mais il survécut à Julien, recouvra sa liberté, et, renonçant plus tard à son hérésie, il rentra dans l'Église générale.

Césarée, en Cappadoce, était presque entièrement chrétienne, et avait détruit le temple de la

---

[1] Sozomen, l. v, c. 11.

Fortune, depuis l'avénement de Julien; elle devait donc s'attendre à se voir l'objet de sa haine, et il l'opprima par de grandes exactions. Lorsque Julien arriva à Antioche, il fut très mortifié de voir combien le paganisme y était déchu[1]. On célébrait tous les ans la fête d'Apollon à Daphné, et l'empereur s'attendait à voir déployer dans cette occasion la magnificence religieuse d'Antioche. « Quel sacrifice doit-on offrir à la fête ? » dit-il au prêtre. — « J'ai apporté une oie de chez moi, répondit-il; mais la ville n'a rien préparé. » — Alors Julien, s'adressant aux sénateurs, dit[2] : « Vous laissez vos « femmes emporter tout ce qu'il y a dans vos mai- « sons pour le donner aux Galiléens, et c'est ainsi « qu'elles soutiennent les pauvres avec vos richesses « et qu'elles donnent du crédit à l'impiété. » Il ajouta beaucoup d'autres choses dans le même sens, mais il ne put communiquer son zèle au sénat ou au peuple d'Antioche; l'ardeur pour le culte des divinités païennes avait cessé pour jamais.

On ordonna à Marc, évêque d'Aréthuse, en Syrie, de faire rebâtir à ses frais un temple d'idoles, qu'il avait détruit sous le règne de Constance; il refusa par des motifs de conscience, fut torturé d'une manière extraordinaire, et supporta ses souffrances avec une patience si étonnante, que le préfet dit à Julien : « N'est-il pas « honteux pour nous que les chrétiens nous soient « aussi supérieurs, et que nous soyons vaincus par « un vieillard qu'il n'y aurait aucune gloire à vain- « cre. » On lui donna enfin sa liberté, et plusieurs personnes qui l'avaient persécuté se mirent à suivre ses instructions. Cet évêque avait sauvé la vie à

---

[1] Les efforts qu'il fit pour soutenir le paganisme sont à peine croyables. Chrysostôme dit qu'à l'époque des fêtes de Vénus il se montrait dans les processions, au milieu des femmes les plus méprisables. — [2] Misopogon.

Julien au commencement du règne de Constance, lorsque toute sa famille avait été en danger. Il paraît que c'était un homme très distingué par sa piété et sa vertu, et Grégoire de Nazianze parle de lui avec beaucoup de vénération; il avait appartenu au parti arien, et les ariens étant entièrement séparés de l'Église générale, il n'est pas probable que Grégoire se fût exprimé sur son compte comme il l'a fait, s'il ne fût pas rentré dans l'Église, et qu'il n'eût pas été en communion avec elle à cette époque [1]. Nous n'entrerons pas dans de plus longs détails sur les souffrances auxquelles les chrétiens furent exposés de la part des païens, qui, se sentant soutenus par Julien, donnaient libre carrière à leur insolence et à leur cruauté.

L'an 362, George d'Alexandrie fut assassiné par les païens de cette ville, dont il s'était attiré la haine en exposant publiquement tout ce qu'il y avait de ridicule et d'odieux dans leurs rites religieux [2]; il y eut cependant quelques personnes qui cherchèrent à accréditer le bruit qu'il avait été tué par le parti d'Athanase [3]. Nous avons encore une lettre de Julien au peuple d'Alexandrie, qui suffit pour réfuter cette calomnie.

Le lecteur n'aura pas oublié qu'Athanase était toujours dans la retraite; il avait passé sept ans en partie dans les déserts, et en partie dans la maison d'une des vierges de l'église d'Alexandrie. L'affection constante que le peuple avait pour lui, et dont aucune persécution n'avait pu triompher, avait été le moyen dont Dieu s'était servi pour le soustraire à ses ennemis. Après la mort de George,

---

[1] Théodore, liv. III, c. 7. Fleury, liv. XV, c. 17.

[2] C'est ce même homme que l'ignorance monacale a fait saint George, champion de l'Angleterre, contre toutes les règles de l'histoire, de la géographie et du sens commun.

[3] Socrates, liv. III, c. 3.

il s'aventura à retourner à son évêché; les ariens furent obligés de se réunir dans des maisons particulières, et la voix générale du peuple se décida sincèrement pour Athanase. Durant le peu de temps qu'il lui fut permis de paraître en public, il traita ses ennemis avec beaucoup de douceur, et soulagea les malheureux sans acception de personnes; il rétablit l'usage de prêcher sur la doctrine de la Trinité, éloigna du sanctuaire ceux qui avaient trafiqué des choses saintes, et gagna tous les cœurs. Il rassembla à Alexandrie un concile composé de ceux qui avaient souffert d'une manière particulière pendant la persécution arienne, et on y remarqua, entre tous les autres, Eusèbe de Verceil; ceux qui, tout en professant des principes orthodoxes, avaient été entraînés par les subtilités des ariens à signer ce qu'ils ne croyaient pas, reconnurent avec larmes qu'ils avaient été trompés, et furent reçus dans l'Église. On débarrassa la doctrine de la Trinité des subtilités équivoques qui l'avaient obscurcie, et l'on reconnut le symbole de Nicée comme le plus précis et le plus exact.

Deux schismes [1] déchiraient alors l'Eglise : le premier à Antioche, où dominait Euzoïus l'arien; l'autre, celui de Lucifer. Après la mort d'Eustathe, évêque orthodoxe, ses partisans s'attachèrent à Paulin; tandis qu'un autre parti demeura fidèle à Mélèce, revenu depuis peu de temps de l'exil. Lucifer de Cagliari, qui traversa l'Orient en revenant d'Egypte, où il avait été banni, s'arrêta à Antioche dans l'intention de travailler à faire cesser les divisions de l'Eglise; mais, en consacrant Paulin, il confirma les maux qu'il voulait guérir. Mélèce avait une église hors de la ville, Paulin en avait une dans la ville, et Euzoïus, le plus populaire des trois, se

---

[1] Socrates, liv. III, c. 9. Fleury, liv. xv, c. 29.

mit en possession de toutes les autres; il usa cependant de sa victoire avec modération, et, respectant l'âge, la douceur et la piété de Paulin, il ne le priva pas de la petite église qu'il avait dans la ville: rare exemple de modération chez un évêque arien. Lucifer fut blessé de ce qu'Eusèbe, qui avait été son compagnon de souffrances, n'approuvait pas sa conduite à Antioche; il alla jusqu'à ne plus vouloir communier avec lui. Voyant que l'Eglise blâmait généralement son obstination, il devint entièrement schismatique, et retourna dans son église de Cagliari, en Sardaigne, où il mourut huit ans après. On donna à ses partisans le nom de lucifériens; mais ils étaient en petit nombre.[1]

Tandis que l'Evangile florissait en apparence à Antioche, le luxe et le vice y dominaient en effet; et c'est en grande partie contre l'église de cette ville que sont dirigés les traits de la satire de

---

[1] Jamais homme ne montra plus de courage et de fermeté d'esprit que Lucifer. Pendant qu'il était exilé pour la foi de Nicée, il publia plusieurs ouvrages dans lesquels il accusait Constance avec une hardiesse étonnante. Si la douceur de l'Évangile se montrait davantage dans ces écrits, nous aurions pu en citer quelques passages pour l'édification de nos lecteurs, mais on y trouve évidemment trop de l'homme, et trop peu du saint. Non content d'avoir composé ces ouvrages, il en envoya une copie à l'empereur, qui fut si étonné de sa hardiesse, qu'il ordonna de lui demander si c'était réellement lui qui les avait envoyés. « Sachez, « répondit l'intrépide évêque, que j'ai envoyé les livres à l'empe- « reur, et qu'après y avoir bien réfléchi, je ne me rétracte pas; et « quand vous aurez examiné les motifs pour lesquels j'ai écrit de « cette manière, vous verrez que nous avons été fortifiés de Dieu « pour attendre avec joie la mort qui se prépare pour nous. » Athanase donne de grandes louanges à Lucifer. On retrouve quelquefois en lui le même esprit, bien que ce ne soit pas au même degré. Il est utile de signaler le déclin de l'esprit chrétien chez les hommes vraiment pieux, qui se montrèrent souvent, à cette époque, trop violens dans leur lutte contre les hérétiques. Lucifer fut le même jusqu'à la fin; cette même disposition qui le dominait dans sa conduite envers Constance l'entraîna dans des dissensions blâmables à la fin de sa vie; et cependant, qui pourrait douter de la sincérité de son amour pour la vérité, et de l'intégrité de son cœur?

Julien; il nous sera plus doux de tourner nos regards vers Eusèbe de Verceil, qui fut reçu avec une joie extraordinaire dans son évêché d'Italie. Ses travaux et ceux d'Hilaire de Poitiers obtinrent de grands succès en Italie, dans les Gaules et dans toute l'Europe, où l'hérésie arienne avait été étouffée, et où régnaient la paix et l'unité.

Les donatistes d'Afrique obtinrent de Julien la permission de reprendre leurs églises, et cette secte, qui n'était que trop disposée à user de la force militaire, mit le trouble dans tout le pays.

Athanase ne jouit pas long-temps des douceurs de la liberté : les Gentils d'Alexandrie représentèrent à l'empereur qu'il corrompait la ville et toute l'Egypte, et que si on le laissait dans le pays il ne s'y trouverait bientôt plus un seul païen. C'était une rude épreuve pour la modération affectée de Julien ; et l'esprit déclaré de persécution qu'il montra dans cette circonstance, et qui était si opposé à ses maximes ordinaires, est contre son intention un glorieux témoignage rendu aux talens et à l'intégrité de l'évêque égyptien. « J'ai permis, « dit-il, à ces Galiléens, qui avaient été bannis, de « retourner dans leurs pays, mais non pas dans leurs « églises [1]. J'ordonne à Athanase de quitter la ville « dès que vous aurez reçu cette lettre. » — Les chrétiens écrivirent à l'empereur pour demander qu'il ne leur fût pas enlevé. Irrité de voir leur profond attachement pour la religion chrétienne et les progrès qu'avait faits leur évêque en si peu de temps, Julien leur répondit [2] qu'ayant Alexandre pour fondateur, et Sérapis et Isis pour dieux tutélaires, il était bien surprenant que la portion corrompue osât prendre le nom de la communauté.

---

[1] Epîtres de Julien, 26. Cette distinction n'est nullement fondée, et est en contradiction avec la permission accordée à tous les évêques. — [2] Epître 51.

« J'ai grande honte, ajoute-t-il, que les dieux per-
« mettent qu'aucun de vous fasse profession d'être
« Galiléen; vous oubliez votre ancienne félicité,
« lorsque l'Egypte servait les dieux, et que vous
« étiez au comble du bonheur. Votre Alexandre
« était un serviteur des dieux, et Jupiter l'a élevé
« bien au-dessus de tous ceux-ci et de tous les Hé-
« breux, qui valaient mieux qu'eux. Ce n'est pas
« en prêchant Jésus-Christ et la doctrine des exé-
« crables Galiléens que les Ptolémées, qui regar-
« daient votre ville comme leur fille chérie, l'ont
« conduite à un si haut degré de grandeur et
« de prospérité; si vous êtes décidés à suivre ces
« imposteurs, accordez-vous ensemble, et ne dé-
« sirez point de conserver Athanase. Il est plusieurs
« de ses disciples qui sont capables de vous plaire
« par leurs discours impies; mais si votre affection
« pour lui a pour fondement sa finesse et son ha-
« bileté (car j'apprends que c'est un homme très
« rusé), c'est pour cette raison que je le chasse de
« votre ville. Il est dangereux qu'un intrigant comme
« celui-là gouverne le peuple; c'est un être vil et
« méprisable, qui ne mérite même pas le nom
« d'homme, qui se glorifie d'exposer sa vie, et qui
« n'est capable que de porter le trouble dans la
« société. »

Julien avait tellement à cœur de presser l'exécution de cet ordre, qu'il écrivit au gouverneur
d'Egypte que si Athanase n'était pas chassé à une
certaine époque, il ferait payer à ses officiers cent
livres d'or [1]. « Je suis profondément affligé, lui
« dit-il encore, du mépris que cet homme montre
« pour les dieux; il me sera très agréable d'ap-
« prendre que vous avez fait sortir d'Egypte un
« scélérat qui a été assez insolent pour oser bapti-

---

[1] Epîtres de Julien, 6.

« ser, sous mon règne, des femmes grecques de « qualité. »

L'inimitié de l'homme naturel contre Dieu s'est rarement manifestée d'une manière aussi frappante que dans ces lettres; elle passe à travers tous les déguisemens, et franchit toutes les bornes de la prudence et des convenances. On y voit aussi clairement que Julien affectait de mépriser un homme qu'il craignait, et dont les talens lui donnaient de l'ombrage. La faiblesse de ses argumens montre à quel point des hommes, qu'on ne peut accuser de manquer de sens, sont incapables de dire des choses qui puissent ébranler l'esprit d'un chrétien. Nous devons saisir toutes les occasions de signaler les progrès de l'Evangile; et nous trouvons ici, dans la bouche d'un de ses plus grands adversaires, une confession de la vie laborieuse et utile d'Athanase. Il ne s'était pas encore écoulé un an depuis qu'il était revenu à Alexandrie, et déjà il avait affermi les fidèles dans l'amour de la vérité; il avait démontré la puissance de la piété par la bonté, la libéralité et la miséricorde qu'il avait exercées envers ses ennemis aussi-bien qu'envers ses amis. Il avait étendu les limites de l'Eglise par la conversion de plusieurs païens, dont quelques uns appartenaient à la classe la plus élevée, et il avait mérité l'indignation et excité les craintes du monarque du monde romain. C'est ainsi que la grâce de Dieu opère par les principes chrétiens!

Athanase se vit donc obligé de chercher encore une fois sa sûreté dans la fuite; tous les fidèles se rassemblèrent autour de lui en pleurant. « Il faut « nous retirer pour un peu de temps, mes amis, « leur dit-il; c'est un nuage qui passera bientôt. » Il leur dit adieu, recommandant son troupeau aux plus capables d'entre ses amis, et entra dans une barque pour remonter le Nil jusqu'aux confins de l'Égypte. Il se trouva encore dans un danger imminent. Les persécuteurs le suivirent, et ils étaient près de l'atteindre, lorsqu'Athanase eut recours, pour leur échapper, à cette ruse dont l'accusait Julien. Il ordonna à ses compagnons de retourner à Alexandrie et d'aller au-devant de ses ennemis. Ceux-ci demandèrent avec empressement s'ils avaient vu Athanase : « Il est près d'ici, répondirent les autres. Hâtez-vous, et vous l'atteindrez bientôt. » Ainsi trompés, ils firent en vain la plus grande diligence, et Athanase, qui s'était tenu caché pendant cette scène, retourna secrètement à Alexandrie, et y demeura dans la plus profonde retraite jusqu'à la fin de la persécution. Ainsi, la malice de Julien exposa ce grand homme à faire usage des mêmes artifices qu'avait employés David pour échapper à Saül, qui fit sur lui la même remarque que Julien : « On m'a dit qu'il est fort rusé. » Ce fut probablement le souvenir de sa conduite en cette circonstance qui engagea le saint roi à faire plus tard cette prière : « Éloigne de moi la voie du mensonge. »

L'esprit actif de Julien poursuivait alors avec ardeur la destruction de la monarchie des Perses, et les dépenses qu'il fit en sacrifices et en augures sont presque incroyables. Mais il était poussé par un esprit d'aveuglement, et la Providence divine hâtait sa fin. A Antioche, il fut tellement irrité de la psalmodie des chrétiens, et en particulier de ce verset qu'ils chantaient en chœur : « Que tous ceux qui servent les images et qui se glorifient aux idoles soient confus », qu'il ordonna à Salluste, préfet du prétoire, de les punir. Bien qu'il fût païen, il obéit à regret, et arrêta un certain nombre de chrétiens. Un d'entre eux, qui était un jeune homme nommé Théodore, fut torturé si long-temps et de tant de manières différentes, qu'on désespérait de sa vie; mais Dieu le préserva.[1]

Il paraît que Julien devenait plus cruel à mesure qu'il approchait de sa fin : il persécuta beaucoup à Antioche, et fut certainement un tyran pour les chrétiens. Nous ne citerons plus qu'un exemple de la sévérité dont il usait envers eux. Publie, veuve d'une grande réputation, chantait et louait Dieu, quand Julien passait, avec plusieurs jeunes vierges qu'elle gouvernait. Elles chantaient en particulier les psaumes qui représentent combien l'idolâtrie est insensée et criminelle. Julien leur ordonna de se taire quand il passerait : Publie, avec plus de zèle que de charité, encouragea les jeunes filles à continuer, et leur fit chanter, au moment où Julien passait : « Que Dieu se lève, et ses ennemis seront dispersés »[2]. Julien, furieux, ordonna qu'on l'amenât devant lui, et la fit souffleter sur les deux joues. Les effets de la passion ne sont que trop visibles chez l'empereur et chez la veuve chrétienne : il y a cependant cette différence que l'un méprisait Dieu, et que l'autre avait du zèle pour son service.

La guerre de Julien contre les Perses est tout-à-fait en dehors de notre plan, et nous nous contenterons d'exposer les circonstances de sa mort, et de faire quelques réflexions sur les voies de la divine Providence, sur le caractère de l'homme, sur les leçons qui découlent de cette histoire, et sur la grande délivrance accordée à l'Église.

Julien fut blessé mortellement d'un coup de lance que lui donna un Perse dans une escarmouche. On dit que, sentant que sa fin approchait, il remplit sa main du sang qui coulait de sa blessure,

---

[1] Socrates, liv. III, c. 19; Ruff. liv. I, c. 36. — [2] Théodoret, liv. III, c. 19.

et le jetant en l'air, il dit : O GALILÉEN, TU AS
VAINCU [1]. Quelques auteurs pensent que, par cette
action, il voulait reprocher au soleil, l'idole des
Perses, sa partialité pour eux, bien que lui-même
l'eût servi avec zèle. Il est extrêmement probable
qu'une âme aussi active et aussi ardente que la
sienne, exprima son indignation d'une manière
remarquable, dans cette conjoncture, bien que
ces versions ne puissent être vraies toutes les deux.
Dans ses derniers momens, étendu dans sa tente,
il dit qu'il était disposé à mourir, et déclara
qu'il avait appris de la philosophie que l'âme était
plus excellente que le corps, et que la mort devait
être un sujet de joie plutôt que d'affliction. Il se
vanta de ce qu'il pouvait réfléchir avec plaisir à
l'innocence de sa vie privée et à l'intégrité de sa
vie publique. Il reprocha à ceux qui l'entouraient
de montrer un chagrin immodéré, et les supplia
de ne pas déshonorer sa mort par leurs larmes,
puisque, dans quelques momens, il serait réuni
au ciel et aux astres. Il s'entretint quelque temps
de la nature de l'âme avec Maxime et Priscus, ses
philosophes favoris. Il mourut après un règne d'un
an et huit mois, dans la trente-deuxième année de
son âge.

Un homme d'esprit, qui enseignait des enfans à
Antioche, se trouva avec Libanius, qui lui demanda ce que faisait le fils du charpentier ; il lui
répondit : « Le créateur du monde, que vous appe-
« lez le fils du charpentier, est occupé à faire un
« cercueil. » Quelques jours après arriva la nouvelle de la mort de Julien [2]. Cette histoire est rap-
portée d'une manière un peu différente par divers
auteurs, mais il paraît qu'elle est vraie en substance ; ce qui ne suppose pas nécessairement que

---

[1] Théodoret, liv. III, c. 25. — [2] Théodoret.

le maître d'école eût reçu l'esprit de prophétie. Les esprits des chrétiens devaient être extrêmement agités durant l'entreprise de Julien contre les Perses : ils faisaient des prières ardentes pour le salut de l'Église; et, sans avoir une haine personnelle pour l'empereur, ils devaient souvent penser qu'elles pourraient être exaucées par sa mort; et la témérité extraordinaire avec laquelle il conduisait cette expédition militaire pouvait exciter chez ses sujets en général l'espérance ou la crainte de la voir se terminer par sa ruine.

Comment n'adorerait-on pas cette dispensation de la divine Providence qui hâta la mort d'un ennemi aussi formidable de son Église, d'un homme qui semblait devoir effectuer sa perte, s'il lui eût été donné de suivre long-temps ses plans? Aussi Dieu permit qu'il visât à trop d'objets à la fois : le rétablissement de l'idolâtrie, la ruine du christianisme, la construction du temple de Jérusalem et la conquête de la Perse ; et l'ardeur qu'il mit à accomplir ce dernier objet est un nouvel exemple de l'opposition que Dieu a souvent suscitée entre deux ennemis de son Église pour sauver ses enfans. Combien il aurait été plus prudent à Julien de proposer au monarque de la Perse une alliance qu'il aurait acceptée avec joie, et de s'unir à lui pour détruire les chrétiens, contre lesquels tous deux étaient également irrités. Mais c'est ainsi que Dieu confond les conseils de ses ennemis et les excite à se faire la guerre, pour le bien de son Église, plutôt qu'à s'unir pour sa ruine !

Si l'orgueil philosophique n'avait pas entièrement endurci le cœur et stupéfié la conscience de Julien, il ne se serait jamais vanté de son innocence et de son intégrité dans ses derniers momens. Outre des fautes innombrables qu'un homme qui n'aurait pas été cuirassé contre les reproches de sa conscience aurait su apercevoir, il n'aurait sûrement pu penser sans remords au crime d'une hypocrisie qui avait duré dix ans. Si la sincérité n'est pas essentielle à la vertu, qu'est-ce qui le sera donc? Mais depuis l'époque où il avait été initié aux mystères de Platon, à Éphèse, jusqu'à celle où il se déclara ouvertement pour le paganisme, il dissimula constamment ses sentimens religieux, professant publiquement l'Évangile et adorant secrètement les idoles. Son ami Libanius vante son hypocrisie; et les philosophes qui croyaient que tout était Dieu et qui pratiquaient cependant, en général, tous les rites du polythéisme vulgaire, dissimulaient habituellement. L'esprit de Julien paraît avoir uni, avec une surprenante inconséquence, dans une croyance sincère, les raffinemens de la philosophie et l'idolâtrie vulgaire. Mais cette hypocrisie par rapport au christianisme, dans laquelle il persista avec tant d'artifice jusqu'à la mort de Constantin, est un des exemples de fraude les plus frappans que nous présente l'histoire. Les philosophes croyaient généralement que l'homme devait périr entièrement à la mort, ou être heureux par sa réunion avec l'essence divine. Julien professa la même croyance, et rejeta, comme Cicéron[1], l'idée que le péché pût recevoir un châtiment dans une vie future. Que signifient donc les louanges que l'on prodigue de nos jours à des philosophes incrédules? L'hypocrisie, l'athéisme, l'anéantissement des sentimens de la conscience et de cette modestie qui convient si bien à une créature aussi faible que l'homme; sont-ce donc là des vertus? Le scepticisme et l'indifférence sur un état futur ne prouvent-ils pas une légèreté et un aveuglement déplorables, bien

---

[1] *Voyez* son *Traité sur la Vieillesse*, vers la fin.

que l'on se plaise à les décorer du nom d'esprit philosophique? Julien n'aurait-il pas été un prince bien plus estimable, s'il avait vécu comme Antonin-le-Pieux, en se contentant de suivre les règles du sens commun; et ne peut-on pas, en toute justice, mettre sur le compte de sa philosophie une grande partie de ses vices et de ses défauts?

Cet homme extraordinaire a cependant des droits à notre compassion. La conduite et les mœurs de Constantin et de ses fils n'étaient pas faites pour lui donner une haute idée de l'Évangile, et il n'était pas étonnant qu'il fût ulcéré par les cruautés dont ils s'étaient rendus coupables envers sa famille. Les philosophes cherchèrent à s'emparer de son esprit dès sa plus tendre jeunesse, et lui infusèrent habilement leur poison. Les jeunes gens qui ont été élevés sous l'influence d'une froide orthodoxie sont exposés à être séduits par les systèmes spécieux des philosophes, et ceux qui font profession de croire à l'Évangile doivent s'appliquer à manifester leur zèle religieux par quelque chose de plus réel que des formes et des paroles. Puissent-ils apprendre, par l'exemple de Julien, à remplir avec assiduité le devoir qu'il avait négligé, c'est-à-dire à méditer constamment les Écritures dans un esprit de prière. Si Julien avait étudié le Nouveau-Testament grec avec autant de soin que Platon; s'il avait prié Dieu au nom de Christ avec autant d'ardeur qu'il paraît avoir servi Jupiter et Apollon, il aurait pu échapper aux dangers qui l'entouraient. Mais on s'affermit dans l'apostasie et l'incrédulité, en prêtant l'oreille à tout ce qui tend à produire ces funestes dispositions, et en évitant la puissance de la vérité divine par l'indifférence et le mépris.

On ne peut approuver l'esprit que manifesta l'Église durant toute cette scène. Il y avait sans doute beaucoup de chrétiens qui priaient sincèrement, et nous avons trouvé de nombreux exemples de personnes pieuses qui aimaient mieux souffrir que pécher ; mais il est évident que l'on était bien déchu de la douceur et de la patience de l'Église primitive. On vit trop souvent des chrétiens s'exposer à la persécution sans nécessité, et l'Église, en général, n'avait pas des idées justes sur ce sujet.

CHAPITRE X.

DE L'ÉGLISE CHRÉTIENNE SOUS JOVIEN.

Jovien succéda à Julien l'an 363, à l'âge d'environ trente-trois ans. Il mourut subitement après un règne de sept mois ; et son caractère et ses talens ne présentent rien d'éclatant ni de brillant. L'histoire civile ne lui a pas assigné un rang distingué ; mais il a droit à l'attention de l'historien de l'Église ; car il est le premier des empereurs romains[1] qui ait donné de grandes preuves d'un véritable amour pour l'Évangile, bien qu'elles ne soient pas encore complétement décisives. La Providence ne fit que le montrer au monde romain, et les documens qui nous restent sur sa vie ne sont pas aussi complets qu'on aurait pu le désirer.[2]

---

[1] Le premier Constantin paraît avoir embrassé par rapport à la doctrine le semi-arianisme d'Eusèbe, ou plutôt n'avoir pas du tout compris l'Évangile ; et tous les historiens reconnaissent qu'il se montra très blâmable dans la dernière partie de sa vie. Il n'est pas nécessaire de parler de Constantius. Bien que nous ayons vu, dans le dernier siècle, Philippe faire profession du christianisme, on a beaucoup de choses à lui reprocher. Nous devons estimer les hommes d'après leur sainteté et leur spiritualité, et non d'après leurs talens et leurs exploits ; et en suivant cette règle, nous préférerons l'obscur Jovien au grand Constantin.

[2] Ammien l'accuse de s'être livré à différens excès. Mais cet au-

SE DÉCLARE CHRÉTIEN.

Sous le règne de Julien, Jovien avait noblement prouvé la sincérité de son attachement au christianisme, en déclarant qu'il quitterait son rang dans l'armée plutôt que sa religion. Cependant Julien le conserva auprès de sa personne, et l'employa dans sa fatale expédition, ce qui prouve qu'il faisait cas de ses talens et de sa capacité. Il paraît que le trait le plus frappant de son caractère était une franchise et une intégrité, telles qu'on ne les trouve guère chez ceux qui ne sont que des philosophes et des héros du monde, et qu'elles ne peuvent guère se manifester que dans des esprits élevés par la grâce divine au-dessus des voies tortueuses de l'ambition. Au moment où l'empire lui était offert, il n'oublia pas qu'il était chrétien, et il confessa son Sauveur, à une époque où l'attachement au paganisme devait être prédominant dans l'armée de Julien. « Je suis chrétien, dit-il lorsque « l'armée le salua du titre d'empereur ; je ne puis « pas commander à des idolâtres, et je vois la co- « lère du Dieu vivant prête à tomber sur une ar- « mée composée de ses ennemis. » — « Vous com- « mandez à des chrétiens ! s'écrièrent ceux qui « l'entendirent ; le règne de la superstition a été « trop court pour effacer de nos esprits les instruc- « tions du grand Constantin et de son fils Constan- « tius ! » Jovien écouta ces paroles avec joie, et accepta le titre d'empereur ; et il paraît que les païens de l'armée gardèrent le silence.[1]

---

teur n'était pas chrétien, et il exprime l'espérance de le voir se corriger, et reconnaît qu'il était très sincère dans sa religion. On ne pouvait s'attendre à ce qu'Ammien parlât d'une manière plus favorable de Jovien.

[1] Théod. IV, 2 ; Socrat. III, 22. Ces deux historiens font le même récit, bien que le premier soit entré dans plus de détails. Ammien dit, à la vérité, que l'on consulta les victimes et les entrailles pour Jovien ; ce qui fournit à Gibbon l'occasion de triompher de l'anéantissement de ce qu'il appelle la légende de

L'armée se trouvait dans une situation extrêmement dangereuse à l'époque de la mort de Julien ; elle était très avancée dans le pays de l'ennemi, et sans provisions. La témérité de Julien força Jovien à négocier avec Sapor, roi de Perse, prince rusé, qui abusa de la simplicité et de la franchise du nouvel empereur. Le vieux monarque prolongea la négociation par des délais affectés, jusqu'à ce que la détresse où se trouvaient les Romains, par la disette des provisions, les obligeât d'accepter les conditions qu'il lui plairait de leur dicter. Ammien trouve qu'il aurait mille fois mieux valu tenter les chances de la guerre que d'accepter de semblables conditions de paix. Mais Jovien, qui était chrétien, ne pouvait employer la fraude et la ruse ; la conservation de la vie des hommes devait lui paraître plus importante que la possession des provinces éloignées qu'il était obligé de céder à Sapor. Il est remarquable que le premier traité honteux et désavantageux pour les Romains, dont l'histoire ait conservé le souvenir, ait été conclu par un monarque qui, on a tout lieu de l'espérer, appartenait sincèrement à Celui dont le royaume n'est pas de ce monde. Les auteurs romains font de grandes lamentations sur cette paix ignominieuse : Grégoire de Nazianze la déplore aussi, mais il en jette le blâme sur Julien ; l'historien païen Eutrope semble justifier Jovien en disant que ce traité était honteux, mais nécessaire.

Sous cet empereur, le premier qui fût vraiment fidèle, on voit apparaître de nouvelles maximes de

---

Théodoret. Mais qui ne voit que cet usage superstitieux ayant été en très grande vogue sous Julien, on avait pu y avoir recours dans ces premiers momens sans que Jovien en eût seulement connaissance? Et en quoi le récit de Théodoret mériterait-il le nom de légende plus que celui d'Ammien, ou même de Gibbon ? D'ailleurs ce dernier passe entièrement sous silence l'autorité de Socrates, dont la véracité est généralement reconnue.

gouvernement. Le précepte du Psalmiste, « S'il « a juré, fût-ce à son dommage, il n'en changera « rien » (Psaum. xv, 4), ne fut peut-être jamais plus exactement accompli que par Jovien. Il répondit aux habitans de Nisibe en Mésopotamie, qui ne pouvaient se résoudre à quitter leur pays natal, et qui lui avaient demandé avec la plus véhémente importunité de leur permettre de défendre leur forteresse contre le roi de Perse, qu'il avait expressément juré de livrer la ville, et qu'il ne pouvait éluder un serment par de vaines subtilités. Les villes offraient ordinairement des couronnes d'or à leurs nouveaux souverains. Les habitans de Nisibe, qui désiraient rester sous l'empire des Romains, ne négligèrent pas de lui offrir cet hommage. Jovien refusa la couronne; mais à la fin ils le forcèrent en quelque sorte à l'accepter. Rien ne put cependant ébranler sa résolution. Il obligea les habitans à quitter la ville avec leurs effets un peu plus tôt qu'il ne l'eût ordonné, s'ils ne l'eussent pas exaspéré par leurs insultes et leurs importunités. Il paraît cependant qu'il avait fait tout ce que permettaient les circonstances. Il ordonna de rebâtir pour les gens de Nisibe la ville d'Amida, qui avait été presque entièrement détruite par Sapor, et la plupart d'entre eux s'y retirèrent. Ce ne sont pas seulement les auteurs païens, mais aussi quelques auteurs chrétiens, qui ont reproché à Jovien d'avoir exécuté le traité avec tant de fidélité. Mais il en est d'autres qui l'estiment à cause de ces mêmes choses qui lui ont attiré tant de censures. C'était une action digne d'un prince qui servait le Christ, que de craindre d'offenser la vérité et de mériter la colère de Dieu par le parjure plus que de céder une portion de territoire. Les hommes ont bien de la peine à renoncer à l'honneur et aux grandeurs du monde. Mais on doit se souvenir que si les principes chrétiens sont désavantageux selon le monde dans certains cas, il en est beaucoup d'autres où ils préservent de grandes fautes et de grands malheurs. La même crainte de Dieu qui empêcha Jovien de manquer à sa parole, l'aurait aussi empêché d'entreprendre une guerre aussi insensée que celle que lui avait léguée Julien. Si nous nous sommes autant étendu sur ces événemens politiques, c'est parce qu'ils nous ont fourni l'occasion d'examiner quels étaient les principes religieux et la conduite de Jovien.

A Carrhes en Mésopotamie, ville entièrement païenne, on fut au moment de lapider le messager qui avait apporté la première nouvelle de la mort de Julien. Il n'y eut jamais d'événement plus fatal au paganisme. Ses espérances s'évanouirent en un moment comme un songe, et l'Église triompha en louant son Dieu, qui est toujours fidèle à ses promesses. Les vrais chrétiens manifestèrent leur reconnaissance d'une manière convenable. Dans un discours qu'il publia à cette occasion, Grégoire de Nazianze s'appliqua à les exhorter à montrer de la douceur, de l'humilité et de la charité. Mais on ne manifesta pas d'une manière assez évidente la compassion pour un ennemi tombé et la crainte des dangers de la prospérité. Antioche surtout, qui renfermait un grand nombre d'ariens, et qui avait une haine particulière pour Julien, fit bien voir combien elle était déchue de la pureté chrétienne. Cette ville voluptueuse fut remplie de divertissemens publics et de fêtes sacrées et profanes. On vit des danses et des spectacles dans les églises; les théâtres retentirent d'exclamations insultantes; on s'adressait à Maxime comme s'il eût été présent; et on lui disait : « Sage Maxime, que sont devenues « tes prédictions? Dieu et son Christ ont vaincu! »

Jovien conduisit son armée à Antioche, où il resta six semaines, et où il s'appliqua à faire des réglemens par rapport à la religion. La conduite de son prédécesseur l'avait plongé dans de grands embarras pour les affaires civiles aussi-bien que pour celles de l'Église. Les dissensions déchiraient l'empire, et la prétendue tolérance de Julien avait produit tous les maux d'une véritable persécution. A sa mort les païens furent tellement alarmés, qu'on ferma partout les temples; que les prêtres se cachèrent, et que les philosophes quittèrent le manteau qui les distinguait, pour reprendre leur vêtement ordinaire [1]. Dans l'Église les orthodoxes et les ariens étaient partout en présence; Antioche elle-même était divisée en trois partis. Les donatistes étaient tellement turbulens en Afrique, que les magistrats étaient obligés de les réprimer. Les novatiens, auxquels on ne pouvait reprocher qu'un esprit étroit et une discipline trop sévère, s'étaient associés à l'Église générale pour défendre la foi contre l'arianisme; ils avaient souffert avec elle pendant tout le temps que l'hérésie avait triomphé; et à Martinium en Paphlagonie, quelques uns d'entre eux avaient résisté, et avaient taillé en pièces plusieurs compagnies de soldats que Constantius avait envoyées pour les forcer à devenir ariens.

Durant le règne de Julien il y avait eu, si nous exceptons les excès des donatistes, une espèce de trêve entre les différens partis. Immédiatement après sa mort, ils montrèrent une grande anxiété par rapport à la marche qu'adopterait son successeur. Jovien était sincèrement attaché à la foi de l'Église primitive, mais il détestait la persécution. Convaincu qu'on ne pouvait contraindre la con-

---

[1] Socrates.

science, et qu'une religion volontaire était la seule qui pût être agréable à Dieu, il fit une loi par laquelle il permit aux païens de rouvrir leurs temples et de pratiquer leur religion ; mais il interdit absolument la sorcellerie et les impostures. Il permit les sacrifices publics, mais il mit un terme aux enchantemens et à la magie que Julien avait établis dans tout l'empire ; enfin il accorda aux païens plus que n'avait fait Constantius, et les plaça dans le même état où les avait laissés Constantin. Il y avait dans cette tolérance une sincérité à laquelle Julien ne pouvait prétendre avec justice : pendant son règne, les chrétiens n'étaient libres que de nom ; sous celui de Jovien, les païens l'étaient de fait. Les philosophes eux-mêmes étaient admis à la cour, bien qu'on ne pût s'attendre à les voir devenir les amis intimes d'un empereur chrétien. Quelques courtisans les insultèrent ; mais Jovien était trop juste et trop généreux pour les imiter. Libanius et Maxime, les colonnes de l'idolâtrie et de la philosophie, furent eux-mêmes protégés ; ce qui peut bien nous conduire à penser que les autres furent traités avec une grande douceur.

A Constantinople, on offrit publiquement des sacrifices pour célébrer le consulat de Jovien. L'empereur permit même à Thémistius, illustre magistrat païen, de prononcer un discours en sa présence sur la liberté religieuse et les droits de la conscience, et de le remercier de la liberté qu'il accordait à ses sujets. Cet orateur établit avec clarté le droit de jugement particulier et l'iniquité de toute violence ; mais, comme tous les hommes qui n'ont point de principes religieux, il avança que toutes les religions étaient également vraies et également agréables à Dieu. Si les savans et les philosophes païens avaient adopté cette doctrine un peu plus tôt, combien de sang chrétien aurait été épargné ! Il aurait été plus honorable pour eux de faire cette découverte durant les persécutions des chrétiens. La publier lorsqu'ils formaient le parti le plus faible, annonce plus d'égoïsme que de générosité. Les philosophes avaient au contraire écrit contre les chrétiens avec beaucoup d'animosité ; quelques uns d'entre eux s'étaient même joints activement à leurs persécuteurs, et jusqu'à Thémistius, nous ne nous rappelons pas qu'un seul d'entre eux ait recommandé la tolérance.

Bien que Jovien laissât une parfaite liberté aux païens, il déclara que le christianisme était la religion établie, et il fit remettre sur les étendards la croix que Julien en avait fait ôter. Il ordonna que les chrétiens fussent rétablis dans leurs églises ; il rappela les exilés, et les réinstalla dans tous leurs priviléges. Un officier distingué, nommé Magnus, avait brûlé de son autorité privée l'église de Beryte en Phénicie. C'était un homme sans principes, et qui s'était montré ardent à persécuter. Jovien voulait d'abord le faire décapiter ; mais il se contenta de l'obliger à rebâtir l'église à ses frais.

Athanase n'eut pas plus tôt appris la mort de Julien, qu'il reparut subitement à Alexandrie, ce qui causa une joyeuse surprise à son troupeau. Jovien le confirma dans sa charge par une lettre conçue en ces termes : « Au très religieux ami de « Dieu, Athanase. Admirant au-delà de toute ex- « pression la sainteté de votre vie, dans laquelle « brillent des marques de ressemblance avec le « Dieu de l'univers [1], et votre zèle pour Christ,

---

[1] Gibbon signale cette expression comme une impie et extravagante flatterie. L'ignorance, ou de fortes préventions, pouvaient seules hasarder une semblable assertion. Cet auteur ne peut supporter sans impatience de voir à Athanase un court intervalle de prospérité, et son ignorance des Écritures le conduit à exprimer ses préjugés d'une manière tout-à-fait absurde. Il ne faut pas être bien versé dans la théologie pour savoir que dire qu'un homme ressemble

« notre Sauveur, nous vous prenons, vénérable
« évêque, sous notre protection. Vous la méritez
« par le courage que vous avez manifesté dans les
« travaux les plus pénibles, et par le mépris que
« vous avez montré pour les menaces de vos persé-
« cuteurs ; appuyé sur la foi qui vous est si chère,
« vous ne cessez de combattre pour la vérité, ni
« d'édifier le peuple chrétien, qui trouve en vous
« le modèle de toutes les vertus. Pour ces motifs,
« nous vous rappelons immédiatement, et nous
« vous ordonnons de revenir à Alexandrie pour
« y enseigner la doctrine du salut. Retournez dans
« les saintes églises ; nourrissez le peuple de Dieu ;
« que le pasteur, à la tête du troupeau, présente
« des prières pour notre personne ; car nous som-
« mes persuadé que Dieu répandra sur nous et sur
« nos frères chrétiens ses faveurs signalées, si vous
« nous accordez le secours de vos prières. »

Jovien lui écrivit encore pour lui demander des instructions par rapport à la controverse arienne. Athanase réunit quelques évêques, et lui répondit au nom du synode, en lui recommandant la foi de Nicée, et en la défendant comme il l'avait déjà fait tant de fois. Jovien l'engagea à venir à Antioche, où il l'accueillit de la manière la plus distinguée. Arien et Candidus, deux ariens, parens de l'empereur, vinrent le trouver à Antioche dans l'espérance d'obtenir quelque influence sur lui. Euzoïus, évêque de cette ville, où l'arianisme comptait de nombreux partisans, s'appliqua aussi à se mettre bien avec les eunuques du palais, se souvenant de la faveur que son parti avait obtenue par de sembla-

---

à Dieu, ou porte son image et sa ressemblance, c'est dire seulement « qu'il est renouvelé en connaissance selon l'image de celui qui l'a créé », qu'il est ce qu'Adam était avant sa chute, ce que devient tout chrétien par la grâce. A quel degré d'érudition peut arriver un homme qui ne connaît pas les élémens du Nouveau-Testament?

bles moyens sous le règne de Constantius. Les Macédoniens, disciples de l'évêque déposé de Constantinople qui leur avait appris à nier la divinité du Saint-Esprit, sollicitèrent aussi de l'empereur le rang le plus élevé dans l'Église. « Je déteste « les disputes, répondit Jovien; j'aime et j'ho- « nore les hommes de paix, et ceux qui travaillent « à faire régner l'union. » Les ariens confondus communiquèrent avec Mélèce, évêque orthodoxe d'Antioche, et souscrivirent la confession de foi du concile de Nicée. Il est difficile de croire à leur sincérité; mais il n'y a aucun lieu à blâmer Jovien. Il déclara ouvertement qu'il ne contraindrait personne, et il le disait sincèrement. Jovien travailla aussi sans succès à mettre un terme à la division qui, comme nous l'avons dit plus haut, régnait depuis long-temps entre les partisans de Mélèce et ceux de Paulin.

Les ariens d'Alexandrie [1] essayèrent d'obtenir le siége épiscopal pour Lucius, homme qui n'avait aucune piété, et ils vinrent solliciter l'empereur, Lucius lui-même étant à leur tête. Les amis d'Athanase envoyèrent aussi des députés pour contrebalancer leur funeste influence [2]. Un court extrait de la conférence jettera du jour sur le caractère de Jovien et sur l'état de la religion à cette époque. « Nous prions votre puissance, votre majesté, votre « piété de nous donner audience », dirent les ariens à l'empereur. — « Qui êtes-vous, et d'où venez-vous? » — « Nous sommes chrétiens. » — « De quel pays « et de quelle ville? » — « D'Alexandrie. » — « Que « me demandez-vous? » — « De nous donner un

---

[1] Opera Athanasii, vol. 1, p. 782. *Voyez* la Vie de Jovien par La Bleterie.

[2] L'exemple qu'avait donné Constantin, et surtout Constantius, en expulsant les évêques des villes les plus considérables de l'empire, avait établi un fâcheux précédent, dont on s'autorisait trop souvent.

« évêque. » — « J'ai ordonné qu'Athanase retournât « prendre ses fonctions. » — « Cet homme a été « banni il y a plusieurs années pour des crimes dont « il n'a pas été absous. » Un soldat de la garde de l'empereur dit alors : « Seigneur, donnez-vous la « peine d'examiner qui sont les gens qui vous par-« lent ; ce sont les restes de la faction de George, « ce scélérat qui a porté la désolation dans Alexan-« drie..... » À ces mots Jovien, qui était à cheval lorsqu'ils étaient venus à sa rencontre, s'éloigna brusquement. Mais les ariens ne se laissaient pas décourager si facilement ; ils se présentèrent une seconde fois à Jovien. « Nous avons plusieurs chefs « d'accusation contre Athanase, et nous sommes « en état de les soutenir. Il y a trente ans qu'il a « été banni par Constantin et Constantius d'im-« mortelle mémoire. » — « Les accusations de dix, « de vingt, de trente années ont prescrit, répliqua « Jovien. Je sais pourquoi il a été accusé, et com-« ment il a été banni. » Étant encore importuné une troisième fois par les mêmes députés, et les envoyés d'Athanase lui parlant en même temps, Jovien dit : « Lorsque tout le monde parle à la fois, « on ne peut savoir qui a raison. Choisissez deux « personnes des deux côtés ; je ne puis répondre à « tous en même temps. » Les ariens demandèrent à l'empereur de leur donner l'évêque qu'il voudrait, excepté Athanase. « J'ai pris des informa-« tions à ce sujet, répondit-il ; il prêche une saine « doctrine. » — « Il est vrai qu'il parle bien, dirent « les ariens ; mais il a de mauvaises intentions. » L'empereur répliqua : « Je n'ai pas besoin d'autre « témoignage ; s'il a de mauvaises intentions, il en « rendra compte à Dieu : nous autres hommes « nous entendons les paroles, Dieu seul connaît les « cœurs. » — « Le trésorier, dit un homme de loi, « philosophe cynique, m'a enlevé quelques mai-

« sons à cause d'Athanase. » — « Athanase est-il res-
« ponsable des actions du trésorier ? » — « J'ai une
« autre accusation à soutenir contre Athanase », dit
un avocat païen nommé Patalas. — « Qu'est-ce
« qu'un païen comme toi a à faire avec les chré-
« tiens ? » lui dit l'empereur. Irrité des efforts que
faisaient les ariens pour corrompre les eunuques
de sa cour, il les fit punir sévèrement pour découvrir le fond de cette intrigue, et dit qu'il traiterait
de la même manière ses premiers officiers, s'ils favorisaient des complots de cette nature. Il envoya
Athanase à son diocèse, où il vécut et dirigea encore les affaires de l'Église pendant dix ans. On
voit clairement dans ce récit la simplicité et la
franchise des manières de Jovien, ainsi que sa fermeté, et l'on y reconnaît aussi la malice invétérée
des ariens.

Tandis que Jovien était à Antioche, il fut exposé aux railleries des beaux esprits de cette ville.
On répandit des calomnies contre lui, et l'on s'a-
bandonna librement à un esprit de satire.

Mais, malgré ces censures, les païens eux-mêmes
se montrent favorables à Jovien : son talent pour
connaître les hommes, et pour les employer aux
choses auxquelles ils étaient le plus propres ; son
application à découvrir les gens de mérite, la protection qu'il accorda à la doctrine chrétienne et à
la vraie piété ; son intégrité et sa franchise, et par-
dessus tout sa fidélité à obéir à la voix de sa conscience, qualité que nous ne retrouvons chez aucun héros païen, annonçaient sinon un génie
brillant, du moins un jugement sain, et promettaient au monde un sage et pieux gouvernement.
Il est impossible qu'Ammien fît peu de cas de lui,
puisqu'en parlant de ses défauts il reconnaît qu'il
aurait pu s'en corriger s'il avait vécu plus long-
temps. Ce siècle corrompu était indigne de lui. Il

fut bientôt enlevé à ce monde, et par une mort tellement subite, que l'on soupçonna, bien que sans aucune preuve, qu'elle n'était pas naturelle. Les chrétiens le regrettèrent sincèrement, les païens parlèrent généralement bien de lui; les ariens travaillèrent à profiter de sa mort, et l'Église retomba sous la persécution.

CHAPITRE XI.

L'ÉGLISE CHRÉTIENNE SOUS VALENS. — MORT, CARACTÈRE ET ÉCRITS D'ATHANASE.

A Jovien succédèrent deux frères, Valentinien et Valens : le premier régna en Occident, le dernier en Orient.

Valentinien suivit le plan de Jovien par rapport aux affaires de l'Église. Valens, homme de peu de capacité, n'avait pas encore été baptisé, et semblait aussi peu propre à juger des matières de religion que de celles de gouvernement. Valentinien, que l'affection fraternelle avait porté à le choisir pour son collègue à l'empire, avait en vain reçu le conseil de faire un autre choix. Les ariens, qui, sous Eudoxe, évêque de Constantinople, avaient gouverné la capitale par rapport aux affaires ecclésiastiques pendant le règne de Constantius, se réjouirent de trouver Valens aussi facile à conduire que cet empereur. Le parti de Macédonius, espèce de demi-ariens qui reconnaissaient que le Fils de Dieu était semblable au Père, quoiqu'il ne fût pas de la même substance, et qui étaient également opposés à la doctrine de la divinité du Saint-Esprit, ne purent eux-mêmes avoir part à la faveur de l'empereur, tandis qu'Eudoxe et les vrais ariens, qui ne voulaient pas admettre que le Fils fût semblable au Père, s'emparèrent de toutes les églises. Ces circonstances engagèrent les semi-ariens à se rapprocher de Libère, évêque de Rome, et ils se réunirent aux églises orthodoxes de l'Occident. On ne peut cependant avoir une grande idée de la sincérité de cette secte, car il est probable qu'elle aurait persisté dans son hérésie, si Valens s'y était montré favorable; il était bien possible cependant que plusieurs d'entre eux eussent été pervertis par les subtilités de la controverse, et qu'ils fussent plus orthodoxes dans leurs cœurs que dans leurs expressions.

Valens ordonna de chasser de Constantinople tous ceux qui professaient la foi de Nicée [1]. Les novatiens furent compris dans cette mesure, et on commanda de fermer leurs églises; car les orthodoxes de l'Église générale n'avaient pas de lieu de réunion à Constantinople depuis le règne de Constantius; et Jovien, leur protecteur, n'avait pas vécu assez long-temps pour venir dans sa capitale. Agélius, l'évêque des novatiens, fut exilé. C'était un homme remarquable par sa sainteté, sa vertu et son mépris pour les richesses. Il fut cependant rappelé peu de temps après, et recouvra les églises de sa communion. L'instrument que la Providence employa en cette occasion fut un prêtre novatien nommé Marcien, homme pieux et instruit, qui donnait des leçons aux deux filles de l'empereur. Par son crédit, les novatiens furent enfin tolérés; tandis que l'Église générale était exposée aux rigueurs de l'exil, et que les ariens tyrannisaient le monde chrétien en Orient. Les ariens voyaient cependant les novatiens de mauvais œil, et cherchaient souvent à les troubler, à cause du tendre attachement que ceux-ci manifestaient à leurs frères de l'Église générale. [2]

---

[1] Soz. c. x. — [2] Soc. liv. iv, c. 9.

C'est à l'historien Socrates, qui connaissait d'une manière particulière les novatiens, que nous devons ces détails. Leur charité et leur sympathie envers l'Église générale dans sa détresse, tandis qu'eux-mêmes étaient tolérés, et les vexations que leur faisait éprouver le parti dominant, à cause de leur affection pour ceux qui souffraient la persécution, nous les présentent sous le jour le plus aimable. Que les hommes qui aiment la foi de l'Évangile et qui souffrent avec joie pour elle, honorent leur profession par l'amour fraternel, et laissent aux ennemis de l'Évangile les disputes politiques et les intrigues de l'ambition.

Athanase fut appelé à soutenir encore une fois les attaques des ennemis de la vraie piété. Vers le commencement de l'année 367, Valens ordonna, à la sollicitation d'Eudoxe, que les évêques qui avaient été déposés sous le règne de Constantin, et qui avaient été rétablis plus tard, fussent de nouveau expulsés de leurs églises. En vertu de cet ordre, Tatien, gouverneur d'Alexandrie, essaya de chasser Athanase de cette ville. L'évêque était chéri de son troupeau. Une longue expérience de son intégrité et de sa vertu, le respect pour ses talens, et la compassion pour ses souffrances, lui avaient assuré la plus raisonnable et la plus honorable de toutes les autorités, celle de l'affection. Le préfet le sentait si bien, que, pendant quelque temps, il n'osa pas entreprendre d'exécuter les ordres qu'il avait reçus. A la fin, il pénétra une nuit à force armée dans l'église où logeait ordinairement l'évêque, et il le chercha partout, mais inutilement. Athanase, qui avait probablement été averti du danger, s'était retiré, et il resta caché pendant quatre mois dans le sépulcre de son père. C'était la quatrième fois qu'il s'était enfui d'Alexandrie. Il paraît que ce fut la crainte qu'il avait du peuple qui engagea ensuite Valens à le rappeler; et Lucius, évêque arien d'Alexandrie, ne put obtenir de lui de persécuter de nouveau Athanase. Vers cette époque, Valens lui-même reçut le baptême d'Eudoxe, qui avait un tel ascendant sur ce faible empereur, qu'il lui persuada de jurer qu'il n'abandonnerait jamais la confession de foi des ariens.[1]

On assembla un concile à Laodicée en Phrygie, et quelques uns de ses canons jettent du jour sur l'état de la religion à cette époque. L'un d'eux interdit l'ordination des hommes baptisés depuis peu de temps; et en cela il s'accorde avec les Saintes Écritures[2]. D'après un autre canon le choix des prêtres ne devait pas être laissé au peuple, mais les évêques devaient être choisis par les métropolitains, après une longue épreuve de leur foi et de leurs mœurs. C'était s'éloigner de l'usage qui avait été en vigueur jusqu'au temps de Constantin. On défendait aux prêtres de prêter de l'argent à intérêt, de fréquenter les cabarets et les lieux publics de divertissement, ou d'assister aux spectacles qui se donnaient à l'occasion des festins et des mariages[3]. Ces réglemens prouvent que les mœurs du clergé s'étaient déjà relâchées. On interdit aussi solennellement l'invocation des anges, et ce fait prouve évidemment que cette espèce d'idolâtrie s'était déjà glissée dans l'Église, et condamne ce que font encore aujourd'hui les catholiques romains à cet égard. Tout considéré, bien que les actes de ce concile eussent pour but de rétablir la discipline et les bonnes mœurs, ils prouvent qu'il y avait dès lors une grande corruption dans l'Église de Christ.

---

[1] Théod. liv. IV, c. 12. Fleury, liv. XVI, c. 8. — [2] Tim. III, 6. — [3] Fleury, liv. XVI, c. 12.

Valens étant à Tomi, ville de Scythie, près de l'embouchure du Danube, ordonna à Bretannion, l'évêque, de communier avec lui et avec les ariens qui l'accompagnaient, et qui étaient venus dans ce dessein dans l'église de l'évêque. Bretannion refusa fermement, déclarant son attachement au symbole de Nicée, et quittant l'empereur, il se rendit dans une autre église, et toute sa congrégation l'y suivit. Valens fut si furieux d'avoir été laissé seul avec sa suite, qu'il ordonna que l'évêque fût banni; mais des raisons politiques le décidèrent à le rappeler bientôt après. Les Scythes étaient indignés de l'exil de leur évêque, qui avait parmi eux une grande réputation de piété et d'intégrité[1], et Valens craignit de les voir se révolter.

Il sera plus convenable de parler de la conduite que tinrent à cette époque Basile et Grégoire de Nazianze, lorsque nous présenterons l'histoire de ces deux hommes, qui méritent de fixer d'une manière particulière l'attention de nos lecteurs. Antioche souffrit beaucoup de cette persécution. L'arianisme y triomphait sous le rapport du nombre et de la puissance, mais Dieu se servit de l'influence des deux évêques orthodoxes, Mélèce et Paulin, pour maintenir un nombre considérable de fidèles; car les hommes pieux et fermes réussissaient généralement à arrêter le torrent. A la mort d'Eudoxe, en 370, les ariens élurent Démophile à sa place, et Valens approuva cette élection. Les orthodoxes élurent en même temps Evagre évêque de Constantinople. Valens, irrité, le bannit ainsi que l'évêque qui avait osé le consacrer.

On députa à cette occasion à l'empereur, qui était à Nicomédie, quatre-vingts ecclésiastiques pour se plaindre de sa conduite. Furieux de leur

---

[1] Soz. liv. VI, c. 21.

présomption, et craignant pourtant une sédition, il donna des ordres particuliers à Modeste, son préfet, pour les faire périr secrètement. La manière dont cet ordre fut exécuté mérite d'être connue. Le préfet prétendit qu'il avait reçu l'ordre de les envoyer en exil, et ils s'y soumirent avec joie. Mais il ordonna aux marins qui dirigeaient le vaisseau d'y mettre le feu dès qu'ils seraient en pleine mer. Les marins suivirent les instructions qu'ils avaient reçues, et s'échappèrent dans un bateau qui les suivait. Le vaisseau en feu fut poussé par un vent d'ouest très fort dans le port de Dacidize, sur la côte de Bythinie, et il y fut consumé avec les ministres qu'il portait[1]. On ne put donc cacher le crime, et la bassesse du moyen qu'on avait employé ne servit qu'à faire paraître ce meurtre plus cruel et plus odieux.

Athanase eut le courage d'expulser de l'Église le gouverneur de Libye, homme cruel et débauché; et le monde n'était pas alors assez dégénéré pour mépriser entièrement la discipline de l'Église. Un concile tenu à Antioche, et qui était composé de cent quarante-six évêques, déplora de la manière la plus pathétique l'état des choses; déclarant que les infidèles se riaient de ces maux, et ébranlaient les faibles, tandis que les vrais chrétiens, s'éloignant des églises, qu'ils regardaient comme des écoles d'impiété, allaient dans les déserts et y levaient leurs mains vers Dieu avec des soupirs et des larmes.

Mélèce, qui présidait ce concile, fut banni pour la troisième fois et envoyé en Arménie, sa patrie. L'autre évêque, Paulin, dont le troupeau était peu nombreux, fut épargné. Les méléciens, privés de leurs églises, s'assemblèrent au pied d'une mon-

---

[1] Socrates, liv. IV, c. 16.

tagne près d'Antioche, et y entendirent la parole de Dieu. Mais ils furent aussi chassés de ce lieu, et plusieurs d'entre eux furent jetés dans l'Orontes.

A Edesse, les orthodoxes avaient coutume de se réunir dans un champ : Valens ordonna de les disperser; mais le courage d'une femme, qui se hâtait de s'y rendre pour y souffrir le martyre, l'engagea à renoncer à cette entreprise. Il adopta alors une autre méthode, et bannit les pasteurs d'Edesse. Quelques uns furent conduits à Antinoüs[1], et voyant que la plupart des habitans étaient païens, ils travaillèrent à les convertir. Protogène enseigna aux enfans à écrire, et à lire les Psaumes de David et des passages choisis du Nouveau Testament; et bien que les renseignemens qui nous restent soient bien peu complets, l'on a des motifs de croire que les moyens que l'on employa contribuèrent à l'avancement du règne de Dieu.[2]

Athanase mourut l'an 373, après avoir été évêque quarante-six ans; et comme on le pria d'indiquer celui qu'il désirait avoir pour successeur, il nomma Pierre, saint vieillard qui avait été le fidèle compagnon de ses travaux.

Un homme aussi activement et aussi entièrement occupé d'une seule controverse, durant le cours d'une longue vie, ne peut guère laisser après lui des écrits qui soient très instructifs pour les siècles suivans. En parcourant les ouvrages d'Athanase, on n'y trouve rien d'important que ce qui a rapport à la controverse arienne. Comme écrivain, il est nerveux, clair, argumentatif, et, à l'exception de la vie du moine Antoine et d'autres morceaux de ce genre, judicieux; mais il est à regretter que son influence ait autant contribué à

---

[1] Cette ville était probablement dans la Thébaïde en Égypte.
[2] Fleury, liv. v, c. 32.

soutenir les superstitions et les folies de ce déplorable écart de la piété. Ses deux traités contre les gentils sont les ouvrages où l'on distingue le mieux la connaissance générale qu'il avait de la religion et l'esprit qu'il y apportait, parce qu'ils sont en dehors de la controverse arienne. Il montre que la source de l'idolâtrie est la corruption du cœur, et que les hommes ne pouvant, par suite de la chute d'Adam, élever leurs esprits vers les choses spirituelles, se sont abaissés jusqu'à rendre un culte à des objets terrestres et sensuels. Il reconnaît la pente au mal, qui est attachée à notre nature, et décrit avec justesse ses effets; mais en même temps, comme Justin et d'autres pères de l'Eglise, il parle du libre arbitre de l'homme et de la puissance qu'il a de résister à ce penchant, employant le même mot grec que ces auteurs [1]. Il parle de l'incarnation du Fils de Dieu comme nécessaire pour que l'homme déchu pût être rétabli, et montre qu'il était convenable que l'homme fût enseigné par celui qui est la sagesse du Père; il représente la rédemption par le sacrifice offert sur la croix d'une manière parfaitement scripturaire; mais il dit peu de chose de l'expérience de ces doctrines, et de la manière dont on peut les appliquer au cœur et à la conscience; et il ne s'étend pas beaucoup non plus sur les vertus et les grâces du Saint-Esprit.

Son discours à Constantius est véhément et persuasif; mais s'il n'y a rien à lui reprocher sous le rapport de l'intégrité, il n'en est pas de même sous celui de la douceur qu'on aurait voulu y trouver. Dans l'apologie qu'il fit de sa fuite, il se justifia pleinement par l'autorité de l'Écriture et des apôtres. — Son livre sur les psaumes fait ressortir avec justesse ce qu'ils renferment d'excellent. Il

---

[1] Αυτεξουσιον, AUTEXOUSION.

montre qu'on y trouve l'abrégé de tous les devoirs, tous les argumens de la prière, toutes les doctrines de la religion, des prophéties sur le Christ, et une portion considérable de la partie historique de l'Ancien Testament. Il remarque que le fidèle peut y voir l'état et la disposition de son âme, et que dans quelque disposition qu'un homme puisse se trouver, il peut y trouver des paroles qui lui conviennent et un véritable soulagement dans tous ses maux. — Son traité sur le péché irrémissible est un monument de faiblesse chez un esprit noble et grand, et d'une faiblesse à laquelle les hommes très sincères sont plus sujets que d'autres ; celle de faire converger tous les sujets vers leur objet favori. Celui d'Athanase était de défendre la doctrine de la Trinité ; il représente donc l'arianisme comme « le péché qui ne peut obtenir de pardon. » D'après ce qui nous reste de ces temps, et indépendamment de toute opinion dogmatique, il n'y a certainement aucune comparaison à faire entre les deux partis sous le rapport de la conduite morale. On trouve du côté de l'arianisme tout ce qu'il y a de bas et de sordide, de cruel et d'inhumain, d'ambitieux et de perfide. Les fruits de la véritable religion se montrent évidemment de l'autre côté. Quelque tristes que puissent être les scènes de corruption humaine que nous avons représentées, et quelque faibles que soient les marques de piété que nous avons trouvées, « la vertu réelle n'accompagnait cependant que les sentimens orthodoxes » ; mais cela ne justifie pourtant pas Athanase d'avoir fait de l'arianisme le péché irrémissible.

Dans sa défense de la Trinité, il agit avec une grande prudence. Il ne cherche pas à écarter le mystère ; mais, comme on aurait toujours dû le faire, il laisse l'exposition qu'il en fait incomplète et imparfaite, et ne la présente d'une manière claire et exacte que jusqu'au point où l'Écriture l'a expliqué. Il ne s'applique pas à la mettre à l'abri de toutes les objections, et à répondre à toutes les questions captieuses des ennemis de la doctrine; mais tous les genres d'opposition trouvent auprès de lui une juste réfutation. Il affirme partout la Trinité dans l'unité. Il réfuta avec succès l'hérésie d'Apollinaire, qui niait que le Christ eût eu une âme humaine, et quoique le symbole connu sous son nom ne soit pas de lui, il contient pourtant avec exactitude ses vues et ses sentimens. [1]

Athanase brille cependant plus par sa vie que par ses écrits; il se montre toujours intègre et d'accord avec lui-même dans sa conduite, et si une longue et cruelle opposition l'excita à manifester trop d'âpreté, il ne fut jamais gouverné par la malice, mais fut toujours guidé par la crainte de Dieu dans toute cette controverse. On ne peut douter qu'il ne fût suscité par une providence spéciale pour défendre la doctrine de la Trinité; et tandis que les hommes qui n'ont point de religion blâment sa rudesse, admirons la force de cette grâce qui le maintient si invinciblement ferme, et qui nous conserve, par son moyen, cette portion si précieuse de la doctrine chrétienne. Le Seigneur a toujours suscité des instrumens de cette trempe pour maintenir sa cause dans le monde; et pour ce qui regarde cet homme illustre et pieux, on ne doit pas oublier qu'après toutes les accusations de persécution qui lui ont été intentées, il a toujours souffert la persécution et ne l'a jamais infligée aux autres.

Le choix qu'il avait fait de Pierre pour lui succéder en qualité d'évêque d'Alexandrie fut confirmé par toute l'Eglise, et le respect presqu'universel

---

[1] Du Pin. — [2] Théod. IV, 22.

qu'inspiraient les vertus d'Athanase semblait mettre son choix hors de toute controverse. Mais la violence de l'empereur l'emporta. Euzoïus d'Antioche excita Valens à s'opposer à Pierre ; et Lucius, que Jovien avait rejeté avec tant de mépris, fut installé dans l'Eglise par la puissance de l'épée. On vit alors l'insolente cruauté de Magnus, païen que la miséricorde de Jovien avait épargné. Plusieurs des partisans d'Athanase furent maltraités ou mis à mort ; tandis que l'arianisme, soutenu par la puissance séculière, triomphait sans obstacle.

Magnus fit saisir dix-neuf prêtres et diacres, dont quelques uns étaient très âgés. « Misérables, leur « dit le païen, admettez les opinions des ariens. Si « votre religion est vraie, Dieu vous pardonnera « d'avoir cédé à la nécessité. » — « Cessez de nous « importuner, répondirent-ils, nous ne croyons pas « que Dieu soit tantôt Père et que tantôt il ne le soit « pas. Nos pères ont confessé à Nicée que le Fils est « consubstantiel au Père. » Le fouet, les tortures et les insultes des juifs et des apostats, ne changèrent rien à leur détermination, et ils furent bannis à Héliopolis en Phénicie. — Pallade, païen qui était gouverneur d'Egypte, envoya en prison plusieurs personnes qui avaient osé pleurer ; et, après qu'il les eut fait fouetter, vingt-trois d'entre eux, principalement des moines, furent envoyés aux travaux des mines. On raconte d'autres scènes d'une sauvage cruauté ; s'y arrêter trop long-temps serait fatiguant et pénible ; mais il est doux de voir les fruits des travaux d'Athanase dans les fidèles souffrances d'un si grand nombre de ses disciples. — Après avoir mis Lucius et ses ariens en possession des églises, Euzoïus laissa Alexandrie dans les larmes pour retourner à Antioche. Quel évêque que cet homme ! Mais le lecteur chrétien remarquera que le Christ a toujours eu une véritable Eglise, et que la marque à laquelle on peut la reconnaître, c'est la croix, et la croix supportée avec douceur.

Les moines d'Egypte, dont la piété exerçait une grande influence sur le commun peuple, furent recherchés par le parti arien ; et ils offrirent leurs têtes à l'épée, plutôt que d'abandonner le symbole de Nicée. Plusieurs d'entre eux furent bannis, mais on leur permit ensuite de revenir [1]. Pierre lui-même, quoiqu'il eût été mis en prison, trouva moyen de s'enfuir, et trouva un paisible exil en Europe, où l'arianisme n'avait aucun pouvoir.

La piété de Terentius, l'un des officiers de Valens, mérite d'être citée. L'empereur, satisfait de ses services, l'engagea à demander une faveur. Ce militaire demanda un lieu où les orthodoxes pussent se réunir librement pour le culte. Valens furieux déchira sa pétition. Terentius lui dit, en en ramassant les fragmens : « J'ai reçu un don de vous, ô empereur ! que le juge de toute la terre prononce entre nous. » [2]

Vers le même temps, Athanaric, roi des Goths, fit massacrer un grand nombre d'hommes pieux, à cause de leur amour pour leur Rédempteur. Sa tyrannie arienne expulsa de son église Eusèbe de Samosate. Avant son départ, il prit un soin particulier de mettre en sûreté la vie du messager de l'empereur, et lorsque son troupeau le supplia, en versant des torrens de larmes, de ne pas l'abandonner à la merci des loups, il leur lut le passage de l'apôtre qui ordonne d'obéir aux puissances que Dieu a établies. [3]

Eusèbe de Samosate est un de ces évêques qu'on regrette de ne pas mieux connaître. Sous le déguisement de soldat, il avait parcouru diverses con-

[1] Soz. vi, 20. — [2] Cent. Magd. — [3] Rom. xiii.

trées de l'Orient pour affermir les églises désolées et leur donner des pasteurs. Lorsque le messager qui apportait l'ordre de son bannissement arriva, il lui dit : « Cachez le but de votre voyage, car on « vous jetterait dans la rivière, et votre mort me « serait imputée. » Il se retira lui-même en secret, mais le peuple le suivit. Le témoignage qu'il rendit au devoir de supporter patiemment les injustices était bien utile dans ces temps, où l'on avait trop oublié la douceur qui doit caractériser les vrais chrétiens. Ses amis lui offraient des sommes considérables pour son voyage, mais il ne voulut accepter que très peu de chose. Il pria, donna des instructions au peuple, et s'éloigna ensuite en paix.

Sous le règne de Constantius, ce même Eusèbe avait reçu en dépôt un décret d'un concile tenu à Antioche ; les ariens ayant persuadé plus tard à l'empereur de lui ordonner de livrer ce décret, il répondit que « ce qui avait été confié par un synode ne pouvait être rendu que par l'autorité de ce même synode », et il ne tint aucun compte de la menace qu'on lui fit de lui couper la main. Constantius admira sa fermeté, et renonça à sa demande.[1]

Les habitans de Samosate, qui avaient une juste admiration pour un homme aussi ferme et aussi sincère, refusèrent après son exil d'écouter les instructions religieuses du pasteur qu'on leur avait imposé, et qui, ayant un caractère fort doux, prit beaucoup de peine pour les attirer à lui. Ennonicus (tel était son nom) les quitta enfin, lorsqu'il vit qu'il ne pouvait gagner leur faveur. Les ariens mirent à sa place un nommé Lucius, qui agit avec plus de violence, et qui encouragea le pouvoir civil à persécuter le peuple[2]. Eusèbe vécut assez pour

---

[1] Théodoret, liv. II, c. 32. — [2] *Ibid.* liv. IV, c. 15.

rentrer dans son église de Samosate, après la mort de Valens, et il fut enfin tué par une tuile que lui jeta sur la tête une zélée arienne de la ville de Dolique, où il était allé consacrer un pasteur orthodoxe, et dont les habitans étaient très opposés à la doctrine de la Trinité. Il montra en mourant une grande charité, insistant auprès de ses amis pour que la femme qui l'avait tué ne fût pas traduite devant les tribunaux à cause de lui, et les obligeant à lui promettre qu'ils se conformeraient à ses désirs.

Valens périt dans une bataille contre les Goths l'an 378, après avoir régné quatorze ans. Il avait rappelé, quelque temps auparavant, les évêques exilés, et l'arianisme avait ainsi perdu sa domination extérieure un peu avant la mort de celui qui l'avait protégé d'une manière si éclatante.

Eudoxe, l'évêque arien de Constantinople, conseilla de chercher à amener à l'arianisme les Goths qui s'étaient établis sur la rive du Danube qui appartenait aux Romains [1]. Ils déclarèrent d'abord à Valens qu'ils ne renonceraient jamais la doctrine de leurs ancêtres; mais les présens et la complaisance d'Eudoxe engagèrent Ulfila, évêque de toute la nation, à essayer de les amener à la doctrine de l'empereur; et il employa surtout cet argument que ce n'était qu'une discussion de mots. De là vient que les Goths chrétiens continuèrent à affirmer que le Père était plus grand que le Fils, mais ne voulurent pas admettre que le Fils fût une créature, et ne s'écartèrent pas entièrement de la foi de leurs ancêtres. Ulfila les assurait qu'il n'y avait aucune différence dans la doctrine, mais que la rupture n'était venue que d'une vaine dispute. [2]

---

[1] Théodoret, liv. v, c. 4. — [2] *Ib.* fin du livre IV.

CHAPITRE XII.

L'ÉGLISE CHRÉTIENNE SOUS VALENTINIEN. — AMBROISE, ÉVÊQUE DE MILAN.

Tournons maintenant nos regards vers le spectacle plus satisfaisant que nous présente l'Eglise d'Occident; car en Orient notre seule pensée consolante a été que Dieu ne s'était pas laissé sans témoignage, mais qu'il avait distingué sa véritable Eglise en y montrant un certain nombre de fidèles disposés à souffrir pour sa cause.

Valentinien, frère aîné de Valens, fit, au commencement de son règne, une loi pour que personne ne fût exposé à aucune contrainte en matière de religion [1]. Il restreignit cependant bientôt après cette liberté générale, en saisissant les revenus des temples païens, que les empereurs ajoutèrent à leur propre patrimoine, et en interdisant les divinations et les enchantemens [2]. Il promulgua ensuite des lois en faveur des chrétiens [3]. Un des prétendus oracles de la Grèce avait déclaré que le christianisme ne subsisterait dans le monde que 365 ans. Cette période était expirée, et l'événement prouvait la fausseté de la prédiction. Dans plusieurs circonstances, l'empereur se montra très indulgent envers les païens, qui, en Orient comme

---

[1] Bien que les lois de Valentinien portassent le nom de son frère aussi-bien que le sien, on peut bien présumer qu'il en était le principal auteur.

[2] Sur la demande du gouverneur de la Grèce, les folies païennes demeurèrent permises en Achaïe.

[3] *Voyez* Introduction de Cave, sect. iv.

en Occident, furent traités par les deux frères avec beaucoup plus de douceur que Valens n'en montra à l'Eglise du Christ dans l'Orient.

Eusèbe de Verceil et Hilaire de Poitiers se déclarèrent contre Auxence, l'évêque arien de Milan, qui trompa Valentinien, en usant adroitement de ces discours équivoques dans lesquels les ariens ont toujours excellé. Et l'on ne peut s'étonner que Valentinien fût dupe de cet artifice, puisque, encore aujourd'hui, les ariens, en s'étendant sur les perfections du Fils de Dieu, et en omettant avec soin les termes clairs, persuadent bien souvent à des personnes qui n'entendent pas le fond de cette controverse que la différence n'est pas dans la doctrine, mais dans les mots. Hilaire soutenait que, s'il en était ainsi, les ariens ne pouvaient avoir aucun motif pour éviter de reconnaître explicitement la vérité. On peut ajouter à cela, que le soin qu'ils mettaient à protéger ceux qui combattaient la divinité du Christ, et leur constante inimitié contre ceux qui soutenaient cette doctrine, montraient bien que la différence est réelle et non imaginaire, et telle elle paraîtra en effet à tous ceux qui sentent la valeur de leur âme, et la différence qu'il y a entre confier son salut au Créateur et à la créature.

Hilaire se plaignait aussi avec raison de la méthode qu'avaient les ariens de soutenir leur croyance par le pouvoir impérial et militaire. Mais ses représentations ne furent point écoutées ; la duplicité d'Auxence l'emporta, et on le laissa continuer à miner sourdement la foi à Milan sans l'attaquer ouvertement. C'est ainsi que l'erreur s'est toujours déguisée dans tous les siècles, tandis que, quelles qu'en puissent être les conséquences, la vérité divine doit parler clairement et simplement. L'Eglise manifestera cette sincérité jusqu'à la fin, et cherchera un soutien, non dans des ruses politiques, mais dans l'influence divine.

Libère, de Rome, mourut l'an 366. On ne voit pas clairement jusqu'à quel point il se releva de la chute qu'il avait faite sous Constantin. Il eut pour successeur Damase, qui ne fut établi paisible possesseur de cette Eglise qu'après une lutte avec Ursins, qui coûta la vie à un assez grand nombre de personnes, tant les évêques chrétiens étaient alors dégénérés. Il est juste de remarquer cependant, qu'il y avait une très grande différence entre les pasteurs des grandes et des petites villes. « Quand je considère la splendeur « de Rome, dit Ammien Marcellin [1], je ne nie « pas que ceux qui désirent cette place ne doivent « faire tous leurs efforts pour y arriver, puisqu'elle « leur procure un établissement sûr, où ils sont « enrichis des offrandes des dames. Ils sortent dans « des chariots, vêtus splendidement, et font si « bonne chère, que leurs tables surpassent celles « des rois. Ils pourraient être véritablement heu-« reux, si, méprisant la grandeur de Rome, ils « imitaient la vie de quelques prélats des pro-« vinces, qui, par la frugalité de leur nourriture, « la pauvreté de leurs habits, et la modestie de « leurs yeux baissés vers la terre, se rendent re-« commandables au Dieu éternel et à ses vrais « adorateurs. »

Tout en déplorant le nombre de ces évêques brillans et opulens, et le peu d'informations que nous trouvons dans l'histoire sur ceux qui demeuraient humbles et obscurs, il nous convient d'être sur nos gardes contre les insinuations malignes des historiens profanes qui représentent l'Eglise comme étant entièrement corrompue à cette épo-

---

[1] Fleury, liv. XVI, c. 8.

que. Il en était ainsi en effet à Rome, à Antioche, à Constantinople, et dans d'autres grandes villes, en particulier parmi les grands et les riches. Mais dans les rangs inférieurs et dans les villes obscures, d'après Ammien Marcellin lui-même, il ne manquait pas de pasteurs intègres et exemplaires; et si nous avions un tableau historique de leurs travaux et de leurs succès, l'Eglise de Christ, même au quatrième siècle, nous présenterait un spectacle bien différent.

Comme nous nous efforçons de saisir les traits de cette Eglise partout où nous pouvons les apercevoir au milieu de ces ténèbres, nous avons déjà distingué trois sectes qui s'étaient séparées de l'Eglise générale : les novatiens, les méléciens et les donatistes. Les premiers étaient de beaucoup les plus respectables : on sait peu de chose des seconds, et ce peu ne leur fait pas honneur; de l'aveu de tous les auteurs, les troisièmes étaient indignes du nom de chrétiens. Il s'en présente une quatrième, les lucifériens, qui, s'ils étaient pénétrés du même esprit que l'homme dont ils tiraient leur nom, devaient être fermes et sincères dans l'amour de la vérité.

L'an 374, l'empereur ordonna que tous ceux qui tenaient des assemblées qui n'étaient pas permises par les lois fussent bannis à cent milles de Rome. Il paraît que Damase s'autorisa de cet édit pour faire arrêter un prêtre luciférien qui tenait une assemblée le soir dans une maison particulière, et qu'il fut banni avec quelques autres de la même classe. Malgré cet acte de sévérité, Damase ne put empêcher les lucifériens d'avoir à Rome un évêque appelé Aurélius, qui eut pour successeur Euphènes, qui résidait aussi à Rome, en dépit de tout ce que fit Damase pour l'en éloigner. Eusèbe de Verceil loua la fermeté d'un autre de leurs évêques,

Grégoire d'Elvira, en Espagne. Les donatistes avaient également un évêque à Rome et un autre en Espagne ; mais la violence et la férocité caractérisèrent toujours cette secte.¹

Le lecteur voit ici à quel point les premiers et les plus élevés en dignité dans l'Eglise générale étaient alors dégénérés. Damase, orthodoxe, et violent pour soutenir l'orthodoxie, dépourvu d'humilité et de piété, présente un contraste aussi frappant avec les évêques primitifs que Sharp, archevêque de Saint-André sous le règne de Charles II, avec nos premiers réformateurs. On peut trouver aussi de la ressemblance entre les lucifériens persécutés et les puritains de la même époque, tandis que des hommes tels qu'Eusèbe de Verceil et Hilaire de Poitiers peuvent être comparés à l'archevêque Leighton. Mais, bien que l'esprit de l'Evangile domine probablement davantage parmi les lucifériens, il se conservait pourtant jusqu'à un certain point parmi les pasteurs inférieurs et obscurs de l'Eglise générale.

Ambroise succéda, à Milan, à l'arien Auxence, qui mourut l'an 374. Il était né vers l'an 338, pendant que son père était lieutenant de l'empereur en France. Sa sœur Marceline et son frère Satyre étaient tous deux plus âgés que lui. Après la mort de son père ², sa mère retourna à Rome avec sa famille. Ambroise étudia avec ardeur les auteurs grecs et latins, et en même temps sa sœur Marceline, qui s'était consacrée à un état de virginité, l'instruisit, avec beaucoup de succès, de la nature de la vraie piété. Lorsqu'il fut parvenu à l'âge mûr, il plaida devant les tribunaux avec tant

---

¹ Fleury, liv. xvi, c. 37.

² *Voyez* la vie d'Ambroise par Paulin, qui se trouve à la tête des œuvres d'Ambroise. Cave, Fleury.

de talent qu'il fut remarqué par Anicius Probus, préfet du prétoire en Italie, qui le choisit pour être membre de son conseil, et le nomma gouverneur d'une province. En l'envoyant dans sa résidence, il lui dit : « Allez, et gouvernez comme un « évêque plutôt que comme un juge. » Il y avait cinq ans qu'Ambroise résidait à Milan en cette qualité, renommé pour sa prudence et sa justice, lorsqu'une de ces dispensations soudaines de la Providence, que l'on a souvent remarquées dans l'histoire des personnes d'une piété éminente, le jeta dans une carrière toute différente.

Nous avons déjà vu qu'Auxence était parvenu à tromper Valentinien par ses artifices, et qu'il avait conservé son Eglise jusqu'à sa mort, arrivée en 374. Les évêques de la province se réunirent immédiatement pour lui élire un successeur. L'empereur les envoya chercher, et leur dit que, connaissant, comme ils le faisaient, le volume sacré, ils devaient mieux comprendre que lui quelles étaient les qualités nécessaires pour bien remplir une charge aussi importante. « Choisissez, leur « dit-il, un homme qui soit propre à instruire par « sa vie aussi-bien que par sa doctrine, et nous « soumettrons nous-même, avec empressement, « notre sceptre à ses conseils et à ses directions, « et, sentant que nous sommes des hommes sujets « à la fragilité humaine, nous recevrons comme « une discipline salutaire ses réprimandes et ses « exhortations. » Les évêques le prièrent de nommer la personne qu'il désirait ; mais Valentinien était décidé à leur en laisser la détermination, les regardant comme plus capables de décider que lui. Cependant les factions étaient fortes, et le parti arien travaillait vigoureusement à donner à Auxence un successeur digne de lui. La ville était partagée ; on craignait qu'il n'y eût du tumulte :

les évêques étaient encore indécis, et Ambroise, apprenant l'état des choses, se hâta de se rendre à l'église de Milan, et exhorta le peuple à la paix et à la soumission aux lois. Lorsqu'il eut fini son discours, une voix d'enfant dit, du milieu de la foule : *Ambroise est évêque !* On saisit aussitôt cette parole ; toute l'assemblée cria : *Ambroise sera nommé !* Les factions s'accordèrent aussitôt [1], et celui que ses emplois séculiers semblaient exclure du choix des partis, fut soudainement élu par le consentement universel.

Ambroise, étonné, refusa positivement ; jamais personne n'eut plus envie d'être nommé évêque qu'il n'en montra d'éviter cet honneur. Il employa même des moyens qui sonnent d'une manière étrange à nos oreilles, et qu'il est impossible de justifier ; en exerçant une grande sévérité sur des malfaiteurs, et en encourageant des femmes de mauvaise vie à venir dans sa maison. Il chercha à convaincre le peuple qu'il n'avait pas la douceur et la chasteté qu'on lui attribuait, et qu'il avait en effet réellement. On dévoila facilement cette singulière hypocrisie. Voyant qu'il était inutile de vouloir arrêter ce torrent, il s'échappa de Milan à minuit ; mais se trompant de chemin, après avoir erré toute la nuit, il se retrouva à la porte de la ville le matin. On plaça une garde auprès de lui jusqu'à ce qu'on sût le bon plaisir de l'empereur, son consentement étant nécessaire à cause de la charge qu'Ambroise avait exercée jusqu'alors.

Valentinien ne le fit pas attendre, et il ne manquait plus que celui d'Ambroise. Il est satisfaisant de voir le témoignage que l'esprit humain a rendu dans tous les siècles en faveur de la modestie et de l'intégrité, par suite de la loi écrite dans le cœur,

---

[1] Soc. liv. IV, 30 ; Soz. liv. VI, 24.

et que toute la corruption de la nature et tous les artifices de Satan ne peuvent entièrement effacer. Ambroise s'échappa une seconde fois, et se cacha dans la maison de campagne d'un de ses amis. Un édit menaçant de Valentinien le ramena à Milan, par la crainte qu'il éprouva d'exposer son ami au ressentiment de l'empereur. Ambroise céda enfin, et Valentinien rendit grâces à Dieu, notre Sauveur, de ce qu'il avait jugé bon de choisir pour lui confier le soin des âmes de ce peuple, la même personne que lui-même avait nommée auparavant pour présider à des intérêts temporels. Valentinien reçut avec respect les avertissemens de l'évêque, et l'entendant une fois parler avec franchise des défauts de personnes qui jouissaient d'une grande autorité : « Je savais bien, dit-il à Ambroise, quelle « était votre sincérité, et cependant j'ai consenti à « votre ordination : suivez les préceptes divins, et « guérissez les maux dans lesquels nous sommes « trop portés à tomber. »

Ambroise avait alors environ trente-six ans. Il donna immédiatement à l'Église et aux pauvres tout l'or et l'argent qu'il possédait. Il donna aussi ses terres à l'Église, en réservant l'usufruit à sa sœur Marceline; et son frère Satyre étant venu demeurer auprès de lui, il lui confia le soin de sa maison. Ainsi dégagé d'intérêts temporels, il se consacra entièrement au ministère. N'ayant guère lu jusque-là que des auteurs profanes, il s'appliqua d'abord à l'étude des Écritures. Il réserva à la lecture tout le temps que lui laisseraient ses occupations. Et il continua à agir ainsi après qu'il fut parvenu à une grande connaissance de la religion [1]. Il est à regretter qu'il ait autant étudié Origène. Mais ce père avait une très grande réputation, et le

---

[1] Confess. d'Aug. liv. VI, c. 3.

discernement évangélique était très rare dans ce siècle. Ses travaux publics marchaient de front avec ses études ; il prêchait tous les dimanches, et il fut entre les mains de Dieu un instrument béni pour faire disparaître l'arianisme de l'Italie.

Il y avait à Rome un prêtre nommé Simplicien qui avait beaucoup d'instruction et de piété ; Ambroise l'attira à Milan, et, sous sa direction, il fit de grands progrès dans l'étude de la théologie. Il la connaissait à peine lorsqu'il était entré dans le ministère ; et, ce qui est très rare, il avouait son ignorance. Il eut toujours beaucoup d'affection et de respect pour Simplicien, qui lui survécut, et qui, malgré son grand âge, fut choisi pour lui succéder dans l'église de Milan. Dieu employa Simplicien comme un instrument béni pour l'instruction des deux grandes lumières de l'Église d'Occident, Ambroise et Augustin ; et se servit de lui pour faire passer chez tous deux ce feu de l'amour divin et cette simplicité religieuse qui avait décliné si rapidement depuis les jours de Cyprien. Le Seigneur prépara ainsi par cette méthode lente mais efficace une nouvelle effusion de son Esprit. Ambroise se donna entièrement à l'œuvre du Seigneur, et travailla à rétablir tout à la fois la pureté de la doctrine et la discipline.

On tint, vers cette époque, un concile à Valence ; et un de ses canons jette du jour sur les mœurs religieuses de ce temps-là. Un homme nommé Acceptus, ayant été demandé pour évêque par l'église de Fréjus, et s'étant accusé faussement de quelque grand crime pour éviter l'ordination, les pères du concile déclarèrent que, pour retrancher des occasions de scandale aux profanes, le témoignage que chacun donnerait de lui-même serait regardé comme vrai, bien qu'ils n'ignorassent pas que plusieurs avaient agi de cette manière pour éviter d'être ordonnés prêtres. Il paraît qu'Ambroise n'était pas le seul à vouloir paraître ce qu'il n'était pas. Une modestie mélangée de superstition caractérise les plus estimables de ce siècle. La lumière évangélique était faible, et un esprit de servitude dominait même chez des hommes vraiment saints. Soyons reconnaissans de ce qu'une lumière plus brillante resplendit maintenant dans l'Eglise, et de ce qu'un homme pieux peut entrer dans le ministère sans éprouver cet excès de crainte qui exerçait tant d'influence sur Ambroise et sur Acceptus. Mais si nous sommes étonnés que l'on pût faire usage de semblables faussetés par une crainte qui venait cependant de sentimens modestes et consciencieux, n'oublions pas que la postérité pourra s'étonner, à plus juste titre encore, de ce que tant de ministres se précipitent aujourd'hui dans l'Eglise de Christ, dans des vues toutes mondaines, et déplorons leur intrépide audace, tout en souriant de la supertitieuse simplicité du siècle que nous examinons.

Valentinien mourut l'an 375, après un règne de onze ans. La violence avait toujours été son plus grand défaut, et un accès de colère lui coûta la vie. L'empereur Valentinien était fier et cruel par nature, bien que doué de beaucoup d'intelligence et, lorsqu'il était de sang-froid, d'un jugement très sain : nous l'avons vu se soumettre au jugement des évêques, et manifester du zèle pour la religion, jusqu'au point où s'étendait sa connaissance, qui était limitée. Nous sommes étonnés de voir le lion changé en agneau; et nous apprenons combien il est avantageux à la société que les princes aient de la piété. Sans ce frein, Valentinien aurait pu être un des tyrans les plus cruels; mais par la seule influence de la religion, il est compté parmi les princes les plus dignes d'estime.

CHAPITRE XIII.

L'ÉGLISE SOUS GRATIEN ET THÉODOSE, JUSQU'A LA MORT DU PREMIER.

Gratien, fils aîné de Valentinien, lui succéda dans les Gaules, en Espagne et en Grande-Bretagne. Son plus jeune fils, encore enfant, régna en Italie et dans le reste de l'Occident. Et quelque temps après, Gratien choisit Théodose, comme son collègue, pour gouverner l'Orient.

Dès ses plus jeunes années, Gratien donna des preuves d'une piété supérieure à tout ce qu'on avait vu jusque-là chez les empereurs romains. Une de ses premières actions, fut de refuser l'habit de souverain pontife qu'on lui offrait, les empereurs en ayant toujours conservé le titre; il motiva son refus sur ce que cet office se rapportant aux idoles, il n'était pas permis à un chrétien de le porter. Les païens continuèrent cependant à lui en attribuer le titre.

Exempt de l'ambition et de l'orgueil ordinaire aux empereurs romains, et s'occupant uniquement de l'avantage des peuples, il choisit pour son collègue, dans l'Orient, un homme doué de grands moyens, et il soigna les intérêts de son jeune frère, à Rome, avec l'affection d'un père. Dès le commencement de son règne, Gracchus, préfet de Rome [1], qui n'était encore que catéchumène, travailla avec ardeur à détruire l'idolâtrie.

[1] Fleury, liv. xviii, 24.

Comme l'esprit du jeune prince était fortement occupé des choses divines, et qu'il sentait son ignorance, il écrivit en ces termes à Ambroise de Milan : « Gratien Auguste à Ambroise, le pieux
« ministre du Dieu tout puissant. Je désire beau-
« coup d'être personnellement auprès de celui
« dont je me souviens, quoique absent, et avec
« qui je suis uni en esprit. Viens immédiatement
« auprès de moi, ô saint prêtre, afin d'enseigner
« la doctrine du salut à un homme qui croit véri-
« tablement, et qui ne veut pas étudier pour dis-
« puter, ou chercher à embrasser Dieu plutôt par
« des paroles que par l'esprit, mais qui désire que
« la révélation de la Divinité habite plus intime-
« ment dans son cœur. Car celui que je ne renie
« pas, mais que je reconnais comme mon Seigneur
« et mon Dieu, ne manquera pas de m'enseigner.
« Je ne voudrais pas avoir des pensées assez basses
« de lui, pour faire de lui une simple créature
« comme moi, qui avoue que je ne puis rien ajouter
« à Christ : et tout en cherchant à plaire au Père,
« en célébrant le Fils, je ne crains pas que le Père
« envie les honneurs attribués à son Fils; et je
« n'ai pas une assez haute idée de mes facultés
« pour la louange pour supposer que je puisse rien
« ajouter à la Divinité par mes paroles. Je suis
« faible et fragile, je le loue comme je puis, et
« non comme la Divinité le mérite. Par rapport à
« ce traité que vous m'avez donné, je vous prie
« d'y ajouter des argumens scripturaires, pour
« prouver la divinité personnelle du Saint-Esprit. »

Ambroise, enchanté des marques d'une attention sérieuse aux sujets religieux que contient cette lettre, lui répondit : « Prince très chrétien,
« c'est la modestie et non le manque d'affection

« qui m'a empêché de me rendre jusqu'ici auprès
« de vous. Mais si je n'ai pas été avec vous per-
« sonnellement, j'ai été près de vous par mes
« prières, dans lesquelles consiste encore plus le
« devoir d'un pasteur. Je n'use d'aucune flatterie :
« vous n'en avez pas besoin ; et d'ailleurs elle est
« tout-à-fait étrangère à mes fonctions. Notre juge
« que vous confessez, et en qui vous croyez
« pieusement, sait que mes entrailles sont rafraî-
« chies par votre foi, votre salut et votre gloire ;
« et que je prie pour vous non seulement comme
« j'y suis obligé par mes devoirs publics, mais
« même avec une affection personnelle. Celui-là
« seul vous a instruit, qui a dit : Celui qui m'aime
« sera aimé de mon Père. Les argumens dont vous
« faites vous-même usage dans votre lettre pour
« prouver la divinité du Fils, sont également con-
« cluans pour celle du Saint-Esprit, car nous ne
« devons pas penser que le Père ternira la gloire
« du Saint-Esprit, ni croire que nous sommes nous-
« mêmes sur le même pied que lui, nous qui ne
« sommes que des créatures. » — Quelques uns
des ouvrages d'Ambroise qui nous ont été conservé
furent écrits par suite des demandes de Gratien.

Les erreurs des hommes d'une vraie piété on
été très funestes à l'Église. Il en fut malheureu
sement ainsi d'Ambroise. Tout le monde rendai
témoignage à sa sincérité, à sa charité et à s
piété ; mais il n'avait pas la force de résister a
torrent de la superstition qui croissait rapidemen
depuis quelque temps. Il l'accrut encore par se
éloges immodérés du célibat. On s'explique facile
ment ses idées sur ce sujet par le peu de connais
sance qu'il avait des Écritures avant son ordina
tion, et par l'influence qu'exerçait sur lui sa sœu
Marceline. Il écrivit des traités sur ce point parti

culier : il réduisit les règles du célibat à une sorte de système, et s'exposa au déplaisir de plusieurs parens, en engageant un nombre considérable de jeunes filles à les suivre. On doit reconnaître cependant qu'il enseignait les vérités essentielles de la foi chrétienne et de l'amour de Dieu, quoiqu'il ait posé sur le vrai fondement son *bois*, son *foin* et son *chaume*.[1]

D'autres parties de sa conduite furent plus dignes d'un homme aussi supérieur. Les ravages des Goths lui fournirent une occasion d'exercer sa libéralité. Il ne se fit aucun scrupule d'appliquer les vases de l'Église au rachat des captifs, et se justifia facilement des accusations de ceux qui censurèrent sa conduite.

Il se donnait tant de peine pour l'instruction des catéchumènes que cinq évêques avaient peine à accomplir ce qu'il faisait seul. A Sirmium en Illyrie, l'évêque arien Photin avait éloigné les âmes de la foi ; et comme il y eut une vacance l'an 379, on engagea Ambroise à venir concourir à l'élection d'un nouvel évêque. L'impératrice Justine, mère du jeune Valentinien, qui habitait cette ville[2], avait conçu de la prédilection pour l'arianisme, et elle fit usage de son autorité et de son influence pour expulser Ambroise de l'église. Il resta cependant dans son tribunal, quoiqu'il fût insulté et harassé par la populace. Une femme arienne, en particulier, eut l'impudence de le saisir par son habit, et d'essayer de l'entraîner au milieu des femmes qui avaient l'intention de le tirer hors de l'église. « Bien que je sois indigne du sacerdoce, lui dit-il, « il ne vous convient pas de mettre les mains sur « un pasteur ; vous devez craindre le jugement de « Dieu. » Il est remarquable que la femme mourut

---

[1] Cor. III, 12. — [2] Ambroise, de Virgin. 3, liv. II, Offic. Amb.

le jour suivant. Les esprits furent saisis de crainte, et Artemius [1], ministre orthodoxe, fut élu sans qu'on eût manifesté une violente opposition.

On peut citer un autre fait du même genre. Deux courtisans de l'empereur Gratien, qui étaient ariens, vinrent à Ambroise et le prièrent de prêcher sur l'incarnation de notre Seigneur, lui promettant qu'ils viendraient l'entendre le lendemain. Mais n'ayant d'autre intention que de jeter du ridicule sur Ambroise, ils montèrent à cheval, et allèrent se promener hors de la ville. Tous deux furent jetés à bas de leurs chevaux et périrent. Cependant la congrégation s'impatientant du retard, Ambroise monta en chaire et dit qu'il était venu pour payer sa dette, mais ne trouvait pas ses créanciers de la veille pour la recevoir; et il prêcha sur le sujet qu'on lui avait indiqué [2]. Les personnes qui pensent qu'une doctrine est aussi précieuse qu'une autre, se sentiront peu disposées à croire des faits de ce genre. Mais lorsqu'ils sont aussi remarquables et appuyés sur des témoignages respectables, l'historien ne peut les supprimer, quelles que soient les réflexions qu'ils puissent exciter.

Mélèce reçut à cette époque la permission de retourner à Antioche, et les églises respirèrent après de longues souffrances. Constantinople avait été soumise pendant quarante ans à l'impiété et à la tyrannie des ariens. Il restait alors dans cette grande ville bien peu de gens qui connussent la véritable doctrine de l'Ecriture; la vérité et la piété l'avaient abandonnée; les circonstances étaient devenues plus favorables à la prédication de l'Évangile, Grégoire de Nazianze fut élu évêque

---

[1] Ce fut là le fondement de cette inimitié de Justine pour Ambroise, que nous verrons éclater plus tard dans toute sa violence.

[2] Paulin, Vie d'Ambroise.

dans ce dessein, et il trouva la ville dans un état peu éloigné de l'ancien paganisme.

L'année 380, Théodose publia une loi par laquelle il vouait à la réprobation l'hérésie d'Arius, et exprimait son adhésion au symbole de Nicée. Il engagea Démophile, l'évêque arien de Constantinople, à embrasser le symbole de Nicée, à réunir le peuple, et à vivre en paix. Démophile ayant rejeté sa proposition, l'empereur lui ordonna de céder les églises. « Si l'on nous persécute dans « une ville, dit l'hérésiarque à ceux de sa com-« munion, notre maître nous ordonne de nous « enfuir dans une autre; c'est pourquoi j'ai l'in-« tention de tenir nos assemblées hors de la ville. » Il trouva cependant peu d'encouragement à continuer, et se retira à Bérée, où il mourut six ans après. Ainsi quarante ans après qu'Eusèbe de Nicomédie eut usurpé par la violence la place de Paul à Constantinople, les églises furent rendues à la cause du Christ. Car c'est ainsi que nous devons appeler celle des trinitaires, quelque faible que fût alors parmi eux l'esprit de piété, surtout en Orient, non seulement parce qu'ils étaient attachés à la doctrine de la vérité, mais parce que c'était parmi eux que l'on pouvait trouver tout ce qui restait du véritable esprit de l'Évangile. Si le lecteur n'a pas oublié les cruautés exercées contre Paul, et la conduite barbare des ariens pendant qu'ils conservèrent la puissance, il sera frappé de la différence qui existe entre Théodose et Grégoire d'un côté, et Constantius et Eusèbe de l'autre. Nous sommes loin de vouloir justifier tous les actes de ceux qui professaient la foi de Nicée; mais certainement, lorsqu'on compare leur conduite à celle de leurs adversaires, on les trouve pleins de patience et de douceur. Constantinople ne devint pas une scène de carnage et de violence; car les hommes qui craignent Dieu peuvent exercer leur autorité séculière en matière de religion pour défendre la vérité, mais non pour persécuter ses ennemis. Et c'est là une autre preuve ajoutée à toutes celles que nous avons déjà citées de la liaison qui existe entre les principes chrétiens et une conduite sainte.

Lorsque Grégoire fut solidement établi à la tête de l'Eglise de Constantinople, l'empereur convoqua un concile dans cette ville, pour remédier au désordre qui régnait dans l'Eglise d'Orient. Il y vint trois cent cinquante évêques. Mais on vit qu'il était plus facile d'expulser l'arianisme et la corruption extérieurement qu'intérieurement. Le concile fut très tumultueux, et il fut très inférieur en piété et en sagesse à celui de Nicée, quoiqu'il porte le nom de second concile œcuménique. Un des plus saints hommes, parmi ceux qui y assistèrent, fut Mélèce d'Antioche, qui mourut à Constantinople. Grégoire représenta avec beaucoup de raison que Paulin étant attaché à la sainte doctrine, et ayant un caractère très respectable, on ne pouvait avoir aucun motif pour continuer plus long-temps la malheureuse séparation qui s'était élevée dans cette Eglise, au lieu d'y mettre fin en le choisissant pour successeur de Mélèce. Mais les factions étaient animées, et il y avait peu d'esprit de charité. Les jeunes évêques influencèrent dans cette affaire les plus anciens, sans pouvoir assigner d'autre motif, si ce n'est que les évêques de l'Occident se montrant disposés à appuyer l'avis de Grégoire, ceux de l'Orient devaient l'emporter, parce que dans les jours de sa chair, le Christ était venu en Asie et non en Europe. Tant il est facile de conserver de pures formalités dans les temps de déclin, tandis que la corruption humaine est véritablement ce qui domine dans les esprits. Grégoire, dégoûté de tout ce qu'il voyait et entendait, quitta l'Eglise de Constantinople quelque temps après.

Le concile définit avec exactitude la doctrine de la Trinité, en étendant davantage le symbole de Nicée ; ils l'adoptèrent dans la forme qu'il a aujourd'hui. L'hérésie des macédoniens, qui blasphèment contre le Saint-Esprit, donna lieu de parler d'une manière plus explicite de la troisième personne de la Trinité, et l'on doit reconnaître que les expressions du symbole ont beaucoup de clarté et de précision scripturaire.

Vers le même temps, Pallade et Secondien, deux évêques ariens, et les principaux soutiens de cette hérésie en Occident, furent condamnés, dans un concile tenu à Aquilée, par l'évêque de Milan, et solennellement déposés. On ne peut s'empêcher d'être étonné de l'artifice avec lequel Pallade éluda les questions claires et directes d'Ambroise[1], de sorte que tout en paraissant honorer le Fils de Dieu comme les autres, et réduire la contestation à une dispute de mots, il réserva toujours le point caractéristique de la doctrine de son maître arien : subtilité que ces hérétiques ont toujours pratiquée.

Théodose, qui désirait ardemment d'amener à l'uniformité tous ceux qui faisaient profession d'être chrétiens, essaya encore de les unir par une conférence tenue à Constantinople. Mais on vit que lorsque le cœur n'est pas le même, la conformité extérieure ne produit qu'hypocrisie. Les novatiens furent les seuls qui s'accordèrent cordialement avec l'Eglise générale. Et Nectaire, le nouvel évêque de Constantinople, vécut sur un pied d'amitié avec Angélius leur évêque, homme distingué par sa piété et par son caractère honorable[2]. Les novatiens obtinrent donc de l'empereur une tolérance com-

---

[1] Fleury, liv. xviii, c. 10. — [2] Socrates, liv. v, c. 10.

plète, tandis qu'il promulgua des édits menaçans et tyranniques contre les autres sectes; il paraît qu'ils ne furent pas exécutés, mais les publier était déjà un très grand tort. Combien il aurait mieux valu contribuer à la propagation de l'Evangile en encourageant de zélés pasteurs, et renoncer à une prétendue uniformité d'opinion qui n'était qu'une chimère!

L'an 383, l'empereur Gratien perdit la vie par la rébellion de Maxime, qui commandait dans la Grande-Bretagne. Gratien, abandonné par ses troupes, s'enfuit en Italie. Il éprouva le sort ordinaire des malheureux, la désertion de ses amis; il aurait pu cependant s'échapper à la cour de Milan, où régnait son jeune frère Valentinien, s'il n'eût été trahi à Lyon. Andragathius l'invita à un festin, et lui fit serment sur les Evangiles. Gratien, qui, dans sa sincérité, jugeait des autres d'après lui-même, et qui ne connaissait pas le monde (car il n'avait encore que vingt-quatre ans), tomba dans le piège, et il fut mis à mort. Tous les auteurs s'accordent à dire qu'il avait les meilleures dispositions, et une grande connaissance de la religion et des auteurs profanes. Ambroise avait une affection particulière pour ce prince, et avait écrit à sa demande un traité sur la divinité du Saint-Esprit. Il nous dit (et tout ce que nous savons de lui confirme ce témoignage) qu'il était pieux dès ses plus tendres années. Il brilla dans l'Eglise de Christ par sa chasteté, sa tempérance, sa bienveillance, et la délicatesse de sa conscience; mais il ne paraît pas avoir eu de talens pour le gouvernement, et son indolence fournissait un grand avantage à ceux qui trompaient et l'empereur et le public.

La Providence divine nous apprend, par son histoire, que le royaume de Christ n'est pas de ce monde; un prince qui avait certainement une vraie piété, ne put pas seulement obtenir l'avantage si commun de mourir d'une mort naturelle[1]. Il déplora en mourant l'absence d'Ambroise, et parla souvent de lui[2]; ceux qui ont fait des progrès dans la piété par les instructions d'un pasteur ont souvent pour lui une affection que les gens irréligieux ne peuvent comprendre. Les derniers momens d'un saint sont absorbés par les choses divines ; et c'est ainsi que, comparée aux biens célestes, la perte d'un empire n'était que néant aux yeux de Gratien.

CHAPITRE XIV.

HÉRÉSIE DE PRISCILLIEN. — CONDUITE DE MARTIN. — PROGRÈS DE LA SUPERSTITION.

Les matériaux de ce chapitre nous seront fournis par Sulpice Sévère, homme très érudit, qui était né en Aquitaine, et qui a écrit un abrégé de l'histoire de l'Eglise, qu'il a conduit jusqu'à cette époque, qui était celle où il vivait : malheureusement, son ouvrage ne nous apprend guère que la profonde décadence de la piété évangélique.

Les priscillianistes, hérétiques qui paraissent avoir réuni toutes les plus pernicieuses hérésies des anciens temps, avaient déjà paru sous le règne de Gratien, et infectaient la plus grande partie de

---

[1] Fleury, liv. XVIII, c. 37.
[2] Une action charitable d'Ambroise avait sûrement contribué à exalter son caractère aux yeux de Gratien, bien qu'elle fût opposée à ses vues. Un païen d'un rang élevé, qui avait parlé avec mépris de l'empereur, avait été arrêté et condamné à mort. Ambroise, ému de compassion, alla à la cour pour intercéder en sa faveur. Ce ne fut qu'avec beaucoup de difficulté qu'il parvint à être admis, et ses pressantes sollicitations obtinrent enfin la grâce du condamné.

l'Espagne. Priscillien lui-même était parfaitement propre au rôle qu'il jouait : savant, éloquent, factieux, pénétrant, il avait des facultés d'esprit et de corps très remarquables, et une certaine gravité dans les manières, qui lui donnaient beaucoup d'ascendant sur les esprits faibles et crédules. Idace et Ithace, l'un prêtre d'un âge avancé, et l'autre évêque de Sossuba, s'adressèrent au pouvoir séculier, afin que les hérétiques fussent chassés des villes par les ordres des magistrats. Les priscillianistes essayèrent de se faire des amis en Italie; mais leurs erreurs étaient trop palpables pour qu'ils pussent être soutenus par Damase de Rome ou par Ambroise de Milan.

Après la mort de Gratien, l'usurpateur Maxime entra victorieux à Trèves. Tandis qu'Ithace le pressait vivement d'agir contre les priscillianistes, l'hérésiarque lui-même en appela à Maxime, qui prit sur lui la tâche de prononcer. Sulpice remarque fort bien que les deux partis étaient très coupables : les hérétiques en répandant des doctrines subversives du christianisme, et leurs accusateurs en n'agissant que d'après leurs vues factieuses et égoïstes.

Martin, évêque de Tours, blâma Ithace d'avoir amené les accusés devant l'empereur, et supplia Maxime de ne pas verser leur sang; il dit qu'il suffisait qu'ayant été déclarés hérétiques par la sentence des évêques, ils fussent chassés des églises, et que c'était une chose nouvelle et funeste que de voir des juges séculiers se mêler de matières purement ecclésiastiques. C'étaient là des sentimens chrétiens; et ils méritent d'être cités, comme offrant une résistance honorable, bien qu'inutile contre la première tentative qui ait eu lieu dans l'Église pour punir de mort l'hérésie. Il n'est guère de pensée plus pénible pour un vrai chrétien que celle de voir punir d'une manière capitale, à cause de leurs erreurs en matière de religion, des personnes qui (comme il est forcé de le croire) marchent dans le chemin large qui conduit à une éternelle perdition; il n'a nul besoin d'entrer dans les argumens politiques des incrédules contre la persécution; il a à leur opposer des motifs d'un tout autre poids, et qui s'accordent bien mieux avec le génie de sa religion. Faire ce qu'on peut pour empêcher la conversion d'un pécheur en abrégeant ses jours, est tout ce qu'on peut imaginer de plus opposé à l'esprit de celui qui n'est pas venu pour faire périr les hommes, mais pour les sauver.

Jésus-Christ avait encore une église en Occident, et Martin persévéra avec un zèle si pieux à s'opposer à ces innovations, et il était lui-même tellement respecté à cause de sa piété et de son intégrité, qu'il l'emporta d'abord, et que l'usurpateur promit de ne pas verser le sang des hérétiques. Cependant deux évêques, Magnus et Rufus l'amenèrent ensuite à changer de résolution, et il fit porter la cause devant Evodius, préfet, qui, ayant jugé les priscillianistes coupables (et il paraît en effet qu'ils étaient souillés de toutes les impuretés des gnostiques), les fit mettre en prison, et renvoya la décision à l'empereur. Priscillien fut mis à mort avec quatre autres chefs de la secte; et quelques autres furent condamnés à la mort ou au bannissement. De pareils moyens ne réussirent pas à éteindre l'hérésie; car la lutte entre les deux partis était encore très vive quinze ans après: Priscillien fut honoré comme martyr; les ennemis du christianisme trouvèrent dans cette affaire une grande occasion de scandale, bien que rien ne fût plus injuste; et les hommes qui craignaient Dieu, et qui aimaient la modération et la charité, pleurèrent et prièrent en secret, méprisés et négligés par les deux partis, qui foulaient aux pieds toutes les maximes de la vraie piété. Les passions égoïstes et mondaines triomphaient en Espagne, et bien que la forme de l'orthodoxie y dominât extérieurement, il était évident qu'elle avait perdu presque toute sa puissance.

Ambroise, qui fut envoyé en ambassade auprès de Maxime par Valentinien-le-Jeune, refusa d'avoir communion avec ces évêques qui avaient pris part à la mort des hérétiques. Maxime lui ordonna de quitter sa cour. Ambroise se mit aussitôt en route n'éprouvant d'autre chagrin que de voir un vieil évêque nommé Hyginus envoyé en exil, bien qu'il fût évident qu'il approchait de sa fin, sans avoir pu obtenir des courtisans de lui fournir les choses qui lui étaient nécessaires [1]. Quelques saints hommes qui protestaient contre ces cruautés étaient eux-mêmes accusés d'hérésie : on peut citer entre autres Martin de Tours. Ainsi, dans les Gaules et en Espagne, il y avait trois partis : d'abord, les priscillianistes, qui n'avaient évidemment aucune piété, et qui ne portaient le nom de chrétiens que pour le déshonorer par une complication d'hérésies ; secondement, les formalistes orthodoxes, qui persécutaient les priscillianistes jusqu'à la mort et cherchaient à détruire cette secte, en même temps qu'ils déshonoraient eux-mêmes l'Évangile, par une vie d'avarice, de faction et d'ambition ; et en troisième lieu ceux qui servaient Dieu selon l'Évangile, condamnant les principes des premiers par leurs argumens, et la conduite des derniers par leur douceur et leur charité. Il n'est pas rare de voir l'Église de Christ susceptible d'une semblable classification ; mais qu'on n'oublie

---

[1] Ambroise, Ep. 27.

pas que les derniers seulement sont les véritables branches du cep mystique.

Martin de Tours était né à Ticinum, en Italie, et dans sa jeunesse il avait servi contre sa volonté sous Constantius et Julien. Son père, qui avait embrassé la profession des armes, l'y avait contraint; lui-même s'était fait inscrire comme catéchumène dès l'âge de dix ans; et à douze ans, il avait éprouvé le désir de mener une vie monastique. Cependant, tant qu'il demeura à l'armée, il fut exempt de tous les vices des militaires, se montrant extrêmement libéral envers les pauvres et ne se réservant de sa paie que ce qui était nécessaire à sa nourriture. Il fut baptisé à dix-huit ans, et deux ans après il quitta l'armée. Quelque temps après, étant tombé entre les mains des voleurs, dans les Alpes, il fut livré, lié, à l'un d'entre eux, pour être pillé; cet homme le conduisit dans un lieu écarté, et lui demanda qui il était; il répondit: « Je suis chré-
« tien! » — « N'êtes-vous pas effrayé? » — « Jamais
« je ne fus plus tranquille, parce que je sais que la
« miséricorde du Seigneur abonde surtout dans les
« épreuves: j'éprouve bien plus d'inquiétude pour
« vous, qui menez une vie qui vous empêche de
« participer à la grâce de Christ. » Entrant alors dans l'explication de la religion, il prêcha l'Évangile au voleur. Celui-ci crut, accompagna Martin jusqu'au grand chemin, et lui demanda de prier pour lui. On ajoute que le nouveau converti persévéra dans la piété.

En rapportant, d'après Sulpice, d'autres traits de la vie de son héros, nous devons rappeler à nos lecteurs que ce siècle était caractérisé par une puérile crédulité, et que l'esprit humain s'enfonçait rapidement dans l'ignorance et la superstition. Les pères chrétiens et les historiens eux-mêmes racontent des choses extrêmement absurdes; mais c'est la faute des temps. Les écrivains païens leurs contemporains ne leur sont nullement supérieurs.

Ce fut avec peine qu'on décida Martin à quitter son monastère pour devenir évêque de Tours, à la satisfaction universelle du peuple. Il conserva toujours son goût monastique, et il avait un monastère à deux milles de la ville. C'est là qu'il vivait en commun et dans une extrême austérité, avec quatre-vingts disciples, qui suivaient son exemple. La célébrité de ses miracles supposés avait un puissant effet sur les Gaulois ignorans : on faisait des prodiges de ses actions les plus ordinaires ; on détruisait les temples païens, et l'on élevait à leur place des églises et des monastères.

Maxime rechercha inutilement l'amitié de Martin ; il avoua franchement qu'il ne pouvait pas soutenir un meurtrier et un usurpateur. Maxime mit en avant la nécessité, la Providence de Dieu, et s'excusa sur ce qu'il n'avait causé la mort de personne, si ce n'est sur le champ de bataille. Vaincu à la fin par ses importunités, l'évêque consentit à souper avec l'usurpateur. Un officier offrit la coupe à Maxime, qui lui ordonna de la porter à Martin, désirant la recevoir de lui ; mais l'évêque trompa son espérance, et la remit à son prêtre.

Il y a quelque chose de merveilleux dans ce que rapporte Sulpice de sa patience et de sa charité. Il parle avec une affection qui n'est pas exempte de partialité, d'un ami qui était sans défaut à ses yeux. L'Ecriture n'employa pas de semblables couleurs pour peindre ses saints. Cet esprit d'exagération a de très graves inconvéniens. Une excessive admiration pour les hommes détourne notre attention du Christ, le seul vrai médiateur. Sulpice déclare qu'il espère obtenir beaucoup de grâces par l'intercession de l'ami qu'il avait perdu. Ce qui n'était d'abord que des effusions d'amitié peu mesurées, finit par devenir des habitudes de superstition fondées sur des idées de propre justice ; et ce fut ainsi qu'on introduisit par degrés, et qu'on établit enfin trop solidement une des plus funestes corruptions de la vraie religion.

Quels que pussent être les motifs de Maxime, il faisait une cour assidue à Martin, et il voulut aussi que sa femme l'entendît parler sur des sujets religieux. Il paraît que l'impératrice l'admirait sincèrement, et elle pria son mari de consentir à ce qu'elle servît le saint comme une servante pendant le souper. Maxime le lui permit, et Sulpice la compare à la reine de Saba. Ces détails nous montrent les progrès qu'avait faits la superstition.

Martin agit avec une grande intégrité en s'opposant à la tyrannie de Maxime, qui travailla en vain à justifier à ses yeux la mort des priscillianistes, et qui ne put réussir à lui persuader de communier avec les évêques qui avaient pressé leur condamnation. Martin refusa, jusqu'à ce qu'ayant appris que quelques uns des serviteurs du roi allaient faire périr des personnes pour lesquelles il avait intercédé, il consentit à communier avec des hommes dont il détestait la conduite, dans le but de sauver la vie de ses protégés. Il se repentit amèrement d'avoir cédé dans cette circonstance, et se tint sur ses gardes pour éviter tout rapprochement avec le parti d'Ithace. Il vécut ensuite seize ans dans la retraite. On ne peut douter qu'il ne fût pieux ; et il n'est pas moins évident que la superstition monastique défigurait extrêmement sa piété.

CHAPITRE XV.

CONDUITE D'AMBROISE SOUS L'EMPEREUR VALENTINIEN II, ET PERSÉCUTION QU'IL EUT A SOUFFRIR DE LA PART DE JUSTINE, MÈRE DE L'EMPEREUR.

L'impératrice Justine était la protectrice déclarée de l'arianisme. Après la mort de son mari, elle commença à travailler ouvertement à inculquer cette doctrine à son fils, et à l'engager à menacer l'évêque de Milan. Ambroise exhorta Valentinien à soutenir la doctrine que l'Eglise avait reçue des apôtres. Le jeune empereur, vivement irrité, fit entourer l'église par ses gardes, et ordonna à Ambroise d'en sortir. « Je ne livrerai pas volontaire-« ment les brebis de Christ pour qu'elles soient dé-« vorées par les loups, répondit l'évêque ; vous « pouvez employer contre moi les épées et les « lances ; je souffrirai sans résistance une sembla-« ble mort. » Il fut ensuite exposé à différentes fraudes et à divers artifices de la part de Justine, qui craignait de l'attaquer ouvertement ; car le peuple était généralement disposé à soutenir l'évêque, et sa résidence dans la ville où était la cour contribuait tout à la fois à augmenter son influence et à lui attirer toutes sortes d'épreuves.

Les ariens n'étaient pas alors les seuls adversaires de l'Eglise chrétienne ; les païens eux-mêmes, profitant de la minorité de Valentinien et des troubles de l'empire, s'efforçaient de recouvrer leur ancienne puissance. Il y avait beaucoup de gentils

---

[1] Théodoret, liv. v, c. 13.

dans le sénat de Rome, et l'orgueil de la grandeur de famille excitait les plus nobles à se piquer de constance et à mépriser les innovations du christianisme.

Symmaque, homme instruit et très éloquent, était à la tête de ce parti, et s'efforçait de persuader à l'empereur de laisser rétablir l'autel de la Victoire dans le sénat de Rome. Ambroise écrivit à Valentinien qu'il séyait mal aux gentils de se plaindre de leurs pertes, eux qui n'avaient jamais épargné le sang des chrétiens, et qui, sous Julien, leur avaient refusé la simple liberté d'enseigner. « Si celui qui vous donne cet avis est païen, qu'il « donne aux autres la liberté qu'il prend lui-même. « Vous ne forcez aucun homme à adorer ce qu'il « n'approuve pas : mais ici tous les sénateurs chré- « tiens se trouveraient en danger. Tous les séna- « teurs prononcent leur serment à l'autel ; tout « homme qui est appelé à prêter serment devant « le sénat fait de même. Une telle pratique admet « évidemment la divinité des faux dieux ; et ainsi « ce serait faire endurer une persécution aux chré- « tiens. En matière de religion, consultez Dieu ; « et quoi que les hommes puissent dire des ou- « trages qu'on leur fait, souvenez-vous que ce n'est « faire tort à aucun homme que de lui préférer le « Dieu tout-puissant. »[1]

En réponse aux plaintes que faisaient les païens sur la perte de leurs revenus, Ambroise remarquait que l'Evangile avait fait des progrès par la pauvreté et les mauvais traitemens, tandis que les richesses et la prospérité semblaient nécessaires à l'existence même du paganisme. « Maintenant que « l'Église a quelques richesses, ajoutait-il, elle se « glorifie de l'usage qu'elle en fait, et défie les païens

---

[1] Épître d'Ambroise, 30.

« de déclarer où sont les captifs qu'*ils* ont rachetés,
« les pauvres qu'*ils* ont soulagés, et les exilés aux-
« quels *ils* ont envoyé des aumônes. » Mais il est
inutile d'en citer davantage sur ce sujet. La supériorité de la foi chrétienne, comme excitant les
hommes à la libéralité et à la bienveillance, plus
efficacement que toutes les autres religions, est
peut-être la chose le plus généralement reconnue,
même parmi les incrédules. Symmaque se voyant
repoussé pour le présent, renouvela plus tard ses
efforts auprès de l'empereur Théodose, et fut
vaincu une seconde fois par l'influence et l'éloquence d'Ambroise.

Les talens qu'il fit briller dans une négociation
qu'il entreprit avec Maxime, préservèrent pour
un temps la cour de Milan de l'invasion de l'Italie;
mais rien ne pouvait lui obtenir la faveur de Justine. L'an 386, elle obtint une loi qui permettait
aux congrégations ariennes de s'assembler sans interruption.

Auxence, scythe, qui portait le même nom que
le prédécesseur d'Ambroise, fut alors introduit
à Milan par la protection de l'impératrice. Il défia
Ambroise de discuter avec lui en présence de la
cour; l'évêque écrivit à Valentinien qu'il n'entrait
point dans les attributions de l'empereur de prononcer sur des points de doctrine [1]. « Qu'il vienne
« à l'église, ajoutait-il, que le peuple nous en-
« tende, et qu'il juge pour lui-même; et s'il
« préfère Auxence, qu'il le prenne pour évêque :
« mais il a déjà fait connaître ses sentimens. » On
prit alors des mesures plus violentes, et le courage
d'Ambroise fut éprouvé comme il ne l'avait pas encore été jusque-là.

Auxence demanda qu'on envoyât une troupe de

---

[1] Epître d'Ambroise, 32.

soldats pour lui assurer la possession de l'église appelée la basilique; et des tribuns vinrent la demander, avec les vases qui y étaient attachés. On dit en même temps qu'il était bien peu raisonnable que l'empereur ne pût pas avoir un lieu où il pût faire célébrer le culte selon sa conscience. Ce langage était spécieux, mais trompeur. Justine et son fils, s'ils avaient trouvé prudent d'exercer leur autorité, auraient pu exiger non pas seulement une église, mais toutes les églises : mais la cour demandait ce qu'Ambroise ne pouvait faire en conscience; c'était qu'il remît volontairement l'église entre les mains des ariens, ce qui, dans les circonstances où il se trouvait, eût été reconnaître, au moins indirectement, la confession de foi des ariens. Il répondit donc avec calme aux officiers qui lui avaient été députés que « si l'em-
« pereur lui avait envoyé demander sa maison ou
« ses terres, son argent ou ses biens, il les leur
« aurait livrés aussitôt, mais qu'il ne pouvait livrer
« ce qui était confié à ses soins. » Il dit ce jour-là au peuple, dans une assemblée publique[1],
« qu'il ne renoncerait pas volontairement à ses
« droits, que, s'il était contraint, il ne savait pas
« comment résister. Je puis m'affliger, disait-il,
« je puis pleurer et gémir. Contre la force et les
« soldats, les larmes sont mes armes : telles sont
« les fortifications d'un pasteur; je ne puis ni ne
« veux résister autrement. Notre Seigneur Jésus
« est tout-puissant; ce qu'il commande sera accom-
« pli, et il ne vous convient pas de résister à la
« sentence divine. » Nous avons cru convenable de citer ses propres paroles; et comme il paraît qu'il ne retranche rien des maximes de soumission au pouvoir civil que les chrétiens avaient toujours

---

[1] Ovat. in Auscen, p. 159.

mises en pratique depuis les jours de Paul, on n'a pas le moindre motif d'accuser Ambroise de manquer de fidélité à son prince ; il l'avait déjà servi avec zèle, et nous verrons bientôt qu'il était encore prêt à s'exposer au danger pour son service. La cour connaissait ses principes, et elle ne paraît pas avoir eu la moindre crainte qu'il n'entrainât le peuple dans la rébellion ; mais elle désirait l'amener, par ses menaces, à consentir au rétablissement de l'arianisme.

Tant que cette affaire demeura en suspens, Ambroise occupa le peuple à chanter des hymnes et des psaumes qui se terminaient par une solennelle doxologie en l'honneur de la Trinité. La méthode de chanter alternativement à deux chœurs s'était répandue par degrés en Orient ; elle fut introduite par Ambroise à Milan, et se propagea de là dans toutes les églises. Le peuple trouvait beaucoup de plaisir à ces chants ; ils fortifiaient son zèle pour la doctrine de la Trinité, et Augustin, qui vivait alors à Milan, déclare que son âme en était vivement touchée.

La cour se montra de plus en plus exigeante : elle ne demandait plus seulement qu'on lui livrât l'église portienne qui était hors des murs, mais aussi la grande église qu'on avait récemment bâtie dans la ville. Un dimanche, après le sermon, les catéchumènes s'étaient retirés, et Ambroise allait baptiser ceux qui avaient été préparés pour recevoir ce sacrement, lorsqu'on vint lui dire que la cour avait envoyé des officiers à l'église portienne. Il continua tranquillement le service jusqu'à ce qu'on lui eût dit que le peuple, ayant vu dans la rue Castulus, prêtre arien, avait mis les mains sur lui. Alors il supplia Dieu avec prières et avec larmes, qu'on ne versât le sang d'aucun homme, mais plutôt le sien ; et il envoya aussitôt quelques prêtres et quelques diacres, qui mirent Castulus en sûreté. La cour irritée, envoya l'ordre d'arrêter plusieurs marchands; on les mit dans les chaînes, et on exigea qu'ils payassent dans un court délai des sommes d'argent considérables: plusieurs d'entre eux déclarèrent qu'ils paieraient avec joie, si on voulait leur laisser professer tranquillement leur foi. Les prisons étaient remplies de marchands, et les magistrats et les hommes de rang étaient sévèrement menacés; les courtisans faisaient valoir auprès d'Ambroise l'autorité impériale; mais il répondit avec la même loyauté et la même fermeté qu'auparavant. « Le Saint-Esprit a parlé aujour« d'hui à cet effet : EMPEREUR, NOUS SUPPLIONS, MAIS « NOUS NE COMBATTONS PAS. » Les ariens, qui avaient peu d'amis parmi le peuple, se tenaient renfermés. Un notaire qui vint auprès de l'évêque de la part de l'empereur, lui demanda s'il avait l'intention d'usurper l'empire ? « Il est vrai, lui dit-il, « que j'ai un empire, mais c'est celui de la fai« blesse, d'après cette parole de l'apôtre : « Quand « je suis faible, c'est alors que je suis fort ! » Maxime « lui-même me justifiera de cette accusation, puis« qu'il confessera que c'est mon ambassade qui a « empêché d'envahir l'Italie. » Fatiguée et vaincue à la fin par sa fermeté, la cour, qui voulait obtenir son consentement plutôt qu'employer la violence, ordonna aux gardes de s'éloigner de l'église, où l'évêque avait logé toute la nuit, les soldats l'ayant si bien gardée qu'on n'avait laissé sortir personne; le peuple qui y était renfermé avait passé le temps à chanter des psaumes. On rendit aussi aux marchands les sommes qu'on leur avait extorquées. La paix fut faite pour le présent, bien qu'Ambroise eût encore des motifs de crainte, et qu'il exprimât dans l'épître qu'il écrivit à sa sœur Marceline, le vœu que Dieu défendît son église, lors même que ses ennemis satisferaient leur rage en faisant couler son sang.[1]

Pendant tout ce temps, Ambroise se montra infatigable à prier et à prêcher. Comme on l'engageait à consacrer une nouvelle église, il répondit qu'il le ferait volontiers si l'on pouvait y trouver quelques reliques des martyrs. On ne peut s'empêcher de déplorer la superstition qui régnait alors, en la voyant ternir ainsi la vraie piété, à laquelle elle était alliée. On dit qu'il lui avait été révélé, dans une vision, en quel endroit il pourrait trouver les reliques. Mais il ne dit rien de semblable dans l'épître qu'il a écrite sur ce sujet. Il décrit cependant la manière dont il avait trouvé les corps des deux martyrs Protais et Gervais, les miracles supposés opérés dans cette occasion, la dédicace de l'église, le triomphe des orthodoxes et la confusion des ariens. Nous devons déplorer qu'Ambroise ait encouragé tout cela, et dans un langage qui favorisait l'introduction d'intercesseurs autres que le seigneur Christ, en qui il est cependant évident qu'il se confiait pour être sauvé. Telle était la lutte qui avait lieu dans l'Église de Milan entre la piété et la superstition, et qui mettait obstacle à l'accroissement de l'une et de l'autre.

A cette époque arriva la nouvelle du dessein qu'avait Maxime d'envahir l'Italie, et l'alarme se répandit dans toute la cour. Justine supplia encore l'évêque d'aller en ambassade auprès de l'usurpateur : il l'entreprit avec joie, et exécuta sa mission avec beaucoup de courage; mais il n'était pas en son pouvoir d'arrêter les progrès de l'ennemi. Théodose, qui régnait en Orient, venant enfin au secours de Valentinien, mit fin à l'usurpation et à la vie de Maxime. Il persuada au jeune em-

[1] Epître 33.

pereur de renoncer aux opinions de sa mère, et d'embrasser, au moins intérieurement, celles d'Ambroise. Il n'est pas bien clair qu'il ait jamais été réellement converti à Dieu ; mais ce qui est certain, c'est qu'il se réconcilia avec Ambroise, et qu'il montra un grand respect pour lui.

L'an 392, lorsqu'il perdit la vie par une seconde usurpation, en Occident, il avait envoyé chercher Ambroise pour le baptiser. L'évêque apprit sa mort pendant qu'il était en route pour aller le trouver : il en fut profondément affecté ; il écrivit à Théodose pour lui exprimer son chagrin, et composa une oraison funèbre à sa louange. Ce discours n'est pas digne d'Ambroise, et l'on peut ajouter que tous les panégyriques semblables, qui ne célèbrent pas des objets réellement grands, et capables de frapper l'esprit de respect et d'admiration, présentent nécessairement une affectation de sublime qui n'a ni vérité ni dignité, et ne font pas plus d'honneur à ceux qui les composent qu'à ceux qu'ils ont pour but d'exalter.

CHAPITRE XVI.

L'ÉGLISE CHRÉTIENNE SOUS THÉODOSE.

Il est convenable d'examiner maintenant quelle fut la conduite de Théodose envers l'Eglise.

Il avait été préservé, dans sa jeunesse, de la jalousie de Valens, qui avait été amené par quelque superstition à regarder comme suspects tous ceux dont les noms commençaient par Thé, et à les faire mourir. Après que le choix généreux de Gratien l'eut tiré de la vie privée pour l'élever à l'empire, il régna en Orient, et y soutint plus vigoureusement le christianisme, selon ses idées, qu'aucun des empereurs qui l'avaient précédé. Le sentiment qu'il avait de la justice l'ayant cependant porté à ordonner à quelques chrétiens qui avaient abattu, dans un tumulte, une synagogue juive, de la rebâtir à leurs frais, Ambroise obtint de lui de révoquer cette sentence, par une idée fausse de piété, afin que le christianisme ne fût pas obligé de contribuer à l'érection d'une synagogue juive. La vérité de l'histoire exige que nous rapportions ce fait déplorable; car si les juifs étaient tolérés dans l'empire, cette transaction aurait certainement dû être considérée comme purement civile; et c'est une preuve bien forte des progrès de la superstition que de voir un homme comme Ambroise excité par de semblables motifs à violer les lois de la justice.

Les lucifériens, qui existaient encore, supplièrent Théodose de leur accorder la liberté de conscience, déclarant qu'ils étaient chrétiens, et que les autres avaient tort de leur donner un nom de sectaires; ajoutant qu'ils ne convoitaient ni les richesses ni la grandeur des autres Églises. Ils n'épargnaient pas les censures à Hilaire de Poitiers ni à Athanase. Ces deux hommes avaient certainement beaucoup de droiture et d'intégrité; mais nous ne savons pas avec la même évidence ce qu'étaient les lucifériens. Ils parlent avec un respect extraordinaire de Grégoire, évêque d'Elvire, comme du chef de leur communion. Cet homme jouissait sûrement de beaucoup d'estime, puisque Théodose lui-même admit ce qu'ils en disaient, et leur accorda d'être légalement tolérés. On trouverait peut-être de grandes marques de la présence de Dieu parmi les lucifériens, si leur histoire était parvenue jusqu'à nous : mais ceux qui savent combien les histoires ecclésiastiques passent légèrement sur les choses de ce genre, tandis qu'elles s'arrêtent surtout sur ce qui est affligeant et scandaleux, ne seront pas surpris que nous n'ayons rien à dire de plus sur ce sujet. Cette secte disparut peu de temps après.

Théodose était d'un caractère violent, qui le porta à commettre une action extrêmement barbare ; les détails de ce fait serviront à faire connaître le caractère de cet empereur, celui d'Ambroise et l'esprit du temps dans lequel ils vivaient. Le peuple fit une sédition à Thessalonique, et l'officier de l'empereur fut massacré. Cette nouvelle était faite pour exciter la colère de Théodose, et il ordonna de les punir par l'épée. Ambroise intercéda, et l'empereur promit de pardonner. Mais les grands officiers de la cour lui persuadèrent de se rétracter, et de signer l'ordre pour une exécution militaire. Il fut exécuté avec une grande cruauté. En trois heures on massacra sept mille personnes, sans jugement et sans distinction.

Ambroise [1] écrivit à l'empereur une lettre, dans laquelle il lui rappelait qu'il avait été dit au prophète que s'il n'avertissait pas le méchant, il en serait responsable [2]. « J'avoue, ajouta-t-il, que
« vous montrez du zèle pour la foi et de la crainte
« de Dieu ; mais votre caractère est violent, il est
« vrai qu'il s'apaise bientôt si on travaille à le cal-
« mer ; mais lorsqu'on ne le modère pas, il renverse
« tout devant lui. Je vous aime, je vous chéris, je
« prie pour vous ; mais ne me blâmez pas si je
« donne la préférence à Dieu ». D'après ces principes, Ambroise refusa d'admettre Théodose dans l'église de Milan. L'empereur voulut s'appuyer de l'exemple de David. « Imitez-le dans sa repen-
« tance aussi-bien que dans son péché », lui répondit le pieux évêque. Théodose se soumit, et

---

[1] Amb. épître 51. — [2] Ezéch. iii, 18.

resta huit mois éloigné de l'église. A la fête de la Nativité, il exprima son chagrin par des soupirs et des larmes en présence de Ruffin, maître des offices [1]. « Je pleure, disait-il, de ce que le temple « de Dieu, et par conséquent le ciel, m'est fermé, « tandis qu'il est ouvert aux esclaves et aux men- « dians. » Ruffin entreprit de persuader à l'évêque d'admettre l'empereur. Ambroise chercha à lui faire sentir combien il était peu convenable qu'il se mêlât de cette affaire, lui qui avait été un des principaux auteurs du massacre par les mauvais conseils qu'il avait donnés à l'empereur. Ruffin lui disant que l'empereur venait : « Je l'empêcherai « d'entrer dans le vestibule, répondit-il; et s'il « veut jouer le rôle d'un tyran, je me laisserai « égorger sans résistance. » Ruffin alla informer l'empereur de sa résolution : « J'irai, dit Théo- « dose, et je recevrai le refus que je désire. » Et comme il approchait de l'évêque, il ajouta : « Je « viens m'offrir, pour me soumettre à ce que vous « prescrirez. » Ambroise lui ordonna de faire publiquement pénitence, et de suspendre désormais pendant trente jours l'exécution des condamnations à mort, afin de prévenir les effets de la colère. L'empereur se dépouillant de ses robes impériales, pria prosterné sur le pavé, et ne remit ses ornemens que lorsque le temps de la pénitence fut expiré. « Mon âme est attachée à la poudre, dit-il, « fais-moi revivre selon ta parole. » Le peuple pria et pleura avec lui, et non seulement il se conforma aux règles de la pénitence, mais on dit qu'il conserva des marques visibles de componction et de tristesse durant le reste de sa vie. — Portons un jugement impartial sur cette affaire extraordinaire. Le crime de Théodose méritait les réprimandes les

---

[1] Théodoret, liv. v, c. 18.

plus sévères, et exigeait les preuves les plus fortes de repentance et de profonde humiliation ; mais il y avait quelque chose de trop compassé dans de semblables règles de pénitence, et elles n'étaient nullement propres à instruire et à édifier.[1]

Après le meurtre de Valentinien, un homme nommé Eugène usurpa l'empire dans l'Occident ; il rétablit l'autel de la Victoire et encouragea les païens ; mais leurs espérances furent de courte durée. Théodose lui enleva bientôt l'empire et la vie, et devint le seul maître de l'empire romain. Sous son autorité, on travailla à extirper l'idolâtrie avec plus de vigueur que jamais. A Alexandrie, les païens qui fréquentaient le célèbre temple de Sérapis firent une insurrection et massacrèrent un certain nombre de chrétiens. Lorsque l'empereur en fut informé, il dit qu'il ne voulait souiller la gloire de leur maître par aucune exécution, et qu'il était résolu à pardonner aux meurtriers dans l'espérance qu'ils se convertiraient, mais il ordonna de détruire les temples qui avaient été la cause d'un si grand malheur. Il y avait dans le temple une image de Sérapis, dont on disait avec confiance que si quelqu'un la touchait, la terre s'ouvrirait, les cieux seraient dissous, et toutes choses retomberaient dans un chaos universel. Cependant, un soldat, excité par l'évêque Théophile, eut le courage de faire cette expérience. Il fendit la mâchoire de l'idole avec une cognée, une armée de rats sortit par la brèche qu'on avait faite, et Sérapis fut mis en pièces.

Après la destruction de l'idolâtrie en Égypte, il arriva que le Nil ne déborda pas aussi abondamment qu'à l'ordinaire ; les païens dirent aussitôt

---

[1] Il est impossible de ne pas remarquer ici à quel point la superstition avait déjà augmenté la domination des évêques, et la soumission servile des monarques. ÉDITEUR,

que le dieu était irrité de l'impiété qui se manifestait alors, et de ce qu'on ne lui avait pas offert des sacrifices comme on le faisait d'ordinaire[1]. Théodose ayant appris cette circonstance, s'exprima comme un homme qui croyait en Dieu, et qui mettait les choses célestes au-dessus des choses terrestres. « Nous devons préférer notre devoir en« vers Dieu aux eaux du Nil, et la cause de la piété « à la fertilité du pays ; il vaudrait mieux que le « Nil ne débordât plus, que d'encourager l'idolâ« trie. » L'événement fournit un beau commentaire sur les paroles de notre Sauveur : « Cher« chez premièrement le royaume de Dieu et sa « justice, et toutes les autres choses vous seront « données par-dessus. » Le Nil reprit son cours habituel, et s'éleva à une hauteur qu'il atteignait rarement. Les païens vaincus dans leurs raisonnemens, eurent recours à l'arme ordinaire des incrédules, le ridicule. Ce fait produisit cependant un effet plus sérieux sur un grand nombre des habitans de l'Égypte, qui abandonnèrent la superstition sous laquelle le pays avait gémi si long-temps. Ainsi, ce théâtre fameux de l'idolâtrie devint alors celui des triomphes de Dieu et de son Christ.

Libanius, l'ami de Julien, vivait encore, et remplissait sous l'empereur l'office de préfet du prétoire. Ce sophiste présenta à Théodose un discours en faveur des temples, dans lequel il marchait sur les traces de Symmaque, et plaidait la cause des dieux, aussi bien que le permettait un sujet si ingrat ; il est remarquable de le voir exprimer ce grand principe que « la religion de« vrait être plantée dans les esprits des hommes « par la raison et non par la force. » C'est ainsi que parlaient alors les païens qui, pendant

---

[1] Sozom. liv. VII, c. 20.

tant de siècles en avaient agi d'une manière si différente envers les chrétiens [1]. L'auteur de ce discours était lui-même une preuve palpable de la clémence des gouvernemens chrétiens comparés aux païens. Il vivait dans une position respectable, sans être vexé en aucune manière quoiqu'il fût le champion du paganisme expirant; plusieurs autres païens étaient traités de même.

L'empereur, étant venu à Rome, prononça dans le sénat un discours dans lequel il s'efforça de persuader à plusieurs de ses membres qui soutenaient encore l'idolâtrie, d'embrasser la foi chrétienne, comme étant la seule religion qui enseignât aux hommes comment on peut obtenir le pardon des péchés et mener une vie sainte; les sénateurs païens déclarèrent qu'ils ne voulaient pas abandonner une religion sous laquelle Rome avait prospéré près de douze cents ans. Théodose leur dit qu'il ne voyait aucune raison pour qu'il soutînt leur religion, et que non seulement il cesserait de fournir à ses dépenses aux frais de l'Etat, mais qu'il abolirait les sacrifices eux-mêmes. Les sénateurs se plaignirent de ce que la négligence des rites du paganisme était la grande cause de la décadence de l'empire : argument spécieux, bien

---

[1] A cette même époque, et pendant que Théodose traitait les païens avec modération sous un gouvernement chrétien, les chrétiens étaient traités avec la plus odieuse cruauté sous un gouvernement païen en Perse. Le zèle blâmable de l'évêque Andas en fournit l'occasion. Excité, comme il le croyait, par un zèle divin, il renversa un temple où l'on conservait le feu sacré. (*Voy.* Théodoret, liv. v, c. 39. Madgeburg, IVᵉ siècle, c. 3.) Le roi Isdigerdes lui ordonna de le rebâtir, et comme il s'y refusa, on ordonna de détruire les églises chrétiennes et de mettre à mort les chrétiens. La persécution ayant ainsi commencé d'après des motifs spécieux, elle continua pendant trente ans avec une infatigable barbarie. Les chrétiens furent exposés à des tourmens affreux; cependant ils persévérèrent, et un grand nombre d'entre eux endurèrent volontairement les afflictions, pour la joie de la vie éternelle qui leur était proposée.

propre à agir sur des esprits mondains, et qui produisait alors un grand effet sur beaucoup de païens. Nous verrons, plus tard, la réponse animée que fit à cette objection un des pères de l'Eglise les plus célèbres.

Théodose déclara alors que c'était un crime capital que de sacrifier ou d'assister aux cérémonies païennes; en vain les protecteurs de l'idolâtrie mirent en usage tous leurs talens pour faire valoir leur cause, l'empereur était déterminé, et il proclama une loi qui prononçait que c'était un acte de trahison que d'offrir des sacrifices ou de consulter les entrailles des animaux [1]; on interdisait également l'usage de l'encens et des parfums. Depuis cette époque, le paganisme ne releva plus la tête; l'habitude seule le soutenait. Privé du soutien des objets des sens, le zèle s'éteignit; et de même que Théodose ne désirait pas faire des martyrs, aucun païen ne se montra disposé à le devenir [2]. Ce prince mourut à Milan, l'an 395, à soixante ans environ, après un règne de seize ans; et le siècle qui nous occupe se termine à peu près avec le complet établissement du christianisme dans l'empire romain. La vraie religion, qui était de Dieu, se fraya un chemin à travers toutes les oppositions; celle qui était de l'homme, et qui n'était soutenue que par l'autorité et l'usage, cessa de prospérer dès qu'elle perdit ces appuis, et au bout d'une génération elle cessa presque universellement d'exister.

S'il s'agit de juger le véritable caractère de Théodose, on peut soupçonner d'exagération les

---

[1] Introduction aux vies des Pères de l'Eglise, par Cave, vol. II.
[2] Cet acte de Théodose ne porte pas le caractère de clément; s'il n'y avait pas de martyrs, c'est que les païens manquèrent de zèle : ce n'est pas que l'empereur fût ni juste, ni clément. Un empereur païen aurait pu justifier la persécution des chrétiens par ce mauvais exemple.
ÉDITEUR.

louanges d'Ambroise; mais Aurélius Victor, auteur païen auquel on peut s'en rapporter, loue cet empereur de sa clémence, de sa libéralité et de sa générosité. Il fut brave et heureux dans ses guerres; mais il ne combattit que lorsqu'il y fut forcé. Il était ennemi de l'intempérance, et était lui-même un modèle de gravité, de modération et de chasteté. Il défendit par une loi aux joueurs d'instrumens, et à d'autres personnes d'une conduite relâchée, de paraître dans les festins : c'est ainsi qu'il est représenté par un contemporain dont on doit préférer le témoignage à celui d'un auteur qui vivait plus tard, le partial Zosime, qui traite tous les empereurs chrétiens avec injustice et malignité: nous voyons en Théodose la supériorité de la foi chrétienne, car dans toute l'histoire des empereurs païens, il n'y en a certainement pas un seul qui puisse lui être comparé. [1]

Flaccille, femme de Théodose, lui rappelait constamment l'humble condition dans laquelle ils avaient vécu ensemble avant son élévation, et l'exhortait à remplir les devoirs de la religion; elle était elle-même un modèle de condescendance et de libéralité; elle ne se contentait pas de faire distribuer des aumônes aux malades et aux pauvres, mais elle les visitait et les soignait elle-même. Quelques courtisans lui ayant représenté qu'il était au-dessous de sa dignité de visiter les hôpitaux et les maisons de deuil, elle répondit : « La distri« bution de l'or convient à la dignité impériale; « mais j'offre mes travaux personnels comme un « témoignage de reconnaissance à celui qui m'a « donné cette dignité. » Elle est bien forte, la grâce qui ne diminue pas dans la prospérité!

---

[1] L'empereur soutint avec une royale libéralité la vieille mère et les filles de l'usurpateur Maxime.

CHAPITRE XVII.

DU DEVOIR DES CHRÉTIENS LORSQU'UNE RELIGION FAUSSE DOMINE DANS LES LIEUX QU'ILS HABITENT.

Toutes les fois que Dieu juge à propos de punir les péchés d'une nation, en permettant qu'une fausse religion soit établie et soutenue par les puissances séculières, il s'élève une difficulté par rapport à la conduite des chrétiens. On peut demander si un vrai fidèle ne doit pas manifester de l'opposition contre les institutions religieuses du pays dans lequel il vit, et travailler à propager ses propres opinions, ou s'il doit se soumettre au magistrat civil, « se prosterner dans la maison de Rimmon », et abandonner cette foi, sur laquelle il se repose pour son salut éternel.

On doit chercher la solution générale de ces questions dans la méditation attentive de cette maxime apostolique : « Il faut plutôt obéir à Dieu qu'aux hommes »[1]. Si l'état est amené par la corruption de la nature humaine à établir une fausse religion, il n'y a pas d'autre conduite à tenir que celle des apôtres ; les fidèles doivent propager et pratiquer la vérité divine, et souffrir patiemment pour l'amour de la vérité, selon la volonté de Dieu ; car, d'un côté, il n'est rien dans l'Écriture qui puisse justifier les chrétiens de résister par la force à ceux qui les gouvernent, ou de vouloir les contraindre à faire de nouvelles lois ; et, d'un autre côté, se conformer à des institutions antichrétiennes serait « commettre un grand péché »,

[1] Actes v, 29.

comme celui que commirent les sujets de Jéroboam[1]. La ligne de conduite entre ces deux extrêmes nous est indiquée par cette parole du Sauveur : « Quand ils vous persécuteront dans une « ville, fuyez dans une autre. »[2]

CHAPITRE XVIII.

VIE PRIVÉE ET ÉCRITS D'AMBROISE.

Si nous possédions réellement la vie de cet évêque, écrite par Paulin de Nole, elle nous serait extrêmement utile ; mais ce qui nous est parvenu sous ce nom est un tissu de fables[3]. Ambroise mourut vers l'an 397, admiré et regretté par le monde chrétien. Il est assez probable que l'activité constante de son esprit et la multiplicité de ses travaux avaient abrégé sa vie ; car il n'avait, à sa mort, que cinquante-sept ans, ayant été élu évêque de Milan dans sa trente-quatrième année.

Il avait beaucoup de bonté et de sympathie pour les affligés, et sa charité s'étendait à tous ; mais il la manifestait surtout envers « les domestiques de la foi ! » Il avait donné ses biens aux pauvres et à l'Eglise, et il appelait les pauvres ses intendans et ses trésoriers[4]. Ses travaux étaient immenses : il administrait la communion tous les jours, prêchait ordinairement le dimanche, et souvent dans des occasions extraordinaires, et employait beaucoup de temps à instruire les catéchumènes. Il avait beaucoup de courage et d'énergie, et il n'était point de dignité ou d'autorité qui pût mettre les coupables à l'abri de ses réprimandes épiscopales.

---

[1] 2 Rois, XVII, 21. — [2] Matt. x, 23. — [3] Cette vie est à la tête des écrits d'Ambroise. — [4] Orat. in Aux.

lorsqu'il croyait de son devoir de les reprendre de leurs fautes. Augustin nous dit qu'il avait beaucoup de peine à avoir accès auprès de lui, à cause de la multiplicité de ses occupations; car il consacrait à l'étude et à la méditation le temps que lui laissaient ses devoirs pastoraux et ses visites de charité.

Les ouvrages moraux d'Ambroise contiennent des passages très utiles, entre autres son *Traité sur les Offices ou les Devoirs*, dans lequel il désirait évidemment imiter Cicéron, et montrer la supériorité de la morale chrétienne sur la morale philosophique. C'était un noble dessein; mais il l'exécuta faiblement, parce qu'il n'avait pas de plan arrêté. Il reconnaît qu'il avait été appelé à enseigner avant d'avoir lui-même appris. Il aurait mieux prêché et mieux écrit, s'il avait toujours suivi la simple parole de Dieu, en exerçant son bon sens naturel dans une humble dépendance envers la grâce divine, et s'il avait eu moins d'admiration pour les ouvrages d'Origène, qui eurent une très mauvaise influence sur son jugement. Il faut reconnaître cependant que cette influence s'aperçoit beaucoup moins dans ses œuvres morales que dans ses morceaux théologiques.

Il représente très bien l'excellence du silence et la difficulté de s'y soumettre, avec son style ordinaire, qui est sentencieux et semé de tours très vifs. « La plupart des hommes parlent, nous « dit-il, quand ils ne savent pas se taire. Il est « rare qu'on demeure dans le silence quand il n'y « a aucun profit à parler. Celui-là est sage, qui sait « tenir sa langue en bride. — Devons-nous donc « être muets? Non; car il y a un temps pour par- « ler, et un temps pour se taire. Et si nous devons « rendre compte de toute parole vaine, prenez « garde de n'avoir pas aussi à rendre compte d'un

« vain silence. Liez votre langue, de peur qu'elle
« ne s'égare dans des paroles inconvenantes et trop
« abondantes : retenez-la dans ses rivages : une
« rivière qui coule trop rapidement ramasse bientôt
« de la fange. »[1]

Ses conseils à son clergé peuvent être utiles dans tous les siècles de l'Église : « Il convient, dit-il, à
« la prudence et à la gravité des ecclésiastiques,
« d'éviter les banquets publics que l'on offre sou-
« vent aux étrangers : vous pouvez exercer l'hos-
« pitalité envers eux dans vos propres maisons, et
« en usant de cette précaution il n'y aura lieu à
« aucun reproche. Des fêtes de ce genre prennent
« beaucoup de temps, et prouvent le goût des
« festins ; des discours mondains et voluptueux
« s'y glissent facilement, et il est impossible d'y
« fermer vos oreilles ; les interdire vous ferait
« regarder comme impérieux. Pourquoi n'em-
« ployez-vous pas à la lecture le temps que vous
« laissent vos occupations pastorales ? pourquoi ne
« revisitez-vous pas Christ, pourquoi ne parlez-
« vous pas à Christ, et n'écoutez-vous pas Christ ?
« Nous lui parlons quand nous prions ; nous l'écou-
« tons quand nous lisons ses divins oracles. Qu'avez-
« vous à faire dans les maisons des autres ? que ceux
« qui ont besoin de nous viennent plutôt à nous.
« Qu'avons-nous à faire d'un vain babil ? nous
« avons reçu le ministère pour nous occuper du
« service de Christ, et non pour faire notre cour
« aux hommes. »[2]

Dans son livre *de la Repentance*, il blâme l'esprit inexorable des novatiens, qui refusaient d'admettre de nouveau les pénitens dans l'Église. « Apprenez de moi, dit Christ, car je suis doux et
« humble de cœur ; tandis que le novatien dit : Je

---

[1] De Officiis, lib. 1, c. 2, 3. — [2] Liv. 1, c. 20.

« n'ai point de miséricorde »[1]. Dans le même chapitre, il rend témoignage à la conception immaculée de Christ, et à la corruption naturelle des hommes. « Il n'était pas né comme le reste des « hommes par la voie ordinaire de la génération, « mais il était né du Saint-Esprit, et il reçut de la « Vierge un corps sans tache, qui était exempt de « toute souillure des péchés. Car nous sommes tous « nés dans le péché, comme David en rend témoi-« gnage : « J'ai été formé dans l'iniquité, et ma « mère m'a échauffé dans le péché ». Nous voyons ici que ces deux importantes vérités se conservaient dans l'Église à l'époque où vivait Ambroise.[2]

Il parle de lui-même d'une manière humble et évangélique. « Comment, t'entendrai-je me dire, il « a beaucoup aimé, et il lui est beaucoup par-« donné ? Je confesse que mes dettes étaient plus « grandes que celles de la pécheresse pénitente, « et il m'a été plus pardonné, à moi qui ai été appelé « au ministère du tumulte du Forum et de la « terreur de l'administration de la justice. Cepen-« dant, si nous ne pouvons l'égaler, le Christ sait « supporter les faibles, et en se donnant lui-même « il donne la source d'eau vive. Il est descendu « lui-même au tombeau. Oh ! si tu voulais venir à « mon sépulcre de corruption, Seigneur Christ, « et me laver avec tes larmes ! si tu pleures pour « moi, je serai sauvé ; tu m'appelleras du tombeau « de ce corps, et tu diras : « Sors dehors », afin que « mes pensées puissent aller à Christ. Bien que je « sois lié des chaînes de mon péché, que mes mains « et mes pieds soient embarrassés, et enterrés dans « les œuvres mortes, à ton appel je viendrai en « liberté, et je serai trouvé parmi ceux qui se sont « assis à ta table. On dira, voici un homme qui

---

[1] De Officiis, lib. I, c. 2. — [2] De Pœnitentia, lib. II, c. 8.

« a été pris du milieu de la vanité des emplois sé-
« culiers, il demeure dans le ministère non par sa
« propre force, mais par la grâce de Christ. — Sei-
« gneur, conserve le don qui vient de toi. Je me
« reconnais indigne de l'office d'évêque, parce que
« je m'étais donné à ce monde; mais, par ta grâce,
« je suis ce que je suis, le moindre de tous les évê-
« ques : cependant, puisque j'ai entrepris quelques
« travaux pour ton Eglise, conserve ce fruit, de
« peur que celui que tu as appelé au ministère ne
« périsse dans ce ministère : et donne-moi en par-
« ticulier un esprit de sympathie pour les pécheurs,
« afin que je ne les reprenne pas avec orgueil,
« mais que je gémisse, et que je pleure; afin que
« tout en déplorant les péchés d'un autre, je gé-
« misse aussi sur les miens. »

Si un seul de ceux qui portent le titre de ministres de Christ, à quelque dénomination et à quelque rang qu'il appartienne, lit ces lignes d'Ambroise, et aspire quelque chose de la tendresse, de
l'humilité et de la charité dont elles sont impré-
gnées, s'il se fait une idée plus élevée du ministère
qu'il exerce, et s'il est excité à remplir les devoirs
qui lui sont imposés dans le même esprit, nous ne
les aurons pas citées en vain.

Il est si naturel aux hommes pieux qui voient le
mal qui est dans le monde d'être tentés de chercher la solitude et la retraite, que l'on ne peut s'é-
tonner des progrès de l'esprit monastique. La vraie
sécurité contre cet esprit aurait été de s'appliquer
plus attentivement aux règles scripturaires de conduite données aux chrétiens, et se pénétrer de plus
de foi dans ces divines promesses par lesquelles
Dieu s'engage à préserver l'âme au milieu du
monde. Les chrétiens auraient été amenés par là
à une manière de servir Dieu, et de faire briller
leur lumière devant les hommes, bien plus noble

que l'usage si répandu à cette époque de se retirer entièrement de la société. Ambroise contribua malheureusement beaucoup à l'accroissement de ce goût monastique; cependant la citation suivante montre combien ses vues étaient sérieuses, et combien était profond chez lui le sentiment des difficultés de la vie chrétienne. « Je voudrais qu'il fût
« aussi aisé d'atteindre à une ardente affection pour
« les choses de Dieu qu'il est aisé d'en parler. Mais
« la séduction des convoitises terrestres se glisse
« souvent en nous, et la vanité remplit notre es-
« prit. Il est difficile d'éviter ces piéges : en être
« entièrement débarrassé est impossible. Le pro-
« phète confesse que c'est plutôt un objet de désir
« qu'une chose que l'on possède réellement lors-
« qu'il dit : « Incline mon cœur à tes témoignages
« et non au gain déshonnête. » Notre cœur n'est
« pas en notre propre pouvoir; nos pensées con-
« fondent notre esprit par de soudaines incursions,
« et l'entraînent dans un autre chemin que celui
« dans lequel nous avions résolu de marcher. —
« Qui est assez heureux pour monter toujours en
« haut dans son cœur ? comment peut-on le faire
« sans le secours divin ? Oh ! que bienheureux est
« l'homme dont la force est en Toi ! » [1]

Celui qui sent aussi fortement la puissance de ce péché, qui habite en nous [2], sent aussi le besoin qu'il a de la grâce pour le conduire. Ce sentiment ne manquait pas à Ambroise, comme nous le voyons dans le sommaire qu'il présente de l'Évangile du salut. « Dieu a donc revêtu sa chair, afin d'abolir
« la malédiction qui reposait sur une chair coupa-
« ble, et il a été fait malédiction pour nous, afin
« que la bénédiction engloutisse la malédiction ; et
« que la justice, le pardon et la vie engloutissent

---

[1] Ps. LXXXIV. — Ambroise de Fuga seculi, c. I. — [2] Rom. VII, 17.

« notre péché, notre condamnation et notre mort.
« Car il a subi la mort, afin que la sentence fût
« accomplie. L'Evangile ne contient rien contre la
« sentence de Dieu, puisque la condition de la
« sentence divine a été accomplie. Nous sommes
« morts avec Christ : pourquoi cherchons-nous
« donc plus long-temps les actes de cette vie ? car
« nous portons en nous la mort de Christ, afin que la
« vie de Christ puisse aussi être manifestée en nous.
« Nous ne vivons donc plus maintenant de notre
« propre vie, mais de la vie de Christ et de toute
« sa vertu. Nous sommes ressuscités avec Christ,
« vivons en lui, ressuscitons en lui afin que le ser-
« pent ne puisse trouver notre talon dans les choses
« terrestres, pour le blesser. » — Le lecteur verra
qu'Ambroise avait compris ce que dit saint Paul
de l'affection de l'esprit, et de cet amour pour
les choses du ciel, qui était si remarquable
chez les chrétiens primitifs. Nous citerons encore
à ce sujet quelques passages du dernier chapitre
d'Ambroise sur les avantages de la mort.

« Nous irons vers ceux qui sont assis dans le
« royaume de Dieu, avec Abraham, Isaac et Ja-
« cob, parce que lorsqu'ils ont été invités au sou-
« per, ils ne se sont point excusés. Nous irons là
« où se trouve un paradis de plaisirs célestes, où
« le malheureux qui était tombé parmi les voleurs
« ne pleure plus sur ses blessures, où le voleur
« lui-même se réjouit dans la participation du
« royaume céleste, où il n'y aura plus d'orages ni
« de vicissitudes, mais où la gloire de Dieu bril-
« lera seule et de tout son éclat. Nous irons là où
« Christ a préparé des demeures pour ses servi-
« teurs, afin que là où il est nous soyons aussi. En
« Christ, la volonté et l'exécution ne sont qu'une
« seule et même chose. C'est afin que nous pussions
« connaître sa véritable volonté qu'il a dit : « Père,

« mon désir est, touchant ceux que tu m'as donnés,
« que là où je suis ils y soient aussi avec moi, afin
« qu'ils contemplent ma gloire. » Nous te suivons,
« Seigneur Christ; mais tire-nous, afin que nous
« puissions te suivre. Nul ne s'élève vers toi sans
« toi. Découvre-nous ce bien que David désirait
« voir quand il disait : « N'eût été que j'ai cru que
« je verrais les biens de l'Éternel dans la terre des
« vivans, c'était fait de moi. » Montre-nous ce bien
« qui, de sa nature, ne peut changer, et que nous
« ne cesserons jamais de reconnaître et de goûter
« quand nous serons arrivés au ciel. C'est là que tes
« saints seront délivrés des erreurs et des anxiétés,
« de la folie et de l'ignorance, de la crainte et de
« la terreur, de toutes les convoitises et de toutes
« les affections charnelles. — Cherchons-le, em-
« brassons ses pieds, et adorons-le, afin qu'il puisse
« nous dire : « Ne crains pas, je suis la rémission
« des péchés, je suis la lumière, je suis la vie :
« celui qui viendra à moi ne verra pas la mort. »

Dans ses trois livres sur le Saint-Esprit, il prouve sa divinité en partie par des témoignages exprès, tels que, *Dieu est Esprit*[1], *le Seigneur est cet Esprit*; mais surtout en montrant que ce qui est dit des perfections divines et des actes du Père et du Fils, est dit aussi du Saint-Esprit.

En consolant Faustinus, qui gémissait de la mort de sa sœur, il s'exprime ainsi : « S'il est dit à l'âme :
« Ta force sera renouvelée comme celle de l'aigle[2],
« pourquoi nous affligerions-nous? Pourquoi gé-
« mirions-nous pour les morts, quand la réconci-
« liation du monde avec Dieu le Père est faite par
« Christ? Nous sommes ambassadeurs pour Christ,

---

[1] Jean, IV, 24. Ce qu'il dit de la fraude commise par les ariens dans le volume sacré de Milan, sous Auxence son prédécesseur, qui avait fait retrancher ce texte de l'Évangile de saint Jean, est bien remarquable. — [2] Ps. CIII, 5.

« afin que vous sachiez que ses dons sont sans re-
« pentance; que vous croyiez comme vous l'avez
« fait, et que vous ne jetiez pas du doute sur votre
« foi par un excès de chagrin, parce que Christ a
« été fait péché pour nous, afin d'ôter le péché du
« monde, et de nous rendre justice de Dieu en
« lui. »[1]

On voit dans une autre épître qu'à l'égard de la lumière que donne l'Esprit et à la présence de Christ dans le cœur, il avait les mêmes vues et les mêmes expériences que celles qu'ont manifestées les saints hommes de tous les temps.[2]

Il y a beaucoup à blâmer dans ses explications de l'Écriture sous le rapport de l'exactitude, de l'ordre et de la clarté. Les imaginations de l'origénisme l'entraînaient continuellement dans des interprétations vagues et arbitraires. Il demeura cependant fidèle aux fondemens de la vérité révélée. Il est évident qu'il ne comprenait pas bien les doctrines de la prédestination et de l'élection : cette partie de la vérité divine avait à peine vu le jour depuis l'époque de Justin martyr. Il est plus explicite relativement à la justification. Les pères de ce temps-là la confondaient souvent avec la sanctification, bien qu'ils conservassent en substance la vraie doctrine. Ambroise était peut-être plus exempt d'erreur sur ce point que la plupart des autres Pères.[3]

Il paraît qu'il donnait dans le même genre de superstition par rapport aux morts que l'historien Sulpice-Sévère; et l'on ne peut nier qu'il n'ait contribué aux progrès de la servitude monastique et de l'orgueil des prélats, en donnant occasion à ceux qui vinrent après lui de faire usage de ses

---
[1] Épître VIII, liv. ii. — [2] Épître XI, liv. iii.
[3] C'est une observation importante que nous ne devons pas perdre de vue quand nous lisons les écrits des Pères.

propositions pour appuyer leurs mauvais desseins. On doit dire cependant de ses œuvres comme de celles de plusieurs des Pères, qu'on a fait beaucoup de tort à sa mémoire par des fraudes et des additions, dans les temps de ténèbres de l'Église de Rome, où l'on s'efforçait de présenter toutes les erreurs et toutes les absurdités sous la protection de quelque célèbre docteur de l'antiquité.

CHAPITRE XIX.

PROPAGATION DE L'ÉVANGILE PARMI LES BARBARES, PROGRÈS DU NOVATIANISME ET DE L'ESPRIT MONASTIQUE.

Les Sarrasins, descendans d'Ismaël, qui furent depuis si illustrés, ou plutôt si dégradés par l'imposteur Mahomet, ayant fait la guerre aux Romains sous la conduite de leur reine Maovie, qui était chrétienne, l'une des conditions de la paix que Valens fit avec elle fut que Moïse, moine qui vivait dans le désert qui est entre l'Égypte et la Palestine, serait nommé évêque de sa nation. Valens ordonna qu'il fût conduit à Alexandrie pour recevoir de Lucius l'imposition des mains. Moïse, qui connaissait les principes ariens de cet évêque, dit devant lui, et en présence des magistrats et du peuple : « Arrêtez! je ne suis pas digne d'être « appelé évêque; mais si l'on me destine cet office « pour le bien des âmes, quelque indigne que je « sois, je prends le Créateur de toutes choses à « témoin que je ne recevrai pas l'imposition de « vos mains, qui sont souillées du sang d'un si grand « nombre de saints. » — « Si vous ne connais-

« sez pas ma foi, répondit Lucius, apprenez-la de
« ma bouche, et n'en jugez pas sur le rapport des
« autres. » Cependant Moïse, qui connaissait les
subtilités des ariens, aima mieux en appeler à
l'évidence des œuvres. « Je connais votre foi, lui
« dit-il; les pasteurs exilés parmi les infidèles,
« condamnés aux mines, jetés aux bêtes sauvages
« ou détruits par le feu, rendent témoignage à
« votre confession de foi. Il vaut mieux s'en rap-
« porter à ses yeux qu'à ses oreilles. »[1]

Les nécessités politiques répriment quelquefois
les passions des méchans. Lucius fut obligé de
dissimuler son ressentiment à cause de la position
de Valens son maître, et de permettre à Moïse de
recevoir l'ordination des évêques exilés. Ses travaux parmi les Sarrasins furent couronnés de succès. Avant lui, la plus grande partie de la nation
était idolâtre. Il paraît que son œuvre parmi eux
fut bénie, en ce qu'il les maintint en paix avec les
Romains; mais c'est là tout ce que nous en savons.

Les Goths avaient long-temps harassé l'empire
romain par leurs incursions, mais leurs déprédations
servirent aux progrès de l'Évangile. Nous
avons déjà dit, dans le siècle précédent, que quelques évêques captifs avaient travaillé parmi eux
avec beaucoup de succès, et les effets de ces travaux furent durables. Ulfile, qu'on appelle l'apôtre
des Goths, était descendu d'un de ces premiers
chrétiens. Il fut envoyé en ambassade à Constantin, et fut ordonné premier évêque des chrétiens
goths par Eusèbe de Nicomédie. Théodoret dit que
les ariens le trompèrent par des expressions équivoques, et l'engagèrent ainsi à persuader à ses
Goths de communier avec cette secte. Si nous
pouvons nous en rapporter au témoignage d'Au-

---
[1] Sozom. liv. vi, c. 38.

gustin, il est certain que ce peuple était demeuré long-temps attaché à la confession de Nicée. Sous le règne de Valens, plusieurs d'entre eux furent mis à mort par un de leurs princes qui était idolâtre et persécuteur. Ulfile fut envoyé en ambassade auprès de Valens par ses compatriotes, afin d'obtenir pour eux un établissement en Thrace; et ce fut dans cette occasion qu'il fut amené à communier avec les ariens. Il est certain que c'était un homme doué d'un génie et de talens supérieurs : il civilisa ce peuple barbare, introduisit le premier l'usage des lettres parmi eux, en traduisant les Écritures dans leur langue, mais en omettant les livres des Rois, parce qu'il pensait qu'il encouragerait la férocité des Goths, qui étaient déjà trop passionnés pour la guerre. Il existe encore un exemplaire de sa version des quatre Évangiles, et c'est un monument précieux de l'ancien langage teutonique. Mais quelque étrangers que lui et ses contemporains pussent être par le fait à l'hérésie arienne, leur communion avec ce parti eut l'effet qu'on en pouvait attendre : l'Église des Goths tomba par degrés dans l'arianisme, et nous retrouverons, dans la suite de cette histoire, les conséquences de cet événement.[1]

Les hérésies se multiplièrent dans ce siècle, principalement par les différentes ramifications de l'arianisme, qui ont été expliquées avec une exactitude plus que suffisante par plusieurs auteurs. Parmi les sectes qui conservaient la foi de Christ, les méléciens continuèrent pendant tout ce siècle; les donatistes subsistaient encore avec toute leur férocité. Socrates nous donne des détails précieux sur les novatiens; et il devait les bien connaître, ayant été lié avec le fils d'un de leurs anciens.

---

[1] Excerpt. Philostorgii apud Photium.

Dans son temps, ils avaient encore des églises florissantes en Phrygie et en Paphlagonie. Les novatiens étaient peut-être trop inflexibles; mais, de l'autre côté, on tomba dans de grands abus en admettant trop facilement dans l'Eglise ceux qui en avaient été retranchés, et la discipline s'étant relâchée en différens endroits, tous les genres de crimes abondèrent. — Les habitans de la Phrygie et de la Pamphylie, qui étaient généralement tempérans, opposés aux plaisirs et à la sensualité, étaient par cette raison plus disposés à admettre les sévérités du novatianisme [1]. Dans ce siècle, plusieurs d'entre eux se séparèrent encore plus de l'Eglise générale, en décidant dans un synode que Pâques serait observé à l'époque où les juifs célébraient la fête des pains sans levain; mais comme Agelius, l'évêque novatien de Constantinople, et d'autres célèbres évêques de leur communion, n'étaient pas présens, il se forma à cette occasion un schisme parmi eux.

Agelius présida quarante ans leur église à Constantinople, et mourut dans la sixième année du règne de Théodose. Quand il se sentit près de sa fin, il nomma comme son successeur Sisinnius, prêtre de l'église, qui était très instruit, ayant étudié sous Maxime, l'ami de Julien [2]. Le troupeau d'Agelius murmura de ce qu'il n'avait pas consacré Marcien, homme d'une piété éminente, qui les avait maintenus en sûreté pendant la persécution de Valens; le vieil évêque, désirant les apaiser, décida que Marcien serait son successeur immédiat, et que Sisinnius gouvernerait l'église après lui. Voilà tout ce que nous savons sur un évêque qui dirigea un troupeau considérable pendant un

---

[1] Socrates, liv. IV, c. 28. — [2] Socrates, liv. V, c. 21.

si grand nombre d'années dans des temps de trouble et d'épreuves.

Lorsque Marcien eut succédé à Agelius, il éleva à la dignité de prêtre un juif converti, nommé Sabbatius, qui soupirait dans son cœur après un évêché. Il entreprit de soutenir l'innovation qu'on avait faite par rapport à la fête de Pâques; et d'abord, sous prétexte d'une plus grande austérité de vie, il se retira de l'église, déclarant qu'il ne pouvait, en conscience, communiquer avec quelques membres de la congrégation. On distingua cependant, plus tard, quelles étaient réellement ses vues, lorsqu'il essaya de tenir des assemblées séparées. Marcien vit l'erreur qu'il avait commise en ordonnant un homme aussi ambitieux, et il disait souvent avec douleur qu'il aurait mieux valu pour lui poser ses mains sur des épines que sur la tête de Sabbatius. Il prit cependant des mesures pour désappointer son ambition; il assembla un concile, et envoyant chercher Sabbatius, il le pria de déclarer les motifs du mécontentement qu'il manifestait. Il déclara que c'était la différence d'opinion sur l'époque où devait se célébrer la Pâques, et qu'il pensait qu'on devait se conformer à la décision du synode de Paze; les évêques, soupçonnant toujours ses desseins, l'obligèrent à faire serment qu'il ne chercherait pas à devenir évêque, et décrétèrent que l'époque de la célébration de la Pâques serait regardée comme une chose indifférente, et qui ne devait pas occasionner de schisme dans l'Eglise. L'intention qu'ils manifestaient de conserver l'unité était louable, mais ils n'y réussirent pas. Sabbatius attira un certain nombre des simples, en particulier ceux de Phrygie et de Galatie, à son usage judaïque, et violant son serment, il se fit nommer évêque par ceux qui s'étaient attachés à lui. Il en résulta une variété de divisions parmi les novatiens, par rapport au temps de la Pâques et à d'autres sujets aussi peu importans, et cette église forma ainsi plusieurs partis.

L'esprit monastique continua à faire des progrès rapides pendant tout ce siècle. Nous n'entrerons pas dans les détails, et nous ne réciterons pas les fraudes ridicules, les abus et les superstitions qui s'y rattachaient; nous citerons une seule observation d'un auteur qui a conservé ce fatras avec beaucoup de complaisance. « La plupart de ces « moines fameux, dit Sozomène, vécurent jusqu'à « un âge extrêmement avancé, et je pense que ce « fut un moyen qui facilita les progrès du christia-« nisme. Antioche exceptée, la Syrie reçut très « tard l'Evangile, et les moines rendirent de grands « services pour cette œuvre, tant dans ce pays que « parmi les Perses et les Sarrasins [1] ». Il est probable, en effet, que ces pays, qui pour la plupart étaient avant cette époque privés de la doctrine de Christ, recueillirent des avantages religieux de la présence de ces hommes qui, bien que superstitieux, avaient cependant quelque part à la vraie piété. La superstition, lorsqu'il s'y joint quelque chose du vrai christianisme, peut être en bénédiction à des pays entièrement profanes ou idolâtres; elle ne peut agir que comme un poison parmi des peuples déjà évangélisés, et l'on peut douter que la Galatie et la Cappadoce aient tiré aucun avantage de la présence des moines de cette époque.

[1] Sozomen. liv. vi, c. 34.

CHAPITRE XX.

AUTEURS CHRÉTIENS DE CE SIÈCLE.

Plusieurs hommes du nom de Macaire ont vécu à peu près à la même époque, et il serait aussi difficile que peu intéressant de déterminer auquel d'entre eux il faut attribuer les cinquante homélies qui sont parvenues jusqu'à nous; leur antiquité n'est pas douteuse, et elles nous font connaître ce qu'était la théologie de ce temps. Voici quelques unes des pensées de Macaire :

« Quelques progrès qu'un homme ait faits dans
« la vertu, il doit se considérer comme quelqu'un
« qui n'a encore rien fait, et se presser d'ar-
« river à un degré supérieur, de peur de perdre le
« Saint-Esprit par l'orgueil ou l'indolence. L'homme
« est capable de tomber de cet état de sainteté dans
« lequel il est, s'il ne persévère dans l'humilité,
« qui est la marque infaillible du chrétien. Ceux
« qui n'ont pas encore reçu la grâce doivent faire
« le bien et éviter le mal par des motifs naturels;
« mais comme ceux qui l'ont reçue ont l'amour,
« ils n'ont plus besoin de semblables motifs. »
Macaire pensait que l'on peut tomber après avoir reçu les plus grandes grâces, et qu'il est impossible que personne soit certain de son salut dans cette vie; qu'il est impossible de croître en grâce sans humilité; que l'âme de l'homme, après la mort, va immédiatement dans le lieu sur lequel il a fixé son amour dans cette vie; que quelque bien

qu'il puisse faire par sa force naturelle, ce bien ne peut jamais le sauver sans la grâce de Christ; que si le Saint-Esprit ne produit pas en nous l'amour de Dieu, nous ne pouvons entrer dans le royaume de Dieu; que nous devons toujours travailler comme si tout dépendait de nos propres efforts, et cependant reconnaître que nous ne pouvons rien sans Dieu.[1]

On distingue dans toutes ces homélies un esprit de sérieux et d'humilité, et elles paraissent avoir été écrites par un homme profondément occupé de la vie divine et qui sent le besoin de la grâce. Avec une lumière aussi faible, plusieurs âmes humbles se sont traînées en sûreté vers le royaume céleste dans ces temps de ténèbres, bien que, comme Macaire, elles comprissent peu les vues et les doctrines évangéliques; comme lui, elles voyaient et sentaient cependant la nécessité de la conversion et l'importance d'un principe d'amour divin; et leur lumière obscure mérite d'être appelée un demi-jour, lorsqu'on la compare avec les ténèbres de ceux qui mettent la lumière naturelle à la place de la lumière du Saint-Esprit, et la pure vertu morale à la place de la charité divine.

Victorin d'Afrique avait professé la rhétorique plusieurs années à Rome, et il avait une si haute réputation, qu'on avait érigé une statue en son honneur dans cette ville. Il fut cependant converti dans sa vieillesse, et n'eut pas honte de confesser en public la foi de Christ. Augustin raconte d'une manière très animée et très vive, dans ses confessions, la conversion de Victorin. Il écrivit contre les ariens et les manichéens. Dans le traité qu'il fit contre les derniers, il s'adressa ainsi à son ami Justin, qui avait été trompé par eux.

---

[1] Dupin, IVe siècle, *Macarii.*

« C'est en vain que vous macérez votre corps
« par d'excessives mortifications; car après que
« vous vous serez usé par vos austérités, votre
« chair retournera au démon. Je vous conseille de
« reconnaître que le Dieu tout puissant vous a
« créé, afin que vous soyez véritablement le tem-
« ple de Dieu, suivant les paroles de l'apôtre :
« Vous êtes le temple de Dieu, et son esprit habite
« en vous. » Si vous n'avez pas l'honneur d'être
« le temple de Dieu, et de recevoir en vous le
« Saint-Esprit, le Christ est venu, non pour sau-
« ver, mais pour détruire. »

On ne peut douter que cet homme ne fût animé de l'esprit de la piété; mais ses écrits n'ont point d'intérêt aujourd'hui. Il serait à désirer, qu'au lieu de subtilités sur des controverses embrouillées, il eût donné à la postérité une simple déposition des dispensations du Seigneur envers sa propre âme, dans une conversion aussi extraordinaire que la sienne. Ce récit aurait certainement été très instructif, et il aurait beaucoup mieux réussi que dans ses descriptions de théories théologiques. Mais le goût des raffinemens philosophiques était répandu chez les meilleurs auteurs de cette époque, et l'on ne peut s'étonner de le trouver chez Victorin, qui, ayant été converti dans sa vieillesse, ne fut probablement jamais très capable de bien expliquer les Ecritures.

Pacien, évêque de Barcelonne, en Espagne, était renommé pour sa piété et son éloquence. Comme la plupart des hommes de son siècle, il exalte trop les formes de l'Eglise et la dignité des prêtres. Cependant l'accent d'une sainte ferveur domine dans ses écrits, et il combat la sévérité particulière des novatiens avec des argumens solides et des sentimens charitables. Cependant, quand il déclare qu'il croit que les novatiens n'ont point de part aux bienfaits de l'Eglise de Christ, à cause de leur schisme, il tombe lui-même dans la bigoterie, et montre peu de charité. Nous avons vu dans quelle union vivaient les novatiens et l'Eglise générale dans la grande ville de Constantinople.

Optat, évêque de Mileve, en Numidie, mérite d'être cité à cause de son judicieux traité contre les donatistes. Il leur reproche ainsi l'orgueil qu'ils manifestaient en se vantant d'être saints et innocens. « D'où vous vient donc cette sainteté, que « l'apôtre saint Jean n'osait pas s'attribuer à lui-« même, puisqu'il dit : « Si nous disons que « nous n'avons pas de péchés, nous nous trompons « nous-mêmes, et la vérité n'est pas en nous »? « Celui qui parle ainsi s'en remet sagement à « la miséricorde de Dieu; car un chrétien peut « désirer le bien, et s'efforcer de marcher dans la « voie du salut; mais il ne peut pas lui-même être « parfait. »

Les Appollinaire, père et fils, étaient de Laodicée : le père était prêtre, et le fils lecteur de l'église. Tous deux étaient très versés dans la littérature grecque; le père enseignait la grammaire, le fils la rhétorique. Épiphane, sophiste, leur était uni par la plus étroite intimité. Théodote, évêque de Laodicée, craignant, avec raison, que leur liaison avec un païen ne mît leurs âmes en danger, leur conseilla d'y renoncer. Ils méprisèrent ce conseil, et persévérèrent. George, successeur de Théodote, ayant en vain essayé de les éloigner de leur ami païen, les exclut enfin de la communion chrétienne. Irrités de cette décision, ils formèrent une nouvelle secte, connue sous le nom de l'hérésie appollinaire. Ce qui la caractérisa principalement, c'est qu'elle s'accorda avec les ariens pour nier que notre Sauveur ait eu une âme humaine, et pour supposer que la nature divine inférieure qu'il avait reçue du Père leur en tenait lieu.[1]

On ne peut douter que ces hommes ne fussent doués d'une capacité supérieure. Le fils, en particulier, était un des hommes les plus remarquables de son temps par son érudition, son génie et son talent pour la discussion. Sa réponse à Porphyre est regardée comme la meilleure défense du christianisme contre le paganisme. Ce fut lui qui, sous le règne de Julien, essaya de dédommager les chrétiens de la perte des auteurs classiques, dont l'étude leur était interdite par cet empereur. Il écrivit des poëmes et des dialogues à l'imitation de Sophocle et de Platon, sur des sujets tirés de l'Écriture, et sa traduction des psaumes en vers grecs, qui existe encore, est très estimée.[2]

Que manquait-il à ces deux hommes? l'humilité. Nous avons vu, dans ces derniers temps, des hommes qui ont eu comme eux une conduite respectable, de l'érudition, de la pénétration, divers genres de talens, et qui, par rapport à l'extérieur de la religion, surpassent beaucoup de vrais chrétiens en capacité et en utilité. L'orgueil et la confiance en eux-mêmes les entraînent à raisonner lorsqu'ils devraient adorer, à disputer lorsqu'ils devraient prier, et à blasphémer lorsqu'ils devraient se soumettre. Ils traitent avec mépris les exhortations charitables de leurs pasteurs et de leurs amis, parce qu'ils sont plus habiles dans les langues et dans les sciences que ceux qui les reprennent. Étrangers à eux-mêmes et à toute l'œuvre du Saint-Esprit sur le cœur, et résistant à tous ses mouvemens, ils ne peuvent venir à Christ, parce qu'ils ne veulent pas descendre de leur prodigieuse élévation dans la vallée de l'humiliation. Il faut

---

[1] Socrates, liv. ii, c. 46. — [2] Du Pin.

que leur ambition trouve un aliment; l'ayant cherché en vain dans l'Église de Christ, ils inventent des raffinemens qui corrompent la saine doctrine, et cherchent à devenir chefs de parti. Dieu surprend les sages en leur ruse, et se révèle aux petits enfans; et le petit nombre d'hommes supérieurs à la masse de l'humanité par leurs talens, et qui demeurent cependant attachés à la vraie piété, ne se sont, dans tous les siècles, maintenus en sûreté que par une discipline souvent bien plus sévère que celle dont ont besoin les autres chrétiens.

On peut justement comparer Didyme à Apollinaire, pour l'étendue de ses connaissances et pour ses talens. Quoiqu'il eût perdu la vue à l'âge de cinq ans, il étudia avec tant de vigueur et de succès qu'il devint célèbre comme rhétoricien et comme géomètre, et qu'il étudia aussi avec succès la philosophie. Il professa avec beaucoup d'éclat dans la fameuse école d'Alexandrie. L'origénisme était son système favori, bien que, d'après ce que nous savons de lui, il soit demeuré fidèlement et, l'on peut aussi l'espérer, humblement attaché à la doctrine chrétienne. Son traité sur le Saint-Esprit, dont il ne s'est conservé jusqu'à notre temps que la traduction latine de Jérôme, est peut-être le meilleur ouvrage qui ait été écrit sur ce sujet, et tout ce qu'on a dit depuis ce temps pour prouver la divinité et la personnalité du Saint-Esprit s'y trouve en substance.

Grégoire de Nysse, frère du fameux Basile, était évêque de Nysse, ville de Cappadoce. Basile et deux de ses frères embrassèrent la vie solitaire; mais Grégoire se maria, et resta dans la société. Il fut fidèle sous Valence, et eut l'honneur d'être chassé de son Eglise; en 378 elle lui fut rendue. Il mourut vers la fin du siècle. Il montra, dans un discours catéchétique, un jugement solide en posant différentes règles d'argumentation, selon qu'on avait à faire aux païens, aux juifs ou aux hérétiques. Il démontra la vérité du dogme de l'incarnation en prouvant que l'homme est déchu et corrompu, qu'il ne peut être rétabli que par son Créateur, et que c'est pour cela que la Parole qui l'avait créé est venue elle-même le relever ; il ajoutait qu'être né d'une vierge, manger, boire, mourir et être enterré ne sont pas des choses qui ne puissent s'allier à la sainte nature de Dieu, parce qu'il n'y a point de péché dans ces choses, et que la divinité, unie à l'homme, n'a rien perdu de ses perfections, pas plus que l'âme ne perd ses propriétés par son union avec le corps.

Dans une visite qu'il fit à Jérusalem, il fut reçu avec beaucoup d'hospitalité par trois dames pieuses très distinguées, Eustathie, Ambroisie et Basilisse, et il contempla avec délices les scènes du séjour de notre Seigneur sur la terre ; mais il nous dit qu'il y trouva peu de vraie religion, et il s'en retourna tout triste à Antioche, d'où il écrivit aux trois dames, et les mit en garde contre ceux qui auraient pu chercher à les tromper. Un de ses amis lui ayant demandé si c'était une partie essentielle de la religion que de faire un pélerinage à Jérusalem, il répondit : « Non ; car un homme a plus de motifs « d'espérer l'influence de l'esprit de Dieu en Cap- « padoce, où règne la vraie piété, qu'à Jérusalem, « où elle décline de plus en plus chaque jour. »

CHAPITRE XXI.

ÉPHREM LE SYRIEN.

Parmi les auteurs de ce siècle, il en est quelques uns qui, par divers motifs, méritent d'occuper d'une manière plus particulière notre attention.

Éphrem le Syrien était né à Nisibe en Mésopotamie, de parens chrétiens, et avait été élevé avec le plus grand soin dès son enfance. Il manifesta de très bonne heure une disposition remarquable à la piété, à l'étude et à la contemplation. Il n'y a eu dans ce siècle que bien peu d'hommes qui aient su unir la véritable vie chrétienne à la pratique de tous les devoirs de la société, et le goût de la solitude dominait beaucoup chez Éphrem. Il donna une grande preuve de bon sens ou de charité, ou plutôt de ces deux choses à la fois, en se décidant à la fin à quitter sa solitude pour vivre dans la grande ville d'Edesse, dans le but de jouir de l'avantage des assemblées chrétiennes et de se rendre utile à ses semblables [1]. Il écrivit beaucoup sur les Ecritures, et composa divers morceaux de piété en syriaque, sa langue natale; ils furent traduits en grec pendant sa vie, et furent très admirés par toutes les Eglises d'Orient. Il n'eut jamais de charge plus élevée dans l'Eglise que celle de diacre, et prit une fois une méthode très extraordinaire pour éviter d'être élu évêque. Il feignit la folie, et échappa ainsi. Le lecteur se souviendra d'avoir vu quelque chose de semblable dans la conduite d'Amboise, et il déplorera les extrêmes opposés, qui,

---
[1] Sozom. liv. III, c. 16.

en différens siècles, ont affligé l'Eglise. Dans le temps où vivait Éphrem, le caractère pastoral apparaissait aux hommes pieux sous un aspect trop effrayant; il leur semblait qu'il n'exigeait rien moins qu'une vertu angélique : aujourd'hui, les convenances mondaines et l'amour du gain ne sont-ils pas trop souvent les principaux motifs qui portent les hommes à entrer dans le saint ministère, et ne s'imaginent-ils pas généralement que la seule qualification indispensable est une conduite décente?

Un hérétique nommé Harmonius, fils de Bardesane, s'était appliqué à composer des hymnes religieuses pour l'usage des Syriens, en y entremêlant les opinions hérétiques de son père et la philosophie des Grecs. Éphrem, qui avait des idées très saines des fondemens de la foi chrétienne, et à qui cette foi était précieuse, composa des hymnes chrétiennes sur les mêmes mélodies que celles d'Harmonius, et elles furent bien reçues des Syriens, qui les chantèrent à la place des premières. Il écrivit aussi un discours sur l'utilité du chant des psaumes et des cantiques, et sur le pernicieux effet de la danse et des chansons profanes.

Peu de temps avant sa mort, il donna une preuve de charité dont le souvenir mérite d'être conservé. Une cruelle famine désolait Edesse, et plusieurs personnes pauvres étaient mortes de besoin. Éphrem attendit quelque temps pour voir si quelqu'un se mettrait en avant pour secourir les indigens [1]; mais voyant qu'il était peu probable que l'on s'en occupât sérieusement, la compassion de son cœur renversa enfin toutes les barrières monastiques, qui l'avaient empêché, même à Edesse, de faire tout le bien qu'il aurait pu faire à l'Eglise;

---

[1] Sozom. liv. III, c. 16.

et allant au milieu des riches et des mondains, il leur reprocha vivement leur inhumanité. Ils firent ce que font dans tous les siècles les heureux de la terre, et dirent que s'ils avaient agi ainsi ce n'était pas par avarice, mais par la difficulté de trouver un homme qui eût assez de prudence et de fidélité pour qu'ils pussent lui confier la distribution de leurs aumônes. « Me croyez-vous capable de rem-
« plir cet office ? » répondit Éphrem. Ils répondirent affirmativement, sans hésiter : « Alors je m'en
« chargerai. » Lorsqu'il eut reçu leurs contributions, il fit apporter trois cents lits dans les cloîtres publics de la ville, y mit les infirmes, et leur fournit des alimens et des remèdes. Il prenait aussi soin des étrangers et de ceux auxquels le besoin avait fait abandonner les campagnes qui environnaient la ville, et il leur procura ce qui leur était nécessaire jusqu'à ce que la disette eût cessé.

Combien il est à regretter que les fausses idées de piété, dans lesquelles les nouveaux convertis sont très sujets à tomber, aient privé le monde chrétien de l'avantage qu'il aurait pu retirer des talens et des vertus d'Éphrem ! Ceux qui connaissent les hommes ne peuvent être surpris de trouver égoïstes et avares ceux qui se mêlent continuellement avec le monde ; mais combien Satan devait se réjouir de voir les meilleurs et les plus excellens d'entre les hommes se dérober autant que possible aux regards du monde pour ne songer qu'à cultiver des vertus privées ! tant on avait décliné dans la connaissance du pur christianisme.

Nous passerons maintenant en revue les écrits d'Éphrem pour découvrir quelles étaient ses vues sur la religion. « Heureux, dit-il, l'homme qui
« possède l'amour et qui déloge pour aller vers
« Dieu ; car Dieu, qui connaît ce qui est à lui, le
« recevra dans son sein ; il sera le compagnon des

« anges, et régnera avec Christ. Par l'amour, Dieu
« le Verbe est venu sur la terre ; par lui, le para-
« dis nous a été acquis, et l'accès du ciel a été ou-
« vert à tous. Lorsque nous étions ennemis de Dieu,
« nous avons été réconciliés par l'amour. Nous
« pouvons dire avec vérité que Dieu est amour, et
« que celui qui demeure dans l'amour, demeure
« en Dieu. » Telles étaient ses pensées au sujet de
l'amour de Dieu.[1]

Il dit de lui-même : « Dès mon enfance j'ai été
« un vaisseau inutile et indigne de tout honneur.
« J'ai averti les autres, et je suis tombé double-
« ment moi-même dans les maux que je leur re-
« commandais d'éviter. Malheur à moi ! — Où
« puis-je trouver un refuge, si les miséricordes de
« Dieu ne brillent promptement sur moi. Il n'y a
« aucun espoir de salut par les œuvres : pendant
« que je parle de pureté, je pense à des choses im-
« pures ; pendant que je prononce des règles pour
« vaincre ses passions, les miennes m'agitent inté-
« rieurement nuit et jour. Quelle excuse puis-je
« présenter ? Hélas ! quel examen je dois subir !
« j'ai eu l'apparence de la piété, je n'en ai pas eu
« la force. Je crains que le feu du ciel ne me con-
« sume, comme il a consumé les deux fils d'Aaron.
« Désespérerai-je donc du salut ? Nullement : c'est
« là ce que l'adversaire désire pour me perdre. Je
« ne me regarde pas comme perdu ; car je me con-
« fie dans les miséricordes de Dieu, et dans les
« prières que Jésus fait pour moi. Je te prie, ne
« me rejette pas. Tu connais les plaies de mon
« âme ; guéris-moi, ô Seigneur, et je serai guéri.
« Quelle honte me saisira, lorsque ceux qui me re-
« gardent maintenant comme saint me verront
« condamné, et quand tous les secrets seront dé-
« couverts ! »

[1] Œuvres d'Éphrem. Oxon.

Quelque défectueuses que soient ses vues sur la doctrine évangélique, il a des idées justes et profondes de cette humilité qui en est le fruit. « Tous les dons sont vains, dit-il, lorsqu'ils ne « sont pas accompagnés de l'humilité. L'orgueil « travaille à dominer sur tout, et tend un piége à « chacun, selon sa position particulière. La sagesse, « la force, la beauté, l'esprit, sont des dangers « pour ceux qui les possèdent. Le Seigneur voyant « le péril où nous sommes a mis l'humilité pour « nous préserver; il disait : « Lorsque vous aurez « fait tout ce qui vous est commandé, dites : nous « sommes des serviteurs inutiles! » Ceux qui tra- « vaillent abondamment dans l'œuvre du ministère « sont-ils portés à se glorifier par-dessus ceux qui « ont des habitudes plus retirées et plus tranquilles; « voici, le Seigneur loue Marie assise à ses pieds, « comme ayant choisi la bonne part. Ceux qui vi- « vent dans la retraite sont-ils disposés à se glori- « fier par-dessus ceux qui sont actifs; voici, le « Fils de l'homme est venu pour servir. — S'éle- « ver, c'est avoir l'affection charnelle; et si vous « vivez selon la chair, vous mourrez. — Quand tu « pourras supporter des choses pénibles contre ta « volonté, et cependant de bon cœur, tu sau- « ras que tu as fait des progrès dans l'humilité. — « Le pharisien a été condamné par l'orgueil; le « péager a été exalté par l'humilité; le Sei- « gneur daigne nous placer avec lui dans son « royaume! »

Nous entendons encore Éphrem s'écrier dans l'ardeur de sa piété :

« J'invoque ta bonté, guéris mes blessures, et « éclaire mon jugement, afin que je voie tes dis- « pensations pleines de grâce envers moi. Lorsque « mon cœur est prêt à s'égarer, qu'il soit assai- « sonné du sel de ta grâce. — Toi seul tu sais que « mon âme est envers toi comme une terre alté-

« rée. — Si tu as jamais prêté l'oreille à mes prières,
« ne repousse pas maintenant ma demande : mon
« esprit est comme un captif, cependant il te cher-
« che, toi le seul Sauveur ; envoie ta grâce, afin
« que je puisse manger et boire, et être rassasié.
« Distille une goutte de ton amour, afin qu'elle brûle
« dans mon âme comme un feu liquide, et qu'elle
« consume ses épines, c'est-à-dire ses mauvaises
« convoitises. »

Il décrit avec tant de force son état de péché et de corruption, que si nous citions ici ce qu'il dit à ce sujet, les personnes qui ne connaissent pas la puissance du péché qui habite en nous, pourraient supposer qu'il avait eu des mœurs très relâchées, tandis qu'il avait au contraire mené la vie la plus pure dès sa jeunesse. C'est pour la même raison que la vive description que fait saint Paul de sa corruption intérieure, dans le septième chapitre de l'épître aux Romains, a conduit quelques personnes à supposer qu'il parlait de la vie qu'il menait avant sa conversion. C'était une profonde humilité d'âme et une grande connaissance des penchans du cœur naturel qui a porté ces deux hommes à se dépeindre comme si mauvais. La différence qui existe entre eux, c'est que la connaissance inférieure qu'avait Éphrem de la grâce de l'Évangile l'empêche d'atteindre à cette force et à cette joie qui abondaient chez l'apôtre.

Dans son testament, son humilité paraît mélangée de superstition et d'abattement d'esprit. Lorsqu'on a un véritable sentiment du péché, et qu'on ne discerne pas complétement et fermement le Seigneur Jésus, la seule justice, on a recours à de vains refuges. Ainsi Éphrem, recourant aux prières et aux offrandes qu'on doit faire pour lui après sa livre qu'il a écrit contre ceux qui prétendaient sonder la nature de son divin Fils : « Celui-là, « dit-il, est malheureux et impudent qui désire « sonder son Créateur. D'innombrables myriades « d'anges le glorifient avec respect, et l'adorent « en tremblant ; tandis que des hommes d'argile, « pleins de péchés, disputent sans crainte sur la « Divinité. Leur corps ne tremble pas, leur es- « prit n'est pas déconcerté ; mais ils parlent avec « assurance et sans hésiter de Christ le Fils de Dieu « qui a souffert pour d'indignes pécheurs, et de « sa double génération : et ils ne sentent pas com- « bien ils sont aveugles. »

L'état le plus désirable est sans doute celui d'un saint, humilié par le sentiment du péché pendant toute sa vie, et cependant se réjouissant en Christ et portant du fruit avec charité et avec patience. Cet état exige la connaissance de la loi et de l'Evangile. Et il y a généralement une connaissance expérimentale de cette science, très simple et très forte, là où il y a effusion du Saint-Esprit. Au déclin de cette effusion, vers la fin du troisième siècle, le christianisme se montra sous une forme moins pure, même chez les vrais saints ; et notre histoire marche encore dans le crépuscule. Les chrétiens d'alors connaissaient la loi dans sa spiritualité, mais ils ne connaissaient pas l'Évangile dans ses consolations[1]. Il en était ainsi d'Éphrem, un des plus saints hommes de cette période ; on aurait peine à trouver un chrétien qui eût des vues plus saines depuis le temps de Cyprien, si nous en exceptons Ambroise de Milan. Mais la plupart des vrais fidèles de tout ce siècle, et de la fin du siècle précédent, vivaient comparativement dans l'esclavage, regardant à Jésus sincèrement, mais

---

[1] En lisant cette histoire, on ne doit pas perdre de vue cette réflexion. ÉDITEUR.

d'une manière confuse. Dieu élevait cependant sous sa direction spéciale, dans la dernière partie de ce siècle, un homme dont la lumière supérieure devait, comme nous le verrons plus tard, éclairer le siècle suivant. Mais n'y a-t-il pas dans la piété, l'humilité et la délicatesse de conscience d'hommes semblables à Éphrem, avec toute leur abjecte superstition, un reproche bien frappant pour l'orgueil, l'indolence et la légèreté d'un grand nombre d'hommes de nos jours, qui ont l'Evangile dans la tête et non dans le cœur, qui jouent avec la lumière, et qui vivent dans le péché, parce qu'ils pensent que la grâce abonde.

CHAPITRE XXII.

HILAIRE DE POITIERS.

Fortunat, qui vivait deux siècles après Hilaire, nous a laissé une vie de cet évêque. Selon le goût de ce siècle, qui était encore plus crédule et plus superstitieux que celui d'Hilaire, ce biographe rapporte très peu de faits intéressans, et se complaît dans les prodiges et les fictions. Ce sera donc aux historiens ecclésiastiques contemporains d'Hilaire, et surtout à ses propres écrits, que nous emprunterons les matériaux de ce chapitre.

Hilaire était né à Poitiers en France, d'une famille très noble, et avait reçu une éducation libérale. Dans son livre sur la Trinité, il raconte sa conversion [1], et nous apprend qu'ayant sérieusement réfléchi à la folie et à la vanité de l'idolâtrie, il avait été amené à conclure que ceux qui enseignaient un semblable système n'étaient certaine-

---

[1] Vie d'Hilaire, par Cave.

ment pas propres à conduire les hommes au bonheur. Il contempla ensuite les choses visibles, et comprit que leur existence annonçait qu'un être éternel et tout puissant devait être leur créateur et leur conservateur, que le bonheur ne pouvait consister dans les choses extérieures, ni dans la simple connaissance des premiers principes du bien et du mal, mais dans la connaissance du vrai Dieu. En lisant les livres de Moïse et des prophètes, son esprit fut éclairé, et il s'affermit dans le jugement qu'il avait porté de ces choses [1]. Cette parole du livre de l'Exode, qui est tout à la fois si vaste et si concise, « Je suis celui qui suis », le remplissait d'admiration. Mais quand il arriva au nouveau Testament, il apprit qu'il y a une Parole éternelle, le Fils de Dieu fait homme, qui est venu dans le monde pour lui communiquer une plénitude de grâce. Son espérance de bonheur devint plus vive, il se dit que puisque le Fils de Dieu s'était fait homme, les hommes pouvaient devenir les enfans de Dieu. Il reçut cette doctrine avec joie, son esprit fut régénéré par la foi, et il sentit une espérance pleine d'immortalité. Lorsqu'il eut une fois appris à croire à l'Évangile, il comprit que le vrai chrétien doit rejeter les questions captieuses, et qu'il ne peut plus juger d'après les maximes du monde; que, sans être fatigué de la vie, il ne craint pas la mort, mais qu'il s'avance vers une bienheureuse éternité : c'est ainsi qu'Hilaire nous donne l'histoire de la révolution qui s'était opérée dans son esprit.

Il fait une excellente exhortation relativement à la doctrine de la Trinité, recommandant à son lecteur de régler ses pensées, par rapport à Dieu, selon la lumière de la foi, et d'après le témoignage de Dieu lui-même, et d'écarter de son esprit les

[1] Dupin.

idées étroites des hommes; et il ajoute : « Ce qu'on
« demande surtout d'un lecteur, c'est de com-
« prendre le sens d'un auteur d'après ce qu'il lira,
« et de ne pas lui en attribuer un de son invention,
« en s'appliquant à trouver dans ce qu'il lit ce qu'il
« s'imagine devoir y être. Dans les passages qui
« décrivent l'Etre suprême en particulier, il devrait
« au moins se persuader que Dieu se connaît lui-
« même »[1]. Il dit encore, dans une autre partie
du même traité : « Les blasphèmes des hérétiques
« nous obligent à faire des choses qui nous sont
« défendues, à sonder des mystères incompréhen-
« sibles, à parler de choses ineffables, et à expli-
« quer ce qu'il ne nous est pas permis d'examiner.
« Et au lieu de faire avec une foi sincère ce qui
« nous est commandé, c'est-à-dire d'adorer le Père
« et le Fils, et d'être remplis de l'Esprit, nous
« sommes obligés d'employer nos faibles raisonne-
« mens à expliquer des choses incompréhensibles.
« Dans tous les siècles, tous les chrétiens sincères
« ont eu occasion de faire la même remarque, lors-
« qu'ils ont été appelés à soutenir le combat pour
« la foi qui a été une fois donnée aux saints. »

Ses vues sur les trois personnes de la Trinité sont remarquables, claires et scripturaires. En parlant du Saint-Esprit, il dit qu'il éclaire nos esprits et réchauffe nos cœurs[2]; qu'il est l'auteur de toute grâce, et qu'il sera avec nous jusqu'à la fin du monde; qu'il est notre consolateur pendant

---

[1] Si l'on avait toujours suivi cette méthode, personne n'aurait jamais combattu la doctrine de la Trinité. Il paraît donc qu'Hilaire, guidé par la seule étude des Écritures, avait embrassé et soutenait avec fermeté la confession de foi de Nicée avant de l'avoir jamais vue, ou d'avoir aucune connaissance de la controverse arienne.

[2] Reconnaissant ainsi son influence sur les deux principales facultés de l'esprit humain, l'entendement et la volonté; non pas seulement sur l'une des deux, mais sur toutes les deux, conformément aux vues des hommes les plus sages et les meilleurs de tous les siècles.

que nous vivons ici-bas dans l'attente de la vie future, et le gage de nos espérances. Il recommande à tous les hommes de prier pour obtenir ce Saint Esprit, afin qu'il puisse leur donner de faire du bien, et de persévérer dans la foi et dans l'obéissance.

Il adressa à l'empereur, sur le même sujet, deux discours qui sont écrits d'un style convenable et modéré ; on voit évidemment que lorsqu'il a composé le troisième, il était exposé aux tourmens de la persécution, et l'on ne peut présenter d'autre excuse pour la rudesse peu chrétienne avec laquelle il traite ce prince, que celle que nous avons déjà mise en avant pour Athanase : « Que l'oppression « fait un fou de l'homme le plus sage. » On voit en général dans l'Église une sorte d'équilibre entre la connaissance des doctrines et la sainteté pratique. La sanctification est le fruit de la connaissance de la vérité, et le degré supérieur de cette connaissance dans les deux premiers siècles explique le degré supérieur de douceur et de charité chrétienne que l'on remarque chez ceux qui souffraient pour l'Évangile, lorsqu'on les compare aux saints du quatrième siècle.

Après sa conversion, Hilaire montra un attachement exemplaire pour l'Évangile ; il évita avec soin jusqu'à la moindre apparence de penchant pour les hérésies qui dominaient alors, et s'appliqua à rendre sa religion honorable par sa conduite. Il était marié, et eut une fille nommée Abra, qu'il éleva avec beaucoup de soin. Nous nous sommes assez étendu sur la controverse arienne pour n'avoir pas besoin d'insister ici sur la part qu'y prit Hilaire ; il suffira de dire qu'il fut exilé pendant quelque temps en Phrygie, pour avoir agi selon sa conscience ; qu'il fut enfin rétabli dans son siége épiscopal, et que, d'un côté, par sa douceur, qui ramena les lucifériens, et de l'autre, par sa constance, qui offensa l'empereur arien, il put encore rendre des services signalés à l'Église, et fut dans l'Occident, comme Athanase dans l'Orient, la colonne de l'orthodoxie. Il est vrai que l'Eglise latine ne fut jamais aussi infestée d'arianisme que l'Église grecque ; et la France, en particulier, fut garantie par lui de cette hérésie. Il mourut à Poitiers vers l'an 367. C'est à lui qu'est dédiée la grande église de Poitiers, et au milieu de la ville est une colonne qui lui a été érigée, et dont l'inscription exprime tout à la fois l'admiration qu'avaient excitée ses vertus et la superstition de ceux qui l'écrivirent :

DIVO HILARIO, URBIS PROPUGNATORI, FIDELISSIMO, ASSIDUISSIMO, CERTISSIMO PICTAVORUM EPISCOPO.

A saint Hilaire, le défenseur de la ville, très fidèle, très assidu, et ferme évêque de Poitiers.

CHAPITRE XXIII.

BASILE DE CÉSARÉE. [1]

BASILE, surnommé le Grand, à cause de son savoir et de sa piété, était descendu d'ancêtres chrétiens, qui avaient beaucoup souffert durant la persécution de Dioclétien. Sa grand'mère Macrine, qui était elle-même du nombre des confesseurs de la foi de Christ, et des disciples de Grégoire-le-Thaumaturge, lui fut éminemment utile par l'influence qu'elle exerça sur son éducation, et par les principes qu'elle s'efforça de lui inculquer. Après

[1] Cave, Dupin, Socrates, Sozomènes, Grégoire de Nazianze, Epîtres de Basile.

une éducation domestique très sévère en Cappadoce, son pays natal, il voyagea pour accroître ses connaissances, suivant l'usage de ceux qui pouvaient faire cette dépense, et trouva à Athènes Grégoire de Nazianze, avec lequel il se lia d'une manière intime. Il l'y laissa au bout de quelque temps, et se rendit à Constantinople, où il se mit sous la direction du fameux Libanius. Il est certain qu'il avait acquis toute l'érudition que l'on pouvait avoir dans ce temps-là et que s'il avait voulu se donner entièrement au monde, il y aurait brillé d'un vif éclat par ses talens supérieurs, sa vaste intelligence et son infatigable assiduité au travail. Mais son esprit était sous une influence spirituelle; il sentit le vide des jouissances les plus raffinées de la littérature, et dit d'Athènes elle-même qu'elle n'était qu'une vaine félicité. Il fut conduit à chercher de la nourriture pour son âme, et étudia avec Grégoire les ouvrages d'Origène; nous possédons encore des monumens de leur vénération pour ce savant théologien.[1]

Basile ne pouvait puiser dans cette étude le goût des explications claires et évangéliques des Écritures. Dans ses voyages en Égypte, il s'entretint beaucoup avec les moines et les ermites, et il acquit ainsi cet attachement excessif pour les idées des ascétiques, qui le conduisit plus tard à devenir le grand appui de leurs superstitions.

Julien l'avait connu dans le temps où ils étudiaient ensemble à Athènes, et lorsqu'il fut parvenu à l'empire il invita Basile à venir à sa cour. Mais la crainte de Dieu et l'amour des choses célestes, qui dominaient certainement dans son cœur, ne lui permirent pas de céder un seul moment à

---

[1] Les *Philocalia* d'Origène, qui sont composées de questions de l'Écriture et de commentaires d'Origène, compilées par ces deux amis.

cette tentation. Il écrivit à l'empereur avec une sincérité chrétienne, et lui déplut par ses fidèles remontrances; il aima mieux vivre à Césarée comme un chrétien méprisé que de partager les honneurs et les richesses d'une cour à laquelle ses talens remarquables lui auraient obtenu un rang distingué.

Au bout de quelque temps il se retira à Néocésarée, dans le Pont, et par son exemple, qui était d'accord avec l'esprit de ces temps, il n'engagea pas seulement son ami Grégoire, mais aussi un grand nombre d'autres chrétiens, à embrasser une vie retirée, et à s'appliquer à la prière, au chant des psaumes, et à d'autres exercices de dévotion. Ce fut là que ces deux amis firent ces règles de discipline monastique qui furent la base de toutes les institutions superstitieuses qui envahirent l'Église. Cet esprit ne domina parmi les hommes réellement pieux de cés temps que parce qu'ils n'avaient pas une vue claire de la doctrine évangélique, et de cette foi vivante qui anime le chrétien et qui le met en état de vivre au-dessus du monde, bien qu'au milieu du monde. Fuir la société leur paraissait le seul moyen d'échapper aux souillures du monde, qu'ils détestaient sincèrement. L'orgueil spirituel et l'ignorance augmentèrent le mal, et cette sorte de piété dégénéra en un vain système de formes, et les monastères devinrent enfin des asiles secrets d'iniquités. Rien ne serait cependant plus injuste que de soupçonner la généralité des moines de *cette époque* d'hypocrisie et de mœurs relâchées.

Tout en s'occupant à fonder des monastères dans les pays voisins, Basile fit aussi construire des hôpitaux pour les pauvres; et comme il avait été ordonné prêtre avant de quitter Césarée, il se rendit encore utile en prêchant de lieu en lieu.

Etant retourné quelque temps après à Césarée, il se distingua en engageant les riches à fournir aux nécessités des pauvres durant une rigoureuse famine; et tout le monde s'accorda à le louer de la charité qu'il avait manifestée envers les malheureux et de l'intégrité avec laquelle il avait résisté à l'influence et aux importunités de Valens, l'empereur arien.

Le siége de Césarée se trouvant alors vacant, le vieux Grégoire, évêque de Nazianze, père de son ami, travailla à l'y élever; et il fut enfin choisi évêque de cette ville, malgré l'opposition des ariens. Il fut bientôt appelé à résister aux attaques répétées de Valens; et quoiqu'il courût le plus grand danger d'être banni de son église, il demeura ferme dans la profession de la foi.

La discipline avait été scandaleusement négligée à Césarée; des hommes qui étaient une honte pour la religion officiaient dans l'église, les surveillans subalternes [1] consacraient des prêtres sans que l'évêque en eût connaissance, et sans qu'ils eussent été convenablement examinés, et plusieurs embrassaient l'état ecclésiastique par des motifs purement séculiers : on disait que quelques uns avaient même vendu la prêtrise pour de l'argent, crime ordinairement connu sous le nom de simonie. Basile rappela à son clergé la sévérité de la discipline primitive, et le soin que mettaient autrefois les prêtres et les diacres à examiner la vie et les mœurs des personnes qui devaient être consacrées; il fit de grands efforts pour rétablir ces louables coutumes, et s'appliqua à faire ressortir tout ce que la simonie avait de coupable et de honteux.

Il serait fatigant d'entrer dans le détail des différentes luttes que Basile eut à soutenir. La calom-

---

[1] Chorepiscopi, espèce de sous-évêques dans les grands diocèses.

nie, la malice et la puissance des ariens l'exposèrent à diverses épreuves qu'il supporta avec une patience inépuisable; et à mesure que son corps s'affaiblissait par des maladies toujours croissantes, son esprit semblait acquérir plus de vigueur. Sentant qu'il déclinait rapidement, après qu'il eut gouverné l'église de Césarée huit ans et quelques mois, il consacra quelques uns de ceux qui avaient été ses compagnons de travaux, et fut ensuite obligé de rester au lit. Les habitans de Césarée, qui sentaient le prix d'un semblable pasteur, vinrent en foule dans sa maison. Il adressa des paroles pieuses à ceux qui l'entouraient, et expira en disant : « Je remets mon esprit entre tes mains. »[1]

Il est bien à regretter qu'un homme aussi pieux, aussi profondément instruit, et d'un talent aussi élégant et aussi accompli, ait autant souffert dans son corps et dans son esprit, de l'influence des idées monastiques. Mais ses excessives austérités détruisirent sa santé, qui fut chancelante pendant bien des années.

Le pharisaïsme et la superstition tiennent une trop grande place dans ses ouvrages, pour qu'ils puissent contribuer beaucoup à l'instruction et à la consolation de l'âme, bien que l'on y voie évidemment qu'il comprenait l'influence du Saint-Esprit, et qu'il plaçait son espérance de salut en Christ. « La foi, dit-il, au-dessus de toutes les mé-
« thodes naturelles, amène l'âme à un ferme ac-
« quiescement à la parole : cette foi, qui n'est pas
« l'effet de conclusions géométriques, mais le résul-
« tat de l'énergie de l'Esprit »[2]. Il excellait à don-

---

[1] Il mourut l'an 379.
[2] Basile, sur le psaume cxv. — On peut ajouter à ce témoignage de Basile sur la foi divine, distincte de celle qui est purement naturelle, celui de Némès (*de Nomine*, c. 2), autre père grec, qui vivait à peu près dans le même temps : « La doctrine des divins oracles porte en « elle-même sa crédibilité, à cause de sa divine inspiration. »

ner le précepte et l'exemple de la préférence que nous devons aux choses du ciel sur les choses de la terre. La puissance de la grâce se manifesta, par rapport à ce sentiment, dans tout l'ensemble de sa vie, et l'on peut dire que tout le système de sa fausse théologie s'y rattachait. Le principe même de la vie ascétique était chez Basile un désir suprême de vivre au-dessus du monde. Les chrétiens qui comprennent le mieux le fondement de l'Évangile pourront encore lire avec profit ses pathétiques exhortations.

« L'un dit[1] : Je donnerai demain, pour s'excuser
« de donner aujourd'hui. Hélas ! savez-vous si
« vous serez encore vivant demain? Un autre dit :
« Je suis pauvre, j'ai besoin de tout ce que je pos-
« sède. Oui, vous êtes pauvre; il vous manque
« beaucoup de choses, mais c'est l'amour, la béni-
« gnité, la foi, et la miséricorde. Un troisième dit :
« A qui fais-je du tort ? je ne garde que ce qui est à
« moi. Je vous le demande, de qui recevez-vous ces
« richesses, et d'où les avez-vous apportées? n'êtes-
« vous pas sorti nu du sein de votre mère, et ne
« retournerez-vous pas nu dans la poussière? d'où
« vous sont venues ces richesses? du hasard? Que
« serait une semblable parole sinon de l'athéisme?
« Si vous confessez que vous l'avez reçu de Dieu,
« pourquoi est-elle tombée dans votre lot plutôt que
« dans celui d'un autre? Dieu n'est pas injuste
« dans l'inégale distribution des propriétés entre
« les hommes. Pourquoi êtes-vous riche, et pour-
« quoi cet homme est-il pauvre? c'est afin que vous
« puissiez recevoir une récompense pour avoir dis-
« pensé vos biens fidèlement, et pour que le pau-
« vre puisse recevoir la récompense de sa patience.
« Lors donc que vous vous appropriez ces richesses
« qui appartiennent à plusieurs, dont vous n'êtes

[1] Homélies de Basile; Dupin.

« que l'intendant, vous êtes un voleur. Un qua-
« trième dit : Nous ne savons quels temps difficiles
« peuvent arriver. Pouvez-vous présenter une
« semblable apologie, tandis que vous employez
« vos biens à l'achat de mille superfluités? Mais
« j'en ai besoin pour mes enfans. Mais est-ce de
« vous que votre fils a reçu la vie? N'est-ce pas de
« Dieu? doit-il donc vous empêcher d'obéir aux
« commandemens de Dieu? les richesses que vous
« lui laisserez peuvent être la cause de sa perte;
« qui sait s'il en fera un bon ou un mauvais usage. »

C'est ainsi qu'il réfute ensuite les prétextes de ceux qui croient s'exempter de faire du bien pendant leur vie, en laissant leurs biens aux pauvres par testament : « Pauvres insensés! ne faire de
« bonnes œuvres qu'avec de l'encre et du papier!
« il semble que vous auriez voulu jouir de vos ri-
« chesses à jamais, et qu'alors vous n'auriez jamais
« obéi aux préceptes de l'Évangile; il paraît que
« c'est à la mort et non à vous que les pauvres ont
« obligation. On ne se moque pas ainsi de Dieu;
« ce qui est mort ne doit pas être offert dans le
« sanctuaire : offrez un sacrifice vivant. Il est cer-
« tain que ceux qui s'en reposent sur la Providence
« divine sont comme les sources, qui ne s'épuisent
« pas par ce qu'on en tire, mais dont l'eau jaillit avec
« encore plus de force. Si vous êtes pauvre, prê-
« tez votre argent à intérêt à Dieu, qui est riche. »

Différens vices dominent à différentes époques; si, en considérant les siècles passés, nous acquérons des vues plus larges, et cessons d'admirer exclusivement celui dans lequel nous vivons, nous aurons déjà retiré un grand avantage de nos études historiques. Il est certain que le siècle présent est remarquable par ses vues égoïstes, et par son mépris pour l'antiquité. Combien de personnes qui n'ont guère lu jamais que des revues et des journaux, et qui se félicitent d'être exemptes de superstition, et regardent tous les moines comme des fous achevés! Si nous nous représentons un homme du temps de Basile, qui, avec un esprit aussi étroit, aurait pu prévoir ce goût mercantile qui est si excessif aujourd'hui, n'aurait-il pas été disposé à nous accuser d'avarice? et ce vice ne lui paraîtrait-il pas aussi ridicule que la superstition peut l'être aux yeux de nos contemporains? n'est-il pas aussi absurde et aussi insensé de sa nature? La sagesse ne consiste pas à se moquer des vices des autres, mais à se corriger des siens.

CHAPITRE XXIV.

GRÉGOIRE DE NAZIANZE [1], ÉPIPHANE.

GRÉGOIRE était né à Arianze, village obscur près de Nazianze, en Cappadoce, et il vint au monde vers l'époque du concile de Nicée.

Son père, qui portait le même nom que lui, et qui tenait un rang distingué, avait été élevé dans le sein d'une secte particulière qui ressemblait à celle des samaritains, et qui admettait un mélange du judaïsme et du paganisme. Grégoire le père avait montré un grand attachement à cette opinion, qui avait été la religion de sa famille; mais, ayant épousé une femme de qualité qui était une chrétienne sincère, il fut peu à peu amené à examiner les doctrines de l'Évangile. Sa femme travaillait à le persuader, et priait pour lui avec une égale ardeur. Et Léonce, évêque de Césarée, ayant passé peu de temps après

[1] Cave, Dupin, Socrates, Sozomènes.

par Nazianze en se rendant au concile de Nicée, Grégoire le père fut aidé et encouragé par lui, et reçut ensuite de l'évêque de Nazianze l'instruction qu'on donnait aux catéchumènes, et le baptême.

Il n'y avait que peu de temps que le christianisme avait été reçu à Nazianze, et l'évêque qui baptisa Grégoire le père était son premier pasteur, et mourut peu de temps après. Il y eut une longue vacance, et la ville fut désolée par l'ignorance et par le vice. Grégoire le père fut enfin choisi pour évêque, et s'acquitta fidèlement de cette charge pendant quarante-cinq ans. Son fils Grégoire, le célèbre Grégoire qu'on appelle ordinairement Grégoire de Nazianze, après avoir fait des progrès extraordinaires dans ses études, dans différens séminaires, alla à Athènes pour achever son éducation. Pendant le voyage, une dispensation remarquable de la Providence décida sa conversion. Il s'éleva une tempête qui mit le vaisseau en danger pendant plusieurs jours. Grégoire sentit que jusqu'alors il ne s'était pas occupé d'une manière assez sérieuse du christianisme; il gémit de sa froideur et de ce qu'il n'était pas encore baptisé, et se consacra à Dieu par de ferventes prières, promettant de lui appartenir à jamais s'il épargnait sa vie. Cette grâce lui fut accordée, la tempête cessa, et le vaisseau arriva en sûreté dans le port.

Nous avons déjà dit qu'il avait fait connaissance avec Basile à Athènes. Il eut aussi des occasions de s'entretenir avec Julien; et, avec cette pénétration qui semble le don particulier de quelques esprits, il prédit qu'il serait un jour un fléau. « Voyez, disait-il, quelle peste l'empire romain « nourrit dans son sein! » Julien n'avait pourtant encore rien fait qui pût justifier de semblables soupçons. Il suivait les formes du culte chrétien, et il n'était pas naturellement cruel. L'œil pénétrant de Grégoire distingua cependant les élémens de l'apostat, qui devait plus tard être poussé, par son esprit de dispute et par sa présomptueuse curiosité, à tourner en ridicule les choses saintes. Et en effet, lorsque ces dispositions dominent dans la jeunesse, à moins d'une grâce particulière, il est bien rare qu'elles ne produisent pas des fruits d'impiété dans un âge plus avancé; et la régularité des mœurs et l'application aux sciences et aux lettres contribuent souvent encore à leur développement. L'orgueil se nourrit de toutes les vertus spécieuses; et de tous les agens qui travaillent à l'établissement du royaume des ténèbres, l'orgueil est sans contredit plus le actif.

Après son baptême, Grégoire pencha fortement vers la vie ascétique, et ce ne fut qu'avec répugnance qu'il se laissa ordonner prêtre par son père. Ce vieillard, qui connaissait mieux la prière que la discussion, fut une fois entraîné par les subtilités des ariens à communier avec cette secte, prenant ceux qui la composaient pour ce qu'ils n'étaient pas; mais les argumens de son fils, plus savant que lui, le retirèrent de ce piège. Le dernier, après avoir satisfait pendant quelque temps son goût pour la vie monastique, consentit enfin à retourner à Nazianze, et à employer ses talens d'une manière plus digne d'un chrétien, en aidant son vieux père dans les travaux de son ministère.

Son ami Basile lui offrit l'évêché de Sasime, dans son diocèse de Césarée; mais comme cette ville était obscure et peu importante, l'orgueil de Grégoire fut blessé de cette proposition, et il y eut pendant quelque temps de la froideur entre les deux amis, qui ne paraissent pas avoir eu ni l'un ni l'autre l'humilité et la simplicité des premiers chrétiens.

Grégoire, ayant rejeté l'offre de Sasime, continua à aider son père, et quelques tumultes qui eurent lieu dans la ville lui fournirent l'occasion d'insister sur un devoir constamment reconnu comme tel par les chrétiens primitifs, la soumission à l'autorité, et aussi d'engager le gouverneur de Nazianze à user de son pouvoir avec modération.

Après la mort de son père, qui avait près de cent ans, et de sa mère, qui ne lui survécut que peu de temps, et qui était bien digne de lui par sa grande piété, Grégoire se rendit à Constantinople. L'arianisme, protégé par Valens, était alors au comble de sa puissance, et Grégoire prêcha d'abord à un petit nombre de chrétiens dans une espèce de conventicule; mais devenant populaire et obtenant de grands succès, il fut nommé évêque, et fut enfin confirmé dans cette charge sous Théodose. Malgré la faveur que lui montrait cet empereur, elle fut un pénible fardeau pour lui. Sa libéralité et son intégrité étaient admirables, et il était exemplaire par ses mœurs et sa vie privée; mais la faiblesse de sa santé, l'irritabilité de son caractère et son incapacité pour le gouvernement, le rendaient très peu propre à une position si élevée, malgré la réputation que lui avaient acquise ses grands talens oratoires.

Il fit honneur à l'Evangile par ses vertus, et en particulier par le pardon qu'il accorda à un homme qui avait été gagné pour l'assassiner, et qui, ayant été empêché par la Providence d'accomplir son dessein, fut poussé par l'angoisse de sa conscience à venir lui confesser ses intentions.

Ce fut pendant qu'il était à Constantinople que s'y tint le fameux concile qui avait pour but de rétablir la paix de l'Eglise; et Grégoire, qui était un homme d'une intégrité éprouvée, mais qui n'entendait rien aux raffinemens de la politique, se trouva tellement exposé aux attaques de ceux qui lui enviaient sa position, et vit avec tant de chagrin ses meilleures intentions représentées sous le jour le plus faux, qu'il supplia Théodose de lui permettre de renoncer à son évêché. Son sermon d'adieu, dans lequel il rappela à ses auditeurs ce que Dieu avait fait par lui depuis ses premières prédications au milieu d'eux, lorsque les ariens lui jetaient des pierres, est un chef-d'œuvre d'éloquence, et il excita vivement les passions de ceux qui l'entendirent; mais il contient un trop grand étalage de rhétorique et trop peu de l'Evangile de Christ.

On tint un second synode à Constantinople; mais Grégoire, dégoûté par la manière dont on l'avait traité dans le premier, et ayant d'ailleurs une très mauvaise santé, refusa de s'y rendre, et s'exprima avec beaucoup d'amertume sur les synodes en général. Il travailla cependant sincèrement à établir l'unité d'opinions dans l'Eglise, et montra une libéralité sans bornes pour les pauvres. On le regardait comme un admirable théologien, et il est bien peu d'écrivains qui lui soient supérieurs sous les rapports du goût, de l'éloquence et du savoir. Dans un siècle qui était plus porté à l'esprit de discussion qu'à la simplicité dans ce qui tenait à la religion, ces qualités brillantes lui attirèrent une admiration au-dessus de ce qu'il méritait par la connaissance qu'il avait du christianisme. Il mourut dans sa patrie, l'an 389.

Ses principaux ouvrages sont ses sermons. Dans le premier, il décrit les difficultés et l'importance du ministère, blâme la témérité avec laquelle plusieurs se chargeaient de fonctions si importantes, et se représente comme confondu par le sentiment de son insuffisance. Dans deux autres discours, il déclame contre Julien d'une manière qui est plus en accord avec le titre d'orateur qu'avec celui de chrétien. Dans un autre, il s'efforce de persuader les habitans de Nazianze de la nécessité de payer les tributs ; il leur fait observer que Christ est venu dans le monde à une époque où on levait une taxe, afin de montrer que Dieu est présent à des scènes semblables ; qu'il a été fait homme, et qu'il a lui-même payé des tributs, afin de consoler ceux qui sont sous le joug et de leur apprendre à le porter avec patience. Il ajoute qu'en s'abaissant ainsi lui-même, Jésus a appris aux rois à traiter leurs sujets avec modération ; que le tribut est une conséquence du premier péché, parce que la guerre, qui est la cause des tributs, a été la conséquence du péché et une juste punition de Dieu.

Les paroles qu'il adressait aux saints qui étaient morts n'étaient que des traits d'éloquence, et elles étaient accompagnées de l'expression d'un doute si les saints entendaient ce qu'il disait ; il paraît cependant qu'il a fortifié la superstition croissante et encouragé le culte des saints, de la manière dont on l'établit plus tard ; telle n'était certainement pas son intention. On trouve des passages de ce genre dans d'autres écrivains de cette époque, qui n'avaient sûrement pas le dessein d'inculquer l'idolâtrie.

Ses poëmes annoncent beaucoup de génie et de sensibilité, et l'on y trouve aussi des marques d'une véritable piété. Il y a dans le cinquante-huitième d'excellentes réflexions sur la fausseté de la vertu purement humaine, sur la nécessité de la grâce divine communiquée par l'Esprit, et d'une humble confiance dans cette grâce, et sur le danger de périr par l'orgueil et la vaine gloire. Il y avait sans doute une humilité de ce genre au fond de la religion de Grégoire ; mais ses parens, qui étaient bien moins savans que lui, la comprenaient peut-être beaucoup mieux. Les dons paraissent naturellement plus frappans que les grâces aux yeux des hommes, et les vrais chrétiens eux-mêmes ne sont que trop disposés à supposer que les dernières abondent là où ils voient briller les premiers.

ÉPIPHANE, évêque de Chypre, fut un des chrétiens les plus distingués de ce siècle, par la sincérité et la pureté de sa foi et de sa conduite; mais il n'y a rien de bien remarquable dans les détails de sa vie. Il manifesta une fois son zèle en arrachant un rideau peint qu'il vit dans un lieu destiné au culte public. Nous trouvons dans ce fait une preuve de l'horreur qu'il avait pour l'usage des images et des tableaux dans la religion, et nous y voyons aussi les commencemens de cette superstition dans le quatrième siècle. — Il était extrêmement bienfaisant. Un grand nombre de personnes de divers pays lui envoyaient de grandes sommes d'argent pour les distribuer aux pauvres, et montraient ainsi leur confiance en sa charité et en son intégrité. On rapporte que son intendant lui dit un jour que sa caisse était presque épuisée, et se permit de blâmer sa trop grande libéralité; mais il continua à donner aussi généreusement qu'auparavant jusqu'à ce qu'il ne restât rien, et alors il reçut d'un étranger un grand sac plein d'or. On cite encore un autre fait qui paraît authentique [1]. Deux mendians étant convenu de le tromper, l'un des deux fit semblant d'être mort, et l'autre pria Epiphane de fournir aux frais de l'enterrement de son compagnon. Epiphane lui accorda sa demande, et

---

[1] Sozomènes, liv. VII, c. 27.

lorsque l'évêque se fut éloigné, le mendiant dit à son camarade qu'il pouvait se relever ; mais cet homme était réellement mort ! Epiphane s'efforça alors de faire sentir à celui qui venait de perdre son complice que se jouer des serviteurs de Dieu, et abuser de leur bonté, c'est insulter Dieu lui-même.

FIN DU QUATRIÈME SIÈCLE.

CINQUIÈME SIÈCLE.

CHAPITRE PREMIER.

JEAN CHRYSOSTÔME.

Les détails dans lesquels nous allons entrer sur ce célèbre père de l'Eglise nous ont paru une introduction convenable à l'histoire du cinquième siècle ; car les événemens de sa vie, qui appartiennent à la dernière moitié du quatrième siècle et au commencement de celui-ci, jettent beaucoup de jour sur l'état religieux de l'Orient à cette époque. Nous le trouvons, au commencement de ce siècle, évêque de Constantinople, où résidait l'empereur Arcadius ; l'Occident étant alors soumis à son frère Honorius, qui avait partagé avec lui l'empire de leur père le grand Théodose.

Jean Chrysostôme était né à Antioche vers l'an 354 [1]. Ses parens y tenaient un rang assez distingué, et il reçut une éducation très soignée de sa mère, son père étant mort peu de temps après sa naissance. C'est à elle qu'il dut aussi de recevoir de très bonne heure des impressions favorables au christianisme. Cependant, comme il avait naturellement du penchant pour l'éloquence, il étudia sous les yeux du célèbre Libanius d'Antioche, qui sut bientôt l'apprécier ; car un de ses élèves lui ayant demandé un jour quel était celui qu'il jugeait digne de lui succéder dans son école, il ré-

---

[1] Vie de ce Père, par Cave. — Les historiens ne s'accordent pas sur la date de cet événement. Ed.

pondit : « Jean, si les chrétiens ne nous l'avaient pas enlevé. » Libanius ne se trompait pas, et il serait plus facile de donner de nombreuses preuves de ses talens oratoires que d'une piété vraiment évangélique.

Lorsqu'il eut plaidé quelque temps dans le Forum, il commença à sentir des besoins que des études profanes ne pouvaient satisfaire. L'esprit de Dieu paraît l'avoir attiré, dès cette époque, vers l'étude des Ecritures, et il dut beaucoup à son maître Diodore, plus tard évêque de Tarse, qui l'engagea à laisser de côté les imaginations populaires d'Origène pour étudier profondément le sens littéral et historique de la parole divine, et qui, sous ce rapport, différa de la plupart des théologiens de son temps. Les sollicitations de sa pieuse mère ne purent l'empêcher de vivre dans des austérités monastiques jusqu'à ce que Flavien, évêque d'Antioche, l'eût consacré prêtre dans son diocèse.

Depuis l'époque où les disciples avaient reçu à Antioche le nom de chrétiens, cette ville avait toujours été favorable à la profession au moins extérieure du christianisme; mais tout porte à croire que le luxe et l'amour du monde étaient alors beaucoup plus communs que la vraie piété, même parmi les habitans qui s'appelaient chrétiens, et qui, au nombre de cent mille, formaient à peu près la moitié de la population. Vers l'an 379, une sédition éclata à Antioche, à l'occasion de taxes imposées au peuple, et les habitans révoltés traînèrent dans les rues les statues de l'empereur Théodose, de l'impératrice Flaccille et de leurs deux fils. Mais craignant ensuite le ressentiment de l'empereur, ce peuple inconstant et turbulent tomba dans la plus grande angoisse. Chrysostôme sut mettre à profit ces circonstances solennelles. Sérieux et excellent comme prédicateur de la loi, il exhorta le peuple à la repentance, et trouva, dans la terrible incertitude où l'on était alors, un emblême frappant de l'attente du jour du jugement. Bien des gens qui n'entraient jamais dans la maison de Dieu, et qui passaient tout leur temps dans les théâtres, vinrent assister au culte divin avec beaucoup de recueillement et d'assiduité. Flavien l'évêque, quoique âgé et infirme, entreprit le voyage de Constantinople pour apaiser le courroux de l'empereur. Libanius le sophiste s'y rendit aussi; mais presque tous les autres philosophes se cachèrent et ne firent rien pour leur pays dans ce temps de danger: les moines au contraire quittèrent leurs cellules, et vinrent en foule dans la ville, pour supplier les juges et les magistrats d'user de douceur envers le malheureux peuple. Un nommé Macédonius, entre autres, pria les commissaires de l'empereur de l'exhorter à ne pas détruire l'image de Dieu, de peur d'irriter l'Artiste divin, puisque lui-même était si courroucé de ce qu'on avait détruit quelques statues de bronze.[1]

Le spectacle qui suivit les jugemens sévères des tribunaux, et les vaines intercessions des femmes et des enfans pour leurs maris et pour leurs pères, excitaient chez Chrysostôme des sentimens mêlés de pitié et de dévotion. Il fut amené à réfléchir combien sera terrible le jour du jugement, lorsqu'une mère, une sœur, un père, ne pourront arrêter le cours de la justice divine, ou donner le moindre soulagement aux parens les plus proches et les plus chers; et dans des homélies pleines de piété et d'éloquence, il s'efforça de faire partager ces impressions à un peuple léger et insensé. Les pasteurs peuvent apprendre de cet exemple qu'ils ne doi-

---

[1] Théodoret, liv. v, c. 20.

vent pas négliger de faire servir les événemens temporels à l'avantage spirituel de leurs auditeurs.

Théodose s'efforça de faire sentir à Flavien combien les citoyens d'Antioche avaient été déraisonnables et ingrats envers lui, qui avait toujours été leur bienfaiteur. Flavien admit la vérité de ses observations, et avoua que la ville était extrêmement coupable ; mais il insista sur cette parole divine : « Si vous pardonnez aux hommes leurs offenses, votre Père céleste vous pardonnera aussi les vôtres » ; et ses pieuses et pathétiques exhortations l'emportèrent enfin. Théodose reconnut que, si le maître de l'univers était devenu pour l'amour de nous un serviteur, et avait prié pour ses meurtriers, lui-même était certainement appelé à pardonner à ceux qui étaient comme lui les serviteurs de Dieu ; et avec une grande bonté, il engagea l'évêque à retourner aussitôt à Antioche pour délivrer les citoyens de leurs craintes. Pendant ce temps, les moines et le clergé avaient persuadé aux juges de suspendre leurs jugemens jusqu'à ce qu'ils eussent appris la volonté de l'empereur ; et Flavien lui-même revint enfin avec la nouvelle que la ville avait entièrement recouvré sa faveur.

La conduite de Théodose en cette occasion fut bien différente de sa cruauté envers les habitans de Thessalonique. Voilà quelques uns des triomphes de l'Evangile. Sa bienfaisante influence sur la société, qui a été manifestée d'une manière si évidente dans la suppression des combats de gladiateurs et d'autres usages barbares, et dans la conduite généreuse des empereurs envers leurs sujets, même dans des temps où la vraie piété ne brillait pas d'un très vif éclat, démontre non seulement que les états manquent de sagesse quand ils osent rejeter le christianisme ou lui chercher quelque indigne substitut; mais aussi que c'est le devoir des gouverneurs et des législateurs de répandre la connaissance et l'influence de cette divine religion.

L'an 398, Chrysostôme fut nommé évêque de Constantinople par le crédit d'Eutrope, principal chambellan du palais, et il y fut entraîné, par un système de tromperie et de surprise, que lui-même avait approuvé dans des cas pareils. Ainsi l'empereur Arcadius, qui était par son caractère tout-à-fait insignifiant, éleva au siége de la métropole un homme rempli d'intégrité, d'activité et de vertu. Jean entreprit aussitôt la réformation de son diocèse. Il mit fin à l'usage qui s'était introduit parmi les prêtres, d'avoir des femmes pour gouverner leurs familles, ce qui causait beaucoup de scandale; il censura l'avarice et le luxe des ecclésiastiques; il diminua les dépenses de la table de l'évêque, et appliqua le surplus au soulagement des pauvres; il bâtit un grand hôpital pour les malades, et fit les réglemens les plus sages pour son administration [1]. Il suspendit de leurs fonctions les ministres qui refusèrent de changer de conduite; il exhorta les veuves qui étaient soutenues par l'Eglise, à cesser de mener une vie dissipée ou à se marier; et il engagea les laïques

---

[1] C'est un sujet digne d'attention que la supériorité du christianisme sur toutes les autres religions, lorsqu'on le considère sous un point de vue moral et politique. Nous en avons déjà vu de grands exemples. Il serait difficile de prouver une proposition négative; mais on peut dire qu'on ne se souvient pas d'avoir trouvé dans tout le cercle de l'ancien paganisme de semblables soins pour les pauvres, et qu'on ne se rappelle pas non plus d'avoir vu aucun philosophe s'occuper assidûment, par ses paroles ou par ses actions, des classes inférieures. La vraie religion visite les veuves et les orphelins dans leur affliction. C'est avec vérité qu'Ambroise, remarquant la libéralité que montrait l'Eglise envers les nécessiteux, disait aux païens : « Quels sont les captifs qui ont été rache-« tés, les hôpitaux qui ont été entretenus, les exilés qui ont été « secourus par les revenus de vos temples ? »

qui avaient beaucoup d'occupation dans le jour, à assister au service divin le soir.

Le commun peuple l'écoutait avec joie, ce qui arrive généralement dans tous les siècles au prédicateur qui s'adresse à la conscience, d'une manière sévère, mais avec un désir évident de faire du bien [1]. Les membres du clergé, indolens et corrompus, comme ils l'étaient alors, se mirent en opposition contre lui, et cherchèrent l'occasion de lui nuire. Les riches et les grands, choqués de ses reproches, se montrèrent aussi mal disposés que le clergé. Chrysostôme persévéra cependant, et ne borna pas ses soins à Constantinople. Dans le but de ramener les Goths de l'arianisme, il consacra quelques hommes de leur pays, leur donna une église dans la ville, et par ce moyen plusieurs furent éclairés; lui-même prêchait souvent dans cette église, et il persuada à plusieurs ministres de l'imiter. Il travailla à répandre l'Evangile parmi les nations barbares, mais les troubles auxquels il fut bientôt exposé l'empêchèrent d'exécuter tous ses charitables projets. [2]

Dans un siècle qui se distinguait par l'amour du luxe et le relâchement de la discipline, il était facile de prévoir que la droiture et l'inflexible intégrité

---

[1] Une réformation visible dans les mœurs d'une capitale qui avait long-temps gémi sous l'impiété arienne, et qui était tombée dans un relâchement général de la discipline, fut le fruit de ses travaux. Des personnes qui avaient fréquenté jusque-là les spectacles publics venaient maintenant en foule au culte public. Il y expliqua diverses portions du Nouveau-Testament; il prêchait trois fois par semaine, et quelquefois sept jours de suite. La foule était si grande que, pour se placer de manière à être entendu, il était obligé de se mettre au milieu de l'église, dans la chaire du lecteur. Il réforma les églises des provinces voisines de la Thrace, de l'Asie et du Pont. Il paraît que le dérèglement et une honteuse corruption caractérisaient les administrateurs de plusieurs églises de l'Orient, et plus d'un évêque fut déposé par le zèle et la fermeté de Chrysostôme.

[2] Fleury, liv. xx, c. 40; Sozom. liv. viii, c. 5.

de Chrysostôme lui attireraient bien des combats pénibles. Sous la négligente administration de son prédécesseur Nectaire, qui avait succédé à Grégoire de Nazianze, l'état des choses avait fort empiré. Un prêtre qui était spécialement chargé de recevoir la confession des pénitens, les avait admis à la communion de son autorité privée. Il est bien probable que la superstition avait eu une très grande part aux formalités de la discipline; mais la licence était un mal encore plus grand, et l'accès à la cène du Seigneur était maintenant ouvert à toute espèce de gens, car il n'y avait plus d'autre règle que celle que les hommes voulaient bien s'imposer à eux-mêmes.

Dans une métropole aussi corrompue, il n'était pas au pouvoir de Chrysostôme de rétablir la discipline de l'Église sous ce rapport. Il s'efforça de suppléer à ce qui manquait en prêchant avec une louable énergie, exhortant les hommes à renouveler plus d'une fois leur repentance, et à s'approcher seulement alors de la cène du Seigneur. Il parlait certainement de la pénitence secrète et non de la pénitence publique; et cependant deux classes bien différentes, les novatiens et les personnes les plus déréglées de l'Église générale, donnèrent une fâcheuse interprétation à ses paroles. Toutefois si l'on a égard à la distinction entre la pénitence publique et la pénitence privée, on verra clairement combien les expressions de Chrysostôme étaient innocentes, puisqu'il ne faisait autre chose qu'exhorter les hommes à la repentance par les divines compassions de Christ, qui offre le pardon pour les transgressions répétées et multipliées. On comprend facilement avec quelle malveillance il dut être traité par les hommes corrompus, puisque l'historien Socrate lui-même, qui montrait beaucoup de partialité pour le novatianisme, exprime son étonnement de ce que Chrysostôme avait encouragé le péché dans ses sermons, et avait contredit les canons de l'Église, canons qui avaient été faits avec l'excessive rigueur qui caractérisait le troisième siècle, et qui défendaient de donner la communion plus d'une fois à ceux qui avaient causé du scandale [1]. Dans un monde comme celui-ci, ce n'est pas une chose bien rare que de voir des hommes pieux exposés par leur zèle et leur intégrité à la censure de ceux qui portent trop loin la profession de la sévérité, et de ceux qui n'en montrent aucune. Chrysostôme, qui fut accusé par les évêques relâchés, fut donc aussi blâmé par Sisinnius, évêque des novatiens à Constantinople, qui écrivit contre lui un livre où il le traitait avec beaucoup de rigueur.

L'historien Socrate emploie un chapitre entier à s'efforcer d'intéresser le lecteur en faveur de ce Sisinnius [2], mais il ne réussit qu'à le faire connaître comme un homme bien élevé et d'un esprit facétieux, qui avait su se rendre agréable à tous les partis par des manières séduisantes, qui présentaient un contraste frappant avec les habitudes sérieuses de Chrysostôme. Ce n'était pas de semblables caractères qu'on pouvait attendre une réformation dans l'Église, à une époque de corruption telle que le commencement de ce siècle.

Chrysostôme était doué, au contraire, de plusieurs des qualités qui font le réformateur, et Socrate lui-même reconnaît quelle était sa tempérance ; mais le reproche qu'il lui fait de se livrer à la colère ne paraît que trop bien fondé. Ce funeste penchant donna sûrement de grands avantages à ses ennemis, et concourut, avec plusieurs autres circonstances, à amener sa perte. Il fut enfin condamné dans un synode tenu et dirigé par

---

[1] Socrat., liv. VI, c. 21. — [2] Chap. 22.

Théophile, évêque d'Alexandrie, son ennemi déclaré, et l'un des personnages que l'histoire ecclésiastique nous montre sous le jour le plus fâcheux; l'orgueilleuse impératrice Eudoxie le soutenait de tout son pouvoir. Nous ne souillerons pas ces pages des détails de leurs trames iniques : il sera plus utile d'examiner quelle fut la conduite de Chrysostôme dans cette cruelle persécution.

Prévoyant les effets de l'orage qui allait fondre sur lui, l'évêque de Constantinople parla ainsi aux évêques qui lui étaient attachés, et qui étaient rassemblés dans la grande salle de sa maison [1]. « Mes « frères, priez avec ardeur ; et comme vous aimez « le Seigneur Jésus, qu'aucun de vous n'abandonne « son poste à cause de moi ; car je puis dire avec « saint Paul : « Je vais être mis pour l'aspersion du « sacrifice, et le temps de mon départ est proche. » « Je vois que je dois être exposé à bien des épreuves, « et que je quitterai ensuite cette pénible vie. Je « connais la ruse de Satan, qui ne peut supporter « d'être continuellement tourmenté par ma prédi- « cation. Par votre fermeté, vous trouverez grâce « auprès de Dieu ; souvenez-vous seulement de moi « dans vos prières. » Toute l'assemblée ayant manifesté une profonde affliction, il supplia ses auditeurs de modérer leur chagrin. « Car pour moi, leur dit-il, « Christ m'est gain à vivre et à mourir. Je vous ai « toujours dit que cette vie est un chemin sur le- « quel passent rapidement devant nous les joies et « les douleurs. La scène des choses visibles est « semblable à une foire, où nous vendons et ache- « tons, et où nous nous récréons quelquefois. Va- « lons-nous mieux que les patriarches? Surpassons- « nous les prophètes et les apôtres, que nous de- « vions vivre ici pour jamais? » Et comme un de

---

[1] Vie de Chrysostôme, par Cave. Pallad. *Vita Chrysost.* p. 67.

ceux qui étaient présens déplorait vivement les désolations de l'Eglise, Chrysostôme frappant le bout de l'index de sa main droite sur la paume de sa main gauche (geste qu'il faisait souvent quand il était fortement affecté), lui dit : « Mon frère, « il suffit, n'en dites pas davantage sur ce sujet; « cependant, comme je vous l'ai déjà demandé, « n'abandonnez pas vos églises. Quant à la doc- « trine de Christ, elle n'a pas commencé par moi, « et elle ne mourra pas avec moi. Moïse n'est-il « pas mort? et Christ ne lui a-t-il pas succédé? « Paul a été décapité, et n'a-t-il pas laissé Timo- « thée, Tite, Apollos, et beaucoup d'autres? » Eulysius, évêque d'Apamée, répondit : « Mais « si nous restons dans nos églises, nous serons « obligés de communier et de signer. » — « Vous « pouvez communier pour ne pas faire de schisme « dans l'Église, répondit Chrysostôme; mais vous « ne devez pas signer les décrets, car je sais que « je n'ai rien fait pour mériter d'être déposé. »

Théophile s'était attribué un pouvoir qui ne lui appartenait pas, et Chrysostôme représenta qu'il ne convenait pas à un homme qui vivait en Égypte de juger un homme qui habitait la Thrace; l'évêque de Constantinople refusa donc de reconnaître l'autorité de l'assemblée. Ses ennemis le déposèrent comme contumace, et pour soutenir leur décision, ils informèrent l'empereur Arcadius qu'il s'était rendu coupable d'un acte de trahison, faisant allusion à l'affront qu'il avait fait à l'impératrice en l'appelant Jézabel. Il est, à la vérité, assez probable qu'il lui était arrivé, dans quelqu'un de ses sermons, de la comparer à la femme d'Achab, à laquelle elle ressemblait beaucoup par son orgueil et sa cruauté.

Cependant, les habitans de Constantinople, qui aimaient sincèrement leur évêque, insistèrent pour qu'il fût entendu par des juges plus équitables, et il y eut une si grande agitation parmi eux, que Chrysostôme, craignant une insurrection populaire, se rendit secrètement à l'officier qui venait pour exécuter la sentence impériale contre lui, et il fut aussitôt conduit dans un des ports de la mer Noire. Dès qu'on sut qu'il était parti, toute la ville fut en rumeur; un grand nombre de gens blâmèrent l'empereur d'avoir livré aussi lâchement l'homme le plus respectable à la malice de sa femme et de Théophile. Le tumulte devint si violent, qu'Eudoxie elle-même, effrayée du danger, pressa son mari de le rappeler, et écrivit même à Chrysostôme une lettre pleine de protestations, de chagrin et de respect.

Chrysostôme fut donc rétabli dans ses fonctions; mais le calme ne dura pas long-temps. On érigea une statue d'argent de l'impératrice dans la rue qui faisait face à la grande église de Sainte-Sophie. On en fit l'inauguration avec beaucoup d'extravagances païennes, et le peuple prit l'habitude de se rassembler autour de cette statue pour se livrer à différens jeux, ce qui dérangeait beaucoup la congrégation. L'évêque, impatienté de ces abus, les blâma du haut de la chaire, et eut l'imprudence de commencer son sermon par ces paroles: « Main-« tenant Hérodias, irritée, s'agite de nouveau, « elle danse, et désire d'avoir la tête de Jean dans « un plat. »

Les ennemis de l'évêque ne pouvaient désirer une occasion plus favorable, et ils s'empressèrent de profiter de l'avantage qu'il leur donnait sur lui. Eudoxie trouva un grand nombre de personnes disposées à entrer dans les résolutions que lui inspirait son ressentiment; et Arcadius, vaincu par l'importunité, ordonna de nouveau la déposition de Chrysostôme. Il fut suspendu de ses fonctions et banni ; ses amis et ses partisans furent dispersés, pillés, tués ou emprisonnés. On publia des édits qui menaçaient des châtimens les plus sévères tous ceux qui refusaient de renoncer à la communion de Chrysostôme. C'était l'époque de Pâques, où les catéchumènes qui avaient été instruits devaient recevoir le baptême, et les amis de Chrysostôme se rendirent dans les champs pour célébrer la fête. L'empereur alla ce jour-là dans un pré voisin de la ville, et vit de loin un champ couvert de blanc : c'étaient les catéchumènes qui avaient été baptisés la nuit précédente, et qui, au nombre de près de trois mille, étaient revêtus de leurs habits blancs. On dit à l'empereur que c'était un conventicule d'hérétiques, et il ordonna à une troupe de soldats de les disperser. Plusieurs femmes de qualité furent traitées avec rudesse, et un grand nombre de gens furent battus et jetés en prison. Ayant enfin reçu un ordre signé de l'empereur, qui lui enjoignait de quitter la ville, Chrysostôme exhorta les diaconesses à continuer de remplir leur charge dans l'église, et à communier avec l'évêque qui serait choisi d'un commun accord à sa place [1], et l'an 404, il quitta Constantinople pour la seconde fois.

Arsace, frère de Nectaire, ayant été élu évêque, les amis de Chrysostôme n'eurent aucun égard à ses recommandations, et refusèrent de se soumettre ; ils formèrent des assemblées séparées, et furent cruellement persécutés sous le nom de Joannites. Parmi les partisans de l'évêque exilé, était une dame très riche nommée Olympias, qui lui avait témoigné un grand attachement, et qui paraît avoir recueilli beaucoup de bénédictions de

---

[1] Il est évident d'après cela qu'il y avait encore à Constantinople un simulacre d'élection populaire des évêques ; mais ce ne pouvait être qu'une vaine apparence.

son ministère. Elle était diaconesse, et fut exilée; elle continua à fournir aux besoins de Chrysostôme, et vécut plusieurs années à Nicomédie, où elle fut un modèle de piété.

Chrysostôme fut conduit à Cucusus en Arménie, pays froid, stérile, infesté de voleurs, et déjà souillé par le meurtre de Paul, l'ancien évêque de Constantinople. Son voyage fut très pénible, quoiqu'il fût adouci par la compassion et les soins de ceux qui sympathisaient avec l'innocence outragée. A Cucusus, on le traita de la manière la plus généreuse, et il prêcha souvent à un troupeau qui l'écouta avec joie. Une famine ayant désolé ce pays, la libéralité d'Olympias le mit en état de soulager les pauvres, et de racheter plusieurs captifs qui avaient été enlevés par les brigands isauriens. Il avait jadis commencé à exécuter des plans qu'il avait formés pour la conversion des païens qui existaient encore en Phénicie, mais il avait été arrêté par divers obstacles; il s'occupa de nouveau de cette bonne œuvre, et put recueillir des sommes d'argent pour bâtir des églises et soutenir des missionnaires. Sa santé paraissait se rétablir, mais l'hiver approchait, et il sentit les effets de cette saison. Son estomac avait malheureusement beaucoup souffert des austérités de sa jeunesse, et il s'en ressentit toujours. Le printemps suivant, il se trouva mieux, mais il fut toujours obligé d'observer le régime le plus strict.[1]

Atticus fut choisi pour succéder à Arsace, qui mourut à Constantinople l'an 405, et les joannites continuèrent à être persécutés dans l'Église d'Orient.

---

[1] Cette grande faiblesse d'estomac était un des motifs qui l'avaient engagé à dîner toujours seul, quand il était évêque de Constantinople. On sait qu'assister à de grands repas est une chose très pénible pour ceux qui sont obligés de se soumettre à un régime sévère. Mais Chrysostôme avait des motifs plus importans pour rester dans la solitude; les festins somptueux de Constanti-

Chrysostôme lui-même fut obligé d'aller de lieux en lieux pour se mettre à l'abri des brigands, et, d'après ses lettres à Innocent, évêque de Rome, dont les efforts sincères en sa faveur demeurèrent sans succès, dans la troisième année de son bannissement, il fut exposé à la famine, à la peste, à la guerre, à des siéges continuels, à la mort, et aux épées des isauriens.

Ses ennemis, jaloux du respect qu'on lui montrait en tous lieux, obtinrent un ordre pour qu'il fût envoyé à Pithyus, sur le bord de la mer Noire. S'étant mis en chemin pour s'y rendre, il arriva à un oratoire de Basilicus, qui avait souffert le martyre dans la persécution de Dioclétien. Il désirait se reposer en cet endroit, mais ses gardes, qui l'avaient traité avec une brutale férocité, lui refusèrent cette satisfaction. Cependant la nature était épuisée ; il n'avait pas fait deux lieues, qu'il se sentit si malade, qu'ils furent obligés de revenir sur leurs pas. Il reçut la sainte communion, fit sa dernière prière devant tous ceux qui l'entouraient, et ayant terminé par sa doxologie ordinaire : « gloire soit à Dieu, pour tous les événemens », il expira l'an 407, dans la cinquante-troisième année de son âge.

Les joannites continuèrent leurs assemblées séparées jusqu'à l'année 438, où Proclus mit fin à ce schisme en faisant, dès son élection, un panégyrique à la mémoire de Chrysostôme, et en obtenant un ordre de l'empereur Théodose II, fils d'Arcadius, pour faire rapporter son corps à Constantinople, avec de grands honneurs funèbres.

---

nople étaient passés en proverbe, et le pieux évêque pensait qu'il était de son devoir de combattre de toute manière de semblables dissipations. Ses ennemis prirent occasion de ce qu'il mangeait seul pour l'accuser d'orgueil ; mais la vérité est qu'il était très bon et très hospitalier pour les pauvres, et qu'on pouvait le citer comme un modèle de bienfaisance et de libéralité.

Celui qui pendant sa vie avait eu tant d'ennemis, était alors généralement estimé et admiré, et Théodose lui-même déplora sincèrement le mal que ses parens avaient fait à un homme aussi excellent.

Nous avons déjà remarqué que le christianisme était bien plus déchu de sa pureté primitive dans les villes que dans la campagne. Nous avons déjà trouvé une preuve de ce fait dans l'histoire de Damase, évêque de Rome, et celle de Chrysostôme nous montre que l'Orient était semblable à l'Occident sous ce rapport. Jamais la vérité de la doctrine chrétienne de la corruption originelle et naturelle de l'homme ne fut confirmée d'une manière plus frappante. Combien de fois a-t-on voulu soutenir que ce qui est dit dans les livres du Nouveau-Testament, de l'affection de la chair, de son inimitié contre Dieu, et de la persécution à laquelle doivent s'attendre ceux qui aiment le Seigneur Jésus, ne se rapporte qu'aux temps apostoliques, ou du moins à l'époque qui précéda Constantin, lorsque le paganisme dominait dans l'empire romain! Voici: l'empire est devenu chrétien; l'idolâtrie et tous les rites du paganisme sont soumis à des peines légales; la profession de l'Évangile est devenue honorable; et, selon la munificence des empereurs et les penchans du siècle, la religion a été revêtue de formes dont rien n'égale le luxe et la somptuosité. Voici un évêque du diocèse le plus important, qui est savant, éloquent, qui a des talens populaires, qui est magnanime, libéral, et plein de compassion pour le malheur; il a cette franchise et cette ouverture de cœur qui inspirent la confiance et l'affection; il est l'ennemi déterminé du vice, et l'on ne peut élever aucun doute sur sa piété: cependant il est exposé aux traits les plus acérés de la calomnie; il est expulsé avec une rage implacable par les efforts réunis de la cour, de la noblesse, du clergé de son diocèse, et d'évêques voisins et étrangers. Que peut-on répondre à cela?

Son successeur Atticus vécut long-temps en paix; et par une conduite timide et prudente, il sut se concilier la bienveillance générale, quoiqu'il eût pris part à la persécution excitée contre Chrysostôme. Sisinnius le novatien s'était aussi montré dans cette opposition. Cependant ces deux hommes s'attirèrent l'approbation de la multitude par des manières affables et élégantes, et il paraît qu'ils traversèrent la vie sans être persécutés. Il n'importe à quelle église particulière les hommes appartiennent; la faveur ou la haine du monde ne dépendent pas des distinctions extérieures. Nous ne savons pas ce qu'ils ont fait pour combattre le péché, et nous n'en savons pas assez sur eux pour décider quel était réellement leur caractère; mais nous savons comment fut traité Chrysostôme, qui leur était évidemment supérieur en sainteté et en vertu. Nous ne prétendons pas nier qu'il ne fût trop ardent et trop irritable; mais il était sérieusement occupé de son ministère, et une vraie charité était le principe de tout son zèle. Si le monde aimait naturellement ce qui est bon, n'aurait-il pas jeté un voile sur un seul défaut, qui a été plus d'une fois celui des âmes les plus droites? Aurait-il prodigué ses faveurs à des hommes d'une vertu équivoque et d'une prudence pusillanime? Certainement le monde ne voit pas comme Dieu voit; il aime la flatterie, et préfère l'apparence de la vertu à la simple vérité, ou à la vraie vertu chrétienne.

— Que conclurons-nous donc de ces choses, si ce n'est que sous les gouvernemens chrétiens, aussi-bien que sous les gouvernemens païens, la vraie piété est haïe, redoutée et persécutée. De semblables événemens confirment donc et rendent pour ainsi dire palpable la vérité de la doctrine importante de notre corruption originelle.

Cette histoire est destinée à montrer le lien qui existe entre les doctrines de l'Évangile et la sainteté de la conduite; et cette vérité ressort d'une manière assez claire de l'histoire de Chrysostôme, bien que nous puissions ajouter que s'il avait mieux connu la vérité divine, et s'il était entré plus profondément dans l'esprit de l'Évangile, il aurait été plus humble, et aurait mieux réussi à gouverner son propre caractère.

Cependant ce grand homme, quoique mort, parle encore par ses ouvrages. Il fit de grands travaux pour l'explication des Écritures, et quoiqu'il soit loin de bien connaître la vérité évangélique, il montre partout qu'il l'aimait [1]. Sur ces paroles de l'apôtre : « Afin que nous fussions justice de « Dieu en lui, » il dit : « Quelle expression! quel « est l'esprit qui peut la saisir? Dieu fit d'un juste « un pécheur, afin de pouvoir rendre les pécheurs « justes. Mais le langage de l'apôtre est encore « plus fort : il ne dit pas qu'il l'ait fait pécheur, « mais *péché*, afin que nous puissions être faits « non pas justes, mais justice, et même la justice « de Dieu. Car c'est de Dieu, puisque ce n'est pas « par les œuvres (qui exigeraient une perfection « sans tache), mais par grâce que nous sommes « justifiés, tout péché étant effacé. » Voici un témoignage à la doctrine chrétienne de la justification, dans laquelle ce saint homme trouva sans doute du repos pour sa propre âme.

En parlant de ce passage de saint Paul, dans l'épître aux Romains : « Cela ne vient donc point « ni de celui qui veut, ni de celui qui court » [2], il introduit la doctrine du libre arbitre de la même

---
[1] Hom. II, sur la seconde Épître aux Cor. c. v.
[2] Dans son Commentaire sur l'Épître aux Hébreux, c. VII.

manière que l'ont fait la plupart des Pères qui en ont parlé depuis l'époque de Justin ; et il ajoute que l'on dit que tout vient de Dieu, parce que la plus grande partie vient de lui, tant il se sent pressé par les simples paroles de l'apôtre, qui sont directement opposées au système qu'il avait adopté. Mais la philosophie platonicienne avait causé ce tort à l'Église, au grand détriment de la foi et de l'humilité chrétienne.[1]

Ses vues pratiques, en tant qu'elles se rapportent à la manière dont on doit régler sa conduite, sont très frappantes. Ayant vécu dans deux grandes villes impériales où les spectacles et les jeux du cirque étaient très fréquens, il s'appliqua sérieusement à combattre ces désordres. Il appelle le théâtre une école d'incontinence.

« Quel mal y a-t-il à aller au spectacle ? dites-
« vous. Cela suffit-il pour éloigner quelqu'un de
« la communion ? Je vous demanderai, à mon
« tour : peut-il y avoir un péché plus honteux que
« de venir à la sainte table souillé d'adultère ? Écou-
« tez les paroles de celui qui doit être notre juge :
« Jésus-Christ dit que quiconque regarde une
« femme pour la convoiter, a déjà commis l'adul-
« tère avec elle dans son cœur. Que peut-on dire
« de ceux qui ont une si grande passion pour les
« spectacles qu'ils y passent des jours entiers à
« regarder des femmes de mauvaise réputation ?
« de quel front oseront-ils dire qu'ils ne les regar-
« dent pas pour les convoiter, puisqu'ils voient
« des femmes qui se sont parées pour exciter de
« mauvais désirs ? Si dans l'église même, où les

---

[1] Il reproche d'une manière pathétique aux parens et aux maîtres de rejeter toute l'œuvre de l'instruction sur les ministres, et de se montrer trop paresseux et trop négligens pour rien faire eux-mêmes pour le bien spirituel de ceux qui leur sont soumis. Combien cette remarque se trouve encore vraie aujourd'hui !

« psaumes sont chantés, où les saintes Écritures
« sont lues, et où règne la crainte du Tout-Puis-
« sant, la convoitise se glisse comme un larron,
« comment ceux qui fréquentent les spectacles
« pourraient-ils vaincre les mouvemens de la con-
« cupiscence ? »[1]

CHAPITRE X.

ABRÉGÉ DES CONFESSIONS D'AUGUSTIN.

Depuis la dernière partie du troisième siècle jusqu'au commencement du cinquième, nous avons vu la piété dans un déclin toujours croissant : dans l'Occident, les progrès des ténèbres et des superstitions monastiques; dans l'Orient, les mêmes maux portés à un degré encore plus grand, et accompagnés d'un tel accroissement d'iniquité, que là même où existent toutes les formes de la piété, sa force est haïe et persécutée comme elle l'avait été par les païens. Il est évident que le vrai christianisme, malgré ses conquêtes apparentes sous les empereurs chrétiens, aurait été bientôt éteint si Dieu n'était intervenu par une nouvelle effusion de son esprit : il daigna l'accorder au monde au commencement du cinquième siècle.

---

[1] Chrysostôme exprime la même indignation par rapport aux bals et aux amusemens publics. Il dit avec raison que les jeux de hasard sont l'occasion de blasphèmes, de pertes, de colère, de querelles et de toutes sortes de crimes. Dupin, *Chrysostôme*.
Le fait est que, dans tous les siècles, les hommes qui ont eu une véritable crainte de Dieu ont été opposés à ces choses; et pour cette raison (qu'ils sentent, si d'autres ne la sentent pas), c'est qu'ils ont une lutte trop sérieuse contre le péché qui habite en eux, pour se livrer aux choses extérieures qui les portent au mal.

Nous sommes appelés à considérer attentivement cette manifestation de la bonté divine ; et dans ce but nous devons reporter nos regards sur le siècle dernier, pour remonter aux sources secrètes de cette dispensation. Nous les trouverons surtout dans la vie privée d'Augustin, évêque d'Hippone. Il fut le grand instrument dont Dieu se servit pour ranimer la connaissance de la vérité évangélique. Par une œuvre remarquable de la grâce divine sur son âme, il reçut les dons nécessaires pour lutter avec l'altération toujours croissante de la foi primitive, et il est très heureux que nous possédions dans ses Confessions un récit détaillé de sa propre conversion. Nous allons donner ici un abrégé de ces Confessions ; on verra plus tard combien il était convenable et important de s'arrêter aussi long-temps sur ces détails.[1]

ABRÉGÉ DES CONFESSIONS D'AUGUSTIN.

LIVRE PREMIER.

« O Seigneur ! tu es grand et infiniment digne d'être loué ; ta puissance est immense, et il n'y a point de limites à ta sagesse ; et cependant un homme, une petite portion de ta création, désire de te louer ; un homme qui porte avec lui le poids de sa mortalité, les preuves de son péché, et un témoignage que tu résistes aux orgueilleux ; un tel homme désire de te louer. C'est toi-même qui

---

[1] La vie d'Augustin a été écrite par Possidius, qu'on appelle aussi quelquefois Possidonius, pieux prêtre de son diocèse, qui fut depuis évêque de Calama. Bien qu'elle soit mal écrite, elle mérite cependant d'être citée, en ce qu'elle confirme l'authenticité des parties historiques des Confessions. Augustin était né à Tagaste en Numidie de parens respectables. Patrice son père ne renonça au paganisme que peu de temps avant sa mort ; sa mère, Monique, était renommée pour sa piété chrétienne. Il était né l'an 354, et à l'époque de sa pleine conversion à l'Évangile il avait plus de trente ans. Vie d'Augustin, par Possidius.

l'excites et qui lui fait trouver du plaisir à te louer; car tu nous as créés pour toi, et notre cœur est inquiet jusqu'à ce qu'il trouve le repos en toi.

« Qui me donnera de me reposer en toi, afin que tu viennes dans mon cœur, que tu agisses sur lui, et que j'oublie mes propres maux, pour te contempler et m'attacher à toi qui es mon unique bien? Qu'es-tu pour moi? Viens à mon aide dans ta miséricorde, afin que je puisse l'exprimer. Que suis-je pour toi, que tu daignes m'ordonner de t'aimer, et que tu sois irrité contre moi si je ne t'aime pas, et que tu me menaces des plus grandes misères? Et cela même de ne te pas aimer est-il une petite misère? Hélas! Seigneur mon Dieu, dis-moi par tes compassions ce que tu es pour moi. « Dis à mon âme, je suis ta délivrance. » Parle de manière à ce que j'entende. Voici, les oreilles de mon cœur sont devant toi, Seigneur, ouvre-les, et dis à mon âme, je suis ta délivrance. O puissé-je courir à cette voix et demeurer en toi! Ne me cache pas ta face; puissé-je mourir[1] afin de te voir, de peur que je ne meure véritablement. Mon âme est une habitation trop étroite pour que tu puisses y entrer; élargis-la; elle est en ruines, répare-la. Elle contient bien des choses qui doivent déplaire à tes yeux, je le sais, et je dois le confesser; mais qui pourrait la nettoyer, et à qui adresserai-je mes supplications si ce n'est à toi? « Purifie-moi de mes fautes cachées, et éloigne de moi les actions commises par fierté. » Je crois, c'est pourquoi je parle. O Seigneur! tu le sais; ne t'ai-je pas confessé mes péchés, et n'as-tu pas pardonné l'iniquité de mon cœur? Je ne contesterai pas avec toi, qui es la vérité même; car je

---

[1] Il paraît désirer de souffrir toute espèce de mortification, même la perte de la vie, plutôt que de perdre la jouissance de son Dieu.

ne voudrais pas me tromper moi-même. Je ne contesterai pas avec toi, Seigneur, car si tu voulais prendre garde aux iniquités, qui est-ce qui pourrait subsister[1]?

« Mais, permets-moi de parler, bien que je ne sois que poudre et que cendres. Permets-moi de parler, parce que je m'adresse à ta miséricorde, et non aux hommes qui sont orgueilleux et moqueurs. Tu méprises peut-être la simplicité de mes pensées, mais cependant tu te tourneras vers moi, et tu auras compassion de moi. Que te dirai-je, ô Seigneur mon Dieu! si ce n'est que je ne sais d'où je suis venu dans cette existence. L'appellerai-je une vie mortelle, ou une mort vivante? Tes consolations miséricordieuses m'ont soutenu, et tu m'as donné la nourriture de mon enfance.

« Écoute-moi, ô Dieu! Malheur aux péchés de l'homme! Tu as pitié de lui, parce que c'est toi qui l'as fait, et que tu n'as pas fait le péché en lui. Qui pourra me dire quels ont été les péchés de mon enfance? Car personne n'est pur de péché en ta présence, non pas même l'enfant qui n'a vécu qu'un jour. Était-il bien à moi de solliciter avec larmes ce qu'il m'eût été nuisible de recevoir, d'exprimer une véhémente indignation contre mes parens et mes supérieurs, s'ils ne cédaient pas à ma volonté; et d'essayer de me venger d'eux, bien que ce fût par de faibles coups? La faiblesse de mes membres d'enfant était innocente, mais l'esprit de l'enfance ne l'était pas. J'ai vu et observé un enfant plein d'envie; pâle de

---

[1] On voit ici clairement que ceux qui, comme Augustin, se reposent entièrement sur la grâce, sont délivrés de toute sollicitude pour justifier aucune partie de leur conduite; tandis que ceux qui se reposent sur eux-mêmes, à quelque degré que ce soit, pour leur salut, sont toujours tentés d'atténuer leurs péchés.

colère, il regardait d'un œil jaloux et méchant l'enfant qui tétait la même nourrice que lui [1]. Puisque j'ai été conçu dans l'iniquité, et que ma mère m'a échauffé dans le péché, où, Seigneur, où et quand ai-je été innocent? Mais je laisse de côté ce temps, dont il ne me reste aucune trace.

« Seigneur, à quelles misères n'ai-je pas été exposé lorsque, d'après le plan de mon éducation, il m'a fallu obéir à des maîtres qui, dans les connaissances qu'ils s'efforçaient de me faire acquérir, n'avaient d'autre but que de me mettre en état d'arriver à de vains honneurs et à de faux biens? Je péchais cependant; ô toi qui ordonne toutes choses, excepté nos péchés, je péchais en me révoltant contre les ordres de mes parens et de mes maîtres! Quelle que pût être leur intention en me faisant étudier la littérature, on peut en faire un bon usage. Ma désobéissance ne venait pas de l'amour de choses meilleures, mais de la passion que j'avais pour le jeu, pour les divertissemens de tout genre. Regarde ces misères d'un œil de miséricorde, et délivre ceux qui t'invoquent; délivre aussi ceux qui ne t'invoquent pas encore, afin qu'ils t'invoquent et qu'ils éprouvent ta délivrance.

« J'avais entendu parler, dès mon enfance, de la vie éternelle qui nous est promise par l'humiliation du Seigneur notre Dieu, qui s'est abaissé pour nous guérir de notre orgueil. Lorsque j'étais encore enfant, et qu'une douleur violente et intérieure semblait annoncer ma mort, tu vis avec quelle ardeur je sollicitai le baptême chrétien, de la charité de ma mère et de l'Eglise. Ma mère, qui était pleine

---

[1] Le lecteur sérieux ne sera pas disposé à passer légèrement par-dessus ces preuves frappantes de la corruption de la nature qui se montre dès la première enfance, avant les progrès de la raison ou la puissance de l'habitude.

d'angoisses pour m'enfanter pour le salut éternel, se hâtait de m'accorder l'objet de mes désirs, afin que je fusse purifié de mes péchés, en te confessant Seigneur, ô Jésus! lorsque je recouvrai tout d'un coup la santé. Une rechute dans les péchés volontaires, après le baptême, est regardée comme beaucoup plus dangereuse en la perspective de la vie; admettant donc une trop grande probabilité d'une semblable rechute, mon baptême fut encore différé. Ainsi, à cette époque, je croyais en Christ, et mon père était le seul infidèle dans notre famille. Ma mère désirait que tu fusses mon père encore plus que lui, et tu la favorisas de ton secours; elle qui obéissait à son mari en toutes choses d'après ton commandement, elle l'emporta cependant sur ce point. Le délai de mon baptême me fut-il avantageux? Pourquoi entendons-nous dire si souvent: « Qu'il fasse ce qu'il voudra, il n'est pas encore baptisé. » Combien il eût mieux valu pour moi entrer plus tôt dans la bergerie de Christ!

Cependant, dans mon enfance, que ma mère craignait peu, en comparaison des dangers de la jeunesse, j'étais indolent, et ce n'était que par nécessité que je faisais des progrès dans mes études. Une ambition tout humaine était le seul motif que me proposaient mes maîtres; mais toi qui comptes les cheveux de nos têtes, tu faisais tourner leur erreur à mon profit, tout en punissant justement par leurs corrections les grands péchés que je commettais alors, tout jeune que j'étais. Ces connaissances qu'ils me communiquaient sans aucune intention sainte, étaient sanctifiées par toi, et ma paresse était punie. Car tu as voulu que toute âme souillée de péché trouvât en elle-même son châtiment.

« Je ne comprends pas encore bien clairement à

présent pourquoi je ne pouvais souffrir la littérature grecque qu'on m'enseigna dès mon enfance. Car j'aimais la littérature latine, non pas à la vérité les premiers élémens, mais les choses qu'enseignent ceux qu'on appelle grammairiens. Apprendre à lire, à écrire, et l'arithmétique, m'était aussi peu agréable que la littérature grecque. Je crois pouvoir imputer également cet éloignement à ma corruption naturelle, qui préférait ce qui était mauvais et rejetait ce qui était meilleur. L'utilité de la lecture, de l'écriture, et de l'arithmétique, est évidente; on n'en peut dire autant de l'étude des voyages d'Énée, dont je m'occupais, tandis que j'oubliais mes égaremens. A quoi me servait-il de déplorer les malheurs qui conduisirent Didon à se donner la mort, tandis que je m'inquiétais peu de l'état de mort de ma propre âme qui, durant le cours de ces études était éloignée de toi, mon Dieu, ma vie? O toi, lumière de mon cœur, nourriture de mon homme intérieur, et véritable époux de mon âme! Je ne t'aimais pas. Je péchais contre toi; et tel est l'esprit du monde, que j'entendais de tous côtés des applaudissemens, et que j'aurais eu honte d'avoir des dispositions différentes : cependant l'amour du monde est inimitié contre toi.

C'est là le genre de littérature qui s'est arrogé le nom de belles-lettres et d'éducation libérale; tandis que l'on regarde comme basses et vulgaires les connaissances vraiment utiles. Ce fut ainsi que dans mon enfance je péchai par une injuste préférence. Il m'était insupportable d'entendre répéter que deux et deux font quatre; mais le cheval de bois, l'incendie de Troie, et l'ombre de Créuse, étaient des spectacles de vanité qui m'enchantaient. Pourquoi n'aimais-je donc pas la littérature grecque qui s'occupe de sujets du même genre?

Homère excelle dans ses inventions fabuleuses, et pourtant, dans mon enfance, elles étaient loin de me plaire. Je suppose que Virgile ne plairait pas davantage à de jeunes Grecs, à cause des difficultés que présente une langue étrangère. Les châtimens sont nécessaires pour vaincre la paresse des enfans, et cela encore, ô mon Dieu! est une partie de la manière dont tu gouvernes les créatures, pour mettre un frein à leur criminelle impétuosité. Cet ordre admirable de ta justice s'étend depuis les peines légères que l'on impose aux enfans jusqu'aux douleurs des martyrs, et ces amertumes salutaires nous éloignent de ces plaisirs funestes qui nous avaient séduits, pour nous rappeler auprès de toi.

« Seigneur, écoute ma prière, afin que mon âme ne succombe pas sous tes châtimens, et que je ne me lasse pas de reconnaître tes grâces, par lesquelles tu m'as tiré de tous mes déréglemens; afin que tu me deviennes plus cher que toutes ces fausses jouissances que je poursuivais alors, que je t'aime avec ardeur, que je me tienne attaché à ta main toute-puissante, afin que tu me délivres de toutes les tentations jusqu'à la fin de ma vie. O mon Roi et mon Dieu! que toutes les choses utiles que j'ai apprises dans mon enfance soient consacrées à ton service, que ce soit pour te glorifier que je parle, que je lise et que je calcule; puisque lorsque j'apprenais des choses vaines, tu m'as repris selon ta justice, et tu m'as pardonné le plaisir que j'y prenais. J'ai pourtant appris ainsi bien des paroles utiles, mais j'aurais pu les apprendre sans qu'elles fussent confondues avec des vanités.

« O torrent funeste de l'usage! qui te résistera? Ne seras-tu jamais desséché? Jusqu'à quand entraîneras-tu les enfans d'Ève dans une mer si vaste et si orageuse, dont se sauvent à peine ceux-là même qui ont trouvé leur refuge dans la croix? N'ai-je pas vu dans ces études un Jupiter tout à la fois adultère et armé de la foudre? Qu'est-ce que cela, sinon enseigner aux hommes que leurs crimes ne doivent pas être appelés des crimes, puisqu'ils sont sanctionnés par l'exemple des dieux? Térence introduit dans une de ses pièces un jeune libertin qui justifie ses déréglemens par l'exemple de Jupiter, qu'il considérait comme son dieu, et s'excite au péché par l'imitation d'un modèle divin. Cependant, ô mon Dieu! moi qui me réjouis maintenant de te contempler en paix, j'apprenais ces choses avec plaisir, je m'en nourrissais avec délice; à cause de cela même, on me regardait comme un enfant de grande espérance.

Les motifs de la louange et de la honte m'excitaient à poursuivre avec ardeur ces exercices littéraires. Les applaudissemens que m'attiraient mes succès étaient-ils autre chose que du vent et de la fumée? N'y avait-il point d'autres sujets sur lesquels j'eusse pu exercer mes talens? N'aurais-je pu célébrer ta louange? Mais comment pourrait-on s'étonner que je m'éloignasse ainsi de toi, ô mon Dieu! lorsque les hommes qui m'étaient proposés comme des modèles auraient rougi d'avoir laissé échapper un barbarisme ou un solécisme, en rapportant leurs actions les plus innocentes; tandis qu'ils auraient été comblés d'éloges s'ils avaient raconté des actions coupables qu'ils auraient commises, pourvu qu'ils eussent employé des termes pompeux et élégans? — O Dieu de longue attente, qui permets que les hommes t'insultent de cette manière! Ne délivreras-tu pas de cet affreux abîme l'âme qui te cherche, qui soupire après tes joies saintes, et qui dit: « Je chercherai ta face, ô Éternel! » Ce fut par les ténèbres de ses affections déréglées que l'Enfant prodigue alla dans un pays éloigné, qu'il s'égara loin de toi, son père, qui t'étais montré plein d'amour en le comblant de tes dons, et qui lui témoignas un amour plus grand encore lorsqu'il revint à toi dans une profonde misère. Avec quel soin les hommes s'étudient à observer les règles des lettres et des syllabes, tandis qu'ils négligent les règles du salut éternel! Tu demeures au plus haut des cieux dans une lumière inaccessible, et tu répands l'aveuglement sur ceux qui lâchent la bride à leurs passions. Lorsqu'un homme qui désire de passer pour éloquent, parle en présence d'une multitude d'auditeurs, il se tient en garde contre le moindre défaut de prononciation, mais il ne songe pas à se tenir en garde contre la malice de son propre cœur, qui l'excite à attaquer avec fureur ses semblables.

« Je vivais misérablement à cette école. Plaire aux hommes était pour moi le comble de la gloire, et je ne voyais point l'abîme de misère et de bassesse dans lequel j'étais plongé loin de tes regards. Quel être aurait pu se montrer plus vil que moi, qui, emporté par la passion des ornemens, trompais alors mes maîtres et mes parens par d'innombrables mensonges? Il m'arrivait même de voler mes parens pour satisfaire ma gourmandise, ou pour donner à mes camarades des choses qui leur étaient agréables. Dans mes jeux, je cherchais souvent à obtenir la victoire au moyen de tromperies, et cependant je ne voulais pas être trompé de la même manière : j'étais toujours prêt à accuser les autres, lorsque je découvrais quelque chose de semblable en eux; mais si j'étais découvert, moi-même j'étais plus disposé à me mettre en fureur qu'à céder. Est-ce là l'innocence des enfans? Ils sont bien loin d'être innocens, ô mon Dieu! Changeons seulement la scène, et au lieu des maîtres, des noix, des balles et des moineaux, mettons les préfets, les rois, l'or et les richesses, et nous reconnaîtrons les vices des hommes, de même que des peines plus graves succèdent aux punitions infligées aux enfans.

« Cependant, ô mon Dieu! je trouve dès mon enfance bien des motifs de te louer. Tes dons étaient en grand nombre; mon péché était de chercher le plaisir, la vérité et le bonheur, non en toi, mais dans la créature, et c'est ainsi que je me précipitais dans toutes sortes de maux, dans le trouble et dans l'erreur. O toi qui es mon délice et ma confiance! je te rends grâce de tes dons; mais conserve-les-moi, et les choses que tu m'as données croîtront et se perfectionneront, et je serai avec toi, parce que tu me les auras données. »

LIVRE II.

Je veux rappeler ici les scènes de corruption et de licence qui ont signalé ma jeunesse, non pas que j'aime ces choses, mais afin de t'aimer, ô mon Dieu! Je le fais, parce que j'aime ton amour, et je

---

¹ Gibbon nous paraît inférer à tort de la répugnance d'Augustin pour le grec, qu'il n'acquit jamais la connaissance de cette langue; car il dit lui-même qu'il avait une facilité extraordinaire et des moyens remarquables. On ne trouve que trop généralement chez les enfans sa paresse et ses autres vices; mais il est rare qu'on les considère comme des maux sérieux : ils paraissaient à Augustin ce qu'ils sont réellement, les marques d'une nature déchue. Bien que, depuis l'abolition du paganisme, la lecture des livres classiques ne présente pas le même danger, on peut cependant blâmer avec justice l'usage de mettre entre les mains des enfans tant de poètes licencieux, au lieu de leur faire connaître les qualités plus solides de plusieurs auteurs qui ont écrit en prose. Un choix bien fait des auteurs les plus exempts de reproches et les plus utiles, et une comparaison perpétuelle de leurs sentimens avec ceux du christianisme, ne préserverait pas seulement les jeunes gens du poison des auteurs classiques, mais leur ferait sentir la nécessité et l'importance de la révélation. Les instituteurs peuvent, aussi bien que les écoliers, trouver dans ce qu'ils viennent de lire une leçon frappante, sur le danger que l'on court en exaltant les talens littéraires aux dépens des qualités morales.

veux me rappeler avec amertume mes déréglemens, afin que tu me deviennes encore plus cher, ô délice qui ne trompe jamais, délice heureux et assuré; toi qui réunis les parties dispersées de mon âme brisée; tandis qu'opposé à toi, le seul vrai Dieu, je m'égarais dans une multitude de vanités! [1] Car, dans ma jeunesse, je brûlais de me rassasier de plaisirs défendus, et je devins souillé et corrompu à tes yeux, tandis que je me complaisais à moi-même, et que je désirais de plaire aux yeux des hommes.

« Ma jeunesse se laissa emporter par le tourbillon de la licence; ta colère remplissait mon âme d'amertume, et je ne le savais pas. En punition de mon orgueil, le bruit de mes chaînes charnelles me rendit sourd à ta voix, je m'éloignai de toi, et tu le permis. Tu te taisais alors, et je m'égarais toujours davantage dans des voies semées de maux de toute espèce, dans un état d'orgueilleuse dégradation et de lassitude inquiète. Ta toute-puissance n'est pas loin de nous, lors même que nous sommes très loin de toi; j'aurais pu entendre ta voix qui recommande un célibat consacré à Dieu, qui permet le mariage, mais qui censure la licence [2]. Mais je dépassai toutes les limites légitimes, je n'échappai pas à tes châtimens; quel est le mortel qui le peut? Car tu étais toujours présent, miséricordieux dans ta sévérité, mélangeant d'amertume tous mes coupables plaisirs, afin de m'amener à chercher des joies sans mélange, et à ne pouvoir les trouver qu'en toi: en toi, dis-je, Seigneur, qui attaches la douleur à la violation de tes lois, qui frappes afin de guérir, et qui nous tues, afin que nous ne

---

[1] La belle pensée que l'auteur exprime, selon sa manière ordinaire, dans un langage un peu diffus, est heureusement renfermée dans un seul mot par le psalmiste, « LIE mon cœur à la crainte de ton nom. » Ps. LXXXVI. 11. — [2] 2 Cor. VII.

mourions pas loin de toi. Où étais-je, et combien de temps ai-je vécu exilé de ta maison, dans ma seizième année, lorsque je me laissai entraîner par le torrent de la volupté, et que je laissai volontairement tomber les rênes de mes mains? Mes amis ne prirent aucune peine pour me retenir par un frein salutaire; ce qu'ils désiraient par-dessus tout, c'est que je pusse devenir habile dans l'art de parler.[1]

« Il y eut cette année-là interruption dans mes études, étant revenu chez mon père, à Tagaste, de la ville voisine de Madaure, où j'avais étudié les principes de l'éloquence. Mon père se détermina alors à m'envoyer achever mes études à Carthage, et il consulta, dans cette circonstance, l'ambition qu'il avait de me voir exceller dans l'éloquence plutôt que sa fortune, car il était un des citoyens les moins riches de Tagaste. — Pourquoi raconté-je ces choses devant toi, ô mon Dieu! à mes semblables, ou du moins au petit nombre de ceux qui liront ces lignes? si ce n'est pour qu'ils considèrent avec moi de quelle profondeur nous pouvons crier à toi. Tes oreilles ne sont-elles pas tout près de nous, lorsque le cœur se confie en toi, et que la vie découle de la foi? Qui n'exalta alors la noble résolution de mon père, qui le portait à dépenser tant d'argent pour l'éducation de son fils, tandis que beaucoup de citoyens plus riches que lui n'avaient pas le cœur d'envoyer leurs fils à Carthage? Cependant, il ne s'inquiétait nullement de la disposition de mon cœur envers toi. Il lui importait

---

[1] Plût à Dieu qu'il n'en fût pas ainsi dans les pays chrétiens, aussi-bien que parmi les païens! Si le lecteur se sent disposé à traiter avec légèreté la manière sérieuse dont notre auteur parle des vices de la jeunesse, il en viendra à condamner son jugement et non celui d'Augustin, s'il apprend à mieux connaître le péché dans tout ce qu'il a de difforme et d'odieux.

peu que je fusse chaste, pourvu que je fusse éloquent. Quoiqu'il fît profession d'être catéchumène, il éprouva plutôt de la satisfaction en me voyant m'abandonner à mes penchans pendant cette année de vacances ; il n'en fut pas ainsi de ma mère, qui avait commencé depuis quelque temps à sentir ton saint amour, et qui avait été purifiée dans les fonts de la régénération. Elle éprouva une pieuse émotion en apprenant mes débordemens. O mon Dieu ! tu me parlas par elle, et tu cherchas à me mettre en garde contre le vice. Je méprisai ta voix en elle, ses avis ne firent pas la moindre impression sur mon esprit. J'étais tellement aveuglé, que j'aurais rougi d'être moins criminel que mes camarades, et que j'inventais de faux récits de mes coupables exploits pour m'attirer leurs louanges. Mon père pensait peu à toi, mais il se repaissait de vaines espérances par rapport à son fils. Ainsi, tandis que mes parens désiraient avec trop d'ardeur mes progrès dans les lettres, j'avançais rapidement dans le vice, et je m'entourais des ténèbres du péché, de manière à me mettre, autant que possible, à l'abri de la puissance de ta vérité.

« Ta loi punit le vol, ô mon Dieu ! et la loi écrite dans les cœurs des hommes le condamne certainement aussi [1]; car, quel est le voleur qui puisse en supporter un autre? Cependant, sans y être excité par le besoin, je commis un vol, me jouant à plaisir de l'iniquité, et méprisant la justice ; je ne désirais pas jouir de l'objet volé, mais du péché même. Il y avait près de la vigne de mon père un poirier chargé de fruits qui n'avaient rien de bien séduisant. J'allai voler tous ces fruits au milieu de la nuit, avec quelques jeunes gens animés des mêmes dispositions que moi; la plus

---

[1] Il veut parler ici de la voix de la conscience. Voyez Romain. II. 15.

grande partie de notre butin fut jetée aux cochons, car j'avais chez moi des fruits meilleurs, et en grande abondance. Vois, ô mon Dieu! ce qu'est mon cœur, ce cœur que tu as retiré dans ta compassion d'un profond abîme de péché. Que voulais-je donc en commettant le mal sans avoir en vue aucun avantage? J'aimais le mal pour le mal même. Les hommes ont généralement quelque but particulier lorsqu'ils se livrent à de mauvaises actions; Catilina, lui-même, n'aimait pas ses crimes, mais quelque chose autre, qui le portait à les commettre. Nous sommes trompés par de vaines apparences de bien, embrassant des ombres et poursuivant nos convoitises, au lieu de chercher la substance de tout ce qu'il y a de bon et de bien, qui ne se trouve qu'en toi. Ainsi, notre âme, quand elle s'est égarée loin de toi, cherche hors de toi ce plaisir, ces honneurs, cette puissance, ces richesses, ou cette sagesse qu'elle ne peut trouver dans leur pureté, qu'en retournant à toi.

« Tous ceux qui s'éloignent de toi et qui se mettent en opposition avec ta volonté révélée, imitent, dans leur perversité, quelque attribut de Dieu, bien que t'imiter ainsi, ce soit encore te reconnaître pour le Créateur de l'univers. Telle est la nature générale du péché. Il séduit en présentant une ombre vaine de ce bien qui ne se trouve qu'en Dieu. O vie monstrueuse! ô profondeur de mort! Pouvais-je me complaire dans ce qui était défendu, uniquement parce que cela était défendu? Comment pourrais-je assez rendre grâces au Seigneur de ce que je puis maintenant me rappeler ces choses sans craindre la condamnation? Je t'aimerai et je te bénirai, Seigneur, de ce que tu m'as pardonné de semblables péchés. C'est à ta grâce que je dois d'avoir effacé mes péchés, comme la glace se fond au soleil. C'est elle aussi qui m'a exempté des péchés que je n'ai pas commis. Car de quoi n'étais-je pas capable, moi qui aimais le mal lorsque je n'y trouvais aucun avantage? Je sens que tout est pardonné; non seulement les péchés que j'ai commis actuellement, mais aussi ceux que ton amour m'a empêché de commettre. Celui qui, appelé par toi, a évité le mal qu'il m'entend confesser, ne doit pas se moquer de moi, pauvre malade guéri par le médecin, puisque c'est au même bienfaiteur qu'il doit de se bien porter, ou, pour mieux dire, d'être moins malade.

« O incompréhensible séduction des pernicieuses amitiés, plaisir de mal faire et de faire souffrir les autres, et cela sans aucun mouvement distinct d'avarice ou de vengeance! Nous entendons les autres dire : Allons, faisons cela; et nous aurions honte de n'avoir pas perdu toute honte. Qui peut débrouiller les fils compliqués de cette œuvre de ténèbres? Elle est vile et odieuse, je ne veux plus ni l'examiner, ni la voir. C'est toi que je choisirai, ô justice, ô innocence, lumière glorieuse, plaisir dont on n'est jamais rassasié! C'est en toi qu'est le parfait repos et une vie exempte d'agitation. Celui qui entre en toi entre dans la joie de son Seigneur; il ne craindra pas, puisqu'il possédera tous les biens en toi qui en es la source. Je me suis éloigné de toi, j'ai erré, ô mon Dieu! loin des sentiers de l'intégrité, et dans ma jeunesse je suis devenu pour moi-même une terre désolée. »

LIVRE III.

« J'arrivai à Carthage agité de désirs criminels. Ce n'est pas après toi que je soupirais, ô mon Dieu! vrai pain de vie; et bien que plongé dans une indigence réelle, et désirant ce qui ne peut rassasier, je n'avais aucun désir pour la nourriture incorruptible, non pas que j'en fusse rempli, mais plus j'en étais vide, et plus elle m'inspirait de dégoût. Mes passions sourdes étaient cependant couvertes de l'apparence plausible de l'affection et de l'amitié. Vil et indigne comme je l'étais, j'affectais de passer pour un jeune homme libéral et poli. Je tombai dans les liens impurs que j'avais désirés. Mon Dieu, dans ta grande miséricorde, tu mélangeas de beaucoup d'amertume ces vaines jouissances dont j'étais esclave, et je fus véritablement déchiré par les verges de fer de l'envie, des soupçons, de la crainte, de l'indignation et des querelles. Je me laissai encore emporter à l'amour des spectacles, où je retrouvai à la fois les images de mes misères, et l'aliment qui entretient mes flammes coupables.

« Les scènes du forum excitèrent aussi mon ambition; et je vis que l'on exaltait ceux qui savaient le mieux faire passer les mensonges pour la vérité. J'étais plein d'orgueil et d'arrogance, bien que je fusse loin d'approuver les excès de ces hommes appelés *evertores*, qui se faisaient un jeu de troubler les avocats modestes, et de les couvrir de confusion par leurs attaques imprévues. Au milieu de ces occupations, avec cette faiblesse de jugement qui est le partage de la jeunesse, j'étudiais les livres qui traitaient d'éloquence avec le plus ardent plaisir de vaine gloire, et dans le cours de mes lectures j'arrivai à l'*Hortensius* de Cicéron, qui contient une exhortation à l'étude de la philosophie. Ce livre fut l'instrument d'un changement remarquable dans mes vues. Je renonçai tout d'un coup à la vaine espérance d'arriver à la réputation par l'éloquence, et je sentis une soif ardente de la sagesse. J'étais soutenu à Carthage par ma mère, j'avais alors près de dix-neuf ans, et mon père était mort deux ans auparavant. Combien je désirais, ô mon Dieu! de fuir des choses terrestres à toi, et cependant je ne savais pas comment tu agissais sur moi. A cette époque, ô lumière de mon cœur! bien que je ne connusse pas l'exhortation de l'Apôtre : « Prenez garde que personne ne vous séduise par la philosophie, et par de vains raisonnemens [1], » tu sais quel était le motif du plaisir avec lequel je lisais le volume de Cicéron; c'est qu'il m'exhortait à chercher la sagesse, non dans telle ou telle secte, mais partout où l'on peut la trouver. Et la seule chose qui refroidissait mon zèle, c'est que le nom de Jésus, ce nom précieux que j'avais appris à révérer en me nourrissant du lait de ma mère, ne s'y trouvait pas. Et tout livre où son nom ne se trouvait pas, avec quelque science et quelque talent qu'il fût écrit, ne me satisfaisait pas entièrement.

« Je résolus donc de m'appliquer à l'étude des saintes Écritures, pour voir ce qu'elles contenaient; et je reconnais maintenant qu'elles sont impénétrables pour les orgueilleux; qu'humbles dans leur apparence, elles sont sublimes par les effets qu'elles produisent, et que les mystères sont comme un voile qui les cache; et la disposition de mon cœur était telle, que je m'en trouvais exclu, et que je ne pouvais m'abaisser pour me charger de leur joug. Je ne sentis pas ces choses à cette époque, lorsque je m'appliquai à la lecture des Écritures, mais elles ne me parurent pas dignes d'être comparées avec la dignité de Cicéron. Mon orgueil fut dégoûté de leur style, et ma pénétration ne put découvrir le sens qu'elles ont [2]. Il est vrai

---

[1] Coloss. II.

[2] Excellente description de l'effet ordinaire que produit une étude superficielle de l'Écriture sur un esprit orgueilleux et abandonné à un juste jugement de Dieu, et, d'une manière ou d'une autre, à l'aveuglement et aux illusions dangereuses.

que ceux qui veulent bien devenir petits enfans, voient la lumière se lever peu à peu sur leurs âmes; mais je dédaignais d'être enfant, et, gonflé d'orgueil, je m'imaginais que j'étais rempli de la sagesse d'un homme fait.

« C'est dans cette situation d'esprit que je trouvai sur mon chemin les Manichéens, qui avaient continuellement dans la bouche les mots de Père, de Fils, et de Saint-Esprit, mots qui n'étaient pour eux que de vains sons; qui parlaient sans cesse de *la vérité*, et qui se formaient pourtant les idées les plus absurdes des œuvres de la nature, de sorte que les philosophes païens étaient plus éclairés qu'eux sur ces sujets. O vérité, avec quelle ardeur je soupirais après toi, tandis qu'ils se contentaient de prononcer ton nom, ou le répétaient dans leurs livres! Mais ils m'enseignaient à chercher mon Dieu dans le soleil et dans la lune, ainsi que dans les fantômes créés par leur imagination [1]. Je cherchais à me nourrir de ces vanités; mais comme elles n'étaient pas mon Dieu, bien que je le supposasse alors, je n'étais pas nourri, mais épuisé. Jusqu'à quel point m'égarais-je alors loin de toi! ne pouvant pas seulement avoir part « aux gousses

---

[1] Les Manichéens, ainsi appelés de Manès, fondateur de la secte, subsistaient depuis un siècle environ. Nous n'aurions pas cru devoir nous occuper d'eux, s'ils ne se trouvaient liés à l'histoire d'Augustin. Comme la plupart des anciens hérétiques, ils abondaient en opinions insensées qui ne sont pas dignes d'examen; ils croyaient avec les philosophes païens que l'Être-Suprême était matériel, et pénétrait toute la nature. Ce qui les caractérisait d'une manière particulière, c'est qu'ils admettaient deux principes indépendans, un bon et un mauvais, pour résoudre la question épineuse de l'origine du mal. Comme tous les hérétiques, ils faisaient parade de chercher la vérité avec une libérale impartialité; et ils réussissaient ainsi à tromper les esprits imprudens qui, loin de soupçonner la faiblesse de leur jugement, et laissant de côté la parole de Dieu et la prière adressée à Dieu en sincérité de cœur, n'ont aucune idée de parvenir à la connaissance de la religion par une autre méthode que par la raison naturelle.

que mangeaient les pourceaux ! » car les fables des poètes que je ne croyais pas, bien que j'y prisse plaisir, étaient préférables aux absurdités de ces gens qui professaient un si grand amour pour la vérité. Hélas ! hélas ! par quels degrés je fus conduit dans ces profondeurs sataniques ! Soupirant après la vérité, je te cherchais, ô mon Dieu ! non dans les lumières intellectuelles, mais par des organes charnels, car je voudrais te confesser tout ce qui s'est passé en moi, à toi qui avais pitié de ma misère, même lorsque j'étais endurci contre toi. Les Manichéens me séduisaient, en partie par leurs questions subtiles et captieuses sur l'origine du mal, en partie par leurs blasphèmes contre les saints de l'ancien Testament [1]. Je ne comprenais pas alors que, bien que la règle du bien et du mal soit immuable, considérée d'une manière abstraite, et que l'amour de Dieu et du prochain soit toujours d'une nécessité indispensable, il y a cependant des actes particuliers de devoir qui sont adaptés aux temps et aux circonstances dans lesquelles ils étaient placés, et qui ne seraient pas permis, si l'on écartait de semblables considérations. J'insultais donc dans mon ignorance tes saints serviteurs, dans le même temps où j'étais disposé à croire les absurdités les plus ridicules.

« Tu as avancé la main, et tu m'as retiré de cet abîme de maux, tandis que ma mère priait pour moi, plus inquiète de la mort de mon âme que ne le sont les autres parens de la mort du corps. Elle fut favorisée d'un songe par lequel tu consolas son âme, en lui donnant l'espérance de ma guérison. Il lui semblait qu'elle était debout sur une planche,

---

[1] Les Manichéens reprochaient à Abraham, à Isaac, à Jacob, à Moïse, à David, ces différentes actions permises sous la dispensation judaïque, mais interdites sous la nouvelle alliance, et tiraient de là un argument contre la divinité de l'Ancien-Testament.

lorsqu'il vint à elle une personne qui lui demanda la cause de son affliction, et qu'ayant répondu qu'elle était en peine de moi, cette personne lui recommanda de ne pas se désoler, car là où elle était j'y serais aussi ; sur quoi elle me vit aussitôt debout à côté d'elle, sur la même planche. D'où vint cela, si ce n'est de toi, Dieu tout-puissant et miséricordieux, qui prends soin de nous tous et de chacun de nous ? — Quand elle me raconta ce songe, je cherchai à échapper à la conclusion qu'elle en tirait, et lui disais qu'il pouvait être destiné à l'exhorter à être ce que j'étais. Elle répliqua sans hésiter : « On n'a pas dit tu seras où il est, mais il sera où tu es. » Sa réponse si ferme et si prompte fit sur mon esprit une plus forte impression que le songe lui-même.

« Je continuai pendant neuf ans à me rouler dans la fange du péché, essayant souvent de me relever, et m'enfonçant toujours plus profondément ; et elle, ne cessant d'espérer, persista à prier continuellement pour moi. Je me souviens aussi qu'elle pria un certain évêque de me ramener par le raisonnement. Il entreprenait volontiers cette tâche lorsqu'il trouvait un sujet docile. « Mais votre fils, lui dit-il, est trop enflé maintenant, et trop entraîné par l'agréable nouveauté de son erreur, pour écouter aucun argument, et c'est ce qu'il prouve bien par le plaisir qu'il prend à troubler bien des personnes ignorantes par ses questions captieuses. Laissez-le ; continuez seulement de prier Dieu pour lui ; en continuant ses études, il découvrira son erreur. J'étais autrefois moi-même manichéen, ayant été perverti par ma mère, et j'avais lu presque tous les livres de cette secte, et cependant je fus enfin convaincu de mon erreur sans le secours d'aucun homme. » Tout cela ne satisfaisait pas ma mère : inquiète, elle persistait dans sa requête, lorsqu'à la fin, un peu impatienté de son importunité, il lui dit : « Allez, bonne femme, il n'est pas possible que le fils de telles larmes périsse jamais. » Elle m'a souvent dit depuis que cette réponse lui avait fait la même impression que si elle eût été prononcée par une voix du ciel.

LIVRE IV.

« Pendant un intervalle de neuf ans, depuis ma dix-neuvième année jusqu'à ma vingt-huitième, je vécus trompé et trompant les autres; entraînant ouvertement les hommes à diverses convoitises, par ce qu'on est convenu d'appeler les belles-lettres, et les séduisant en secret par une fausse religion; cherchant en toutes choses la vaine gloire, jusqu'à disputer le prix de poésie qui devait m'attirer des applaudissemens de théâtre; et, pour compléter ce triste tableau, esclave des désirs de la chair. J'étais tellement infatué des folies des Manichéens, que j'y poussais mes amis, et que je pratiquais avec eux les impiétés de cette secte. Je serai peut-être méprisé par les esprits superbes et par tous ceux qui n'ont jamais éprouvé en eux-mêmes cette œuvre salutaire qui vient de toi, ô mon Dieu! mais je veux te glorifier en te confessant ma honte. Que suis-je, abandonné à moi-même? un conducteur aveugle qui entraîne les autres dans le précipice. Et lorsque mon âme prospère, que suis-je encore? qu'un enfant qui se nourrit de toi, le pain vivant qui ne périra jamais. Qu'est-ce que l'homme, puisqu'il n'est que chair? Que les orgueilleux et les forts nous méprisent; mais nous, qui sommes faibles et pauvres, nous voulons te confesser notre misère et nos péchés.

« A cette époque, je vivais en enseignant la rhétorique, et j'apprenais à mes écoliers, avec simplicité et sans artifice, non à opprimer l'innocence, mais à justifier quelquefois le coupable. Je vivais avec une femme, mais sans être uni à elle par les liens du mariage. Je consultais aussi sans cesse les astrologues; et ni les argumens d'un médecin de beaucoup de sens, ni les exhortations de mon excellent ami Nébride, ne purent me persuader de rejeter ces folies.

« Tandis que j'enseignais ainsi la rhétorique dans ma ville natale, je possédais l'amitié d'un jeune homme de mon âge, qui avait été dès mon enfance le compagnon de mes jeux et de mes études. Je sais qu'il n'y a d'amitié véritable que celle que tu cimentes entre ceux qui s'attachent à toi, par l'amour répandu dans nos cœurs par le Saint-Esprit qui nous est donné. Je trouvais cependant beaucoup de douceur dans cette affection qu'avait accrue la conformité de nos occupations. Car je l'avais détourné de la vraie foi, qui n'avait jamais été en lui sincère et profonde, pour le plonger dans ces folies des Manichéens qui coûtèrent tant de larmes à ma mère. Et voici, toi qui poursuis tes fugitifs, ô Dieu de vengeance et source de miséricorde! et qui nous convertis à toi par tant de moyens si merveilleux, voici que tu le retiras de cette vie, lorsqu'il y avait à peine un an que je jouissais de son amitié depuis mon retour à Tagaste. Étant attaqué d'une fièvre violente, il demeura long-temps sans sentiment; et comme l'on désespérait de sa vie, on lui administra le baptême sans qu'il le sût; ce que je vis avec une grande indifférence, ne doutant pas qu'il ne retînt les instructions que j'avais fait pénétrer dans son esprit, plutôt que ce que l'on avait appliqué à son corps dans un moment où il était insensible. Il se remit un peu, contre toute espérance. Dès que je pus m'entretenir avec lui, j'essayai de tourner en ridicule son baptême, et je croyais qu'il allait se joindre à moi. Mais il eut peur de moi comme d'un ennemi, et me dit sur-le-champ avec une admirable liberté que, si je voulais être son ami, je ne devais pas dire un mot de plus à ce sujet. Confondu de cette réponse inattendue, je remis cette conversation à l'époque de sa parfaite guérison. Mais tu le mis à l'abri de mes folles attaques, afin de le sauver, ô mon Dieu! et afin que je trouvasse plus tard une grande douceur à penser à son salut. Peu de jours après la fièvre revint, et il mourut. Que ma vie fut alors douloureuse! Ma patrie était un supplice, la maison de mon père un objet d'horreur, et tout ce dont j'avais joui avec lui, sans lui devint un tourment. Je ne pouvais plus dire comme je le faisais auparavant : « Il viendra bientôt. » Si je disais : « Espère en Dieu », mon âme repoussait cette consolation; car l'homme que j'avais perdu était préférable au fantôme sur lequel on m'invitait à faire reposer mes espérances [1]. Une seule chose m'était douce, et c'était de pleurer; les larmes me tenaient lieu de mon ami.

« J'étais alors bien misérable; et toute âme qui se laisse enlacer par l'affection des objets périssables ne peut qu'être misérable. Vois mon cœur, ô mon Dieu! mon espérance! toi qui me purifies de la contagion de semblables affections, qui diriges mes yeux vers toi, et retires mes pieds du filet. Quelle folie que de ne pas savoir aimer les hommes comme des hommes, de ne pas savoir supporter avec modération le sort de l'humanité! Je me sentais accablé d'un fardeau de misère que toi seul pouvais guérir; mais je n'avais ni la volonté ni la puissance de recourir à toi, parce qu'en pensant à toi je n'avais devant les yeux qu'une

---

[1] Il veut parler de l'idée fantastique qu'il se faisait de Dieu ainsi que tous les Manichéens.

vaine idole. Si j'essayais de jeter mon fardeau sur toi, il revenait sur moi, car je ne trouvais rien qui pût le soutenir. Je m'enfuis cependant de cette ville qui m'était devenue odieuse, et je vins à Carthage.

« Le temps, d'autres objets et d'autres amitiés diminuèrent peu à peu ma douleur. Mais heureux celui qui t'aime, qui aime son ami en toi, et son ennemi pour l'amour de toi. Car cet homme-là seul ne perd aucun ami, à qui tous sont chers en celui qu'on ne peut jamais perdre ; et qui est celui-là, sinon notre Dieu, qui a fait et qui remplit le ciel et la terre ? Nul ne te perd que celui qui te laisse aller ; et celui qui te repousse, où peut-il fuir, si ce n'est d'un *Dieu propice* à un *Dieu irrité* ? « O éternel Dieu des armées ! ramène-nous, et fais reluire ta face, et nous serons sauvés. » Car de quelque côté que l'âme de l'homme se tourne, elle ne trouve que douleur, excepté lorsqu'elle se tourne vers toi. — Ne t'attache pas aux choses vaines, ô mon âme ! et que le tumulte du monde ne ferme pas ton oreille à la voix de ton Dieu. La parole elle-même t'appelle à retourner à Dieu ; c'est là qu'est le lieu du repos où l'on ne peut être troublé. C'est là, auprès de ton Dieu, qu'il faut fixer ta demeure ; confie-lui tout ce que tu as reçu de lui, ô mon âme ! maintenant que tu es lasse de vanités. Si tu te sens de l'amour pour les âmes, aime-les en Dieu ; amène-s-en à lui autant que tu le pourras, et dis-leur : Aimons-le ; c'est lui qui a fait toutes ces choses, et il n'est pas loin de nous. Le bien que vous aimez vient de lui ; mais ce sera avec justice qu'il se changera en amertume, si vous l'aimez d'une manière excessive, en abandonnant votre Dieu. Vous cherchez une vie heureuse : celui qui est notre vie est descendu ici-bas et a détruit la mort. Après qu'il est descendu pour nous sauver, ne voulez-vous pas monter à lui pour avoir la vie? Mais pourquoi parler de monter, puisque nous sommes déjà trop haut? Commencez par descendre, afin de pouvoir monter à Dieu. Car en vous élevant contre lui, vous êtes tombés. Dites ces choses à vos amis, afin qu'ils pleurent; et ainsi conduisez-les avec vous à Dieu, si c'est véritablement par l'influence de son esprit que vous parlez, et si le feu de son amour brûle en vous.

« Je m'approchais de toi, ô Seigneur! et tu me repoussais, parce que tu résistes aux orgueilleux; et que pouvait-il y avoir de plus orgueilleux que d'affirmer que j'étais naturellement ce que tu es [1]? Hélas! à quoi me servait de comprendre la logique d'Aristote, et ce que l'on appelle les belles-lettres? J'avais à la vérité une facilité pour comprendre et pour argumenter, qui était un don de toi; mais je ne te l'offrais pas en sacrifice. Elle devenait ainsi pour moi une malédiction et non une bénédiction. Pendant tout ce temps, je te considérais comme un corps lumineux immense, dont j'étais moi-même un fragment. Heureux tes enfans qui n'avaient pas reçu autant de dons que moi, mais qui ne s'étaient pas éloignés de ton nid, et qui voyaient croître en sûreté dans ton Église les ailes de leur amour, par la nourriture d'une solide foi! « O Éternel, notre Dieu! fais-nous la grâce de nous retirer sous tes ailes. Charge-nous sur toi jusqu'à notre blanche vieillesse. » Quand tu es notre force, nous sommes forts; notre propre force est faiblesse.

[1] En blasphémant ainsi, les Manichéens imitaient les philosophes païens. Ils n'avaient non plus aucune idée que Dieu fût esprit; de là la longue lutte de notre auteur, avant de pouvoir se former une idée spirituelle de Dieu.

LIVRE V.

« Reçois le sacrifice de mes confessions, et guéris tous mes os, afin que je puisse dire : « Éternel, qui est semblable à toi ? » Le cœur qui se ferme contre toi ne se cache pas à tes yeux, et la dureté du cœur des hommes ne repousse pas ta main, mais tu les amollis lorsqu'il te plaît, dans ta compassion ou dans ta vengeance, et nul ne peut se dérober aux rayons de ta chaleur. Que mon âme te loue, afin qu'elle t'aime et qu'elle reconnaisse hautement tes compassions envers elle, afin qu'elle puisse te louer ! Que les hommes soient convertis à toi et qu'ils te cherchent ! Et voici, tu es dans le cœur de ceux qui te confessent, qui se jettent entre tes bras, et déplorent leurs égaremens dans ton sein ; et toi, dans ta miséricorde, tu essuieras leurs larmes, afin qu'ils en répandent encore davantage, et qu'ils se réjouissent dans les larmes, parce que toi, ô Éternel ! tu les rafraîchis et les consoles.

« Je parlerai en présence de mon Dieu de la disposition dans laquelle j'étais dans ma vingt-neuvième année. Un évêque manichéen, nommé Fauste, était alors venu à Carthage. On peut dire qu'il était un grand instrument du démon ; son éloquence enchantait un grand nombre de personnes ; mais moi, tout en lui accordant les éloges qui lui étaient dus sous ce rapport, je distinguais cependant la vérité que je désirais connaître des formes élégantes sous lesquelles il présentait ses opinions. Il avait la réputation d'un homme très savant, et qui connaissait très bien tous les arts libéraux. Ayant lu plusieurs livres des philosophes, je les comparais avec les longues fables des manichéens, et je trouvais les opinions des philosophes plus probables. La vérité des sciences philosophiques, dans ce qui tient au monde matériel, est démontrée par plusieurs choses, et entre autres par l'annonce des éclipses. Seigneur, tu regardes les humbles et tu t'éloignes des orgueilleux. Malheureux l'homme qui connaît toutes ces choses et qui ne te connaît pas ; mais heureux celui qui te connaît, quoiqu'il ne sache pas ces choses. Celui qui connaît et toi et ces choses, n'en est pas plus heureux à cause d'elles ; mais il est heureux par toi, si, te connaissant, il te glorifie comme Dieu, s'il est reconnaissant et s'il ne se perd pas dans la vanité de ses pensées. Car comme celui qui possède un arbre, et qui étant reconnaissant envers toi à cause des fruits qu'il rapporte, sans savoir combien il a de hauteur ni combien il a de tour, est plus heureux que celui qui, sans le posséder et sans connaître ni aimer celui qui l'a créé, sait toutes les mesures et le nombre de ses branches ; ainsi le chrétien qui a toutes les richesses du monde, et qui, « n'ayant rien, possède cependant toutes choses », en se tenant attaché à toi, auquel toutes choses sont assujetties, est certainement beaucoup plus heureux que le philosophe qui connaît le mieux la structure de l'univers, et qui néglige de te connaître.[1]

« Cependant la témérité du chef des manichéens, qui entreprit d'écrire sur l'astronomie, bien qu'il ignorât complétement cette science, est inexcusable, et surtout en ce qu'il prétendait que le Saint-Esprit habitait personnellement en lui. Rien n'est plus excusable que l'ignorance d'un fidèle sur de pareils sujets, lors même qu'il s'imaginerait que ces fausses notions de philosophie naturelle

---

[1] Comparaison excellente de l'état d'un vrai chrétien illettré qui vit de Christ par la foi, et de celui d'un savant, et même d'un homme très versé dans la théologie spéculative, mais qui n'a pas de vie spirituelle.

font partie de la religion ; mais comment supporter un homme qui a la prétention d'avoir reçu une inspiration infaillible, et qui ne prononce que des absurdités sur les œuvres de la nature? De là venaient donc mes doutes par rapport à la divinité du manichéisme; ce fut en vain que je les proposai à ceux de la secte avec lesquels je me trouvai. « Il faut attendre l'arrivée de l'excellent Fauste » : telle était toujours la réponse que je recevais. Lorsqu'il arriva, je trouvai en lui un homme qui parlait d'une manière agréable, et qui savait débiter leurs fables d'un ton persuasif. Mais, à cette époque, je commençais à être dégoûté de ces sujets, et j'avais appris de toi, ô mon Dieu! qui m'avais instruit merveilleusement, bien qu'en secret, que l'agrément du style et de la manière ne font pas que les argumens soient solides. Je fus charmé de la pureté du langage de Fauste et de sa facilité à s'exprimer; mais mon esprit n'était pas satisfait.

« Les preuves d'ignorance, par rapport à la science, que je trouvais chez ces manichéens qui prétendaient à l'infaillibilité, ébranlaient ma confiance pour tout leur système. En conversant librement avec Fauste, je trouvai en lui une franchise et une modestie qui étaient plus précieuses que toutes les connaissances dont nous nous occupions. Il reconnut son ignorance par rapport à la philosophie, et m'en laissa pleinement convaincu. La grammaire, la connaissance de quelques livres de Cicéron et d'autres auteurs classiques formaient tout son bagage littéraire et lui fournissaient une grande abondance d'expressions, et la vivacité naturelle de son imagination donnait beaucoup de charme à ses discours. J'avais perdu l'espoir de découvrir la vérité : je restais encore manichéen, parce que je désespérais de trouver un meilleur système. Ainsi ce même Fauste, qui avait été un piége funeste à plusieurs, fut le premier qui relâcha mes liens, quoique ce fût loin d'être son intention. Dans le secret de ta providence, ô mon Dieu! tu n'abandonnas pas mon âme, car les voies de l'homme sont de par l'Éternel; et qu'est-ce qui donne le salut, si ce n'est ta main, qui répare et rétablis ce que tu as fait?

« Ce fut par ton influence que je fus persuadé d'aller à Rome pour y enseigner, au lieu de rester à Carthage; et je dois reconnaître, dans cette dispensation, les profondeurs de ta sagesse et de ta miséricorde. J'appris qu'à Rome les professeurs n'étaient pas exposés à ces manières turbulentes des écoliers qui étaient si générales à Carthage. Ainsi la folie de quelques hommes, et l'amitié de quelques autres, qui me promettaient des choses vaines, furent les moyens dont tu te servis pour me faire entrer dans le chemin de la vie et de la paix, et tu employas en secret, pour accomplir tes desseins, leur conception et la mienne. Ici je détestais une misère réelle; là je cherchais une fausse félicité. Mais la vraie cause de ce déplacement était alors cachée à ma mère aussi bien qu'à moi. Elle pleurait sur mes projets de départ, et me suivit jusqu'au bord de la mer; mais je parvins à la tromper, quoiqu'elle ne me perdît pas de vue, dans le but de me retenir, ou de partir avec moi. Je prétendis n'avoir d'autre intention que de rester avec un ami jusqu'au moment où l'on mettrait à la voile, et j'eus assez de peine à lui persuader de rester cette nuit-là dans un endroit consacré à la mémoire de Cyprien; mais cette nuit même je partis secrètement, et elle resta pour pleurer et prier.

« Je trompai ainsi ma mère, et une telle mère! Je fus pourtant préservé des dangers de la navigation, plongé comme je l'étais dans la fange du péché; et le temps approchait où tu devais essuyer les larmes dont ma mère arrosait la terre, et même pardonner mon indigne conduite envers elle. Et que te demandait-elle alors, ô mon Dieu! sinon de m'empêcher de partir? Et toi, dans ta profonde sagesse, ayant égard au désir habituel de son cœur, tu négligeas l'objet particulier de ses prières actuelles, afin de lui accorder l'objet général de ses vœux les plus ardens. Le vent nous favorisa et nous emporta loin du rivage; lorsque ses yeux cherchèrent le vaisseau, le matin, et qu'ils ne l'aperçurent plus, elle s'abandonna au plus vif chagrin, et fit monter vers toi ses plaintes et ses gémissemens, tandis que tu punissais l'excès d'une affection humaine par les angoisses d'une douleur immodérée[1]. Elle aimait à m'avoir auprès d'elle, comme cela est naturel à toutes les mères, bien que chez elle cette affection eût une forme extraordinaire, et elle ne savait pas quelle joie tu lui préparais par mon absence; elle ne le savait pas, et voilà pourquoi elle pleurait et se lamentait. Cependant, après qu'elle fut fatiguée à déplorer ma perfidie et ma cruauté, elle retourna chez elle, et reprit son occupation habituelle de prier pour moi, et moi j'allai à Rome.

« Peu de temps après mon arrivée, je fus puni par la verge de la maladie corporelle, et je fus sur le point de descendre en enfer, portant le fardeau du péché originel, et de tous mes péchés actuels. Christ ne m'en avait pas délivré par sa

---

[1] Il faut avoir un esprit bien pénétré d'humilité et de discernement chrétien pour admirer en tout cela la providence de Dieu qui tire le bien du mal; pour distinguer ce qui est vraiment saint et humble dans les affections de la mère de notre auteur, d'avec ce qu'il y avait d'humain et de terrestre, et arriver ainsi à sentir la justesse de ses réflexions.

mort; car comment une mort fantastique, telle qu'en qualité de manichéen je croyais avoir été la sienne, aurait-elle pu délivrer mon âme? Où serais-je allé, si j'avais quitté ce monde à cette époque, si ce n'est dans le feu et dans les tourmens que méritaient mes actions, selon la vérité de ta sentence [1]! Ma mère ignorait ma maladie, et pourtant elle priait pour moi en mon absence. Mais toi, qui es présent partout, tu l'entendis, et tu eus pitié de moi. Je ne puis concevoir comment cette mère, qui avait pour moi une affection naturelle et spirituelle inexprimable, aurait supporté un tel coup. Le matin et le soir elle fréquentait l'église, pour entendre ta parole et pour prier, et le salut de son fils était l'objet constant de ses supplications. Tu l'entendis, ô Seigneur! et tu accomplis au moment convenable ce que tu avais déterminé d'avance. Tu me rétablis de la fièvre, afin que je pusse un jour obtenir une guérison plus importante.

« Les manichéens sont partagés en deux classes : les auditeurs et les élus. L'homme chez qui je logeais appartenait à la première, on me rangeait dans la seconde. Je m'imaginais donc avec ces prétendus élus que j'étais parfaitement exempt de péché, et je rejetais le blâme du mal que je faisais sur une autre nature, qui péchait au-dedans de moi, et cette idée flattait singulièrement mon orgueil[2]. Mon attachement à cette secte s'affaiblissait pourtant de jour en jour, parce que je sentais l'impossibilité de découvrir la vérité, et que j'avais une secrète prédilection pour la philoso-

---

[1] Le lecteur trouve-t-il ce jugement trop sévère? Qu'il examine si ce n'est pas faute d'une foi ferme à la parole de Dieu, et dans son mépris pour sa sainteté et son autorité qu'il en juge ainsi.

[2] Les manichéens supposaient que toute âme humaine avait en elle un mélange du bon et du mauvais principe.

phie des académiciens, qui pensent qu'un état de doute et d'incertitude est celui qui convient le plus à l'homme [1]. Mon hôte, qui ne connaissait pas la secte aussi bien que moi, avait une haute opinion de toutes leurs vaines imaginations. Je cherchais à le ramener à des idées plus modérées et plus justes; et bien que l'intimité dans laquelle je vivais avec les manichéens, car il s'en trouvait un grand nombre à Rome, m'empêchât de chercher ailleurs la vérité, je ne défendais pas leurs opinions avec beaucoup d'ardeur. Ce qu'il y avait de plus déplorable en moi, c'était la force de mes préjugés contre la foi chrétienne.

« Quand je pensais à toi, ô mon Dieu! je ne pouvais rien concevoir qui ne fût corporel, tout en me représentant une substance extrêmement subtile; mais ce qui était immatériel me paraissait n'être pas, et cette erreur semblait incurable. Je ne concevais pas qu'il fût possible qu'un être bon pût en créer un mauvais, et je préférais limiter l'auteur infini de la nature, en le supposant contrarié dans ses desseins par un principe mauvais et indépendant. Cependant, bien que mes idées fussent matérielles, je ne pouvais supporter la pensée que Dieu fût chair; il y avait là, selon moi, quelque chose de trop bas et de trop grossier. Je regardais ton fils unique comme la partie la plus lumineuse de toi-même, qui avait été envoyée pour notre salut. J'en concluais qu'une semblable nature ne pouvait pas être née de la Vierge Marie sans participer à la chair humaine, ce qui me paraissait devoir la souiller. De là viennent les idées fantastiques que je me faisais

---

[1] C'est là un effet très naturel d'un orgueilleux raisonnement. Lorsqu'un homme veut découvrir et coordonner la vérité de la religion par sa seule intelligence, le scepticisme est souvent l'unique résultat de ses pénibles recherches.

de Jésus ; ces idées destructives de toute piété [1]. Ceux de tes enfans spirituels qui liront ces confessions souriront peut-être avec un sentiment de charité et de sympathie ; telles étaient pourtant mes vues. A la vérité, pendant que j'étais encore à Carthage, le discours d'un nommé Nelpide, qui attaquait leurs systèmes par de puissans argumens, tirés du Nouveau Testament, avait fait quelque impression sur moi, d'autant plus que je sentais la faiblesse d'une réponse qu'ils n'osaient guère donner qu'en secret. Ils prétendaient que les Écritures du Nouveau Testament avaient été falsifiées par quelques personnes, qui désiraient mêler le judaïsme au christianisme ; mais ils ne pouvaient produire d'exemplaires qui n'eussent pas été corrompus [2]. Cependant je gémissais toujours sous un poids de matérialisme qui m'empêchait de respirer l'air pur et simple de la vérité.

« Ayant trouvé quelques désagrémens inattendus dans ma profession à Rome, j'étais disposé à accepter ce qui pourrait se présenter dans d'autres villes d'Italie, lorsque Symmaque, préfet de Rome, reçut la demande d'un professeur de rhétorique pour la ville de Milan. Le crédit de mes amis manichéens me fit obtenir cet emploi, et je me rendis à Milan. J'allai trouver Ambroise, évêque de cette ville, dont la piété était célèbre dans tout le monde, et qui distribuait le pain de vie à ton peuple avec beaucoup de zèle et d'éloquence. L'homme de Dieu me reçut comme un père, et je

---

[1] Il est évident que cette secte adoptait les erreurs fondamentales des Docètes, dont nous avons parlé plus d'une fois.

[2] Les manichéens, comme tous les autres hérétiques, ne pouvaient subsister devant les Écritures. Ils rejetaient ouvertement l'Ancien Testament comme appartenant au mauvais principe ; et lorsqu'on les pressait par l'autorité du nouveau comme confirmant l'ancien, ils prétendaient qu'on avait altéré le nouveau. Le vrai christianisme peut seul admettre *toute* la parole de Dieu.

pris beaucoup d'affection pour lui, non parce qu'il enseignait la vérité, car je n'avais aucune idée de pouvoir la découvrir dans ton Église, mais comme étant plein de bonté pour moi, et je suivis assidûment ses discours, uniquement par la curiosité de voir si son éloquence était égale à sa réputation. Les choses en elles-mêmes n'avaient aucun intérêt pour moi, mais j'étais enchanté de la douceur de son langage, qui, tout en étant plus savant, était pourtant moins agréable que celui de Fauste. Quant à leurs pensées, on ne pourrait établir aucune comparaison ; le dernier s'égarait dans les fables des manichéens, le premier enseignait l'Évangile de la manière la plus salutaire. Mais le salut est loin des pécheurs tels que j'étais alors ; je m'en approchais pourtant par degrés, bien que sans le savoir.

« Comme je désespérais de trouver le chemin qui conduit à Dieu, je ne m'occupais pas des choses, et ne faisais attention qu'au langage. Cependant les idées que je négligeais, entrèrent dans mon esprit avec les paroles auxquelles je prenais plaisir. Je fus amené par degrés à examiner la doctrine de l'évêque. Je vis que j'avais eu tort de conclure avec tant de précipitation que la loi et les prophètes ne pouvaient se défendre. Ambroise résolut de la manière la plus satisfaisante un grand nombre de difficultés que suscitaient les manichéens. La possibilité de trouver la vérité dans l'Église de Christ m'apparut, et je commençai à examiner par quels argumens je pourrais convaincre le manichéisme de fausseté. Si j'avais pu me former l'idée d'une substance spirituelle, tout leur édifice eût été renversé ; mais cela m'était impossible. Je trouvais encore que les philosophes expliquaient généralement le système de la nature mieux que les manichéens. Il me semblait honteux de continuer à démeurer attaché à une secte entachée d'absurdités tellement évidentes, que je me voyais forcé de lui préférer les philosophes païens, bien que je n'osasse pas confier à ceux-ci le soin de guérir mon âme, parce qu'ils ne connaissaient pas le précieux nom de Christ. Je résolus donc de demeurer catéchumène dans l'église qui m'avait été recommandée par mes parens, jusqu'au moment où ma voie me serait plus clairement tracée.

LIVRE VI.

« O toi ! mon espérance dès ma jeunesse, où étais-tu ? Tu m'as créé plus sage que les oiseaux du ciel ; cependant je marchais à travers les ténèbres et dans des lieux glissans. Ma mère était venue me trouver avec le courage que donne la piété, me suivant par terre et par mer, et sûre de ta faveur dans tous les dangers. Elle me trouva sans espoir par rapport à la découverte de la vérité. Cependant, quand je lui dis quelle était ma situation présente, elle répondit qu'elle avait cette confiance en Christ qu'avant de quitter ce monde elle me verrait dans la vraie foi. Elle redoubla de prières et de larmes, te suppliant d'achever ce que tu avais commencé, et elle suivit avec beaucoup de zèle et d'affection le ministère d'Ambroise. Elle l'aimait comme un ange de Dieu, parce qu'elle comprenait que c'était par son moyen que j'avais été détaché des manichéens, et elle attendait avec confiance de me voir passer de la maladie à la santé, bien que je fusse, en attendant, dans un état de crise qui avait ses dangers.

Elle avait été accoutumée à apporter du pain et du vin pour la commémoration des saints ; mais lorsqu'elle voulut suivre cet usage d'Afrique, elle en fut empêchée par le portier de l'église, qui lui dit que l'évêque avait interdit cette coutume. Elle n'aurait peut-être pas obéi aussi volontiers à une autre personne, mais elle avait une grande vénération et une profonde affection pour Ambroise, et il fut lui-même surpris de la promptitude de son obéissance. Les motifs de cette défense étaient la crainte qu'on ne se livrât à des excès, et le danger de la superstition, cette pratique étant en elle-même très semblable à celle des païens [1]. Au lieu donc d'un panier plein des fruits de la terre, dans les jours de commémoration des martyrs, elle donnait des aumônes aux pauvres, selon ses moyens, et recevait la cène du Seigneur, lorsqu'elle était donnée dans ces occasions. Ambroise était charmé de la ferveur de sa piété et de son application aux bonnes œuvres, et quand il me voyait, il me félicitait souvent d'avoir une telle mère, sachant bien peu quel fils elle avait, et que je doutais de toutes ces choses, et craignais même qu'il ne fût impossible de trouver le chemin du salut. Je ne gémissais pas dans la prière pour obtenir des secours, n'étant appliqué qu'à étudier, et m'occupant avec inquiétude de recherches et de discussions.

« Considéré sous un point de vue tout humain, Ambroise lui-même me paraissait un homme heureux, respecté comme il l'était par la cour impériale; son célibat était la seule circonstance de sa position qui me parût triste. Mais l'espérance qui était dans son cœur, les combats qu'il avait à livrer contre les tentations de l'orgueil, sa consolation réelle dans l'adversité, sa force cachée et la joie qu'il tirait du pain de vie, voilà des

---

[1] Ce passage prouve d'une manière frappante que la superstition païenne s'était bien accrue dans l'Eglise. Ce torrent était bien fort, malgré les digues qu'on lui opposait de temps en temps. Il finit par s'étendre sur toute la chrétienté, sous la forme du catholicisme romain, et il obscurcit presque entièrement la lumière de l'Evangile

choses dont je ne pourrais me former aucune idée, car je n'en avais aucune expérience, et lui ne connaissait pas non plus la fluctuation de mon âme, ni le piége dangereux dans lequel j'étais retenu. Je ne pouvais le consulter comme je l'aurais voulu, car il était entouré d'une multitude de gens dont il soulageait la misère, et, durant le temps qu'il avait de libre, temps qui était fort court, il donnait à son corps la nourriture dont il avait besoin, ou nourrissait son esprit par la lecture. Je n'avais donc aucune occasion de lui ouvrir mon cœur. Quelques mots ne pouvaient suffire ; j'attendais en vain de le trouver assez libre pour avoir avec lui une longue conversation. Je tirais cependant beaucoup de profit de ses sermons. Tous les dimanches je l'entendais instruire le peuple, et j'étais de plus en plus convaincu de la fausseté des calomnies que ces trompeurs avaient inventées contre les livres saints. Et lorsque je vis qu'il n'y avait pas un chrétien qui pensât que l'expression de Moïse, que l'homme fût créé à l'image de Dieu, pût signifier que Dieu eût une forme humaine, je m'en réjouis, quoique je ne pusse encore me former aucune idée d'une substance spirituelle, et je rougis à la pensée que j'avais faussement accusé l'Église pendant des années, au lieu de chercher à m'instruire par un examen attentif de ses doctrines.[1]

« Il s'était donc opéré un changement dans l'état de mon esprit ; honteux de mes illusions et de mes préventions passées, et désirant d'autant

---

[1] Exemple remarquable d'un jugement entaché de partialité, et d'une grande franchise à reconnaître ses torts. Pendant neuf ans, Augustin crut que l'Eglise générale enseignait que l'Être-Suprême avait une forme corporelle, bien qu'il eût pu apprendre facilement le contraire. Dans tous les siècles, l'erreur est animée du même esprit, et impute à l'Eglise de Christ des sentimens et des opinions qu'elle n'admet pas.

plus d'être bien dirigé à l'avenir, j'étais complétement convaincu de la fausseté de bien des choses que j'avais énoncées avec beaucoup de confiance. J'étais bien aise de voir que l'Église de Christ n'admettait nullement la monstrueuse absurdité dont je l'avais accusée. Je compris aussi que les saints hommes des anciens temps n'avaient pas les sentimens qu'on leur attribuait; et j'entendais avec joie Ambroise répéter souvent à son troupeau : « La lettre tue, mais l'esprit vivifie[1]. » Lorsque, écartant le voile mystique, il nous expliquait ces choses, qui, suivant la lettre, pouvaient sembler enseigner l'iniquité, ce qu'il disait m'était agréable ; quoique je fusse bien loin d'être convaincu de la vérité de ce qu'il enseignait[2]. Mes erreurs passées et ma coupable témérité m'avaient rendu extrêmement sceptique, et il me fallait la plus complète évidence. J'aurais pu, à la vérité, être guéri par la foi ; mais ayant commencé par avoir un mauvais médecin, je craignais maintenant d'en prendre un bon. Je ne pouvais être guéri qu'en croyant; mais de crainte de croire des choses fausses, je refusais d'être guéri, résistant à tes mains, qui ont préparé pour nous le remède de la foi, qui l'ont répandu sur les maux du monde, et qui lui ont attribué une si grande vertu.

« Je sentais cependant que l'on devait préférer la doctrine générale de l'Eglise, et trouver plus

---

[1] Cette observation est importante, bien qu'Origène et plusieurs de ses imitateurs soient tombés dans de grands abus à cet égard. Chez Augustin cependant, la distinction entre la lettre et l'esprit s'accorde généralement avec celle qui existe entre la chair et l'esprit, et qui distingue réellement la propre justice de la religion évangélique.

[2] Il serait à désirer que plusieurs de ceux pour lesquels l'Ancien Testament est une pierre d'achoppement, fussent plus convaincus de leur propre ignorance, et du besoin qu'ils auraient d'acquérir une connaissance solide et étendue de sa nature typique, et des lois d'après lesquelles on doit l'interpréter.

raisonnable de recourir à la foi dans des sujets qui ne sont pas susceptibles de démonstrations, que d'exiger que l'on croie des fables absurdes après avoir promis de communiquer une connaissance parfaite. Seigneur, ta main miséricordieuse réglant et calmant mon cœur, tu m'amenas par degrés à considérer combien il y avait de choses que je croyais sans les avoir jamais vues, et quelle confiance j'accordais à mes amis, aux médecins et à beaucoup d'autres personnes ; confiance sans laquelle on ne pourrait agir dans les affaires ordinaires de la vie. Je vis aussi que je croyais fermement que Patrice et Monique étaient mes parens, bien qu'il fût impossible que cette assurance fût fondée sur une démonstration. Tu me persuadas ainsi que ceux qui croyaient tes saints livres ne devaient pas être condamnés à cause de leur crédulité, mais qu'on devait plutôt accuser d'une obstination déraisonnable ceux qui refusaient de les croire, surtout en ce que leur crédibilité était établie sur la grande autorité qu'ils avaient obtenue dans tout le monde.

« Comment savez-vous que ces livres ont été divinement inspirés ? Cela me paraissait alors une question qui renfermait un doute auquel on ne devait prêter aucune attention. Car, au milieu de toutes ces disputes des philosophes qui avaient tant agité mon esprit, j'avais toujours conservé la croyance de ton existence et de ta divine providence. Il est vrai que cette croyance était tantôt plus faible et tantôt plus forte, mais elle ne m'avait jamais quitté, malgré ma grande perplexité par rapport à ta nature, et au moyen d'approcher de toi. Comme nous sommes trop faibles pour découvrir la vérité par des raisonnemens abstraits, et que, par conséquent, nous avons besoin de l'autorité d'un révélation divine, je sentais que tu n'aurais pas donné une si haute autorité et une si grande influence aux saintes Écritures, dans le monde entier, si elles n'avaient pas été le moyen que tu destinais à nous amener à te connaître et à chercher ta volonté. Après avoir entendu expliquer d'une manière plausible plusieurs des passages dont l'interprétation littérale semblait renfermer des absurdités, je les considérais comme de profonds mystères; et l'autorité de ton livre me semblait d'autant plus vénérable et plus digne de foi, qu'il était exposé à la vue de tous, et qu'il réservait pourtant la dignité du secret aux sentimens les plus profonds, s'offrant à tous dans le langage le plus humble et le plus clair, et exerçant l'attention des esprits sérieux. Je considérais ces choses, et tu étais près de moi; je soupirais, et tu m'entendais; j'hésitais, et tu dirigeais ma course; je marchais dans la voie large du monde, mais tu ne m'abandonnais pas.[1]

« Mon cœur soupirait après les honneurs, les richesses et le mariage, et tu te moquais de moi. Dans l'ardeur de ces convoitises, je souffrais des douleurs très amères, et tu m'étais d'autant plus propice que tu ne voulais pas permettre que je trouvasse de vraies délices dans aucun autre objet que Toi. Seigneur, vois mon cœur; et maintenant que tu l'as délivré des serres de la mort, tiens-le

---

[1] Nous voyons ici quelles étaient les pensées d'un esprit original, qui avait été aussi prévenu que personne contre la vérité de l'Ecriture. Il avoue qu'il avait été bien téméraire lorsqu'il avait condamné ce qu'il ne comprenait pas; il est convaincu qu'il n'y a rien que de raisonnable dans les Ecritures, lorsqu'il a découvert en partie la vraie clef de leur signification. Il est persuadé de leur divinité par leur propagation providentielle dans le monde; il reconnaît qu'il n'est pas raisonnable de refuser son assentiment à des motifs de croire semblables à ceux qui déterminent dans la vie commune; il aperçoit une beauté divine dans la clarté et la simplicité de leur langage, et il comprend enfin qu'il faut les étudier avec un esprit sérieux pour qu'elles puissent devenir efficaces.

fermement attaché à Toi. Combien j'étais misérable! et combien tu me fis sentir ma misère dans ce jour où, me préparant à réciter un panégyrique à la louange de l'empereur, dans lequel il y avait beaucoup de faussetés, et m'attendant à être applaudi de ceux-là même qui savaient que c'étaient des faussetés, je passai dans une certaine rue de Milan, le cœur rempli d'anxiété, et je vis un pauvre mendiant qui avait probablement bien mangé et bien bu, et qui manifestait une grande gaîté! Je soupirai, et parlai aux amis qui m'accompagnaient des douleurs que nous causait notre folie, puisque nous n'attendions, de tous les pénibles efforts que nous faisions, que ce même repos et cette même sécurité qu'avait déjà obtenus ce mendiant, tandis que nous ne savions pas si nous y arriverions jamais. Il est vrai qu'il ne possédait pas une véritable joie; mais moi je la cherchais d'une manière encore plus trompeuse, par les vaines délicatesses de l'art. Cependant il était gai, et moi j'étais plein d'anxiété; il était tranquille, et moi j'étais dans la crainte. Si l'on m'eût demandé ce que j'aimerais le mieux, me réjouir ou craindre, j'aurais répondu sans hésiter qu'il vaut mieux se réjouir; et pourtant si l'on m'eût encore demandé si je voulais être Augustin ou le mendiant, j'aurais voulu rester moi-même. Que de folie et de perversité dans tout cela! Je dis beaucoup de choses semblables à mes amis, et je faisais souvent des réflexions de ce genre sur mon état; je me trouvais misérable, je m'en affligeais, et j'augmentais cette misère; et s'il m'arrivait quelque chose d'heureux, j'en jouissais à peine, parce que cette joie s'envolait presque avant que j'eusse pu la saisir.[1]

[1] Tableau vivant de la vanité des choses humaines qui s'accorde bien avec celui que présente l'Ecclésiaste, et qui prouve que la misère de ceux qui tiennent un rang élevé dans le monde est au moins

« Mes conversations les plus intimes sur ces sujets étaient celles que j'avais avec Alype et Nébride. Le premier, qui était de la même ville que moi, avait étudié sous moi à Tagaste et à Carthage, et nous nous aimions tendrement. A Carthage, il avait été entraîné par le torrent de l'exemple à suivre les jeux du Cirque, dont il était devenu extrêmement passionné. J'étais affligé de le voir se livrer à un goût qui détruit toute sagesse et toute prudence chez les jeunes gens, et je ne puis m'empêcher de rapporter la manière providentielle dont il en fut délivré. Tandis que j'enseignais un jour dans mon école, une allusion aux spectacles du Cirque se présenta à moi comme propre à jeter du jour sur le sujet que je traitais, et à cette occasion je censurai sévèrement ceux qui se livraient avec ardeur à ces folies. Je ne songeais pas à Alype; mais toi, Seigneur, qui l'avais destiné à être ministre de ta parole et qui voulais faire voir d'une manière manifeste que sa guérison était ton œuvre, tu fis pénétrer dans son cœur l'aiguillon de la conviction. Il crut que je disais cela pour lui; il m'en aima davantage, et secoua le joug de sa passion pour les spectacles. Mais il fut ensuite entraîné dans le manichéisme, trompé comme moi par l'apparence du bien. Il vint plus tard à Rome pour étudier le droit, et il tomba dans un nouveau piége, une vive passion pour les barbares combats des gladiateurs, pour lesquels il avait eu d'abord une grande aversion. Quelques uns de ses amis l'y entraînèrent de force, tandis qu'il déclarait avec beaucoup de confiance en lui-même que son esprit et ses yeux resteraient étrangers à ce spectacle. Pendant un temps, il tint ses yeux fer-

---

égale à celle de leurs inférieurs. L'ambition ne peut être guérie que lorsque l'homme connaît enfin les vrais biens.

més avec beaucoup de fermeté; mais tout à coup le Cirque retentit d'une vive acclamation; vaincu par la curiosité, il ouvrit les yeux pour voir ce qui était arrivé : un gladiateur était blessé. La vue du sang l'enivra d'un barbare plaisir; il regarda, il cria, il s'anima plus que tous ceux qui l'entouraient, et il sortit en emportant avec lui une folle passion qui le ramena bientôt dans le même lieu; il devint plus ardent pour ces spectacles que ceux qui l'y avaient entraîné malgré lui, et il en séduisit d'autres à son tour. Ta main puissante et miséricordieuse le tira enfin de ce piége; mais ce ne fut que long-temps après, et tu lui appris à mettre sa confiance non en lui-même, mais en Toi [1]. Pendant qu'il était encore à Carthage, il lui arriva un jour d'être arrêté comme un voleur; et les circonstances déposaient avec une telle force contre lui, que ce fut par une dispensation particulière de la Providence que son innocence fut reconnue. Il devait être appelé à prêcher ta parole et à examiner beaucoup de causes dans ton Église, et cet événement était sûrement destiné à lui enseigner la prudence et la sagesse. Je le trouvai à Rome, et il me suivit à Milan, où il exerça la justice avec beaucoup de droiture et d'intégrité. Il était, comme moi, dans l'incertitude sur son plan de religion et sur le chemin du bonheur.

« Mon ami Nébride avait quitté un bien paternel considérable dans les environs de Carthage pour vivre auprès de moi, et le moment où tu de-

---

[1] Nous voyons ici d'une manière frappante la folie de la confiance en soi-même, et la force de la tentation pour une créature aussi faible et aussi corrompue que l'homme. Bien des gens qui se croiraient d'abord entièrement à l'abri du danger de prendre plaisir à des pièces de théâtre impures et immorales, ou de prendre part aux cruautés de la traite des nègres, se laisseraient peut-être entraîner aussi facilement qu'Alype à ce qui leur faisait d'abord horreur.

vais nous donner notre nourriture n'étant pas encore venu, nous soupirions tous les trois après le bonheur; ne trouvant qu'amertume dans nos intérêts mondains, et désirant voir la fin de ces choses, nous étions pourtant encore dans les ténèbres, et nous disions en soupirant : « Jusques à quand? » Nous continuions cependant à poursuivre des objets qui ne pouvaient nous contenter, parce que nous ne connaissions rien de meilleur à mettre à leur place.

« Quant à moi en particulier, j'examinais attentivement combien il s'était passé de temps depuis que je cherchais la vraie sagesse, avec la résolution d'abandonner la recherche des biens de ce monde, dans le cas où je parviendrais à la trouver. J'avais commencé à dix-neuf ans, et j'étais maintenant dans ma trentième année, toujours misérable, inquiet, renvoyant de jour en jour à prendre une décision, nourri d'espérances séduisantes, sollicité par ma conscience de mettre chaque jour à part une portion de temps pour le soin de mon âme. « Tes matinées sont pour tes élèves ; pourquoi n'emploies-tu pas les après-dînées d'une manière sérieuse ? »—« Mais alors quel temps aurai-je pour faire ma cour aux grands, et pour donner à mon esprit un délassement nécessaire ? »—« Et si la mort te saisissait tout à coup, et qu'il fallût paraître en jugement sans être préparé ? »—« Mais, d'un autre côté, si la mort elle-même était l'anéantissement de mon être ? Ah! loin de mon âme une semblable idée! Dieu n'aurait jamais donné de si grandes preuves de crédibilité au christianisme, et il ne se serait pas montré d'une manière si merveilleuse au milieu des hommes, si la vie de l'âme finissait avec la vie du corps. Pourquoi donc, me disais-je, ne m'appliqué-je pas entièrement à chercher Dieu ? » — « Mais ne te presse pas trop ; tu as des amis puissans qui te pousseront dans le monde. »

« Telle était l'agitation d'esprit dans laquelle je vivais, cherchant le bonheur et le fuyant. Je ne pouvais supporter la pensée de renoncer aux jouissances du monde, et en particulier à la société d'une femme; et comme je n'avais aucune idée que l'on pût arriver à la continence autrement que par sa propre force, je ne connaissais pas la puissance de la prière pour obtenir le secours de la grâce divine. Seigneur, tu nous donnes ce qu'il nous faut, lorsque nos gémissemens intérieurs montent sans cesse vers Toi, et qu'avec une foi ferme nous nous déchargeons sur Toi de nos soucis! Ma mère désirait vivement de me voir marié, afin que, dans cet état, je pusse recevoir le baptême. Je recherchai en mariage une personne qui était alors trop jeune, et comme elle me convenait sous tous les autres rapports, je consentis à attendre deux ans. Durant cet intervalle, plusieurs d'entre nous, environ dix amis, nous formâmes le projet de vivre en commun, dans une société séparée du monde. Celui qui nous pressait le plus d'embrasser ce genre de vie était un de mes compatriotes, nommé Romanius, qui était très riche; mais quelques uns de nous étant mariés, et d'autres désirant de se marier, ce plan ne put s'exécuter. Tu te moquais de nos plans, Seigneur, et tu préparais le tien, voulant nous donner notre nourriture au temps convenable et rassasier nos âmes de félicité en ouvrant ta main!

« Cependant nos péchés se multipliaient toujours davantage, et la femme avec laquelle j'avais long-temps vécu étant retournée en Afrique, en me laissant un fils naturel que j'avais d'elle et en faisant le vœu de vivre désormais dans la chasteté, impatient du délai de mon mariage, je pris une autre femme à sa place. Sois loué et glorifié,

Source de toutes les grâces! Je devenais de plus en plus misérable; mais tu t'approchais toujours davantage. Tu allais m'arracher de cet abîme de souillures, et je ne le savais pas. La crainte de la mort et du jugement à venir était un frein que je sentais encore. Dans la diversité des opinions qui m'avaient agité, ce sentiment ne m'avait jamais quitté, et j'avouais à Alype et à Nébride que la doctrine d'Epicure aurait eu la préférence dans mon jugement, si j'eusse pu admettre avec lui l'anéantissement de l'homme à la mort; et je demandais pourquoi nous ne pourrions pas être heureux si nous étions immortels, et si nous vivions dans un état perpétuel de volupté, sans aucune crainte qu'elle nous fût enlevée; montrant ainsi que j'ignorais combien j'étais misérable d'être tellement plongé dans la sensualité que je ne voyais pas ce qu'il y a d'excellent à s'attacher à cette beauté céleste que les yeux de la chair ne peuvent voir, et qui mérite seule d'être aimée pour elle-même; je ne considérais pas non plus de quelle source venait le plaisir que je prenais à m'entretenir même de choses si honteuses avec des amis que j'aimais tellement que, même avec les idées charnelles que je me faisais alors du bonheur, je n'eusse pu vivre heureux sans amis.[1]

« Oh! qu'elles étaient trompeuses les voies dans lesquelles je m'égarais! Malheur à l'âme qui s'éloignerait de Toi, en s'imaginant trouver quelque chose de meilleur! Je me tournais de tous côtés, et ne trouvais qu'inquiétudes et douleurs; et Toi seul pouvais être mon repos; et voici que tu es venu et nous as délivrés de nos misérables illusions,

---

[1] Preuve bien forte que le bonheur consiste dans l'affection ou l'amitié. Le plaisir de l'affection qui unit à Jésus, l'ami tout puissant qui suffit à tout, qui a été fait homme pour nous, et qui sympathise avec nous, paraît donner une idée juste de la félicité.

et tu nous as fait entrer dans tes voies, et tu nous as dit : « Courez, et je vous soutiendrai ; je vous conduirai où vous désirez aller, et là je vous soutiendrai encore. »

LIVRE VII.

« Plus j'avançais en âge, plus j'étais souillé par la vanité, n'ayant encore aucune idée spirituelle de Dieu ; ne m'imaginant pourtant pas, ô Seigneur ! que tu eusses une forme humaine, erreur dont je voyais à présent que j'avais injustement accusé l'Eglise catholique, mais te considérant toujours comme un objet matériel, quelque idée raffinée que je pusse me faire de cette matière ; et lorsque j'éloignais les idées d'espace et de quantité, il me semblait que tu n'étais plus rien.

« Tu n'avais pas encore éclairé mes ténèbres ; les argumens de mon ami Nébride contre le système manichéen, qui admet l'existence d'un mauvais principe indépendant dans la nature, me paraissaient concluans ; je m'étais affermi dans la croyance qu'il n'y a dans le Seigneur rien de corruptible, de sujet au changement ou d'imparfait dans aucun sens ; que nous ne devons pas imiter les manichéens, en lui imputant le mal, pour nous mettre à l'abri du blâme. Il y avait pourtant encore une question qui me tourmentait, et c'était comment le mal était entré dans le monde ? Admettant qu'il se trouve dans la volonté de l'homme, que la distinction entre une incapacité naturelle et morale est réelle et juste, et que la première n'est pas coupable comme la dernière, je me demandais toujours qui est-ce qui avait greffé en moi ce rejeton d'amertume, puisque j'avais été créé par Celui qui est la bonté infinie ? Je me demandais d'où venait le mal, et je ne voyais pas qu'il y avait du mal jusque dans mes recherches. Je mettais cette grande difficulté sous différens jours, et elle me paraissait aussi inexplicable que jamais. Cependant la foi en Christ notre Seigneur et notre Sauveur demeurait ferme en moi ; quoiqu'elle fût vague et informe, mon esprit ne l'abandonnait pourtant pas, et s'en pénétrait toujours plus profondément.[1]

« Je fus aussi délivré de l'attachement pour la vaine science de l'astrologie, que je cultivais avec obstination, en partie par les raisonnemens de mon excellent ami Nébride, et en partie par une histoire que j'entendis raconter, d'un maître et d'un esclave nés à la même minute, et dont les positions différentes dans la vie réfutaient puissamment toutes les prédictions qu'on peut faire d'après les étoiles[2]. L'histoire d'Esaü et de Jacob, dans l'Ecriture sainte, répond au même but. Mais c'est Toi, et Toi seul, qui m'as tiré de la mort de toute erreur, ô toi, Vie qui ne connais pas de mort et Sagesse qui éclaire nos faibles esprits ! Tu rompis ce lien ; mais je cherchais encore d'où vient le mal. Tu ne permis pas cependant que toutes ces fluctuations de pensées me fissent perdre la foi à ton existence, à tes perfections, à ta Providence, ou me fissent douter qu'en Christ ton fils, et dans les

---

[1] Nous avons cru devoir resserrer ainsi le récit que fait l'auteur de ses difficultés par rapport à ces deux questions de la substance de Dieu et de l'origine du mal. Le manichéisme était la cause du trouble que lui causait la première. La seconde est dans tous les siècles une tentation pour nos esprits orgueilleux, et nous sommes lents à apprendre à répondre avec saint Paul : « Mais plutôt, ô homme ! qui es-tu, toi qui contestes contre Dieu ? » Rom. ix.

[2] Il est bien peu d'hommes qui aient assez de candeur pour se mettre à la place des autres. Augustin et Mélanchton étaient des hommes extrêmement distingués par leurs talens et leurs connaissances ; tous deux cependant étaient adonnés à l'astrologie ; absurdité que rejettent aujourd'hui les esprits les plus faibles. Telle est la différence des temps !

Ecritures, tu eusses tracé la voie du salut.—Quels étaient les gémissemens et les angoisses de mon cœur! Tandis que je cherchais dans le silence, troublé et confondu, tu savais le tout, tu savais ce que je souffrais, et nul homme, pas même mes amis les plus intimes, ne pouvaient connaître par aucune des descriptions que je pouvais leur faire, l'amertume de mon âme. Ma folie était de chercher un bonheur local et extérieur qu'il ne m'était pas possible de trouver. Par la dignité originelle de ma nature, j'étais au-dessus de tous les objets sensuels; et Toi, ma vraie joie, tu m'as assujéti à toi-même, et tu as assujéti à moi les ouvrages de tes mains. C'est là qu'est la région moyenne de la santé, dans laquelle on peut te servir et gouverner son corps.

« Je m'élevai contre toi dans mon orgueil, et je fus justement puni en devenant l'esclave des choses qui auraient dû m'être assujéties; elles ne me donnaient aucun répit, et ne me laissaient aucune tranquillité. Mon orgueil m'avait séparé de Toi, et m'avait fermé les yeux. Seigneur, tu demeures éternellement; mais ta colère n'est pas éternelle! Tu as pitié de nous, et tu te souviens que nous ne sommes que poudre et que cendre. Tu daignas me délivrer de mes difformités morales, et tu m'excitas par des aiguillons invisibles, afin que je n'eusse aucun repos jusqu'au moment où tu devais te faire connaître à moi par une lumière intérieure. L'enflure de mon orgueil diminuait par degrés sous l'influence de ta main bienfaisante, et les yeux de mon entendement, dans lesquels il n'y avait que ténèbres, se guérissaient de jour en jour par le précieux collyre de douleurs salutaires.

« Tu voulus d'abord me montrer comment tu résistes aux orgueilleux et fais grâce aux humbles, et combien est grande la miséricorde que tu as révélée par la voie de l'abaissement et de l'humiliation de ton Verbe; tu me procuras, par le moyen d'une personne enflée d'un orgueil philosophique, quelques-uns des livres de Platon, traduits en latin, dans lesquels je lus des passages sur le Verbe divin qui ressemblent aux paroles qui se trouvent dans le premier chapitre de l'Evangile de saint Jean. On y voit son éternelle divinité, mais non son incarnation, son expiation, son humiliation et sa nature humaine entrant dans la gloire; car tu as caché ces choses aux sages et aux intelligens, et tu les as révélées aux petits enfans, afin que les hommes puissent venir à toi travaillés et chargés, et que tu puisses les soulager, toi qui es doux et humble de cœur, qui conduis dans la justice ceux qui sont humbles, qui leur enseignes tes voies; toi qui nous vois dans notre état d'abaissement et qui pardonnes tous nos péchés. C'est là une connaissance à laquelle ne peuvent atteindre ceux qui sont séduits par la pompe et la grandeur d'une doctrine qui leur paraît plus sublime. Ce fut ainsi que je commençai à me former des idées plus justes de la nature divine d'après les écrits de Platon, de même que ton peuple dépouilla jadis les Egyptiens de leur or, parce que tout ce qu'il y a de bon dans ce monde t'appartient; tu me donnas en même temps de laisser de côté le mal qui se trouvait dans ces livres, et de ne pas servir les idoles d'Egypte.

« Je fus ainsi averti de me retirer en moi-même, et je pus le faire parce que tu fus mon guide et mon soutien. J'entrai, et je vis des yeux de mon esprit la lumière immuable du Seigneur, comme étant parfaitement distincte de la lumière sensible non seulement par le degré, mais par l'espèce; et je sentis qu'elle n'était pas supérieure à mon esprit de la même manière que l'huile est au-dessus de l'eau ou le ciel au-dessus de la terre, mais que Dieu est supérieur à moi parce qu'il m'a créé, et que je suis inférieur à lui parce que j'ai été créé par lui[1]. Celui qui connaît la vérité connaît cette lumière, et celui qui la connaît connaît l'éternité. L'amour la connaît. O éternelle vérité! véritable amour, éternité pleine d'amour, tu es mon dieu ; c'est après toi que je soupire jour et nuit ; et lorsque je t'ai connu pour la première fois, tu m'as pris à toi, afin que je pusse voir que ce que je voyais *était*, et que moi, qui le voyais, « je n'étais pas encore. » Tu as produit des impressions répétées sur ma faible vue, et tu as resplendi sur moi avec force ; et j'ai tremblé d'amour et d'horreur, et j'ai senti que j'étais loin de toi, parce que ton image était effacée en moi, comme si j'eusse entendu d'en haut une voix qui m'eût dit : « Je suis la nourriture des hommes faits : grandis, et tu te nourriras de moi. » Tu ne me changeras pas en toi-même, mais ce sera toi qui seras changé en moi. Et je dis : « Est-il possible que Dieu ne soit rien, puisqu'il n'est répandu en aucun espace, ni fini ni infini »? Et tu m'as crié de loin : « Je suis celui qui suis »[2] ! Et je t'ai entendu par mon cœur, et je n'ai pu douter. Je pourrais plutôt douter de ma propre existence que de la vérité de ce qu'enseignent les choses qui ont été créées.

« Je commençai alors à comprendre que toutes

---

[1] Egaré comme il l'avait été si long-temps par les opinions athées qu'il avait reçues des Manichéens, il n'est pas étonnant qu'il eût tant de peine à se former des idées justes de Dieu. Il nous semble qu'il y a quelque chose de divin, aussi-bien que de spirituel, dans la manière dont il fut délivré. Il est aussi bien remarquable que les livres de Platon aient été le premier moyen dont Dieu se soit servi pour lui ouvrir les yeux, quoiqu'il soit bien possible que la traduction latine qui les lui fit connaître eût développé les idées de Platon en y mêlant des choses tirées de l'Ecriture, suivant l'usage des philosophes ammoniens.

[2] Exode, III.

les créatures sorties de tes mains sont bonnes de leur nature, et que c'est avec raison que toute la nature est appelée à louer le Seigneur à cause de sa bonté [1]. Le mal que je cherchais n'a pas d'existence positive, parce que tous les êtres individuellement, aussi-bien que collectivement, sont bons. Le mal me parut consister en ce que certaines parties n'étaient pas d'accord avec d'autres. La croyance en l'existence de deux principes indépendans, que j'avais admise pour expliquer l'origine du mal, était sans fondement. Le mal n'est pas une chose qui soit créée; que les choses qui sont bonnes quittent leur place et leur rang, et cessent de répondre à leur but, et alors, quoique toutes soient bonnes de leur nature, le mal, qui n'est qu'un privatif, abondera et produira un malheur positif. Je me demandais ce que c'était que l'iniquité, et je trouvais que ce n'était pas une substance, mais l'effet d'une volonté pervertie qui s'éloigne de toi, la substance suprême, pour s'abaisser à des choses inférieures, et qui, après avoir rejeté son excellence intérieure, est enflée d'orgueil et entraînée vers les choses extérieures.

« J'étais étonné de ce que je commençais à éprouver quelque désir pour toi, et de ce que je ne prenais plus un fantôme pour toi. Je ne pouvais jouir complétement de toi, mon Dieu; car, bien que je fusse attiré vers toi par ta beauté, j'étais entraîné loin de toi par mon propre poids, et je ne pouvais plus pécher sans gémir; le poids qui m'entraînait était les habitudes de mes passions charnelles. Je me souvenais toujours de toi, et je ne doutais pas de la réalité de cette essence divine à laquelle je devais me tenir attaché, mais je doutais que je pusse jamais être moi-même amené à un état d'exi-

---

[1] Psaume CXLVIII.

stence spirituelle. Je voyais tes perfections invisibles dans les choses créées, mais je ne pouvais fixer mon attention sur toi ; ma corruption agissant fortement en moi, je retournai à mes habitudes ordinaires ; mais je ne pus secouer le souvenir de ce parfum du véritable bien qui était parvenu jusqu'à moi, et je regrettai d'avoir perdu cette jouissance et de me sentir incapable de la goûter pleinement et de la conserver.[1]

« Je cherchai alors le moyen d'obtenir la force de jouir de toi, et je ne le trouvai que lorsque j'eus embrassé le médiateur entre Dieu et l'homme, Jésus-Christ homme, « qui est Dieu sur toutes choses, béni éternellement[2], » m'appelant et disant : « Je suis le chemin, la vérité et la vie. » Car la Parole a été faite chair, afin que ta sagesse pût nourrir de loin notre enfance. Mais je ne regardais pas encore en toute humilité l'humble Jésus comme mon Seigneur ; je ne connaissais pas la mystérieuse puissance de sa faiblesse, qui peut humilier, nourrir, et enfin exalter les âmes travailleuses chargées. Je ne l'avais considéré que comme un homme doué d'une sagesse sans égale. Mais je ne m'étais pas formé une idée juste du mystère de la Parole faite chair. Je concluais seulement des choses écrites de lui, qu'il avait dû avoir une âme

---

[1] C'est là ce qu'éprouvent beaucoup d'hommes vraiment convertis, tandis que Dieu les fait passer des ténèbres à la lumière. Ils arrivent à avoir un sentiment de Dieu tel qu'ils ne l'avaient jamais connu auparavant, et qui suffit pour triompher des pensées fausses et injurieuses de lui qu'ils avaient auparavant, quelles qu'elles pussent être. Mais le pécheur sent son impuissance par rapport au bien, et, comme Augustin, il est obligé de lutter et de souffrir pour un temps jusqu'à ce que la force de Jésus s'accomplisse dans sa faiblesse.

[2] Voici un témoignage bien clair rendu à l'authenticité et à la vraie interprétation de ce texte remarquable, Rom. ix. 5, dont la lumière a blessé si souvent les yeux affaiblis par les hérésies dominantes dans notre siècle.

humaine. Alype s'était imaginé que la foi catholique niait qu'il eût une âme d'homme; et il conserva plus long-temps que moi des préventions contre la vérité, parce qu'il confondait l'opinion de l'Église avec l'hérésie des Apollinaires. Quant à moi, ce ne fut qu'au bout de quelque temps que je fus enseigné à distinguer la vérité de l'opinion de Photin [1]; mais il est nécessaire qu'il y ait des hérésies, afin que la vérité soit manifestée.

« Lorsqu'en lisant les livres de Platon je commençais à concevoir un être suprême et spirituel, je parlai de ces choses comme un homme qui aurait eu de l'expérience, et cependant je périssais; parce que, demeurant vide de Christ, je désirais paraître sage; j'étais enflé de la connaissance que j'avais, et je ne pleurais pas. L'amour, sur le fondement de l'humilité, c'est-à-dire Jésus-Christ, m'était inconnu. Les livres de Platon ne connaissaient pas cela. Je veux cependant remarquer que ce fut la providence de mon Dieu qui me conduisit à les étudier, avant d'avoir sondé les écritures, afin que je pusse me souvenir de l'effet qu'ils avaient produit sur moi; et que, lorsque ta main aurait guéri mes blessures par le moyen des écritures, je pusse distinguer entre la présomption et la confession, entre ceux qui voient où nous devons aller, sans connaître les moyens d'arriver, et ceux qui voient le chemin même qui conduit à l'héritage qui nous est donné. Si j'avais commencé par être instruit par tes écritures, qu'elles m'eussent appris à t'aimer, et qu'ensuite j'eusse connu Platon, ma foi aurait pu être ébranlée, ou j'aurais pu attacher trop de prix à ses ouvrages.

« Je pris donc avec avidité le volume inspiré [2],

---

[1] Elle paraît la même que le sabellianisme.
[2] On peut remarquer ici combien le goût de l'homme est dé-

et en particulier l'apôtre Paul ; et les points sur lesquels il me semblait autrefois en contradiction avec lui-même et avec la loi et les prophètes, s'éclaircirent à mes yeux. Je vis maintenant un ensemble uniforme de vraie piété, j'appris à me réjouir avec tremblement, je pris le livre, et je vis que tout ce que j'avais jamais lu de vrai s'y trouvait, et que ta grâce y était exaltée, afin que celui qui voit ne se glorifie pas, comme s'il n'avait pas reçu, non seulement ce qu'il voit, mais même la faculté de voir[1]. Qu'a-t-il, en effet, qu'il ne l'ait reçu? Et celui qui ne peut encore te voir, doit pourtant marcher dans le chemin, afin qu'il puisse arriver, voir et saisir la vie éternelle. Car, bien qu'il prenne plaisir à la loi de Dieu, quant à l'homme intérieur, comment fera-t-il par rapport à cette autre loi qui est dans ses membres et qui combat contre la loi de son esprit, et qui le rend prisonnier à la loi du péché qui est dans ses membres[2] ? Car toi, Seigneur, tu es juste ; mais nous avons péché et avons agi méchamment, et ta main est appesantie sur nous, et tu nous as justement livrés à la puissance de ce premier des pécheurs qui a la puissance de la mort, parce qu'il nous a persuadés de l'imiter en retirant notre volonté de la tienne. Qui nous délivrera du corps de cette mort, si ce n'est ta grâce par Jésus-Christ notre Seigneur, en qui le prince de ce monde n'a rien pu trouver qui fût digne de mort, et qui par sa mort a effacé l'o-

pravé, et combien il souffre avant de s'abandonner simplement à l'instruction des propres paroles de Dieu.

[1] Il entend ici l'inestimable privilége de l'intelligence spirituelle, faute de laquelle saint Paul lui avait long-temps paru confus et contradictoire. Celui qui, comme Augustin, éprouve en lui-même la valeur de l'enseignement de Dieu, peut en faire sentir le prix aux autres. Rien n'enseigne l'humilité comme une semblable expérience.

[2] Rom. VII.

bligation qui était contre nous? Les livres de Platon ne disaient rien de toutes ces choses; ils n'avaient ni l'apparence de la piété, ni les larmes de la confession, le sacrifice d'un esprit troublé, un cœur brisé et contrit, le salut, l'épouse, la sainte cité, les arrhes du Saint-Esprit, la coupe de notre rédemption. Nul n'y entend ces paroles : « Venez à moi, vous tous qui êtes travaillés et chargés, et je vous soulagerai. » C'est une chose que de voir le séjour de la paix à une grande distance, sans voir aucun moyen d'y arriver, et une autre chose que de suivre le droit chemin qui y mène, sous la conduite d'un chef céleste qui nous a préparé le chemin. Je fus merveilleusement touché de ces vues en lisant les écrits du moindre de tes apôtres, et je considérai tes œuvres et tremblai.

LIVRE VIII.

« Tous mes os diront : Éternel, qui est semblablable à toi? » Tu as brisé mes os. Je raconterai comment tu les as brisés; et lorsqu'ils entendront ces choses, tous ceux qui te servent béniront le Seigneur. Bien que je fusse alors affermi dans mes vues par rapport aux doctrines, mon cœur n'était pas encore purifié. J'acceptais d'une manière générale le Sauveur qui est le chemin; mais j'étais blessé de ce que le chemin est étroit, et tu m'inspiras le désir d'aller trouver Simplicien, chrétien avancé en âge et plein d'expérience, même dans sa jeunesse, qui me parut capable de m'instruire dans l'état d'agitation dans lequel j'étais alors. Mes désirs n'étant plus enflammés par l'espérance des honneurs et de la fortune, je supportais avec peine la servitude du monde dans laquelle je vivais. Ta douceur était maintenant plus agréable à mes yeux; mais un autre lien me retenait encore.¹

« J'allai donc trouver Simplicien, le père spirituel de l'évêque Ambroise lui-même, qui l'aimait comme son père.* Je lui expliquai mon état religieux. Lorsque je lui racontai que j'avais lu quelques livres de Platon, traduits par un nommé Victorin, rhétoricien de Rome qui était mort chrétien, il me félicita d'avoir trouvé sous ma main ce philosophe plutôt que les autres; parce qu'ils sont remplis de choses fausses, tandis qu'il paraît avoir entrevu quelque chose de Dieu et de son Verbe². Alors, pour mon instruction pratique, il me raconta la conversion de Victorin, qu'il avait connu intimement à Rome. Ta grâce avait véritablement été admirable dans cette conversion. Victorin était très savant, déjà avancé en âge, profondément versé dans toutes les connaissances libérales; il avait lu, critiqué, et expliqué plusieurs philosophes, il avait enseigné plusieurs illustres sénateurs; on lui avait fait l'honneur de lui ériger une statue dans le Forum de Rome, en récompense de ses travaux; et jusqu'à sa vieillesse, il avait adoré les idoles, et avait pratiqué toutes les cérémonies que suivaient alors presque tous les nobles romains. Il avait même défendu, pendant plusieurs années, les objets absurdes et monstrueux que le peuple avait coutume d'adorer, mais il n'eut pas honte de devenir un enfant de ton Christ, de recevoir, comme un enfant, l'eau sainte du baptême, de prendre le joug de l'humilité et de porter sur son front l'opprobre de la croix. O Éternel! toi qui

---

¹ 1 Corinthiens vii. — * Voyez p. 138.

² Nous avons ici une preuve de la décadence de goût chrétien qu'avaient introduite dans l'Église à cette époque les idées des Ammoniens et d'Origène, c'est-à-dire une disposition à trouver dans Platon ce qui n'y est pas. Quelle convenance y a-t-il du temple de Dieu avec les idoles?

abaisses tes cieux et qui descends, qui touches les montagnes et elles fument, par quels moyens pénétras-tu dans son cœur? Comme Simplicien me le disait, il lut les saintes Écritures et examina assidûment toute la littérature chrétienne, et il dit à celui qui me le rapportait, non pas ouvertement, mais en secret, comme à un ami : « Sache que je suis déjà chrétien. » Celui-ci répondait : « Je ne le croirai pas, et ne vous mettrai pas au nombre des chrétiens, tant que je ne vous verrai pas dans l'église de Christ; » mais il répondait en souriant : « Sont-ce les murs qui font les chrétiens? » — Cette espèce de dialogue se répéta souvent entre eux; car Victorin craignait de choquer ses amis, qui étaient des gens élevés en rang et en dignité, et de perdre sa réputation. Mais après que, par une étude constante de la parole et par la prière secrète, il eut acquis plus de force, il craignit que Christ ne le reniât devant les anges, s'il le reniait devant les hommes, et se sentit condamné en lui-même de ce qu'il avait honte des sacremens chrétiens, quoiqu'il n'eût pas eu honte auparavant du culte du démon, il rougit de sa fausse honte, et dit tout d'un coup à Simplicien : « Allons à l'église, je veux être chrétien. »

« Le vénérable vieillard, qui ne pouvait contenir sa joie, alla avec lui, et il reçut les premières instructions. Peu de temps après, il donna son nom pour être inscrit parmi ceux qui demandaient le baptême chrétien. Rome fut étonnée, l'Église se réjouit. « Les méchans le virent, et en eurent du dépit, et se fondirent; » mais l'Eternel son Dieu fut la confiance de son serviteur, et il ne s'adonna plus aux vanités trompeuses. Lorsqu'arriva le moment de faire profession de sa foi, profession qui se fait ordinairement à Rome, d'un lieu élevé, à la vue des fidèles, en certains termes appris par cœur par ceux qui doivent recevoir ta grâce dans le baptême, les prêtres proposèrent à Victorin de les répéter d'une manière plus secrète, comme on le faisait faire aux personnes timides qui auraient pu être troublées. Mais il préféra professer son salut en présence de la multitude; car il n'y avait pas de salut à trouver dans la rhétorique, et cependant il l'avait professée publiquement. Quand il monta dans la chaire pour répéter sa profession de foi, tous ceux qui le connaissaient (et qui est-ce qui ne le connût pas?) répétaient son nom avec un murmure de félicitation. Au milieu de la joie générale, on entendait répéter, quoique cela fût dit très bas, par respect pour le lieu dans lequel on se trouvait : « Victorin, Victorin! » La joie de le voir avait excité ce murmure; mais on rentra aussi subitement dans le silence afin de l'entendre. Il prononça sa déclaration avec une merveilleuse assurance; tous auraient voulu le presser contre leur sein, et ils le faisaient réellement par leur joie et par leur amour.[1]

« O Dieu de miséricorde! d'où vient que les hommes se réjouissent du salut d'une âme dont on désespérait, plus que si elle avait toujours été dans un état de sécurité? Pourquoi l'esprit est-il plus enchanté des choses qui sont recouvrées que de celles qui n'ont jamais été perdues? La vie humaine est remplie d'exemples semblables. Est-ce donc là la loi du bonheur hu-

---

[1] Cette histoire est un exemple de la puissance de la grâce, qui ressemble au récit plus détaillé d'Augustin par rapport à lui-même. Elle montre combien le christianisme était peu en honneur parmi les grands, même dans les pays où il était la religion établie, ce qui était alors le cas pour Rome, et combien la grâce est nécessaire pour disposer les hommes à vouloir porter la croix de Christ; elle répand aussi du jour sur la discipline et sur quelques usages des chrétiens de cette époque.

main? Que tu es élevé dans ce qu'il y a de plus élevé, et impénétrable dans ce qu'il y a de plus profond! Tu ne t'éloignes jamais de nous, et c'est avec peine que nous retournons à toi. Réveille-nous, Seigneur, vivifie-nous et rappelle-nous, enflamme-nous et entraîne-nous; fais-nous sentir ta douceur, et que l'amour nous fasse marcher vers toi. La joie de la conversion de Victorin fut à la vérité d'autant plus grande que son influence et son autorité pouvaient le rendre plus utile pour le salut de plusieurs. Car, dans ta maison, on ne doit pas avoir égard à l'apparence des personnes, puisque « tu as plutôt choisi les choses faibles du monde pour confondre les fortes, et les choses faibles du monde, et même celles qui ne sont pas, pour confondre les choses qui sont! » Le cœur et la langue de Victorin avaient été un trésor pour Satan! Il convenait bien à tes enfans de triompher de ce que notre roi avait lié l'homme fort, et de ce que ses dépouilles lui avaient été enlevées et avaient été purifiées et préparées pour servir à ta gloire et à toute bonne œuvre.

« En apprenant ces choses de Simplicien, je me sentis enflammé du désir d'imiter Victorin; mais après qu'il m'eut encore appris qu'il avait renoncé à sa place de professeur, à l'occasion de la défense de Julien, je me sentis un penchant à l'imiter aussi en cela, lié comme je l'étais à la même vocation, non par une chaîne qui me fût étrangère, mais par ma volonté de fer. L'ennemi tenait ma volonté captive; ainsi s'était formée ma chaîne, et elle me retenait fortement. D'une volonté pervertie était venue la convoitise, d'une convoitise non combattue s'était formée l'habitude, et une longue habitude était devenue nécessité. Voilà quels étaient les anneaux qui composaient ma chaîne d'esclavage; et la nouvelle volonté qui commencait en moi, de te servir librement et de jouir de toi, seul plaisir solide, n'était pas encore assez forte pour vaincre l'ancienne volonté, endurcie par l'habitude. Ainsi, deux volontés, l'ancienne et la nouvelle, la chair et l'esprit luttaient en moi, et me déchiraient l'âme [1]. Je compris ainsi, par ma propre expérience, ce que j'avais lu, que la chair convoite contre l'esprit et l'esprit contre la chair [2]. J'étais influencé par l'un et par l'autre, mais je l'étais plus par ce que j'approuvais que par ce que je désapprouvais. Je n'avais plus maintenant de bonne excuse : la vérité était certaine pour moi ; cependant j'éprouvais encore une certaine répugnance à te servir, et je craignais autant d'être délivré des liens qui me retenaient loin de toi que j'aurais dû craindre de les former. Mes méditations étaient comme les efforts de ceux qui désirent de s'éveiller, mais qui retombent dans le sommeil. Je n'avais pas le cœur de répondre à ces paroles : « Réveille-toi, toi qui dors, et te relève d'entre les morts, et Christ t'éclairera. — Dans un moment.... bientôt.... laisse-moi encore un peu.... » telles étaient les réponses de mon cœur. Mais ce moment n'avait pas de fin, et ce peu de temps que je réclamais était très long. En vain je prenais plaisir à ta loi, selon l'homme intérieur, puisqu'il y avait dans mes membres une autre loi qui combattait contre la loi de mon entendement. Misérable que je suis ! qui pouvait me délivrer du

---

[1] Excellent commentaire sur Rom. VII. Cette description ne peut être bien comprise que par des chrétiens qui ont de l'expérience.

[2] Galates V, où le même sujet est traité d'une manière abrégée : les vrais chrétiens connaissent ce combat toute leur vie, bien qu'il frappe davantage leurs esprits au commencement de leur conversion. Il ne peut exister chez ceux qui ne sont pas convertis, parce que la volonté n'a qu'une pente, et il diffère par conséquent tout-à-fait du combat entre la raison et la passion, avec lequel on l'a quelquefois confondu.

corps de cette mort, si ce n'est ta grâce par Jésus-Christ Notre-Seigneur?

« Mon anxiété allait toujours croissant, je soupirais tous les jours vers toi, je fréquentais ton église aussi souvent que les occupations sous le poids desquelles je gémissais m'en laissaient le loisir. Alype était avec moi durant un intervalle entre ses travaux comme jurisconsulte; car c'était là son occupation, comme la rhétorique était la mienne. Notre autre ami, Nebride, s'occupait alors à aider Véréconde à enseigner la grammaire à Milan, et il évitait avec soin d'avoir trop de relations avec les grands, afin de conserver du loisir pour méditer et cultiver son esprit. — Un certain jour, Politien, Africain, et de la même ville que nous, vint visiter Alype et moi. Nous nous assîmes pour causer, et voyant un livre sur un damier qui était devant nous, il l'ouvrit, et, à sa grande surprise, il vit que c'étaient les Épîtres de l'apôtre Paul, car il avait cru trouver un livre qui aurait eu du rapport avec ma profession. Quoiqu'il fût courtisan et militaire, il était pieux et me félicita de mon bon goût. Et lorsque je lui eus dit avec quelle ardeur j'étudiais ces épîtres, il me parla d'Antoine, le moine d'Égypte, qui nous était encore entièrement inconnu; il nous apprit aussi l'existence d'un grand nombre de monastères dont nous n'avions pas entendu parler. Il y avait alors même à Milan, et sous la direction d'Ambroise, un monastère dont nous n'avions aucune connaissance. [1]

« Quand il nous eut encore raconté comment deux de ses camarades avaient abandonné le monde, et

---

[1] Si le lecteur pieux blâme ce goût monastique, nous sommes d'accord avec lui, mais il avait en général sa source dans le désir d'être délivré des tentations du monde; et ceux qui font profession de piété feront bien de remarquer encore que, comme nous l'avons déjà dit, l'ardeur de commerce qui domine aujourd'hui est aussi un grand obstacle aux progrès dans la piété.

s'étaient soudainement consacrés à Dieu de cette manière, je demeurai confondu. Douze ans environ s'étaient écoulés depuis la dix-neuvième année de ma vie, lorsqu'ayant lu l'*Hortensius* de Cicéron, j'avais commencé à chercher la sagesse, et je n'étais pas encore parvenu à la vraie félicité. Dès ma jeunesse j'avais prié pour obtenir la chasteté, et j'avais dit : « Donne-moi la chasteté et la continence, mais ne m'accorde pas immédiatement ce que je te demande. » Car je craignais que tu n'exauçasses aussitôt ma prière, et que tu ne guérisses cette ardeur pour l'impureté que je voulais plutôt satisfaire qu'éteindre. J'étais tombé ensuite dans de folles superstitions avec un cœur opposé à la vérité; j'avais renvoyé de jour en jour de me consacrer à toi, sous prétexte que j'étais incertain où se trouverait la vérité. Maintenant que je le savais d'une manière certaine, j'étais encore esclave, et j'entendais parler de personnes qui n'avaient pas étudié dix ou douze ans comme moi, et qui s'étaient pourtant données à Dieu.

« Telles étaient mes pensées. Quelle peine ne me donnai-je pas pour aiguillonner mon esprit paresseux! Je n'avais plus d'argumens à opposer à la vérité, il ne me restait qu'une terreur muette, et je craignais la délivrance comme la mort. « Qu'est-ce que nous avons entendu, dis-je à Alype? des hommes illettrés se lèvent et s'emparent du ciel, tandis que nous, avec toute notre science, nous nous roulons dans la fange du péché. » Dans l'agitation de mon esprit je me retirai dans le jardin qui tenait à la maison que j'habitais, sachant à quel point j'étais mal, mais ignorant le bien que tu avais en réserve pour moi : Alype me suivit, nous nous assîmes loin de la maison, et je repris avec une véhémente indignation mon âme coupable de ce qu'elle ne voulait pas se donner à Dieu. Je sentis que ce qui me manquait était la volonté. J'étais encore arrêté, et tu me poussais secrètement par une miséricordieuse sévérité ; les vanités des vanités, mes anciennes amies, me tiraient par ma robe de chair, et me disaient tout bas : « Devons-nous donc nous séparer, et pour toujours ? » Puisse ta grâce éloigner de l'âme de ton serviteur les mauvaises suggestions que je sentais ! « Peux-tu vivre sans nous ? » me disaient-elles ; mais toujours plus faiblement. D'un autre côté se montrait la continence parée d'une chaste dignité. « Ne peux-tu pas, me disait-elle, faire ce que plusieurs autres ont fait, non par eux-mêmes, mais dans la force du Seigneur ? Jette-toi entre ses bras, ne crains pas, il ne te laissera pas tomber. Ferme l'oreille aux suggestions de la chair ; elles parlent de plaisir, mais elles n'en parlent pas comme la loi de ton Dieu. »

« Telle était ma lutte intérieure ; lorsqu'une profonde méditation eut rassemblé toute ma misère en présence de mon cœur, il s'éleva un grand orage qui produisit une abondance de larmes. Pour leur livrer passage, je me levai vivement d'auprès d'Alype. Le son de ma voix annonçait les pleurs, et il resta immobile à la même place. Je me prosternai sous un figuier, et je parlai ainsi en fondant en larmes : « Jusqu'à quand, Seigneur, seras-tu irrité ? Sera-ce à jamais ? Ne te souviens pas de mes anciennes iniquités ! » Car je sentais qu'elles m'enchaînaient encore. « Combien de temps, dirai-je, demain ? Pourquoi cette heure ne mettrait-elle pas fin à mon esclavage ? » Je parlais ainsi, et je pleurais dans l'amertume de mon âme, et j'entendis une voix qui semblait venir d'une maison voisine, et qui répéta plusieurs fois : « Prenez et lisez, prenez et lisez. » Je me demandai si je n'avais jamais entendu des enfans dire des paroles semblables dans quelque jeu, et je ne me rappelai rien de pareil. Je conclus alors que c'était un ordre du ciel de prendre le livre et de lire la première phrase qui se présenterait. Je retournai aussitôt à l'endroit où j'avais laissé Alype; car j'y avais posé le livre des épîtres de saint Paul. Je le saisis, l'ouvris, et lus la première chose qui frappa mes yeux : « Non point en gourmandises, ni en ivrogneries ; non point en couches, ni en insolences; non point en querelles, ni en envie; mais soyez revêtus du Seigneur Jésus-Christ et n'ayez point soin de la chair pour accomplir ses convoitises. » Je ne voulus rien lire de plus, et cela n'était pas nécessaire. Aussitôt que j'eus achevé cette phrase, tous mes doutes s'évanouirent. Je fermai le livre, et avec un visage tranquille je le donnai à Alype. Il voulut voir ce que j'avais lu, je le lui montrai, et il lut encore : [1] « Quant à celui qui est faible en la foi, recevez-le », ce qui s'appliqua à lui-même, comme il me le dit avec une sérénité et un calme qui s'accordaient avec son caractère; et sous ce rapport il m'était bien supérieur. Il vint avec moi trouver ma mère, qui triompha dans cette réponse abondante accordée à ses prières. Ainsi tu changeas son deuil en joie.

LIVRE IX.

« O Éternel! je suis ton serviteur et le fils de ton serviteur, tu as délié mes liens. Que mon cœur et ma langue, et tous mes os, disent : « Éternel, qui est semblable à toi ? » Et toi, réponds-moi, et dis à mon âme : « Je suis ta délivrance. » — Qui suis-je et que suis-je ? Quel mal ne se trouve pas en moi ? Est-ce ma volonté, mes paroles ou mes actions qui ont accompli ces choses ? Non. Mais toi, ô Éter-

---

[1] Rom. XIII fin, et XIV au commencement.

nel! qui es bon et miséricordieux ; par ta droite puissante tu m'as délivré de ces profondeurs de misère, et tu as nettoyé mon cœur presque au fond de toutes ses souillures. Le mal qui était en moi consistait dans une volonté obstinément opposée à la tienne. Mais où se tenait mon ancien libre arbitre, et de quelle secrète profondeur fut-il appelé en un moment pour me faire courber mon cou sous ton joug léger, et mes épaules sous ton fardeau léger, ô Jésus-Christ, mon aide et mon rédempteur?

Combien il fut doux d'être délivré en un moment de ces vanités séduisantes que j'avais tant craint de perdre, et que j'eus alors tant de joie à quitter! Tu les as rejetées de mon cœur, ô ma joie véritable et parfaite! et tu es entré à leur place, ô toi qui es plus que doux que tous les plaisirs, mais non pour la chair et pour le sang; tu es plus éclatant que la lumière, mais non pour l'homme intérieur; tu es plus élevé que tous honneurs, mais non pas pour ceux qui s'élèvent en eux-mêmes. Alors mon esprit fut délivré des soucis rongeans de l'avarice, de l'ambition et de la sensualité, et je m'entretins familièrement avec toi, ma lumière, mes richesses, mon sauveur et mon Dieu.

« Je résolus en ta présence de renoncer à mon emploi, non d'une manière brusque, mais par degrés[1]. On était heureusement tout près des vacances

[1] Le récit de la conversion de notre auteur suggère quatre remarques particulières : 1°. que Dieu se plaît dans tous les siècles à distinguer quelques-unes des œuvres de son esprit par des circonstances extraordinaires. Il est peu utile de s'arrêter à examiner si la voix entendue dans le jardin était miraculeuse ou non, s'il l'entendit véritablement de ses oreilles, ou si ce ne fut qu'une impression produite sur son esprit. Quoi qu'il en puisse être, elle venait également de Dieu, et répand un vif éclat sur la conversion d'un personnage illustre et d'une sainteté éminente, qui fut appelé à rendre témoignage à Dieu d'une manière remarquable dans son temps.—
2°. Il y a généralement quelque péché dominant qui met obstacle

de la vendange, et je me décidai à conserver mon emploi jusqu'à cette époque. Je fus aussi bien aise de pouvoir dire à mes écoliers, ce qui était vrai, que l'état de ma santé, qui avait beaucoup souffert de la fatigue, m'obligeait de renoncer à la tâche fatigante de l'enseignement. Abandonner mes fonctions avant les vacances aurait pu paraître arrogant, et m'aurait exposé à être accusé de vanité. Mais si quelqu'un de tes serviteurs pensa que je fis mal en restant un jour de plus dans la chaire du mensonge, je ne disputerai pas. Mais toi, dieu de miséricorde, n'as-tu pas lavé ce péché avec tous mes autres péchés mortels dans les eaux de la régénération ?

« Notre ami Véréconde fut saisi d'une maladie, et ayant reçu le baptême vers le milieu de cette maladie, il quitta ce monde dans ta foi et dans ta crainte. Peu de temps après ma conversion, mon ami Nébride revint aussi de l'erreur dans laquelle il était tombé en pensant que le corps de ton Fils n'était qu'un fantôme; et devenant un fidèle chrétien en Afrique, sa patrie, il quitta cette tente d'argile, et vit maintenant dans le sein d'Abraham. Il n'approche plus son oreille de ma bouche, mais il approche sa bouche spirituelle de ta source éter-

à l'œuvre de Dieu dans ses enfans; celui d'Augustin était l'attachement aux plaisirs des sens, et la grâce de Dieu brilla d'un éclat particulier en ce qu'elle triompha complétement de ce péché dominant. — 3°. Le grand moyen de la délivrance est toujours la parole écrite de Dieu annonçant Jésus, et le salut qui ne s'obtient qu'en se revêtant de lui par la foi. — 4°. Dieu vient à notre aide à l'heure de la plus grande angoisse. Lorsque nous sentons profondément notre faiblesse, Dieu paraît. Est-il surprenant que le saint dont nous étudions l'histoire se soit montré un champion si fort et si zélé de la grâce efficace de Dieu, qu'il ait servi d'instrument pour rétablir clairement cette doctrine dans l'Église, et qu'il ait été préparé, par sa propre expérience, à la défendre contre les subtilités de Pélage ? Celui qui vit d'avance ce que voudrait introduire Pélage, prépara ainsi, dans son adorable sagesse pour l'Église, un pasteur expérimenté qui pût combattre ces doctrines corrompues.

nelle pour recevoir la sagesse, et il jouit d'un bonheur qui ne finira jamais.

« Il m'est doux de me rappeler et de confesser comment tu nous enseignas, moi et mon ami Alype, à la campagne, où nous jouissions des soins tendres et vigilans de ma mère. Nous étions tous deux catéchumènes, et je lus avec délices les psaumes de David. Avec quel mélange de pitié et d'indignation je pensais aux Manichéens, qui rejettent follement l'antidote qui peut seul nous guérir. Oh! s'ils avaient pu voir la vie éternelle et intérieure que je m'affligeais de ne pouvoir leur montrer depuis que j'en avais goûté la douceur!

« Les vacances étant finies, je déclarai à mes écoliers qu'ils devaient chercher un autre maître, et j'écrivis à Ambroise un récit de mes erreurs et du désir que j'éprouvais alors, et je le priai de m'indiquer quelque portion particulière de la parole de Dieu dont la lecture pût me préparer au baptême. Il me recommanda le prophète Esaïe, probablement comme annonçant l'Evangile plus clairement que les autres prophètes. Cependant, trouvant la première partie de ce livre très obscure, et pensant qu'il en était ainsi du livre tout entier, je résolus d'attendre pour le lire d'avoir appris à mieux connaître les Ecritures. Comme le temps où je devais donner mon nom pour être baptisé approchait, je quittai la campagne et retournai à Milan. J'y reçus le baptême avec Alype et le jeune Adéodat, le fruit de mon péché. Il avait près de quinze ans, et surpassait par ses facultés intellectuelles bien des hommes instruits. Je te glorifie à cause de tes dons, ô mon Dieu! car il n'y avait en lui rien de moi que le péché. Si je l'élevai dans ta religion, ce fut toi, et toi seul, qui m'inspiras. Son génie prodigieux me faisait presque trembler; mais tu l'enlevas peu de temps après de la terre, et le souvenir que j'ai de lui me cause une satisfaction sans mélange, puisque je n'ai maintenant aucune inquiétude pour son enfance et sa jeunesse, et que tu l'as préservé des péchés qu'il aurait pu commettre dans l'âge mûr. Je ne pouvais me lasser de contempler alors le mystère de la rédemption ; les hymnes et les cantiques de ton Eglise me causaient de profondes émotions ; ta vérité s'insinuait par ce moyen dans mon cœur, la flamme de la piété était allumée, et je versais des larmes de joie. Il n'y avait pas long-temps que l'usage de ces chants était adopté à Milan. Il avait commencé dans le temps où l'impératrice Justine persécutait Ambroise. Le peuple veillait dans l'Eglise, préparé à mourir avec son pasteur. Ma mère était des plus zélées à ces veilles et à ces prières. Alors on se mit à chanter des cantiques et des psaumes, comme cela se pratiquait dans l'Orient, dans le but de faire oublier au peuple sa lassitude, et de Milan cet usage s'était répandu dans les autres églises chrétiennes.

« Toi qui inspires à ceux qui pensent de même le désir de demeurer ensemble, tu unis à nous un jeune homme nommé Evode, qui avait servi dans l'armée et qui était alors converti. Nous résolûmes de retourner en Afrique ; et lorsque nous étions à l'embouchure du Tibre, ma mère quitta cette vie. Je ne dois pas passer sous silence les sentimens de mon âme par rapport à celle qui avait souffert pour me donner la vie temporelle, et qui avait travaillé dans son cœur pour ma naissance spirituelle. Elle avait été élevée dans une famille chrétienne, mais elle ne devait pas encore autant aux soins de sa mère qu'à ceux d'une vieille servante de la maison, qui avait soigné son père dans son enfance, qui était extrêmement respectée dans la maison à cause de son âge et de son mérite, et qui surveillait l'éducation des filles de son maître. Elle ne leur laissait jamais boire même de l'eau, entre leurs repas, leur disant que, lorsqu'elles deviendraient leurs maîtresses, elles conserveraient l'usage de boire, mais qu'alors au lieu d'eau elles boiraient du vin. Cependant ma mère Monique, malgré la vigilance de cette prudente gouvernante, avait pris peu à peu dans sa jeunesse l'habitude de boire du vin, lorsqu'on l'envoyait à la cave, avec une servante, chercher celui qui était nécessaire pour la famille. Comment fut-elle délivrée de ce piége? Tu te servis d'un reproche outrageant d'une servante de la maison, qui, dans un moment de colère, l'appela buveuse de vin pur. De ce moment elle renonça entièrement à cette habitude. Tu préparas ainsi un remède à sa funeste habitude dans la malveillance d'une autre, afin que nul homme ne puisse attribuer à sa propre puissance le bon effet qui peut résulter de ses réprimandes.[1]

« Après son mariage avec mon père Patrice, elle s'efforça de le gagner à ton service par ses manières aimables, et elle supporta avec patience les outrages qu'il lui faisait par ses infidélités. Elle espérait toujours que lorsque ta grâce lui aurait appris à croire en toi, il deviendrait chaste. Il était violent, mais il avait pourtant de la bonté. Elle n'opposait à sa colère que la tranquillité et le silence; et lorsqu'elle voyait qu'il était plus calme, elle lui rendait raison de sa conduite avec douceur. Il arrivait souvent que des femmes de ses amies se plaignaient devant elle des coups et des mauvais traitemens qu'elles recevaient de leurs maris, dont les caractères étaient pourtant plus doux que celui de Pa-

---

[1] La piété et la prudence qui respirent dans ces circonstances de la vie domestique, nous ont fait juger ces détails très intéressans et très instructifs, malgré leur simplicité.

trice; alors elle les exhortait à gouverner leurs langues, et à ne pas oublier l'infériorité de leur condition. Et lorsqu'elles exprimaient leur étonnement de ce que l'on n'avait jamais entendu qu'un homme d'un caractère aussi violent que Patrice eût battu sa femme, ou qu'ils eussent mal vécu ensemble un seul jour, elle leur expliquait comment elle se conduisait envers lui. Celles qui l'imitaient la remerciaient du succès de ses bons conseils; celles qui ne l'écoutaient pas continuèrent à souffrir. Les faux rapports de quelques servantes avaient d'abord indisposé sa belle-mère contre elle; mais elle sut si bien la gagner par sa soumission et sa douceur, que ce fut elle-même à la fin qui informa son fils des mauvais discours que tenaient ces femmes, et qui l'engagea à les réprimer. Et depuis ce temps elles vécurent ensemble dans la plus parfaite harmonie. C'était encore un grand don que tu lui avais accordé, ô mon Dieu! que de ne jamais répéter les choses qu'elle entendait dire à des personnes qui étaient irritées les unes contre les autres, et de ne leur rapporter que ce qui pouvait tendre à les adoucir et à les réconcilier.

« J'aurais pu être tenté de regarder cela comme peu important, si je n'avais connu, par une pénible expérience, les maux innombrables qui résultent pour la société, de la disposition contraire de ces gens qui ne se contentent pas de répéter les paroles irritées d'un ennemi à son ennemi, mais qui leur ajoutent encore ce qui n'a jamais été dit; tandis qu'en cas pareil on ne devrait pas se contenter d'une bonté négative, mais on devrait s'efforcer de rétablir l'union en disant des paroles de paix et de charité, comme le faisait ma bonne mère, par l'enseignement de ton esprit. Elle eut le bonheur de gagner son mari à toi vers la fin de sa vie; et il mourut dans la foi en Christ.

« Ce fut par une direction secrète de ta providence que nous nous trouvâmes seuls, elle et moi, à une fenêtre qui donnait sur le jardin d'une maison que nous habitions près de l'embouchure du Tibre, au moment où nous nous préparions à nous embarquer pour l'Afrique. Nous nous entretenions avec une grande consolation, et, oubliant le passé, nous cherchions à nous faire une idée juste de la vie éternelle des Saints. Il était évident pour nous qu'aucune jouissance charnelle ne méritait d'être nommée dans un pareil sujet; nous nous élevâmes donc au-dessus des parties les plus nobles de la création matérielle, jusqu'à la considération de nos propres esprits, et, montant encore plus haut, nous nous efforçâmes d'atteindre le ciel même, pour arriver à toi, par qui toutes choses ont été créées. Nos cœurs se sentirent alors inondés de joie, et nous demeurâmes attachés à toi par les prémices de l'Esprit; mais, entraînés par notre faiblesse, nous en revînmes au son de notre propre voix, qui était pour nous un emblème de la parole divine. Nous disions : Si la chair, l'imagination et toutes les créatures demeuraient dans le silence, sans proclamer : « ce n'est pas nous qui nous sommes faites, mais c'est celui qui subsiste éternellement; » si ces choses se taisaient et que Dieu seul parlât, non par des emblèmes ou par des choses créées, mais par lui-même, de sorte que nous pussions entendre sa parole; que cette contemplation continuât et que toutes les autres vues ayant disparu, celle-là seule saisît et absorbât l'âme pour jamais, ne serait-ce pas là ce qu'expriment ces paroles « entre dans la joie de ton Seigneur[1] » ? A ce moment le monde nous apparut comme n'ayant

---

[1] Matth. xxv. On retrouve la même idée dans l'Apocalypse xxi. 23; mais elle est décrite sous une image empreinte du sens de la vue, et non de l'ouïe.

aucune valeur, et elle me dit : « Mon fils, je ne prends maintenant aucun plaisir à la vie. Je ne sais pas ce que je fais ici et pourquoi j'y suis, n'ayant plus rien à espérer pour cette vie. La seule chose qui me faisait désirer de vivre était ta conversion. Mon Dieu m'a accordé plus encore que ce que je lui avais demandé. Que fais-je ici? » Cinq jours après elle fut attaquée de la fièvre.

Mon frère, qui était avec nous, ayant témoigné des regrets de ce qu'elle pouvait mourir dans un pays étranger, elle le regarda d'un air affligé de lui voir ces pensées, et se tournant vers moi, elle me dit : « Enterrez ce corps où que ce soit, sans vous en mettre en peine. » Je ne pus m'empêcher de me réjouir et de te rendre grâces, de ce qu'elle était délivrée de cette anxiété dont je savais qu'elle avait toujours été agitée par rapport à un tombeau qu'elle s'était préparé auprès du corps de son mari. J'ignorais depuis combien de temps ce vide avait été rempli par la plénitude de ta grâce, mais je me réjouissais de cette preuve qu'il n'existait plus. J'appris ensuite que pendant que nous étions à Ostie elle s'était entretenue avec quelques-uns de mes amis, en mon absence, du mépris de la vie; et comme ils avaient exprimé leur surprise de ce qu'elle ne témoignait aucune crainte de laisser son corps si loin de son pays : « Rien n'est loin de Dieu, avait-elle répondu, et je ne crains pas qu'il soit embarrassé de me trouver à la résurrection. » Elle quitta cette vie le neuvième jour de sa maladie, dans la cinquante-sixième année de son âge, et la trente-troisième du mien. [1]

[1] Dans ce qui suit jusqu'à la fin de ce livre, l'auteur présente un tableau touchant de la tendresse filiale, tempérée par la piété et la résignation, qui lui causa alors de profondes émotions. On y retrouve un mélange de la superstition de prier pour les morts, qui alla toujours croissant dans ce siècle. L'esprit évangélique domine, mais c'est avec regret qu'on voit ce mélange de superstition.

LIVRE X.

« Maintenant, Seigneur, mon gémissement rend témoignage que je suis mécontent de moi ; mais toi, tu es lumière et joie, et tu es aimé et désiré, afin que je rougisse de moi-même et que je renonce à moi-même pour te choisir, et que je n'essaie de plaire ni à toi ni à moi-même qu'en me reposant sur toi ; car, lorsque je suis rebelle, me confesser à toi n'est pas autre chose que d'être mécontent de moi-même ; et lorsque mon cœur est pieux, me confesser à toi ce n'est pas autre chose que de déclarer que tu m'accordes ce don.

« Les confessions de mes fautes passées, que tu as pardonnées en changeant mon cœur par la foi et par le baptême, seront un soutien pour ceux qui les liront et les entendront ; elles les empêcheront de tomber dans le désespoir, et les exciteront à veiller dans l'amour de ta miséricorde et la douceur de ta grâce, qui rend fort le faible qu'elle amène à sentir sa propre faiblesse. Mais quel bien ferai-je en te confessant, comme je me le propose maintenant, non ce que j'étais, mais ce que je suis ? Je me découvrirai à ceux qui seront disposés à se réjouir avec moi de ce qu'il y a de bon en moi, et qui prieront et sympathiseront avec moi par rapport à ce qu'il y a de mauvais. Je suis plus en sûreté par ta grâce que je ne pourrais l'être par mon innocence. Je suis un petit enfant ; mais mon Père vit toujours, et sa protection me suffit. Je ne sais pas quelles sont les tentations auxquelles je puis ou ne puis pas résister ; mais mon espérance, c'est que tu es fidèle ; que tu ne permets pas que nous soyons tentés au-delà de nos forces ; mais qu'avec la tentation tu nous fais trouver l'issue, afin que nous puissions la soutenir.[1]

« Seigneur, je t'aime; tu as frappé mon cœur par ta parole, et je t'ai aimé. Mais qu'est-ce que j'aime, lorsque je t'aime? Ce ne sont ni les cieux, ni la terre, ni aucune beauté créée. Tous ces êtres me crient : « Nous ne sommes pas Dieu; c'est lui qui nous a faits. » Où te trouverai-je, si ce n'est en toi-même et au-dessus de moi? J'ai commencé bien tard à t'aimer, beauté ancienne et toujours nouvelle; tu m'as appelé d'une voix si forte qu'elle a triomphé de la surdité de mon cœur; ta lumière a brillé et a dissipé mes ténèbres; ton parfum est arrivé jusqu'à moi, et j'ai soupiré après toi; j'ai goûté tes douceurs, et j'ai eu faim et soif de toi; tu as touché mon cœur, et il a été embrasé du désir de ta paix. Quand je serai parfaitement uni à toi, je n'éprouverai plus ni douleur ni fatigue, et je vivrai d'une vie vivante toute pleine de toi. Tu soutiens celui que tu remplis, et si je suis à charge à moi-même, c'est parce que je ne suis pas assez plein de toi. Mes chagrins salutaires et mes pernicieuses joies luttent ensemble, et je ne sais de quel côté reste la victoire. Misérable que je suis! je suis malade; mais tu es mon médecin. Je suis pécheur; mais tu es miséricordieux. Tout mon espoir est dans ta miséricorde infinie. Donne-moi ce que tu me commandes, et commande-moi ce que tu voudras. Tu nous ordonnes de nous préserver de la convoitise de la chair, de la convoitise des yeux et de l'orgueil de la vie; et tu m'as donné ce que tu commandes. Cependant les images des péchés auxquels je me suis livré vivent encore dans ma mémoire, et elles se présentent à moi-même dans mon sommeil. Ta main, ô Dieu! ne peut-elle

---

[1] 1 Cor. x. 13.

pas guérir toutes les maladies de mon âme, et sanctifier même les heures du repos? Je voudrais me réjouir avec tremblement de ce que tu m'as donné, gémir sur ce qui est imparfait, et espérer que tu accompliras tes grâces lorsque la mort sera détruite par la victoire.

« Il est une autre misère qui se représente tous les jours. Nous avons besoin de réparer continuellement les ruines du corps par la nourriture, jusqu'à ce que le corruptible revête l'incorruptibilité. Tu m'as enseigné à regarder les alimens comme des remèdes ; mais tandis que je passe du malaise que donne la faim, au repos d'un appétit satisfait, dans ce passage même, la volupté me tend un piége. Il est difficile de tracer exactement les limites, et la sensualité se réjouit d'y trouver un prétexte de se satisfaire. Je travaille tous les jours à résister à ces tentations, et c'est pour que ta droite me délivre que je te fais connaître les agitations de mon âme, parce que ce sujet n'est pas encore bien éclairci pour moi. J'entends mon Dieu me dire : « Prenez garde à vous-mêmes, de peur que vos cœurs ne soient appesantis par la gourmandise et l'ivrognerie. » Je n'ai aucun penchant pour l'ivrognerie ; fais qu'elle ne s'approche pas de moi. La gourmandise me surprend quelquefois ; éloigne-la, je t'en supplie. Où est, Seigneur, celui qui est parfaitement sobre? S'il y a un tel homme, qu'il exalte ton nom. Mais ce n'est pas moi, qui suis pécheur. Je célèbre pourtant tes louanges, et celui qui a vaincu le monde et qui me compte au nombre des faibles membres de son corps, intercède pour mes péchés.

« Quant au plaisir des odeurs, je ne m'en soucie pas beaucoup. Quand j'en suis privé, elles ne me manquent pas ; lorsqu'elles sont à ma portée, je ne les refuse pas, mais je m'en passerais volontiers entièrement. C'est là ce que je pense ; mais tel est mon misérable aveuglement que je ne dois pas légèrement m'en rapporter à moi-même, parce que ce qui est au-dedans de nous nous est généralement caché jusqu'à ce que l'expérience le manifeste. La seule espérance, la seule confiance, la seule promesse assurée est ta miséricorde.

« Les plaisirs de l'oreille ont plus de prise sur moi. J'éprouve que, dans le moment même où je suis charmé de la mélodie sacrée, je me laisse quelquefois égarer par la jouissance des sensations, et je pèche, bien que je ne le sache pas à l'instant même, et que je ne le découvre que plus tard. D'autres fois, en me tenant en garde contre cette séduction, je tombe dans un autre extrême, et je voudrais que toute la mélodie des psaumes de David fût loin de mes oreilles et de celles de l'Eglise, trouvant plus sûr d'imiter le plan d'Athanase, évêque d'Alexandrie, qui avait établi une manière de répéter les psaumes qui ressemblait plutôt à une récitation qu'à de la musique. Mais lorsque je me souviens des larmes que me faisait répandre la mélodie de ton Eglise à l'époque de ma conversion, et de l'émotion qu'elle me cause encore, je reconnais combien cet usage est utile. C'est ainsi que je balance entre le danger du plaisir et l'expérience de l'utilité, et je suis conduit à reconnaître en hésitant que la faiblesse de la nature peut être soutenue dans la piété par la psalmodie. Cependant, lorsque j'ai été plus touché du chant que du sujet, je me sens coupable, et je préférerais n'avoir pas entendu de musique. Voyez où j'en suis, et gémissez avec moi, vous qui avez quelques sentimens intérieurs de piété. Je ne puis attendre de sympathie de ceux qui n'en ont pas. Et toi, Seigneur, mon Dieu, écoute-moi, plains-moi et guéris-moi.

« Les plaisirs des yeux me font tomber de temps

en temps dans le piége ; mais tu m'en délivres quelquefois sans douleur, parce que j'y tombe lentement et sans m'en apercevoir ; d'autres fois avec douleur, parce que je m'y suis plus fortement attaché.

« On peut encore ajouter une autre source de nombreux dangers ; un esprit curieux, décoré du nom d'amour de la science. Entourés d'objets frappans, comme nous le sommes sans cesse, quand puis-je dire que je sois délivré de ce péril? Combien de fois et avec quelle violence ai-je été tenté par l'ennemi de te demander un signe ! Mais je te supplie, par notre roi Jésus-Christ, que, comme je suis loin d'y consentir, j'en sois toujours de plus en plus loin. Il suffit de la chose la plus frivole pour me détourner d'une pensée très importante ; et si tu ne me reprenais aussitôt en me donnant la conviction de ma faiblesse, afin que je puisse éloigner cette pensée par quelque méditation sérieuse ou la mépriser, je perdrais toute ma vie spirituelle. Ces misères me poursuivent sans cesse ; mes prières elles-mêmes en sont souvent troublées, et au moment où j'approche mon cœur de ton oreille, je suis entraîné par un torrent de vanités.

« Où puiser de l'espérance, si ce n'est en ta grâce, par laquelle tu as commencé à nous régénérer? Et tu sais combien tu as déjà fait pour moi ! Je porte ton joug, et je le trouve léger, selon ta promesse. Il l'a toujours été ; mais je ne le croyais pas ainsi, lorsque je craignais de m'en charger ; mais toi, Seigneur, toi qui gouvernes seul sans orgueil, parce que tu n'as pas de supérieur, puis-je, dans cette vie, être exempt d'orgueil? Il m'attaque de toutes parts et tous les jours de ma vie. Tu sais, Seigneur, que c'est pour cela que mon cœur a gémi et que mes larmes ont coulé. Il m'est bien difficile de voir si je suis délivré jusqu'à un certain point de ce fléau de l'orgueil, et je crains qu'il n'y ait en moi bien des maux qui te sont connus, mais qui me sont cachés à moi-même. Je suis faible et misérable, et ce que j'ai de mieux à faire est de chercher ta miséricorde, dans des gémissemens secrets sur des infirmités que je déteste, jusqu'à ce que tu achèves ce qui me concerne.

« Il est encore un autre mal intérieur par lequel un homme, sans chercher à plaire aux autres, se complaît dans tes grâces, comme si elles venaient de lui; ou, s'il reconnaît qu'elles sont à toi, il est cependant porté à s'imaginer qu'elles lui sont accordées à cause de ses propres mérites, ou il nourrit un esprit d'envie envers les autres. Dans tous ces dangers, tu vois le tremblement de mon cœur; je sens que je ne suis pas exempt de blessures sous tous ces rapports; mais à mesure qu'elles se font, tu les guéris. Tu mets quelquefois en moi un sentiment extraordinaire, et d'une douceur que l'on ne saurait décrire; et si un tel état durait, ce ne serait plus cette vie! Hélas! je retombe bientôt par le poids de ma misère, et le torrent des choses terrestres m'entraîne de nouveau.

Où chercherai-je un médiateur? Irai-je vers les anges? plusieurs l'ont essayé; ils ont recherché les visions, et ont mérité d'être le jouet des illusions qu'ils aimaient. Un médiateur entre Dieu et l'homme doit *participer à la nature de l'un et de l'autre*. Le véritable médiateur, celui que dans ta secrète miséricorde tu as montré aux humbles, et as envoyé, afin que par son exemple ils pussent aussi apprendre l'humilité, Jésus-Christ, homme, a paru comme médiateur entre les hommes pécheurs et mortels et le Dieu saint et immortel, afin que, les gages de la justice étant la vie et la paix, il pût justifier les méchans par sa justice divine, et les délivrer de la mort. Il fut annoncé aux saints de l'ancienne alliance, afin qu'ils pussent être sauvés, par la foi aux souffrances qu'il devait endurer, comme nous le sommes par la foi aux mêmes souffrances déjà passées. Combien tu nous as aimés, ô Père, qui as livré ton fils unique pour nous, impies! de sorte que lui, qui ne regarde pas comme une usurpation d'être égal à Dieu, s'est soumis à la mort, comme notre sacrificateur et notre victime. Avec un tel intercesseur, je puis bien avoir une espérance vive et forte ; sans lui, il n'y aurait pour moi que désespoir. Mes maux sont grands, et en grand nombre ; mais le remède que tu as préparé est encore plus grand. S'il n'avait pas été fait chair pour nous, nous ne pourrions penser avoir aucune union avec lui. Épouvanté de mes péchés, et par le poids de ma misère, je me laissais aller à l'abattement; alors tu m'as encouragé en disant : Christ est mort pour tous, afin que ceux qui vivent, ne vivent plus pour eux-mêmes, mais pour celui qui est mort pour eux [1]. Voici, je jette tous mes soucis sur toi, Seigneur, afin que je vive. Tu connais ma faiblesse et mon ignorance; enseigne-moi et guéris-moi! Il m'a racheté par son sang, celui en qui sont cachés tous les trésors de la sagesse et de la science. Que les orgueilleux ne me calomnient pas, si avec les débonnaires je désire de manger et d'être rassasié et de louer le Seigneur. [2]

---

[1] 2 Cor. v. 14, 15.

[2] Ps. xxii. 26. Ce dernier livre contient la description que fait l'auteur du combat entre la chair et l'esprit après sa conversion, et du repos que trouve son âme en ne cherchant la paix et le bonheur que dans le seigneur Jésus, sa justice et sa force. Voici ce qu'il dit lui-même de ses Confessions dans ses rétractations : « Ces confessions louent le Dieu de justice et de bonté, et portent vers lui l'esprit et les affections des hommes. C'est là l'effet qu'elles ont

Après sa conversion, Augustin retourna avec quelques amis en Afrique, et il vécut près de trois ans retiré du monde, dans une campagne qui lui appartenait. Le désir d'obliger une personne qui tenait un rang distingué à Hippone, et qui sollicitait ses instructions, le décida enfin à aller habiter cette ville. Valerius, qui était évêque d'Hippone, était un homme d'une grande piété ; mais il était si peu versé dans la connaissance du latin, qu'il avait peine à bien remplir toutes les fonctions de sa charge. Le peuple témoigna à Augustin un vif désir de le voir ordonner prêtre par Valerius ; il y consentit, mais ce fut en pleurant, par le sentiment de l'importance de la charge qu'il acceptait. Il dit ensuite à Possidonius que quelques personnes s'étaient tellement trompées sur la cause de ses larmes, qu'elles les avaient attribuées au regret qu'il avait de n'avoir pas été élu évêque [1]. La multitude est un mauvais juge des sentimens des hommes pieux ! Valerius se réjouit de ce que Dieu avait exaucé ses prières, et de ce que son troupeau avait acquis un pareil pasteur. Il le fit prêcher en sa présence ; c'était une chose nouvelle en Afrique, qu'un prêtre prêchât devant un évêque ; mais les bons effets que produisirent ces prédications furent si évidens, que cet usage devint commun. Le ministère d'Augustin fut très utile pour instruire et édifier les frères, et pour combattre diverses hérésies. La vérité divine qui s'était presque perdue en Afrique, au milieu des

---

produit en moi pendant que je les écrivais, et celui qu'elles produisent encore quand je les lis. Quoi qu'en puissent penser d'autres personnes, je sais qu'elles ont beaucoup plu, et plaisent encore à plusieurs des frères. »

[1] Possid. Vie d'Augustin.

schismes et des distractions de tout genre, releva alors la tête; et Fortunatus, le principal chef des manichéens, quitta Hippone rempli de confusion, de ce que, de l'aveu de tous les auditeurs, il avait été vaincu dans une conférence avec Augustin.

Les hérétiques eux-mêmes montraient autant d'ardeur que les membres de l'Eglise, pour profiter des travaux d'Augustin, dont la réputation commença à se répandre dans tout l'Occident. Valerius se réjouit et rendit grâces à Dieu, et désirant conserver ce trésor à son église, il fit élire Augustin évêque d'Hippone, conjointement avec lui. La vieillesse et les infirmités de Valerius rendaient sa charge bien pesante pour lui; mais le chrétien ne saura s'il doit plus admirer le pieux zèle d'Augustin, tempéré par la modestie et par la charité, ou l'humilité sincère de Valerius. Après avoir résisté quelque temps aux sollicitations de l'évêque et de toute l'Eglise, Augustin accepta enfin la charge d'évêque, et continua à en remplir les devoirs après la mort de Valerius. Son zèle et son ardeur pour le travail s'accrurent en même temps que son autorité. Le monastère qu'il fonda acquit une grande réputation en Afrique; Possidonius connaissait dix évêques renommés par leur piété, qui étaient sortis de ce séminaire. Ceux-ci instituèrent des monastères sur le même modèle, d'autres églises vinrent y chercher leurs pasteurs; et les doctrines de la foi, de l'espérance, et de la charité, se répandirent par ce moyen, et surtout par les ouvrages d'Augustin, qui furent traduits en grec dans tout le monde chrétien. Il paraît cependant que ses écrits n'exercèrent pas une influence permanente dans l'Eglise d'Orient.

CHAPITRE III.

CONTROVERSE AVEC PÉLAGE.

Un agent intelligent doit naturellement choisir le temps le plus convenable pour exécuter des entreprises difficiles, ou pour introduire des innovations importantes. Cette règle a été observée par Satan dans toutes ses attaques contre l'Église de Christ. Tandis que la croyance et l'expérience des influences divines subsistaient avec toute leur vigueur dans les sociétés chrétiennes, il eût inutilement cherché à persuader aux hommes que de telles influences n'étaient ni nécessaires ni précieuses : il ne pouvait rien faire de plus que les entraîner à les contrefaire, à en abuser, ou à les mal appliquer ; et c'est là ce qui avait produit l'incohérence et les extravagances du montanisme. Mais maintenant que la sainte influence de l'Esprit de Dieu était généralement affaiblie par la superstition, ou éteinte par la licence, Satan s'enhardit à susciter une nouvelle hérésie qui consistait à soutenir que l'on pouvait atteindre au plus haut degré de pureté par *les seules forces de la nature humaine*, en excluant entièrement les opérations de la grâce divine. Telle fut l'hérésie de Pélage [1] : et comme ce fléau entra alors dans l'Église pour la première fois, et qu'avec une intensité plus ou moins grande il a continué jusqu'à ce jour ; comme il est directement subversif du christianisme, et

---

[1] Nous nous proposons d'en décrire dans ce chapitre la naissance et les progrès d'une manière historique. Nous montrerons ensuite quelle en était précisément la nature, d'après des témoignages authentiques et contemporains.

qu'il a amené une controverse qui, loin d'être triviale et frivole comme tant d'autres, a été extrêmement importante, il entre éminemment dans le plan de cette histoire d'expliquer aussi clairement que possible les circonstances qui accompagnèrent son entrée dans le monde et ses résultats.

Augustin, comme nous l'avons déjà vu, d'Hippone avait été conduit par la discipline salutaire du Seigneur et converti d'une manière extraordinaire, vers la fin du dernier siècle. Le Dieu de sagesse et de bonté qui est admirable en conseils, et magnifique en moyens, préparait ainsi secrètement un adversaire à Pélage; et, par le fait, son hérésie servit puissamment à introduire des vues plus justes de l'Évangile de grâce, que celles qui régnaient depuis long-temps dans l'Église, et à ranimer la vérité, l'humilité et la piété. Si les effets de cette effusion de l'esprit n'eurent rien de brillant, ils furent solides et se perpétuèrent pendant plusieurs siècles; ils produisirent une vraie piété dans les esprits d'un grand nombre de personnes, et en particulier de plusieurs membres des ordres monastiques pour lesquels les écrits d'Augustin furent une lumière précieuse, et, peut-être, après la parole de Dieu, le moyen de grâce le plus efficace dans des temps très défavorables au développement religieux. Ainsi, outre le bien qu'ils firent à l'Église lorsqu'ils parurent, leurs salutaires effets s'étendirent jusqu'à la réformation, et même plus tard dans les pays où se conserve le catholicisme romain. Le lecteur ne doit pas cependant s'attendre à voir naître de nouvelles églises, ou à être témoin d'un changement subit et merveilleux dans l'apparence extérieure de l'Église. La lumière ne produisit pas une flamme brillante; elle ne répandit d'abord qu'une clarté faible;

mais elle fut durable et se manifesta d'une manière plus ou moins éclatante pendant plusieurs siècles.

Pélage était né dans la grande Bretagne, et portait dans son temps le nom de Breton [1]. Son compagnon Célestius était Irlandais; Jérôme l'appelle *Écossais*, et, comme le savent les érudits, ce nom signifiait dans ce temps-là un natif d'Irlande. Ils étaient tous deux laïques; le premier était moine, et avait toujours eu, à ce qu'il paraît, une réputation de moralité. Dans la chaleur de la controverse, quelques personnes attaquèrent sa conduite; mais Augustin le défendit sur ce point avec son impartialité ordinaire, et lors même que nous ne pourrions pas nous appuyer sur son autorité, nous aurions lieu de croire que Pélage menait une vie régulière; s'il en eût été autrement, il eût été impossible qu'il fût devenu un personnage aussi important dans le monde religieux. Il voyagea de monastère en monastère dans différentes parties de l'empire. Ses opinions hérétiques ne furent connues que dans sa vieillesse; avant cette époque, Augustin reconnaît (bien qu'il ne parle que par ouï dire) qu'il avait une grande réputation de piété dans le monde chrétien; et ceux qui ne connaissaient pas la différence qui existe entre la sainteté et la simple moralité, n'en seront pas surpris. Augustin reconnaît que ces deux hommes avaient un génie et une capacité du premier ordre.

Isidore de Péluse appliqua à Pélage ce passage d'Osée. « Les cheveux blancs sont déjà parsemés en lui, et il n'en a rien connu », pour faire entendre qu'il était déjà vieux lorsqu'il tomba dans cette hé-

---

[1] Jansénius a fait précéder son traité intitulé « Augustin » de l'histoire de cette hérésie. Son récit paraît exact et est appuyé sur l'autorité d'auteurs contemporains, et en particulier de Jérôme et d'Augustin.

résie qui commença à paraître vers l'an 404 ou 405. Chrysostôme, écrivant à son amie, la diaconesse Olympias, lui dit : « Je suis très affligé à cause de Pélage le moine; quelles couronnes doivent être réservées à ceux qui demeurent fermes, lorsque des hommes qui ont vécu avec une si grande continence et se sont imposé tant de mortifications paraissent s'être laissé entraîner si loin. » Ses premiers écrits furent une épître à Paulin de Nole, et d'autres petits ouvrages, dans lesquels ses opinions erronées par rapport à la grâce étaient présentées avec tant d'artifice et de précautions, qu'Augustin avoue qu'il y fut presque trompé. Mais lorsqu'il vit ses écrits d'une date postérieure, il découvrit qu'il pouvait employer le mot de GRACE avec assez de ruse pour désarmer les préventions, et éviter de choquer en conservant le terme, tout en cachant son vrai sens.

Avec une dextérité très ordinaire chez les hérétiques, Pélage, tout en découvrant à ses adeptes le mystère de sa doctrine, communiquait seulement aux autres ce qui pouvait captiver leurs affections plutôt que leur faire connaître ses opinions réelles. Il présentait habituellement ses vues sous la forme modeste des questions sur les doctrines de l'Église, et de questions inventées par d'autres et non par lui. Il répandait peut-être ainsi le venin dans les esprits des hommes d'une manière plus efficace qu'il ne l'eût fait par une méthode plus directe et plus positive. Il ajoutait à cela un autre artifice; il s'insinuait dans la faveur des femmes d'un rang élevé qui faisaient profession de piété, mais dont l'esprit était faible et qui ne connaissaient pas bien l'esprit de l'Évangile; et par leur moyen, il répandait ses erreurs avec beaucoup de succès. Célestius était plus ouvert et plus hardi dans ses communications, et par conséquent plus exposé à être facilement reconnu pour ce qu'il était que son maître.

Après avoir visité les monastères d'Égypte, Pélage s'établit à la fin à Rome, où, malgré toute sa prudence, ses efforts pour saper la doctrine de la grâce divine donnèrent de l'ombrage à l'Église. Il arrive aux plus artificieux de n'être pas toujours sur leurs gardes, et de se laisser découvrir par les gens les moins soupçonneux. Un évêque, collègue d'Augustin, citant un jour à Pélage ce passage des Confessions : « Donne-moi ce que tu me commandes, et commande-moi ce que tu veux » : il les contredit avec une grande véhémence, et montra une grande indignation contre le sentiment qu'expriment ces paroles.

Rome ayant été prise par les Goths vers l'an 410, une multitude de gens s'enfuirent en Afrique, et entr'autres les deux hérésiarques. Pélage fut reçu à Hippone, en l'absence d'Augustin, mais le séjour qu'il y fit fut très court. L'évêque d'Hippone le vit une ou deux fois à Carthage; mais il était alors très occupé d'une conférence avec les Donatistes, et il ne se passa rien d'important entr'eux. En quittant l'Afrique, Pélage se rendit en Palestine : là ses travaux attirèrent l'attention de Jérôme qui menait une vie monastique dans le même pays, et qui écrivit contre ses opinions, en se plaignant de ses paroles ambiguës, et en l'invitant à exprimer clairement ce qu'il pensait.

Pendant ce temps, Célestius découvrait ses sentimens plus ouvertement en Afrique, et se donnait tant de mouvement pour les propager à Carthage même, qu'il fut sommé de comparaître devant un synode tenu par Aurélius, évêque de cette ville. Il fut accusé de nier le péché originel ; et comme on lui opposait l'usage de baptiser les petits enfans pour lui prouver que l'Église croyait qu'ils avaient besoin de rédemption, il déclara que les enfans n'avaient aucun besoin de rémission des péchés, et qu'ils devaient pourtant être baptisés pour être sanctifiés en Christ. Célestius avait obtenu, ou était sur le point d'obtenir la charge de prêtre en Afrique; mais il fut condamné comme hérétique en 412, et vit ainsi s'évanouir les espérances qu'il avait conçues de s'élever dans l'Église.

L'erreur de Pélage n'était guère, en vérité, qu'un renouvellement du déisme, ou de ce qu'on appelle ordinairement la religion naturelle. D'après ce système, Adam devait mourir, qu'il eût ou non péché : l'on peut être sauvé par la loi aussi-bien que par l'Évangile : les enfans qui viennent de naître sont dans le même état qu'Adam avant d'avoir péché : la mort de l'homme ne dépend pas de celle d'Adam, ni sa résurrection de celle de Christ. Telles étaient les opinions de Célestius, et elles furent examinées et condamnées. Dans un livre qu'il présenta au concile, il reconnut que les enfans étaient rachetés par Christ, sans vouloir admettre cependant qu'ils sentissent les effets du péché d'Adam : tellement sont inconséquens ceux qui soutiennent l'erreur, et qui veulent pourtant paraître chrétiens jusqu'à un certain point!

Cependant, Pélage continuait à écrire à sa manière contre les doctrines de l'Évangile, tandis qu'Augustin, qui montra dans toute cette controverse la plus grande prudence unie à la plus grande fermeté, combattait dans ses écrits la mauvaise tendance des principes de Pélage, « évitant, « dit-il, de prononcer le nom de Pélage, dans la « pensée qu'il pourrait lui être plus utile, si, en « restant dans de bons termes avec lui, il évitait « de le blesser. » Mais nous reviendrons là-dessus plus tard.

Célestius, obligé de quitter l'Afrique, fixa sa résidence en Sicile, et, par les discussions qu'il y excita, donna lieu à Augustin de lui répondre; et comme l'hérésie continua ses efforts en Afrique, l'évêque d'Hippone fut appelé, non seulement à écrire, mais aussi à prêcher contre les nouvelles opinions.

Pélage lui-même écrivit à Augustin de la manière la plus respectueuse, et parla de son caractère dans les termes de la plus haute admiration. Il est certain que l'opinion qu'Augustin s'était formée de Pélage, comme d'un homme d'une grande vertu, avait produit sur son esprit une impression qui ne fut pas facile à détruire. La plus complète évidence de l'hérésie put seule le décider à en venir à une rupture ouverte; et l'on ne peut s'étonner qu'une âme aussi humble et aussi charitable que celle d'Augustin ait pendant si long-temps persisté à bien espérer d'un homme qui avait eu part à son estime.

Dans le cours de l'année 413, Pélage eut une occasion de se montrer plus ouvertement au monde. Une vierge, nommée Démétriade, de la race illustre des Anicius, une des plus anciennes et des plus nobles familles de Rome, s'étant enfuie en Afrique par suite de l'invasion des Goths, fut amenée, par les exhortations d'Augustin, à consacrer sa virginité à Dieu. La piété de cette action fut exaltée, en ces jours de superstition, dans tout le monde chrétien, et l'évêque d'Hippone joignit ses félicitations à toutes les autres; ce qui prouve qu'il n'avait pas entièrement échappé à la contagion de ce siècle, quoique cette teinte de superstition fût unie chez lui, comme chez plusieurs autres chrétiens de ce temps, à une vraie humilité. Pélage écrivit à Démétriade une lettre très longue et d'un style très élégant, dans laquelle il l'exhorta à tendre à la vraie perfection en puisant sa force dans la nature, et non dans la grâce. Cette lettre est pourtant écrite avec tant d'artifice que, dans l'apologie qu'il présenta plus tard à Innocent, évêque de Rome, il en appela à cet écrit comme à une justification de son orthodoxie. Quelques années après, Augustin écrivit une réfutation de cette lettre, qu'il adressa à Julienne, mère de Démétriade. Pélage écrivit aussi à une certaine veuve une autre lettre remplie des mêmes adulations, et, cette fois, il se mit tellement à découvert, que, comme nous le verrons bientôt, il n'eut d'autre parti à prendre que de désavouer cet écrit.

Vers l'an 415, Pélage engagea deux jeunes gens bien disposés, Timase et Jacques, à embrasser la vie monastique, qui malheureusement était également vantée par tous les partis, et il réussit aussi à leur faire adopter sa doctrine de propre justice. Ils furent pourtant ramenés plus tard par Augustin. Ils lui montrèrent alors un livre de Pélage dans lequel, tout en paraissant ne combattre qu'un coupable abus de la grâce de l'Évangile, il niait évidemment l'existence de toute grâce, et soutenait qu'on devait entendre par ce terme les facultés naturelles de l'esprit humain perfectionnées et dirigées par le libre arbitre; et il reconnaissait que ces facultés, ainsi perfectionnées et dirigées, étaient les dons libres de Dieu. Augustin admit enfin, avec une extrême répugnance, la pleine conviction de l'hérésie de Pélage, et répondit à ce livre : il cacha pourtant son nom, de peur que Pélage, irrité contre lui, n'en devînt encore plus incurable. Augustin avoue qu'il se repentit plus tard d'avoir agi ainsi, parce qu'il avait probablement augmenté l'orgueil de l'hérétique, en craignant mal à propos de lui causer de la peine; car Pélage, ayant appris ce qu'avait fait Augustin, se plaignit hautement que quelques-uns de ses livres lui avaient été dérobés, et qu'on lui en avait attribué d'autres qui n'étaient pas de lui.

Rien n'est pénible comme d'avoir affaire à des gens de mauvaise foi. L'évêque d'Hippone prit cependant le parti le plus prudent : il envoya son livre et celui de Pélage à Innocent de Rome, le priant d'examiner les opinions exprimées dans chacun de ces ouvrages : « Si Pélage nie que ce soient là ses opinions, ajouta-t-il, je ne dispute pas ; qu'il prononce anathème sur elles, et qu'il confesse en termes clairs la doctrine de la grâce. J'ai des témoignages suffisans, des hommes qui ont beaucoup d'estime pour lui, qui attesteront que c'est d'eux que j'ai reçu ce livre, et que je ne l'ai pas falsifié. » Innocent condamna le livre de Pélage, comme contenant des opinions horribles, qui n'avaient jamais été enseignées jusqu'alors dans le monde chrétien. Combien il serait plus honorable pour des hommes comme Pélage de confesser ouvertement ce qu'ils sont, et de ne pas prétendre admettre les doctrines de la grâce ! Mais cette sincérité ne servirait pas aussi efficacement la cause de Satan dans le monde.

Tandis que Jérôme en Orient, et Augustin en Occident, combattaient les erreurs de Pélage, l'hérésiarque lui-même fut sommé de comparaître, vers la fin de cette même année 415, devant un synode de quatorze évêques de Palestine, à Lyddes, qui s'appelait alors Diospolis. Il eut tous les avantages qu'un accusé puisse désirer. Ses deux accusateurs, Héros et Lazare, évêques des Gaules, étaient absens ; l'un des deux était alors malade. Les juges ne connaissaient qu'imparfaitement le latin, langue dans laquelle étaient écrits les ouvrages de Pélage, et Jean de Jérusalem, un des principaux évêques, était prévenu en faveur des opinions d'Origène et de Pélage. L'Église d'Orient elle-même était plus corrompue dans sa doctrine, et plus portée à adopter les innovations que celle d'Occident ; et l'hérésiarque était fort supérieur à tous ses juges, par sa capacité, sa circonspection et sa présence d'esprit.

Cependant, la lettre dont nous avons déjà parlé, comme ayant été adressée par Pélage à une veuve, était tellement remplie de sa doctrine de propre justice, qu'il jugea nécessaire de nier qu'il eût écrit les choses qui lui étaient imputées. Il représentait cette veuve comme la seule personne juste qui existât sur la terre, lui disant que la piété, qui ne pouvait trouver un asile autre part, en avait trouvé un chez elle ; et lui apprenant à employer cette forme de prière : « Tu sais, Seigneur, combien sont saintes, pures et innocentes, ces mains que j'étends vers toi ; combien sont justes, pures et exemptes de toute fraude, ces lèvres qui s'ouvrent pour implorer ta miséricorde. » Il ne s'était jamais exposé aussi ouvertement à la censure que dans cette circonstance, où il prêchait une perfection à laquelle on pouvait atteindre dans cette vie, et une perfection entièrement puisée dans la nature. Cependant, en niant cette accusation, et en éludant habilement tout le reste par ses explications, il parvint à être honorablement acquitté.[1]

Jean, évêque de Jérusalem, défendit Pélage avec beaucoup de chaleur dans le synode, et le fit enfin recevoir comme un frère chrétien. Enflé de sa victoire, il se prépara à la mettre à profit. Bien qu'il eût été acquitté, comme admettant les doctrines de la grâce, et non comme leur étant opposé, il écrivit à un ami que quatorze évêques étaient con-

---

[1] Gest. Pelag. Entrer dans les détails ne serait ni instructif ni intéressant.

venus avec lui que l'homme pouvait être sans péché, et observer aisément les commandemens de Dieu s'il le voulait ; cachant en même temps qu'il n'eût éludé la condamnation qu'en confessant la nécessité de la grâce divine. Ce fut en usant d'un semblable artifice qu'il transmit à Augustin le récit de la manière dont il avait été acquitté. Il écrivit aussi quatre livres sur le libre arbitre, dans lesquels il rejeta ouvertement le péché originel, et se glorifia en même temps des actes du synode de Palestine. Ses partisans, irrités contre Jérôme et contre les dames romaines qui vivaient sous sa direction dans des monastères de la Palestine, les assaillirent de la manière la plus scandaleuse ; Jérôme se plaignit à Innocent de Rome, qui reprocha à Jean, évêque de Jérusalem, d'avoir toléré les incendies et les pillages dont les Pélagiens s'étaient rendus coupables. Augustin écrivit aussi à Jean d'un ton doux, mais ferme, pour le détromper sur les véritables doctrines de Pélage, et lui envoya son traité sur la nature et la grâce et celui de Pélage ; et ayant reçu plus tard les actes du synode de Diospolis, il publia l'histoire du pélagianisme, dont nous avons tiré une partie de ce que nous venons de rapporter.

On assembla un concile à Carthage l'année suivante, et Orose, qui revenait de Palestine, apporta les lettres d'Héros et de Lazare contre Pélage. Quoique les actes du concile d'Orient ne fussent pas encore parvenus à ce synode africain, ils avaient alors assez de renseignemens sur cette affaire pour en comprendre l'importance. Le concile écrivit à Innocent de Rome que son opinion sur cette controverse était, qu'à moins que Pélage et ses partisans ne rejetassent en termes exprès les sentimens qu'on leur attribuait, il fallait les excommunier pour empêcher qu'ils ne trompassent les fidèles [1]. Ces sages résolutions furent signées par soixante-huit évêques.

Un autre synode d'évêques de Numidie, assemblé à Milève, écrivit aussi à Rome dans le même sens. Augustin, son ami Alype, devenu évêque de Tagaste, Aurélius de Carthage, et deux autres évêques, écrivirent en leurs propres noms, à Innocent, des lettres dans lesquelles ils expliquaient cette affaire avec plus de clarté, et montraient que le concile d'Orient avait été très probablement trompé par les subtilités de Pélage; ils exprimaient en même temps la crainte que Rome même, où il avait long-temps vécu, n'eût été infecté par l'hérésie. Innocent, dans sa réponse, entra pleinement dans les vues des évêques d'Afrique, et condamna comme eux, d'une manière conditionnelle, les auteurs de l'hérésie. Cependant, comme elle se répandait toujours en secret, il était nécessaire de l'extirper par le raisonnement; l'évêque d'Hippone avait toutes les qualités nécessaires pour s'acquitter de cette tâche, et pendant plus de vingt ans il fut occupé à écrire et à prêcher contre l'hérésie.

Les deux hérésiarques s'efforcèrent d'éluder l'effet des décrets rendus contre eux. Célestius, qui avait passé quelque temps en Asie et avait été ordonné prêtre, visita Rome l'an 417. Il s'adressa à Zosime, successeur d'Innocent; et avec une défé-

---

[1] Les avocats de la papauté ont tiré de ces fréquens appels à Rome, un argument pour l'infaillibilité et la souveraineté du pape; rien ne pouvait être plus éloigné des pensées des évêques d'Afrique. Nous verrons bientôt qu'ils résistèrent aux erreurs d'un évêque de Rome et le reprirent; on ne trouve rien qui indique de telles concessions dans les volumineux écrits d'Augustin. On reconnaissait *encore* la parole de Dieu comme la règle de la doctrine; et la fréquente correspondance avec Rome venait de l'importance de la situation de cette église comme établie dans la métropole de l'empire, et comme étant le centre des communications du monde chrétien.

rence sans bornes, il soumit implicitement ses opinions à l'évêque de Rome, annonçant le désir d'être corrigé par lui, si, comme homme, il errait en quelque point, et se plaignant de la précipitation avec laquelle on l'avait condamné.[1]

Zosime, trompé par ses artifices, écrivit aux évêques d'Afrique, en se plaignant de la malice des évêques des Gaules, et en déclarant que, si dans l'espace de deux mois il ne recevait pas de preuves décisives contre Célestius, il le considérerait comme un frère chrétien. Les évêques d'Afrique répliquèrent en se plaignant de la précipitation de Zosime, et ils envoyèrent enfin à Rome des preuves si complètes contre Célestius, qu'il n'osa se présenter à l'examen, et évita ainsi d'être publiquement convaincu d'hérésie. Zosime retarda pourtant encore sa condamnation, ce qui lui attira le juste blâme d'Augustin.

Pélage, ayant recours aux moyens qu'avait employés Célestius, écrivit à Innocent dont il ignorait la mort. Augustin nous a conservé quelques fragmens de ses lettres. Il n'y admettait pas la doctrine du péché originel, et ne définissait pas ce qu'il entendait par l'assistance divine, qui, dans sa bouche, pouvait ne signifier autre chose que le bienfait de la révélation extérieure, ou la conservation de nos facultés naturelles. S'il avait une fois expressément déclaré qu'il ne croyait à aucune influence réelle de la grâce divine sur l'âme, qui l'inclinât vers ce qui est bon; croyance qu'il savait avoir été celle de l'Église avant lui, et qu'il aurait exprimée lui-même s'il y avait cru; il aurait montré dans son opinion hérétique une franchise qui lui aurait donné droit à un certain respect. Mais comme il devait savoir que ses adversaires

---

[1] Liv. II. à Bonif. c. 3.

employaient les termes de grâce et de secours divin dans un sens complétement différent de celui dans lequel il les entendait lui-même, ses propres paroles suffisent pour prouver qu'il n'apporta dans cette controverse aucune sincérité. Il envoyait aussi à Rome un symbole (ou une profession) de sa foi écrit dans ce même style équivoque, et accompagné d'adulations pour l'évêque de Rome, semblables à celles que Célestius lui avait adressées en pareille occasion.

Zosime, à qui parvinrent les lettres de Pélage, fut trompé par elles comme il l'avait été par celles de Célestius; et il écrivit aux évêques d'Afrique qu'il était convaincu que Pélage était innocent. Ces derniers lui répondirent avec beaucoup de raison, qu'il ne suffisait pas que Pélage et Célestius reconnussent d'une manière générale qu'ils approuvaient ce qu'approuvait l'évêque de Rome; qu'il était nécessaire qu'ils confessassent expressément que nous avons besoin de la grâce de Jésus-Christ, non seulement pour connaître, mais aussi pour accomplir ce qui est bien dans chacune de nos actions. Ils montraient ainsi qu'ils avaient, ce qui manquait à Zosime, une idée claire et exacte du sujet de la controverse. Il est vrai qu'ils avaient Augustin parmi eux; tandis que ceux qui n'ont pas appris à connaître ces sujets par des expériences de cœur sont généralement lents à les saisir, et sont même facilement trompés par des expressions plausibles, quoiqu'ils puissent être sous d'autres rapports des hommes éclairés et d'un esprit cultivé.

Zosime ne se montra pourtant pas décidé à repousser la conviction; car les évêques de Rome ne s'étaient pas encore arrogé *l'infaillibilité*. Les instructions d'Augustin lui firent comprendre ses méprises, et étant éclairé sur ce sujet par quelques ouvrages de Pélage qu'on lui apporta à Rome, il condamna ouvertement les deux hérétiques. Qu'il s'y fût décidé ou non, on n'a pas le plus léger motif de mettre en doute que les évêques et les Églises d'Afrique eussent persévéré à rejeter le Pélagianisme de leur propre autorité; mais le concours de l'évêque de Rome fut certainement très utile à la cause générale de la vérité chrétienne, à cette époque. Malgré le petit nombre des documens qui existaient contre Arius, sa culpabilité fut suffisamment prouvée par les paroles de sa bouche; et il en fut de même pour Pélage, dont il nous reste beaucoup plus d'écrits.

Les Pélagiens censurèrent amèrement Sixte, qui fut ensuite évêque de Rome, de s'être montré actif à condamner ceux qu'il avait d'abord protégés. Augustin prouva combien ils étaient peu raisonnables d'insulter à cette prudence et à cette douceur qui avaient été si lentes à condamner, jusqu'à ce qu'on eût obtenu l'évidence la plus complète, et il exhorta Sixte à ne pas se contenter d'anathématiser Pélage, mais de travailler avec ardeur à enseigner, et à avertir ceux qui auraient pu se laisser entraîner dans cette hérésie.

L'empereur Honorius condamna aussi les doctrines des Pélagiens, et, l'an 418, prononça contre eux une sentence de bannissement de Rome. Célestius se retira à Constantinople, où ses principes furent combattus par Attrius, l'évêque de cette ville, ce qui l'empêcha de les propager comme il en avait le dessein. Cependant les gens de ce parti étaient infatigables; ils écrivirent à l'évêque de Thessalonique des lettres dans lesquelles ils professèrent un grand zèle pour défendre la foi catholique contre l'hérésie des manichéens, s'efforçant de justifier ainsi les louanges qu'ils prodiguaient aux facultés naturelles de l'homme. Augustin répondit aux argumens que dix-huit personnes de ce parti avaient envoyés à Thessalonique [1]; Atticus écrivit aussi contre eux à Rome, et la secte subit une condamnation générale.

Pélage, qui était encore en Palestine, se plaignit de la manière dont il avait été traité; et quelques personnes respectables l'ayant interrogé sur les points controversés, il répondit avec tant de subtilité qu'il trompa encore une fois ses examinateurs, qui expliquèrent à Augustin par écrit le résultat de cet entretien. Ce dernier fut amené, par ces actes répétés de dissimulation, à écrire son traité sur le péché originel et sur la grâce de Christ, dans lequel il mit à découvert les artifices de Pélage. Les ruses de ses partisans n'étaient pas encore épuisées : ils accusèrent l'Église générale de condamner le mariage, et l'œuvre de Dieu dans la naissance de l'homme; s'efforçant malicieusement de déduire ces conséquences de la doctrine du péché originel : ils s'attirèrent ainsi une nouvelle réponse de la plume infatigable d'Augustin [2].

Un jeune homme plein de talent et de confiance en lui-même, nommé Julien, se mit alors en avant comme défenseur du pélagianisme; il écrivit beaucoup et avec véhémence et âpreté. Il se représenta comme le jeune David, qui devait combattre le Goliath d'Hippone, et déclara qu'il était convenable de décider la lutte par un combat singulier, tandis que le reste de l'Église demeurerait en paix. Le lecteur doit remarquer dans tout ce récit un accord frappant entre les principes et la conduite : et s'il n'en voyait pas ressortir une supériorité incontestable, quant à la droiture et à l'esprit de charité et de douceur chez les vrais

---

[1] Liv. 1 à Boniface.
[2] Liv. 1 de Nup.

disciples de Christ, notre but serait manqué par rapport à un des points les plus importans que nous ayons cherché à établir dans toute cette histoire. Ce qui fait surtout la force et l'excellence de la cause d'Augustin, c'est qu'elle tend à produire l'humilité, tandis que la faiblesse et la turpitude de la cause des Pélagiens viennent de ce qu'elle excite l'orgueil. C'est ce qu'on ne peut mieux prouver qu'en montrant par des faits que les Pélagiens étaient des hommes remplis d'orgueil, et que ceux qui embrassaient sincèrement les doctrines de la grâce étaient humbles. Augustin répondit modestement au langage arrogant de Julien: « Qui vous a promis un combat singulier de mon côté? Où, quand, et comment? où sont les témoins et les arbitres? Loin de moi la pensée de concentrer en moi l'Église générale, ce que vous n'avez pas honte de faire parmi les Pélagiens. Je suis seulement un des nombreux écrivains qui réfutent de leur mieux vos profanes nouveautés [1]. »

Julien trouva un argument dans les prétendus efforts que faisaient les adversaires de Pélage pour séduire le peuple. Voyant partout la masse du peuple prévenue contre les Pélagiens, il dit que l'on a excité contre eux les matelots, les cuisiniers, les bouchers et la basse classe [2]. Mais c'est là ce que l'on voit généralement. Les doctrines de la grâce, persécutées et méprisées comme elles l'ont toujours été par les grands, rencontrent moins de prévention chez les pauvres. Les gens du peuple écoutaient le Seigneur avec joie. Les doc-

---

[1] Liv. VI, contre Julien. — *Apud catholicos.* Nous préférons en général éviter le mot de *catholiques*, et employer le terme d'*église générale*, à cause de l'abus que les papistes font de la première de ces expressions.

[2] Aug. contre Julien, liv. II.

trines qui représentent la misère de l'homme et le besoin qu'il a de la grâce, parlent à la conscience des hommes, et elles doivent produire quelque impression sur ceux qui ne sont pas prévenus d'avance par les sophismes d'une science trompeuse et d'une vaine philosophie. Le pélagianisme, dans ce qui se rapporte aux doctrines de la grâce sanctifiante, est à peu près la même chose que ce qu'on appelle maintenant le socinianisme. Ceux qui soutiennent cette dernière erreur font aujourd'hui la même plainte par rapport aux gens du peuple; et c'est eux seuls qu'ils doivent en accuser, s'ils se voyent abandonnés par leurs auditoires. Julien dédia ses ouvrages à un évêque nommé Turbantius, auquel il adressa de grands éloges; mais cet évêque renonça plus tard au pélagianisme.

Malgré la sentence qu'avait prononcée l'empereur en 418, Célestius osa reparaître à Rome, et vers l'an 420 il en fut chassé par un nouvel édit. Le pélagianisme étant alors complétement en discrédit, Satan paraît avoir changé de méthode dans ses attaques contre l'Eglise, en excitant quelques ignorans qui s'imaginaient honorer ainsi les doctrines de la grâce, à mettre en avant des opinions subversives de la liberté de l'homme, et en particulier à défendre aux hommes de reprendre les pécheurs, et à les engager à se contenter de prier pour leur conversion [1]. Augustin expliqua ces méprises, et montra l'accord qui existe entre la grâce de Dieu et le devoir de l'homme, dans son traité de la correction et de la grâce.

---

[1] Voyez Mosheim, vol. 1. Il n'appartient pas à un historien de s'étendre sur les difficultés métaphysiques qui obscurcissent ce sujet. Nous dirons seulement qu'on n'a pas encore répondu à l'excellent traité du président Edwards sur le libre arbitre. Si Mosheim avait mieux compris les principes du sujet de la liberté humaine, il n'aurait pas accusé si témérairement Augustin d'inconséquence.

Les deux hérésiarques se trouvèrent alors réduits à l'état qui paraît le plus pénible aux orgueilleux : l'obscurité. La Grande-Bretagne fut pourtant troublée plus tard par leurs doctrines, mais ils furent réfutés et vaincus par l'habileté et l'autorité de Germanus dont nous aurons occasion de parler dans la suite. D'après ce fait, il est probable qu'ayant parcouru l'empire romain et essayé en vain de renverser les doctrines de la grâce, Pélage s'était retiré dans son pays natal; on ne sait plus rien cependant de certain sur lui ni sur Célestius.

Un moine nommé Léporius, qui devint ensuite prêtre, se vantait de sa pureté et l'attribuait à sa propre puissance, et non à la grâce de Dieu. Les instructions de quelques chrétiens des Gaules, et surtout celles d'Augustin, lui apprirent à se mieux connaître. Il avoua publiquement la folie de son orgueil en Afrique, et écrivit aussi dans les Gaules une confession, pleine d'humilité, de cette propre justice dans laquelle il avait vécu. Si ses écrits étaient parvenus jusqu'à nous, ils nous présenteraient probablement un tableau édifiant de la conversion d'un pharisien [1].

Lorsque Satan ne peut en venir tout-à-fait à ses fins, en détrônant la grâce de Dieu, il essaie de remporter du moins quelques avantages contre la vérité. Et c'est ce qui arriva par rapport à la controverse qui nous occupe. Le pur pélagianisme disparut, et nul n'osa le ressusciter, pendant un long espace de temps.

Les ouvrages d'Augustin sont tellement conformes à l'Ecriture, que tant qu'on les considéra comme la seule règle qui fît autorité, une doctrine qui rejette entièrement la nécessité de la grâce ne put être accueillie dans l'Eglise; et l'ac-

---

[1] Cassien, liv. 1, *De incarn. Christi.*

croissement de lumière qui fut le résultat de cette controverse dans l'Occident contribua sûrement à l'avancement du royaume de Christ. Mais l'ivraie était semée : le semi-pélagianisme commença, et se maintint, et il continue à être le système de tous ceux qui cherchent à unir à la gloire mondaine un certain respect pour l'orthodoxie. Le semi-pélagianisme professe cette grande erreur, que bien qu'un homme ne puisse persévérer dans la vertu sans la grâce divine, il peut cependant se tourner d'abord vers Dieu.

Vitalis, de Carthage, paraît avoir été le premier qui ait enseigné que notre obéissance est l'effet de la grâce en ceci seulement, que si la parole n'est prêchée, les hommes ne peuvent croire; mettant ainsi la révélation extérieure de la vérité à la place de l'énergie secrète et efficace du Saint-Esprit. Les pélagiens qui avaient été contraints à abandonner leur première position, se retirèrent sur ce nouveau terrain, et soutinrent que la grâce était accordée aux hommes d'après le mérite qu'ils avaient montré en s'adonnant à la lecture de la parole et à la prière. Ce système est tellement spécieux, et a une si séduisante apparence de modération entre deux partis extrêmes, qu'il est inutile de l'attaquer avec d'autres armes que celles de l'Ecriture et de l'expérience. Ceux qui se connaissent eux-mêmes et qui cherchent des directions pour ce qu'ils doivent croire dans la parole divine découvrent bientôt ce qu'il a de trompeur, tandis que ceux dont la religion n'est qu'une théorie sans influence sur leur conscience tombent généralement dans ce piége.

Jean Cassian, Scythe de nation, et moine très célèbre dans ce temps-là, fut le principal soutien de cette doctrine. Il vivait à Marseille, et attaqua l'évêque d'Hippone. Prosper et Hilaire le combattirent, comme nous le verrons plus tard, en examinant quelques écrits du dernier. Ce fut à leur demande qu'Augustin écrivit ses deux livres sur la prédestination et le don de la persévérance. La lutte entre le semi-pélagianisme et ses adversaires continua pendant quelque temps ; Cassian travaillant d'un côté, et Prosper et Hilaire de l'autre.

Tels furent les commencemens, les progrès et les conséquences de cette importante hérésie dans l'église de Christ. Il faut qu'il y ait des hérésies, afin que ceux qui sont dignes d'approbation soient manifestés. Les méchans qui sont dans l'Eglise sont plus distinctement séparés des hommes pieux ; les premiers deviennent, ou du moins paraissent plus méchans ; les derniers sont purifiés, et avancent dans l'intelligence et dans l'expérience de la vraie religion. Les controverses frivoles qui n'embrassent aucune vérité essentielle doivent être enterrées dans l'oubli aussi promptement que possible, parce qu'elles ne peuvent produire que de vaines disputes ; mais nous ne devons pas regretter les discussions occasionnées par les hérésies des pélagiens et des semi-pélagiens, comme s'il n'y avait eu qu'erreur des deux côtés. Cette controverse est celle qui a toujours existé entre les saints et les hommes du monde, entre la grâce et le mérite de l'homme. A l'époque où vivait Augustin, il était surtout question de la sanctification ; dans le temps de Luther, de la justification ; mais la gloire de Dieu dans la grâce de Jésus-Christ, l'importance de la vraie foi, et la nature et l'efficace des influences du Saint-Esprit étaient également les véritables sujets controversés entre Augustin et Pélage, entre Luther et les papistes, entre Paul apôtre et Saül de Tarse, c'est-à-dire entre un péager humilié et un pharisien rempli de sa propre justice.

CHAPITRE IV.

DOCUMENS PÉLAGIENS.

La question « si l'homme a besoin de l'influence du Saint-Esprit pour devenir vraiment pieux et saint, ou s'il a, dans sa propre nature, des ressources suffisantes pour atteindre ce but », tient tellement à l'essence même du christianisme, que mille autres sujets de débats dans l'église de Christ deviennent insignifians lorsqu'on les compare à celui-là. C'est d'après la solution de cette question que nous saurons quelles idées nous devons nous former des doctrines chrétiennes du péché originel, de la régénération, du salut par la grâce de Jésus-Christ, et de la sanctification par le Saint-Esprit. Tous les partis reconnaissent que les hommes doivent être bons et vertueux; mais s'ensuit-il de là qu'il n'y ait entre eux qu'une dispute de mots? C'est ce que prétendent ceux qui n'ont aucun sentiment d'une corruption innée; mais ceux qui se sentent retenus dans les liens du péché, pensent qu'il est essentiel d'examiner comment on peut en être délivré; et ils ne peuvent se contenter d'une moralité extérieure, lorsqu'ils sentent qu'ils n'ont pas un véritable amour pour Dieu ni une sainteté intérieure. L'Ecriture décide cette controverse ; mais il est convenable d'exposer aussi les sentimens de l'ancienne Eglise.

Jusqu'à Pélage, la nécessité de la grâce intérieure et efficace n'avait jamais été mise en question. Comme nous l'avons déjà vu, il nia entièrement l'existence d'un tel principe, bien qu'en s'enveloppant de paroles ambiguës. Pour rendre justice aux deux partis, nous devons examiner rapidement, mais avec précision, les opinions de ceux qui se distinguèrent dans cette controverse; et nous verrons que le Seigneur suscite d'âge en âge des hommes qu'il établit les défenseurs de sa vérité.

On trouve dans les œuvres d'Ambroise un traité que nous avons laissé de côté lorsque nous avons passé en revue ses écrits, parce que la différence de style, et les allusions à la controverse de Pélage qui n'eut lieu qu'après sa mort, démontrent clairement qu'il n'est pas de lui. On a fait beaucoup de recherches sur le véritable auteur de ce livre [1]; il a pour titre : DE LA VOCATION DE TOUS LES GENTILS. Quel qu'en soit l'auteur, c'est évidemment un homme qui avait une profonde connaissance de l'Écriture, qui écrivait bien, et qui était exercé à la discussion [2].

Il commence comme un écrivain qui sent toute la difficulté du sujet qu'il veut traiter. « C'est, dit-il, une question bien importante et bien épineuse que celle qui se débat entre les partisans du libre arbitre et ceux qui prêchent la grâce de Dieu. On demande si Dieu veut que tous les hommes soient sauvés; et comme on ne peut le nier, on demande encore pourquoi la volonté du Tout-Puissant ne s'accomplit pas? Ainsi il n'y a aucun terme aux discussions, tant qu'on ne distingue pas ce qui est manifeste de ce qui est secret. » Il dit que la chute de l'homme a détruit en lui la foi, l'espérance, l'intelligence et la volonté dans ce qui se rapporte à la sainteté et au salut; et il affirme que nul homme n'a aucune ressource pour sa propre délivrance,

---

[1] Voyez les recherches critiques de Dupin, dans son *Histoire du cinquième siècle*.
[2] Il paraît cependant qu'il fut écrit dans ce siècle.

parce que, bien que par son intelligence naturelle il puisse lutter contre ses vices, et modifier sa vie temporelle d'une manière extérieure, il ne peut pourtant pas arriver à la véritable vertu et au bonheur éternel, puisque « sans le culte du cœur rendu à Dieu, ce qui semble vertu est péché, et ne peut plaire à Dieu. » « Que nul homme, ajoute-t-il, ne se confie à la force humaine, qui, lors même qu'elle était dans son entier, n'a pas résisté; mais qu'il cherche la victoire par celui qui seul est invincible, et qui a vaincu pour tous; et quand il cherche, qu'il ne doute pas que le désir de chercher n'ait été reçu de celui qu'il cherche. » Après avoir cité plusieurs passages des prophètes sur la grâce efficace de Dieu, il dit: « Dieu écrit ses lois dans leurs cœurs afin qu'ils reçoivent sa connaissance, non par l'enseignement de l'homme, mais par l'instruction du grand docteur, parce que ni celui qui plante ni celui qui arrose ne sont rien, mais Dieu qui donne l'accroissement. Aujourd'hui est accompli ce que le Seigneur promit à Abraham sans condition, et lui donna sans la loi. Ceux qui n'obéissent pas à l'Évangile sont d'autant plus inexcusables; il est certain qu'ils ne sont pas selon la prescience de Dieu les enfans d'Abraham. Il promit que ces enfans obéiraient, quand il dit: « Je leur donnerai un même cœur et un même chemin afin qu'ils me craignent à toujours. » Il promit qu'ils persévéreraient, quand il dit: « Je mettrai ma crainte dans leurs cœurs, afin qu'ils ne se retirent point de moi. »

L'auteur s'arrête d'une manière particulière sur l'ordre donné dans la première épître à Timothée de prier pour tous les hommes sans exception; et il fait observer que les chrétiens obéissaient à cet ordre dans toutes leurs assemblées, et qu'ils ne priaient pas seulement pour les hommes régénérés, mais pour tous les hommes, même pour les plus corrompus, « demandant, sans aucun doute, qu'ils fussent convertis ; et comme la conversion est une chose que les hommes ne peuvent se donner à eux-mêmes, le Dieu juste et miséricordieux veut que nous priions pour tous, afin que là où nous voyons une multitude de personnes sorties d'un tel abîme de maux, nous ne puissions pas douter que Dieu n'ait accompli ces grandes choses, et que le louant de ce qu'il a fait, nous puissions espérer qu'il accordera les mêmes grâces à ceux qui sont encore dans les ténèbres. Quant à ceux pour lesquels les prières de l'Église ne sont pas entendues, nous devons laisser leur état dans les secrets de la justice divine. Nous ne connaissons qu'en partie. O profondeur ! »

Ce judicieux auteur résout par l'ignorance humaine la grande difficulté qui a occupé les hommes réfléchis de tous les siècles. Quiconque sera dans une semblable disposition admettra la doctrine de l'élection, et il ne nous est demandé aucune soumission de l'esprit qui ne soit raisonnable. « La rédemption de Christ, dit-il, ne serait pas appréciée comme elle doit l'être, si la justification qui est par la grâce devait dépendre d'un mérite antérieur. Si donc la grâce adopte quelques hommes d'entre les plus pervers au moment où ils sortent de cette vie, tandis que plusieurs de ceux qui paraissent moins coupables ne sont pas justifiés, qui peut dire que ce n'est pas là une dispensation de Dieu ? »

« Si l'on demande, continue notre auteur, pourquoi le Sauveur de tous les hommes n'a pas donné à tous de connaître le vrai Dieu et son fils Jésus-Christ, nous ne devons pas plus sonder ce que Dieu nous a caché que nier ce qu'il nous a manifesté. Il n'est aucun génie qui puisse découvrir les raisons des dispensations divines par rapport à ces choses profondes. Sans aucun doute, tout ce qu'il y a de bon dans l'homme, depuis le commencement de la foi jusqu'à la consommation de la persévérance, est une œuvre et un don de Dieu. Cependant lorsque les hommes s'éloignent de Dieu, c'est une conséquence de leur propre volonté, et non pas proprement l'acte d'une dispensation divine; et comme Christ est mort pour tous les hommes, il doit aussi être prêché dans tout le monde [1]. Voici trois propositions que nous devons recevoir: 1° qu'il appartient à la bonté divine de désirer que tous les hommes soient sauvés, et qu'ils viennent à la connaissance de la vérité; 2° que tout homme qui est sauvé est dirigé par la grâce de Dieu, et gardé par la même grâce jusqu'à la fin; et 3° que l'on ne peut pas comprendre tout le plan de la volonté divine, et que bien des motifs des dispensations de Dieu sont au-dessus de l'intelligence humaine. Les présomptueux, et ceux qui ont un esprit de haine et d'opposition contre la religion, continueront à mettre en avant leurs doutes et leurs objections; mais ces choses étant fermement établies, nous n'avons nul sujet de nous perdre dans des questions sans fin. »

Nous en avons dit assez pour donner au lecteur une idée de cet auteur, qui a des vues de l'Écriture et des pensées très supérieures à celles qu'on avait généralement dans les quatrième et cinquième siècles. Quel qu'il soit, il montre beaucoup de sagesse et de modération, et paraît avoir pris la plume vers la fin de la controverse avec Pélage. Ses sentimens sont dans un parfait accord avec ceux des meilleurs et des plus sages d'entre les chrétiens de tous les siècles; et nous voyons ici un des heureux résul-

---

[1] Liv. II, c. 6 et 10.

tats qu'eut pour l'Église la controverse qu'occasionna le pélagianisme.

Saint Pierre parle de ceux qui introduisent *ouvertement* des sectes de perdition. Cette ruse fut bien remarquable chez Pélage, et elle paraît un des caractères généraux de l'hérésie. Soutenir ouvertement et sans dévier ce qu'on croit vrai, est, d'un autre côté, un signe aussi ordinaire de la pure orthodoxie. Autant que la rareté des matériaux et les artifices de Pélage nous le permettront, nous tirerons de ses propres paroles une courte exposition du pélagianisme. Nous avons déjà parlé en passant de quelques-uns des documens qui restent de lui. Il écrivit aussi, à l'imitation de Cyprien, un traité des Témoignages. Jérôme parle de cet ouvrage, et il paraît qu'il contenait les mêmes choses qu'on lui reprocha dans le synode de Palestine. Pélage écrivit aussi quelques courtes notes sur les Épîtres de saint Paul, dans le but de les accommoder à son système. Nous avons ici une preuve bien remarquable des altérations que la fraude a fait subir aux ouvrages des Pères qui sont parvenus jusqu'à nous ; on a joint aux Commentaires de Jérôme quelques courtes notes sur les Épîtres de saint Paul, qui n'ont certainement pas été écrites par Jérôme qui était anti-pélagien, mais qui doivent être sorties de la plume de Pélage lui-même ou de quelqu'un de ses zélés disciples. Elles s'accordent avec ce que dit Augustin de l'écrit de Pélage ; et l'expression de saint Paul, dans le neuvième chapitre de l'Épître aux Romains, « Cela ne vient donc point ni de celui qui veut ni de celui qui court, » est interprétée dans le Pseudo-Jérôme exactement comme Pélage l'avait interprétée, d'après ce qu'en dit Augustin. Sur le passage : « Sans la loi le péché est mort », le commentateur déclare que « ceux qui affirment que le péché vient d'Adam sont des insensés. » Le passage, « par l'offense d'un seul plusieurs sont morts », il l'explique ainsi : « parce que non seulement les pécheurs, mais aussi les justes meurent par une mort commune et naturelle. » Ce que saint Paul dit de la concupiscence, il ne l'admet que d'une mauvaise habitude ; il soutient que les œuvres de la loi qui ne peuvent justifier, sont la circoncision et les autres cérémonies de la loi mosaïque, et non les œuvres morales ; et prétend que la grâce qui vient de Christ est l'exemple qu'il nous a laissé. Il admet quelque effet de la grâce dans le pardon des péchés, mais aucun dans l'œuvre de la sanctification. Il pense que la charité vient de nous, et que les vrais saints sont parfaits et sans tache. Il exclut la prédestination, si ce n'est en ce qui peut s'expliquer par la prescience de la foi et l'obéissance des hommes.

Combien de fois avons-nous entendu défendre de notre temps toutes ces doctrines, qui paraissent soutenir le vrai pélagianisme. Ainsi les hérésies reparaissent de siècle en siècle sous de nouveaux noms ; elles revêtent une apparence qui leur donne quelque chose d'original, et l'on ne voit pas que ce sont les mêmes systèmes qui sont connus et réfutés depuis long-temps [1].

Le dernier Traité que nous venons d'examiner est probablement celui de Pélage, ou, du moins, il appartient certainement à quelqu'un de ses disciples, et il est en lui-même une preuve suffisante que ses adversaires ne présentaient pas ses opinions sous un faux jour. Il nous reste pourtant à considérer d'autres preuves de la nature du pélagianisme, tirées des écrits de Pélage lui-même.

On trouve dans le quatrième volume des Œuvres de Jérôme, qui n'est composé que de Traités

---

[1] Jansénius, liv. I.

de différens auteurs, l'explication d'un symbole adressé à Damase, et qui, d'après diverses citations d'Augustin que l'on y retrouve, paraît appartenir à Pélage, et est bien digne de sa subtilité. Sous le terme spécieux de liberté de la volonté, dans lequel il confondait l'incapacité naturelle et morale [1] comme si elles étaient une même chose, il sapait, bien que d'une manière détournée, la doctrine essentielle de l'influence du Saint-Esprit, et affirmait, avec une audace presque sans exemple, qu'il avait appris sa profession de foi dans l'Église, qui avait expressément confessé jusqu'alors les doctrines de la grâce et de la chute de l'homme, tandis que lui-même n'y croyait pas, et travaillait de tout son pouvoir à les extirper du monde chrétien.

Mais le lecteur pourra juger ses sentimens réels en examinant un ouvrage qui lui appartient indubitablement, et d'après son propre aveu [2]. Nous voulons parler de la lettre à Démétriade, faussement attribuée à Jérôme. Comme elle est trop longue pour que nous puissions la citer en entier, nous choisirons les passages qui montrent le mieux quelles étaient les opinions religieuses de cet hérésiarque, qui a souvent été représenté sous un jour très faux dans les temps modernes.

« A la vierge Démétriade.

« Si, pouvant m'appuyer sur le plus grand génie et sur la science la plus profonde, je me croyais capable d'écrire, je n'entreprendrais cependant qu'avec beaucoup de crainte une tâche aussi difficile. Il faut pourtant que j'écrive à Démétriade, vierge de Christ, noble et riche, et ce qui est plus encore que tout cela, chrétienne, qui foule aux pieds la

---

[1] Jansénius, liv. I, VII.
[2] Quatrième livre de Jérôme, tome V.

noblesse et les richesses par l'ardeur de la foi ; et qui, sortie de la famille la plus noble, et élevée dans les recherches de la plus grande opulence, a tout d'un coup renoncé aux douceurs de la vie qui exercent le plus d'empire sur nous, et a coupé la fleur de la jeunesse par l'épée de la foi, c'est-à-dire par sa volonté. Mais il est difficile de parler à une personne chez qui se trouve un si grand désir d'apprendre, et une si grande ardeur pour la perfection, qu'il est à peine une doctrine, quelque parfaite qu'elle soit, qui puisse égaler son mérite. Nous écrivons à la demande de sa sainte mère. Toutes les fois que je suis appelé à parler du plan d'une sainte vie, je montre d'abord quelles sont les forces de la nature humaine, et ce qu'elle peut réellement accomplir ; et j'encourage ainsi celui qui m'écoute à poursuivre la vertu, de peur qu'il ne fût inutile d'appeler les hommes à ce qu'ils présumaient être impossible ; car l'espérance est la source de toute activité dans le chemin de la vertu. Lorsqu'une personne désespère, tous ses efforts tombent aussitôt. On doit donc déclarer quelles sont les ressources de la nature, afin que les hommes s'avancent vers le but de la perfection, de peur que les hommes, ne sachant pas quelles sont les forces qui leur sont inhérentes, pensent ne pas avoir ce qu'ils ont réellement. Que ce soit là le fondement de la vie spirituelle, que la vierge connaisse sa propre force, et elle pourra s'exercer à propos quand elle aura appris qu'elle la possède.

« Mesurons donc d'abord l'excellence de la nature humaine d'après son auteur, qui, lorsqu'il fit très bon tout ce qu'il créa, doit avoir fait l'homme parfaitement bon. Que l'homme apprenne à connaître la dignité de sa nature, en voyant des animaux si forts lui être soumis. Dieu a voulu qu'il le servît volontairement et non pas comme un esclave ; et voilà pourquoi il l'a laissé entre les mains de son propre conseil. Prenez garde de ne pas tomber contre la pierre d'achoppement du vulgaire ignorant; et ne pensez pas que l'homme ait été créé mauvais, parce qu'il peut faire le mal. Dans la liberté de la volonté consiste tout l'honneur et toute la dignité de la nature ; et du même principe vient la louange de tout homme juste. Il n'y aurait pas de vertu dans l'homme, s'il ne pouvait pas devenir mauvais. L'homme ne pourrait pas pratiquer la bonté spontanément, s'il n'était pas également en son pouvoir de mal faire ; mais la plupart des hommes, dans leur impiété, non moins que dans leur ignorance, blâment en quelque sorte l'ouvrage de Dieu. La bonté de la nature est tellement apparente, qu'elle se montre même parmi les Gentils. De combien de philosophes vertueux nous avons entendu parler ! D'où viendrait leur vertu si notre nature n'était pas bonne ? Combien ils peuvent être plus vertueux encore, les chrétiens, qui ont les instructions de Christ et le secours de la grâce divine [1]. »

Il parle ensuite des vertus d'Abel, d'Enoch, de Melchisédec, d'Abraham, d'Isaac, de Jacob, et de Job, et les représente comme venant toutes des facultés naturelles de l'homme : « Afin, dit-il, que Démétriade puisse comprendre combien l'excellence de la nature est grande. » Il nie aussi complétement que possible l'apostasie et la corruption de la nature, affirmant, « que la seule cause qui rend difficile de bien faire, est la force de la mauvaise ha-

---

[1] Augustin nous enseigne ce que Pélage entend par la grâce, comme nous le verrons ailleurs. Il est certain qu'il ne reconnaît jamais que ce mot signifie l'opération des influences sanctifiantes. L'ensemble de la lettre que nous examinons, où il nie la nature mauvaise de l'homme comme créature déchue, et affirme que l'homme se suffit à lui-même par ses propres facultés, est opposé à un pareil sentiment.

bitude. » — « Maintenant, si avant la loi, et long-temps avant la venue de notre sauveur Christ, les hommes menèrent une vie sainte, combien plus sont-ils capables de le faire après sa venue ? » Il parle de la grâce de Christ, de l'expiation par son sang, et de l'encouragement puisé dans son exemple ; mais il se contente de citer ces choses, sans insister. « Pourquoi, dit-il, blâmons-nous l'infirmité de la nature ? Dieu ne nous commanderait pas ce qui est impossible ». Quelques préceptes de morale, qui sont ce qu'il y a de mieux dans cette lettre, perdent leur efficacité, parce que leur fondement est posé dans l'orgueil et la confiance en soi-même.

Augustin et son ami Alype, qui étaient alors réunis à Hippone, reçurent une lettre de Julienne, mère de Démétriade, qui les remerciait de leur exhortation contre les hérésies, tout en paraissant insinuer que de telles exhortations étaient inutiles à sa famille qui n'avait jamais été infectée de leur venin. Il paraît qu'elle avait cru qu'ils voulaient parler des erreurs qui se rapportaient à la Trinité, et qu'elle n'avait aucune idée claire de l'hérésie de Pélage, qui était alors nouvelle dans le monde. Mais ces deux charitables pasteurs ayant entendu parler de la lettre qui avait été envoyée à Démétriade, jugèrent convenable de montrer plus clairement le poison qu'elle contenait dans une nouvelle lettre à Julienne.[1]

« Vos paroles nous obligent à parler ouvertement de ceux qui travaillent à corrompre la saine doctrine, et ce n'est pas une petite erreur chez les hommes que de penser qu'ils possèdent par eux-mêmes ce qu'ils ont reçu de justice et de piété, que Dieu ne nous aide qu'en nous donnant la lumière de la révélation, et que la nature et la doc-

[1] Id. 12.

trine composent la seule grâce que l'on reçoive de Dieu. Ils disent que notre propre volonté suffit pour avoir le désir de servir Dieu, la bonne volonté et la charité, la reine des vertus. Mais que dit l'apôtre? « L'amour de Dieu est répandu dans nos cœurs par le Saint-Esprit qui nous a été donné », afin que nul homme ne croie l'avoir par lui-même. Pélage dit à Démétriade dans sa lettre : « Vous avez donc quelque chose qui peut vous faire préférer à d'autres; car la noblesse et l'opulence sont plutôt de votre famille que de vous; mais personne ne peut vous donner les richesses spirituelles que vous-même? en cela vous méritez justement d'être louée et préférée à d'autres. Et cette supériorité ne peut qu'être en vous-même et venir de vous-même [1]. » Il est vrai que ces choses doivent être en vous; mais dire qu'elles viennent de vous, c'est du poison. Que la vierge de Christ se garde bien d'écouter ces choses; elle connaît la pauvreté du cœur humain, et par conséquent elle ne peut être ornée que des dons de son époux. Qu'elle écoute plutôt l'apôtre : « Je vous ai uni à un seul mari, pour vous présenter à Christ comme une vierge chaste; mais je crains que comme le serpent séduisit Ève par sa ruse, vos esprit ne se laissent corrompre [2]. » En toutes choses rendez des actions de grâces. » Vous le faites parce que ces choses ne viennent pas de vous. Car, qui vous a distingué d'Adam et de la multitude de ceux qui sont perdus? N'est-ce pas celui qui est venu chercher et sauver ce qui était perdu?

---

[1] Pélage suivait les maximes des philosophes et non celles des Écritures. Horace dit : *Æquum mi animum ipse parabo*, et je pourrais citer des passages sans fin des auteurs classiques dans le même sens, qu'un grand nombre de gens appelés *chrétiens* ont adoptés et admirés depuis le temps de Pélage. N'est-ce pas là appeler le paganisme christianisme?

[2] Cor. xi, 2, 3.

Lorsque l'apôtre dit : « Qui est-ce qui met de la différence entre toi et un autre ? » Répond-il, ma bonne volonté, ma foi, ma justice ? Ne dit-il pas, au contraire : « Qu'as-tu que tu ne l'aies reçu ? » En considérant l'humilité dans laquelle Démétriade a été élevée, nous espérons que lorsqu'elle a lu les paroles que j'ai citées de la lettre de Pélage, si elle les a lues en effet, elle a soupiré, elle a pleuré et prié, afin que, comme ces paroles n'étaient pas les siennes, elles ne fussent pas non plus son symbole, et qu'elle pût se glorifier non en elle-même, mais dans le Seigneur. Nous savons que vous êtes bien fondée dans la doctrine de la Trinité, mais il est des erreurs d'une autre espèce que celles qui se rapportent à cet article de la foi chrétienne, et ces erreurs-là insultent à la gloire de toutes les personnes de la Trinité. Si vous l'examinez de près, bien que celui qui écrit parle de la grâce, il le fait d'une manière équivoque; la grâce, comme il l'entend, peut signifier notre nature, ou une doctrine, ou le pardon des péchés, ou l'exemple de Christ. Mais trouvez, si vous le pouvez, un seul mot qui reconnaisse une influence positive du Saint-Esprit sur le cœur, qui communique la puissance d'aimer Dieu : ce serait avec joie que nous verrions une semblable confession dans ces auteurs si admirés; mais nous n'avons pas encore pu la découvrir. »

On voit d'après ces deux épîtres ce qu'était la controverse avec les pélagiens. L'hérétique, bien que peu disposé à admettre la grâce dans aucun sens, ne niait pas que le pardon des péchés ne pût être accordé; mais comme il niait la corruption de la nature, il ne pouvait pas penser que le péché fût aussi coupable que le décrit la parole de Dieu. Il parlait de la grâce de la révélation donnée dans l'Écriture, et de l'exemple de Christ; mais il s'étendait volontiers sur les facultés de la nature. Il niait entièrement la grâce, en tant qu'elle signifie le don du Saint-Esprit renouvelant et sanctifiant la volonté. C'était là ce qu'Augustin défendait comme essentiel à la piété, et voilà pourquoi c'est la partie la plus saillante de la controverse. Ce point est en effet extrêmement important; car il embrasse toutes les autres doctrines essentielles.

Nous trouvons dans les œuvres d'Ambroise [1] une autre lettre adressée à la même Démétriade, qui, ayant été écrite dans les derniers temps de la controverse, ne peut par conséquent être une lettre d'Ambroise. Il est probable qu'elle a été composée par l'auteur anonyme du Traité sur la Vocation des gentils. On y retrouve sa manière, par rapport au style et aux opinions; et nous croyons devoir en citer une partie. L'auteur paraît avoir vu, comme Augustin, que le point important de la controverse n'était pas l'admission de telle ou telle doctrine d'une manière spéculative, mais leur tendance à produire l'humilité. C'est là le fruit de la doctrine de la grâce efficace; le pélagianisme l'exclut. « Il doit y avoir, remarque cet auteur, une grâce qui harmonise la variété qui se voit dans les saints en une heureuse unité. Cette grâce est la vraie humilité. Dans différens devoirs il y a différens degrés de vertu: mais dans la pure humilité tout est indivisible, et par conséquent elle rend *un* tous ceux qui la possèdent, parce qu'elle n'admet aucune inégalité. Ce que cette grâce a de particulier consiste dans la confession de la grâce de Dieu, que l'on rejette complétement, si on ne la reçoit entièrement. Celui-là se met en dehors de la grâce, qui se défie de sa plénitude, comme si l'homme avait besoin du secours de la grâce de

---

[1] Ep. LXXXIV, p. 185.

Dieu dans une partie de ses actions et n'en avait pas besoin dans une autre partie; comme si l'on pouvait indiquer aucun moment dans lequel être privé du Saint-Esprit ne fût pas sa perte. En tant qu'il participe à l'essence de la divinité, l'Esprit est à la vérité en tous lieux et embrasse toutes choses; mais il se retire pourtant d'une certaine manière de ceux qu'il cesse de gouverner; et la cessation de son secours doit être considérée comme une absence; absence que celui qui se réjouit dans de bonnes actions, qu'il croit avoir été opérées par lui-même plutôt que par Dieu, regarde dans sa folie comme une chose avantageuse à l'homme. On doit donc reconnaître la grâce de Dieu dans son sens le plus absolu et le plus complet; et le premier effet qu'elle produit est de faire sentir son secours. « Or nous avons reçu, dit l'apôtre, non point l'esprit de ce monde, mais l'esprit qui est de Dieu; afin que nous connaissions les choses qui nous ont été données de Dieu[1]. » D'où il suit, que si quelqu'un pense qu'il y a en lui de bonnes choses, dont Dieu n'est pas l'auteur, mais lui-même, il n'a pas l'esprit de Dieu, mais l'esprit du monde, et est enflé de cette sagesse mondaine dont il est écrit: « J'abolirai la sagesse des sages. »

« De tous les maux, le plus dangereux est de se glorifier dans sa propre intelligence, au lieu de se glorifier dans la lumière divine, et de s'élever en soi-même aux dépens de la gloire divine. Désirer d'être préféré à tous est une chose mauvaise; il est plus funeste encore de retirer notre espérance du Seigneur et de la fixer sur nous-mêmes. N'est-ce pas là accomplir ce passage de l'Écriture: « Maudit soit l'homme qui se confie en l'homme, et qui fait de la chair son bras, et dont le cœur se retire de l'Éternel! » C'est là précisément le péché du dé-

---

[1] 1 Cor. II, 12.

mon, ce péché qui l'a chassé du ciel. Et il entraîna nos premiers parens dans la même ruine, en les portant à se reposer sur la liberté de leur propre volonté. Les hommes se tiennent plus aisément en garde contre ce péché dans les choses mauvaises; mais on doit s'étudier encore davantage à le repousser dans la vertu, parce que celui à qui la louange est due succombe facilement à une tentation si spécieuse.—Sous ce rapport, Satan fixe particulièrement ses regards sur ceux qui sont actifs, sobres, chastes et vertueux; il voudrait les perdre par l'orgueil et la confiance en eux-mêmes comme s'ils pouvaient se suffire. Bien que les Eglises aient généralement résisté à l'infection de la nouvelle doctrine, quelques âmes en ont sucé le poison. De là viennent les louanges insidieuses accordées à la nature humaine, comme si elle avait conservé l'intégrité et l'innocence qu'elle avait en sortant des mains du Créateur; de là vient l'assertion que le péché d'Adam n'a été nuisible que par l'exemple; de là l'erreur que la grâce est accordée d'après le mérite; de là la perfidie de reconnaître parmi nous les maux causés par le péché originel, et de déclarer parmi leurs partisans qu'Adam ne nous a nui que par son exemple. Tandis que le seigneur Jésus dit, « ce ne sont pas ceux qui se portent bien qui ont besoin d'un médecin, mais ceux qui sont malades, » ils crient dans leur orgueil, « nous nous portons bien, nous n'avons pas besoin de médecin ! »—Considérez ce qui a lieu dans la régénération; ne regardez pas seulement au signe extérieur, mais aussi à la grâce intérieure. Des vases de colère ne sont-ils pas changés en vases de miséricorde? Et les chrétiens ne sont nés ni du sang, ni de la volonté de l'homme, mais de Dieu. —Christ ne dit-il pas : « Hors de moi vous ne pouvez rien faire ? » Et celui qui doute que Christ opère en lui, peut-il dire qu'il « demeure en Christ ? » Après avoir cité un grand nombre d'autres passages de l'Écriture, l'auteur continue : « Aucun mouvement de piété du cœur éclairé par la grâce ne doit être séparé de la volonté humaine, parce que l'homme ne fait rien comme il faut que ce qu'il fait volontairement; mais une bonne intention de l'esprit est l'effet de l'inspiration de la volonté divine. Les autres péchés ne nuisent qu'aux vertus auxquelles ils sont opposés; celui de la propre justice s'applique à tout et gâte tout. L'image de Dieu est pure lorsqu'elle n'est parée d'aucun autre ornement que de ceux qu'elle a reçus du céleste époux. L'humilité et la charité sont des vertus inséparablement unies, de sorte qu'on peut appliquer en toute sûreté à la première, ce que saint Paul affirme de la dernière. »[1]

Cette excellente épître est un si précieux trésor de doctrine évangélique, qu'elle doit nous encourager à examiner d'autres monumens de l'antiquité.

La lettre du concile d'Afrique[2], que présidait Aurélius de Carthage, contient les opinions suivantes : « Par les louanges qu'ils donnent au libre arbitre, ils (les pélagiens) ne laissent aucun lieu à la grâce de Dieu, par laquelle nous sommes chrétiens, puisque le Seigneur dit : « Si le fils vous affranchit, vous serez vraiment libres. » Ils affirment que la grâce de Dieu consiste en ceci, qu'il a créé la nature de l'homme de manière que par sa propre volonté il peut accomplir la loi de Dieu. Ils regardent aussi la loi elle-même comme une partie de la grâce, parce que Dieu l'a donnée comme une aide pour les hommes. Mais cette grâce

---

[1] 1 Cor. XIII.
[2] Ep. 90.

de Dieu, par laquelle il est donné à l'homme de prendre plaisir à la loi selon l'homme intérieur, ils ne veulent pas la reconnaître, tout en n'osant pas la combattre ouvertement. N'est-ce pourtant pas là ce qu'ils font en effet quand ils enseignent que la nature humaine suffit seule pour mettre les hommes en état d'obéir à la loi ? Laissons de côté l'Ecriture qui dit : « Cela ne vient donc point ni de celui qui veut, ni de celui qui court, mais de Dieu qui fait miséricorde ; » et, « Ce n'est pas que nous soyons capables de penser quelque chose de nous-mêmes, comme de nous-mêmes ; mais notre capacité vient de Dieu. » Nous vous supplions de considérer quelle est la conséquence nécessaire de semblables opinions, c'est-à-dire que, d'après leur système, nous n'avons aucun besoin de prier pour ne pas succomber à la tentation : et notre Seigneur n'avait aucun sujet de dire à Pierre : « J'ai prié pour toi, que ta foi ne défaille point. » Il aurait pu se contenter de l'exhorter ou de lui ordonner de garder sa foi. Et au lieu de dire à ses disciples : « Veillez et priez, » il lui aurait suffi de dire : « Veillez. » Quand saint Paul priait Dieu pour que les Éphésiens fussent puissamment fortifiés par son Esprit dans l'homme intérieur ; d'après ce système ils auraient pu lui répondre : « Nous pouvons être puissamment fortifiés par la force naturelle que nous avons reçue lors de notre création. » — La réponse d'Innocent fut d'accord avec les opinions du conseil.[1]

Nous avons aussi la lettre du concile de Milève, adressée au même Innocent[2], qui combat le pélagianisme de la même manière, et qui présente sous un jour frappant le contraste établi dans

---

[1] 91.
[2] 92.

le cinquième chapitre de l'Epître aux Romains, entre le premier et le second Adam. D'après ces témoignages et plusieurs autres semblables, il est évident que le grand moyen de Pélage, pour tromper les hommes, était d'employer le mot de grâce dans un sens qui n'est certainement pas scripturaire. Il appelle grâce tout ce qui est le don de Dieu ; de sorte que, d'après lui, on pourrait dire qu'un homme qui croirait se rendre agréable à Dieu par l'emploi de ses facultés naturelles, avec le secours de la volonté divine révélée, chercherait à être sauvé par la grâce, quoiqu'il soit certain que, dans le Nouveau Testament, ce terme ne s'entend que des bénédictions spirituelles.

Augustin écrivit encore à Innocent en son propre nom et au nom de quelques autres évêques.[1] « Sans aucun doute, dit-il, la grâce par laquelle nous sommes sauvés n'est pas celle avec laquelle nous sommes créés ; car si les évêques[2] qui ont acquitté Pélage avaient compris qu'il appelait grâce ce que nous avons de commun avec les méchans, et qu'il niait celle que nous avons comme chrétiens et comme enfans de Dieu, ses opinions leur auraient paru intolérables. Je ne blâme donc pas ses juges, qui ont entendu le mot de grâce dans son acception ordinaire. Pélage seul n'est pas maintenant l'objet de notre sollicitude ; il est peut-être corrigé (je désire qu'il en soit ainsi) ; mais bien des âmes sont en danger d'être égarées. Qu'il soit appelé à Rome, et qu'on lui demande ce qu'il entend précisément par le terme de grâce, ou qu'il s'explique par lettre ; et s'il se trouve qu'il parle comme l'Eglise de Christ, réjouissons-nous en lui. Mais soit qu'il appelle grâce le libre arbitre, ou la ré-

---

[1] 95.
[2] Il veut parler du synode de Lyddes.

mission des péchés, ou les préceptes de la loi, il n'explique pas cette grâce du Saint-Esprit qui triomphe des convoitises et des tentations, et que Celui qui est monté au ciel a répandue abondamment sur nous. Celui qui dit dans sa prière : « Ne nous induis point en tentation », ne prie pas pour être un homme, pour avoir son libre arbitre, la rémission de ses péchés, ce qu'il a déjà demandé, pour recevoir un commandement. La prière elle-même est donc un témoignage de la GRACE; et nous nous réjouirons si Pélage l'a toujours bien compris ou s'il est corrigé. On doit distinguer la loi et la grâce : la loi commande, la grâce donne. Si vous lisez le livre de Pélage qui nous a été donné par Timase et Jacques,[1] et si vous prenez la peine d'examiner les passages que nous avons marqués, vous verrez que, comme on lui objectait qu'il niait la grâce de Dieu, il répondit que cette grâce était la nature dans laquelle Dieu nous a créés. S'il désavoue le livre ou ces passages, qu'il les anathématise et qu'il confesse en termes simples et clairs la grâce qu'enseigne la doctrine chrétienne, qui n'est pas la nature, mais la nature sauvée; sauvée non par la doctrine extérieure, mais par le secours de l'esprit et de la grâce secrète; car bien que les dons naturels puissent être appelés grâce, cependant cette grâce par laquelle nous sommes prédestinés, appelés, justifiés, glorifiés, est une chose toute différente. C'est de celle-ci que l'apôtre parle lorsqu'il dit : « Si c'est par la grâce, ce n'est donc plus par les œuvres; mais à celui qui ne fait pas des œuvres, mais qui croit en celui qui justifie le méchant, sa foi lui est imputée à justice »; car si Christ n'était pas mort pour nos péchés, la capacité de la nature, que Pélage appelle la grâce, serait exactement ce qu'elle est. »

[1] 96.

Cette excellente épître, dans laquelle est si bien expliqué le point fondamental de la controverse, peut détruire toutes les perplexités et toutes les ambiguités dont les adversaires de la grâce, anciens et modernes, ont obscurci ce sujet.

Dans ses lettres à Sixte, le prêtre romain, Augustin répond à diverses objections de Pélage.[1] « Ils pensent que Dieu fait ainsi acception de personnes. » Ils ne considèrent pas qu'un châtiment mérité est infligé à ceux qui sont condamnés, et une grâce non méritée accordée à ceux qui sont acquittés. « Il est injuste, disent-ils, que l'un soit acquitté et l'autre puni dans la même cause. » A la vérité, il est juste que tous deux soient punis; qui peut le nier? Mais pourquoi le Seigneur délivre un homme plutôt que l'autre, que celui-là l'examine qui peut sonder la profondeur des jugemens divins; mais qu'il prenne garde au précipice. En attendant, pour celui qui vit encore par la foi et qui ne voit qu'en partie, il suffit de savoir ou de croire que Dieu ne délivre personne que par une miséricorde gratuite par notre Seigneur Jésus-Christ, et qu'il ne condamne personne que selon la plus stricte équité par le même Seigneur Jésus-Christ. »

Vitalis, de Carthage, bien qu'il ne fît pas profession d'être pélagien, enseignait que les hommes devaient leur conversion à leur libre arbitre, et non aux opérations de la grâce divine. Augustin entreprit de le convaincre de son erreur, en présentant avec force, à sa conscience, un devoir que les chrétiens reconnaissent obligatoire pour tous les hommes qui font profession de christianisme, c'est-à-dire celui de prier pour tous leurs semblables: pour les incrédules, afin qu'ils croient;

---

[1] 104, 105.

pour les catéchumènes, afin que Dieu leur inspire le désir de la régénération; et pour les fidèles, afin qu'ils persévèrent. Il montra que la conséquence nécessaire des opinions de Vitalis était que les pasteurs devaient se contenter de prêcher la doctrine aux hommes sans prier pour eux, puisqu'il bornait l'idée de la grâce divine à une exposition de la doctrine. Il appuya cet argument d'un grand nombre de passages de l'Ecriture qui prouvent le devoir de prier pour toutes sortes de personnes, devoir qu'anéantiraient complétement les opinions de Pélage.[1]

La lettre d'Augustin à Anastase respire un esprit évangélique de charité, distingue cette grâce chrétienne de l'esprit de servitude, conduit l'âme humiliée de la loi à l'Evangile, et combat l'orgueil pélagien, qui, enseignant à l'homme à se confier en lui-même, dérange tous les plans du christianisme.[2]

Dans son livre de la Nature et de la Grâce, Augustin combattit un auteur pélagien qui exaltait la nature, et qui blâmait ceux qui disaient que leur péché venait de la faiblesse des facultés humaines. Dans ce Traité, il remarque que le pélagianisme lui semble faire oublier à un homme pourquoi il est chrétien.[3] Ces deux livres, expressément écrits contre Pélage, contiennent une réponse subtile à un subtil adversaire.[4] On voit clairement, dans ce Traité, qu'Augustin ne se faisait pas une idée juste du terme de justification, et le confondait avec celui de sanctification; nous reviendrons là-dessus plus tard.[5] On voit, dans le même Traité, l'idée fausse que Pélage avait de la grâce, qui ne

---

[1] 107. Voyez Rom. ix.
[2] Ep. 144.
[3] August. opera, tome vi.
[4] *Idem.*
[5] P. 166.

consistait, selon lui, que dans la révélation extérieure; on y apprend aussi ce que pensait l'hérétique de la « puissance de Dieu » et de la « volonté de l'homme. » Le Traité d'Augustin, de la Prédestination et de la Grâce, est d'accord avec ses autres ouvrages, et également digne d'estime.[1] Le même volume contient les épîtres de Prosper et d'Hilaire sur le semi-pélagianisme dans les Gaules. Ils s'accordent parfaitement avec Augustin, et font bien connaître la naissance et les doctrines de cette hérésie.

Les observations d'Augustin, sur la Persévérance, prouvent que les notions qu'il avait de cette grâce différaient de ce qui nous est enseigné dans les chapitres six et dix de saint Jean.

Satan pousse toujours les hommes d'un extrême à l'autre; et il y eut alors bien des gens qui, admettant la doctrine de la grâce qu'Augustin prêchait avec tant de force, commencèrent à trouver inconséquent ou absurde de reprendre les hommes à cause du péché. « Si j'agis mal, je ne dois pas être blâmé; mais on doit prier Dieu de me donner ce qu'il ne m'a pas donné. Il serait juste de me blâmer, si j'étais privé par ma propre faute de la puissance de faire le bien. »

Ce fut pour répondre à ces objections et pour montrer l'accord des doctrines de la grâce avec l'usage des moyens, des exhortations et des efforts, qu'Augustin écrivit son petit Traité de la Correction et de la Grâce.[2] On ne peut pas dire qu'il ait complétement réussi dans un sujet qui demandait une argumentation suivie et serrée;[3] mais le peu

---

[1] P. 166.
[2] Tome VI.
[3] Voyez le sujet complétement traité, et à ce qu'il paraît d'une manière qui n'admet point de réponse, dans Edwards, sur le libre arbitre.

qu'il dit suffit aux esprits humbles et sérieux. Ceux qui s'abandonnent à l'orgueil et au relâchement peuvent seuls se laisser entraîner à des erreurs telles que celles qui servirent d'occasion à ce Traité. « O homme! apprends par les préceptes et les commandemens ce que tu dois posséder; par les réprimandes, que tu es désobéissant par ta propre faute; et par la prière, d'où tu peux recevoir ce que tu désires.

« Tu dois être repris, parce que tu n'es pas disposé à être repris. Tu ne voudrais pas qu'on te montrât tes vices; tu ne voudrais pas qu'on sondât tes plaies, et qu'une douleur salutaire te fît sentir que tu dois chercher le médecin.

« C'est ici l'utilité de la correction qu'on emploie pour le bien des pécheurs, à un plus ou moins grand degré selon la diversité des péchés, et qui sert à leur guérison quand le médecin suprême le juge convenable. « Il prouve que le péché originel mérite en lui-même la correction; que de la douleur de la réprimande peut naître une volonté renouvelée, si la personne reprise est un enfant de la promesse; et que tandis que la verge de la correction frappe extérieurement, Dieu peut opérer au-dedans la volonté et l'exécution par une inspiration secrète. »

Il compare l'état d'Adam dans son innocence, et celui des meilleurs d'entre les chrétiens tant qu'ils sont sur la terre. Bien qu'ils soient moins tranquilles que lui, à cause de la lutte continuelle entre le vieil homme et l'homme nouveau, ils sont néanmoins pourvus d'une grâce bien plus forte, celle de Dieu fait homme, pour les délivrer de leurs maux.

Nous devrions maintenant examiner les écrits de Jérôme contre le pélagianisme; mais il suffira de dire qu'il n'est pas moins déterminé qu'Augustin dans son opposition à l'hérésie. Sa doctrine de la grâce est pure et orthodoxe, et il montre une humilité d'esprit bien adaptée au sujet, mais bien opposée au caractère naturel de cet auteur si irritable. Une courte sentence mérite d'être immortalisée : *Hæc hominibus sola perfectio, si imperfectos esse noverint*[1]. « La seule perfection des hommes est de savoir qu'ils sont imparfaits. »

CHAPITRE V.

DE LA CITÉ DE DIEU D'AUGUSTIN.

En voyant les malheurs qui accablèrent la ville impériale, lorsqu'elle fut prise et pillée par Alaric, roi des Goths, les païens ouvrirent la bouche pour blasphémer le vrai Dieu, et pour accuser le christianisme d'être la cause de la décadence de l'empire. Quelque absurde que puisse nous paraître aujourd'hui une semblable accusation, elle avait à cette époque assez de poids pour décider Augustin à écrire ce traité, dans son « zèle pour la maison de Dieu. »

La Cité de Dieu se compose de vingt-deux livres. Le *premier* expose l'objection des païens, et y répond en forme. C'était un fait remarquable que tous ceux qui s'étaient réfugiés dans l'église appelée la Basilique des Apôtres, qu'ils fussent chrétiens ou non, avaient été préservés de la fureur des soldats. L'auteur cite cette singulière circonstance comme une preuve de la grande autorité qu'avait le nom et la doctrine de Christ, même

[1] Œuvres de Jérôme, vol. 1.

parmi les païens; et il leur rappelle qu'il n'existait dans leur histoire aucun autre exemple d'un si grand nombre de vaincus épargnés par respect pour leur religion. Il dit donc, avec beaucoup de raison, que les maux qui avaient accompagné le dernier désastre devaient être attribués aux événemens ordinaires de la guerre, et les bienfaits à la puissance du nom de Christ. Il fait des remarques excellentes sur la distribution des biens et des maux dans cette vie. « Si tous les péchés étaient punis dans ce monde, dit-il, il pourrait sembler que rien n'est réservé pour le dernier jugement. Si la Divinité ne punissait maintenant ouvertement aucun péché, on pourrait nier sa providence. De même, dans les événemens heureux, si quelques-unes des requêtes qui se rapportent aux biens temporels n'étaient point abondamment exaucées, on pourrait dire que ces choses ne sont pas à la disposition de Dieu. Si toutes les demandes étaient accordées, on pourrait penser que nous ne servons Dieu que pour les jouissances du monde. »

Il continue à montrer, par une suite d'élégantes comparaisons, le bienfait que font les afflictions aux justes, et la malédiction qui les accompagne pour le méchant [1]. Il remarque aussi qu'il est convenable que les hommes pieux soient souvent affligés dans cette vie, parce qu'ils ne sont pas assez sevrés du monde, et parce qu'ils ne censurent pas comme ils le devraient les péchés du monde, mais qu'ils se conforment trop aux habitudes des hommes qui n'aiment pas Dieu. Il répond aux objections tirées de leurs souffrances dans les derniers désas-

---

[1] *Pari motu exagitatum et exhalat horribiliter cœnum, et suaviter fragrat unguentum*, etc. Il est juste de dire à la louange de ce traité que sa latinité est d'un goût plus pur que celui des autres ouvrages d'Augustin qui étaient écrits pour le peuple, tandis que celui-ci était destiné aux philosophes.

tres : « Bien des chrétiens, dit-on, sont emmenés en captivité. Ce serait un bien grand malheur s'ils pouvaient être conduits dans un lieu où ils ne pussent trouver leur Dieu. » Dans le même livre, il traite d'une manière supérieure le sujet du suicide, démontre la lâcheté d'une telle action, et flétrit la pusillanimité de Caton. Il cite la prière de Paulin, évêque de Nole, qui s'était réduit à la pauvreté pour l'amour de Christ, lorsque les barbares dévastaient sa ville. « Seigneur, ne permets pas que je sois tourmenté pour de l'or et de l'argent, car tu sais où est toute ma richesse. » Il avait son trésor là où le Seigneur nous a recommandé de nous amasser des trésors, et la meilleure réponse aux objections est que le saint ne perd rien par toutes ses afflictions.

Après qu'il s'est suffisamment étendu sur la circonstance particulière qui l'avait engagé à écrire cet ouvrage, il déclare lui-même la guerre aux païens dans le *second* livre, et il montre que tant que leur religion a régné, elle n'a contribué en rien au bien réel de l'humanité. C'est ce qu'il prouve dans ce livre sous le rapport des maux moraux. L'idolâtrie populaire ne découragea ni ne détruisit nullement les habitudes immorales ; on peut dire au contraire qu'elle favorisa le vice et la licence. Il triomphe en parlant de l'excellence particulière des institutions chrétiennes, qui répandaient continuellement, dans la masse du peuple, cette instruction dont on ne trouvait aucune trace dans tout le système de la religion païenne. Ses observations sur les pièces de théâtre et sur les mœurs corrompues des Romains, telles que Salluste les dépeint, sont très remarquables [1]. La vertu romaine n'a jamais été mieux estimée à sa juste va-

---

[1] D'après les lois romaines, les acteurs ne pouvaient être citoyens romains.

leur que dans ce livre et quelques uns des suivans, et nous recommandons ses réflexions à l'attention des lecteurs instruits qui connaissent les faits historiques auxquels elles se rapportent. C'est une des nombreuses preuves du malheureux penchant de ce siècle à l'incrédulité, que la vénération dont on entoure généralement de spécieux sophismes sur la vertu de la république romaine, tandis que les solides argumens d'Augustin sont à peine connus. Il décrit avec éloquence cette sorte de félicité que désirerait un cœur charnel, et il montre combien ces désirs sont déraisonnables. On trouve dans le même livre quelques fragmens précieux de Cicéron *de Republicâ*, traité ingénieux et profond, dont Augustin nous a conservé quelques portions, et qu'il cite pour montrer que, d'après l'aveu même de Cicéron, l'état romain était complétement ruiné avant les temps du christianisme. Le livre se termine par une exhortation pathétique aux incrédules.

Dans le *troisième* livre, l'auteur démontre que les païens ne trouvaient pas dans leur religion plus de secours contre les maux naturels que contre les maux moraux. Il raconte les malheurs sans nombre qui avaient accablé les Romains long-temps avant la venue de Christ, et dont quelques-uns surpassaient tout ce que l'on venait de souffrir des Goths.

Dans le *quatrième* livre, il prouve que la félicité des Romains, telle qu'elle était, ne prenait pas sa source dans leur religion. Ici, il pèse cette gloire et ce vaste empire dont le cœur charnel est si captivé, et démontre, de la manière la plus solide, qu'un empire d'une immense étendue n'est pas plus une preuve de bonheur pour un peuple, qu'une grande fortune pour un particulier; et ceux qui, fascinés par les auteurs politiques anciens et modernes, on admiré cette fausse gloire, peuvent la voir rabais sée à sa juste valeur par les raisonnemens d'Augustin. Il tourne en ridicule le Panthéisme, dont les ouvrages des anciens sages sont remplis, et montre la futilité de toutes les religions populaires[1]. En terminant, il trace en peu de mots le tableau des dispensations de la Providence envers les Juifs, et prouve que dans les temps où ils obéissaient aux commandemens de Dieu, leur félicité était bien supérieure à celle des Romains.

Dans le *cinquième* livre, il décrit la vertu des anciens Romains, et la récompense qui leur fut accordée sur la terre; une ombre de récompense pour une ombre de vertu. Il peint de main de maître la vaine gloire, et l'oppose à l'humilité des chrétiens. Il démontre que c'était le vrai Dieu qui dispensait aux Romains ses miséricordes et ses jugemens. Il n'existe pas de tableau plus frappant du néant de la grandeur militaire que la description qu'il fait de la condition des vainqueurs et des vaincus, et la démonstration que les derniers ne sont nullement inférieurs aux premiers sous le rapport du vrai bonheur, excepté dans la crise de la bataille.

Dans le même livre il attaque Cicéron, et prouve que la prescience de Dieu peut s'accorder avec le libre arbitre de l'homme. Il parle de la défaite totale du barbare païen Rhadagases en Italie, et rappelle aux Gentils avec quelle arrogance insultante ils avaient déclaré d'avance qu'il serait certainement victorieux. Ses observations sur les malheurs du pieux empereur Gratien, et sur la prospérité de Constantin et de Théodose, sont aussi très dignes d'attention.

Après avoir montré, dans les cinq premiers livres, que le paganisme ne pouvait rien pour les

---

[1] Les philosophes panthéistes soutenaient que tout était Dieu, ou considéraient l'univers comme l'Être-Suprême.

hommes par rapport aux choses temporelles, il prouve, dans les *cinq* livres suivans, qu'il était aussi totalement insignifiant par rapport à la vie future.[1] Augustin a conservé ici quelques précieux fragmens du savant Varron, qui partageait la religion en trois classes : fabuleuse, philosophique et politique. Nous y trouvons aussi un tableau historique et fidèle des opinions des anciens philosophes.[2]

Des *douze* livres qui restent, les quatre premiers décrivent les commencemens, les quatre suivans les progrès, et les quatre derniers les conséquences des deux puissances : la cité de Dieu et le monde. Leur histoire, leur esprit et leur génie sont conçus avec beaucoup de génie, et présentés avec force et avec clarté.

Le *onzième* livre commence par exposer des vues très justes de la connaissance de Dieu par le médiateur, et de l'autorité des Ecritures. Viennent ensuite des questions plus curieuses qu'importantes ; cependant la censure que l'auteur fait d'Origène, dans le vingt-troisième chapitre, est remarquable.

Dans le *douzième* livre, la question sur l'origine du mal est explicitement posée, et les opinions de ceux qui prétendent expliquer l'origine du monde d'une autre manière que les Ecritures, et lui attribuer une plus haute antiquité, sont solidement réfutées.

Le *treizième* livre décrit la chute de l'homme ; mais à ce grave sujet sont mêlées des questions peu importantes, et la subtilité de l'érudition de cette époque, jointe à la disposition naturelle de l'esprit d'Augustin, l'entraîne, dans ce livre comme dans diverses autres parties de ses écrits, à des distinc-

---

[1] Liv. VI.
[2] Liv. VIII.

tions frivoles et recherchées. Ce qu'il dit de la différence qui existe entre un corps spirituel et un corps animal répand cependant quelque jour sur le quinzième chapitre de la première Epître aux Corinthiens.

Le *quatorzième* livre est plus intéressant que les trois précédens, bien qu'il s'y trouve aussi des recherches qui n'ont point d'importance. L'auteur montre à quel point le premier péché a été grand, et défend victorieusement la justice de Dieu. Vers la fin du livre, il établit un contraste frappant entre les deux états du monde et de l'Église. Deux systèmes d'affections ont produit deux états. L'amour du moi a produit un état terrestre et le mépris de Dieu; l'amour de Dieu a produit un état céleste et le mépris de l'homme. L'un se glorifie dans l'homme; l'autre, dans le Seigneur. L'un cherche la gloire qui vient des hommes; pour l'autre, Dieu est la plus grande gloire. L'un lève la tête, enflé de sa propre gloire; l'autre dit à son Dieu : « Tu es ma gloire, et tu es celui qui me fait lever la tête. » Dans l'un règne la soif de la puissance; dans l'autre, les hommes se servent réciproquement par amour; ceux qui gouvernent en pourvoyant au bien-être du peuple, les sujets en obéissant. L'un aime sa propre force; l'autre dit à son Dieu : « Je t'aimerai, ô Eternel ! ma force. » Dans l'un, les sages vivent selon la sagesse de l'homme, et s'attachent aux intérêts du corps et de l'esprit, ou, s'ils connaissent Dieu, ne l'honorent pas comme Dieu, et ne sont pas reconnaissans; dans l'autre, la sagesse humaine ne compte pour rien : la piété est tout, le vrai Dieu est adoré, et l'on attend la récompense dans la société des saints et des anges, afin que Dieu soit tout en tous. »[1]

---

[1] Chapitre XVIII.

Dans le *quinzième* livre, il entre dans la seconde partie de l'histoire des deux puissances, c'est-à-dire leurs progrès. Il décrit les deux types, Sara et Agar, et explique l'esprit et le génie du monde et de l'Eglise par l'histoire de Caïn et d'Abel. Il réfute ceux qui prétendent que la vie des hommes n'était pas aussi longue avant le déluge que l'enseignent les Ecritures. Ses réflexions sur l'arche et sur le déluge sont justes, bien qu'elles ne contiennent que peu de choses nouvelles pour nous; et, dans le dernier chapitre, il montre que sans déprécier le sens littéral et le sens allégorique de l'Ecriture, on doit les admettre tous les deux.

Le *seizième* livre conduit l'histoire de la cité de Dieu de Noé jusqu'à David, et contient des instructions importantes, surtout pour ceux qui n'ont pas lu les mêmes choses dans les auteurs modernes.

Le *dix-septième* livre peut être appelé l'histoire prophétique. L'auteur prouve qu'il faut nécessairement attribuer un double sens aux paroles des prophètes, auxquelles on peut appliquer tantôt le sens littéral, tantôt le sens spirituel, et quelquefois tous les deux. Il dit donc, avec beaucoup de raison, que l'on doit entendre les Ecritures de trois manières, et il en donne pour exemple le cantique d'Anne, dans le premier livre de Samuel, où il est parlé d'un roi dans un temps où il n'y avait pas de roi en Israël. Ses commentaires sur les psaumes, qui sont faits dans le même esprit, sont excellens. Ces vues sont si éloignées des raisonnemens habituels de notre temps, qu'elles ne trouveront pas facilement crédit dans le monde; mais plus on étudiera les Ecritures, et plus on se convaincra de la justesse des remarques d'Augustin et de la nécessité de les admettre.

Dans le *dix-huitième* livre, il déploie beaucoup d'érudition en décrivant les temps du monde qui correspondent à ceux de l'Eglise de Dieu avant la naissance de Christ. Il prouve que l'antiquité prophétique remonte à une plus haute antiquité que celle d'aucun philosophe. Il présente un contraste frappant entre l'harmonie qui existe entre les écrivains sacrés, qui ne forment à eux tous qu'un seul et même système, et la discordance continuelle des philosophes entre eux.

Il dit en parlant du temps de Christ et de la propagation de l'Evangile : « Dans ce siècle corrompu, dans ces mauvais jours où l'Eglise s'avance vers une élévation future par son humilité présente, et est disciplinée par les agitations de la crainte, les tourmens de la douleur, la fatigue des travaux et les dangers des tentations, et où elle ne se réjouit qu'en espérance, bien des réprouvés se trouvent mêlés avec les justes; les uns et les autres sont recueillis dans le filet de l'Evangile, et nagent confondus dans ce monde comme dans une mer, jusqu'à ce qu'ils atteignent le rivage où les mauvais seront séparés des bons, et où Dieu sera tout en tous, dans les bons comme dans son temple. »[1]
« Christ choisit des disciples nés dans la classe inférieure, obscurs et illettrés, afin que, quelques grandes choses qu'ils fissent, il pût être en eux et tout accomplir. Lorsque sa présence corporelle ne fut plus nécessaire à l'établissement de sa sainte Eglise, il souffrit, mourut et ressuscita, montrant par ses souffrances ce que nous devons supporter pour la vérité, et par sa résurrection ce que nous pouvons espérer pour l'éternité. C'est une leçon ajoutée au grand mystère de la rédemption, qui nous montre son sang répandu pour la rémission de nos péchés. » Augustin prouve que la foi de l'Evangile est fortifiée par les discussions des hérétiques,

---

[1] Chapitre XLIX.

et, après quelques observations sur l'antechrist, aussi justes qu'on pouvait l'attendre dans son temps, il conclut par une remarque sur une prophétie païenne qui affirmait que la religion chrétienne ne durerait que trois cent soixante-cinq ans. « Je n'examinerai pas, dit-il, ce qui peut se passer à la fin de cette période dans d'autres endroits du monde; je dirai ce que je sais. Dans la célèbre ville de Carthage, l'année qui suivit celle où le christianisme devait être anéanti d'après la prédiction, les officiers impériaux renversèrent les temples des idoles et brisèrent les images; et pendant les trente années qui se sont écoulées depuis lors, les progrès de l'Evangile ont été d'autant plus triomphans que la fausseté de l'oracle païen était plus évidente. »

Les quatre derniers livres décrivent les conséquences qui résultent de ces deux états.

Le *dix-neuvième* mérite d'être étudié attentivement par les hommes lettrés qui désirent bien connaître la distinction qui existe entre la théologie et la philosophie. L'auteur met en opposition, avec beaucoup de clarté, les idées de bonheur que présentent l'une et l'autre, et tout en rendant justice à ce qui se trouve de bon dans les systèmes des philosophes, il indique leurs erreurs fondamentales. Il expose les principes de la vertu évangélique; il décrit les maux de la vie, et montre le vrai soulagement que procure l'Evangile, et les fausses consolations de la philosophie; enfin (car les limites qui nous sont imposées n'admettent pas de longs détails), le lecteur trouvera dans ce livre les enseignemens de la philosophie humaine classés avec l'indication de ses erreurs, et une description fidèle de l'esprit du christianisme.

Le *vingtième* présente un tableau du jugement dernier; mais ce livre n'est pas aussi intéressant qu'il semblerait devoir l'être, le génie vigoureux et abondant de l'auteur l'ayant entraîné à traiter une multitude de questions subtiles, et à développer quelques-unes des prophéties les plus obscures de l'Ecriture qu'il était impossible de bien comprendre de son temps, parce qu'elles n'étaient pas encore accomplies.

Dans les *deux derniers* livres, Augustin parle de la punition des méchans, et du bonheur des justes. Le premier, bien qu'il contienne un mélange de questions curieuses, mais plus subtiles qu'importantes, mérite d'être lu avec attention, surtout depuis le onzième chapitre jusqu'à la fin. Les onzième et douzième chapitres présentent, dans un espace resserré, une réponse aussi juste que forte, aux objections des hommes contre les punitions éternelles infligées au péché par la justice divine. Il paraît que l'oraison dominicale était répétée tous les jours par l'Église chrétienne dans son temps, et bien qu'il paraisse mal interpréter les paroles de notre Seigneur, qu'il faut se faire « des amis des richesses iniques », il avoue cependant que son interprétation serait dangereuse dans la pratique. Il proteste ouvertement contre les idées de ceux qui s'imaginent pouvoir expier leurs péchés par des aumônes; et réfute les pensées présomptueuses des hommes qui croyent pouvoir échapper à la condamnation sans une solide conversion.

Dans le *dernier* livre, qui décrit le repos éternel de la cité de Dieu, il s'arrête sur les preuves extérieures du christianisme. Nous avons encore à regretter ici que des idées scholastiques et superstitieuses qui tiennent au goût de son temps, viennent trop souvent se mêler à des sujets importans. Le vingt-deuxième chapitre présente une preuve frappante, et tirée des faits, de la chute de l'homme. Il y a aussi des réflexions admirables dans les deux chapitres suivans. Et il termine par un tableau délicieux de la félicité éternelle de l'Église de Dieu.

Si l'esquisse très imparfaite que nous venons de présenter de cet ouvrage, engageait quelques jeunes gens sérieux à le lire avec impartialité et avec attention, et que par la bénédiction de Dieu ils se pénétrassent ainsi de l'esprit céleste de l'auteur, ce serait pour nous un grand sujet de joie. Une précaution généralement nécessaire dans l'étude des Pères, et que l'on ne doit pas perdre de vue en lisant cette histoire, c'est que pour les comprendre et les goûter nous devons oublier notre *propre* temps, son esprit, son goût, et ses usages, et nous transporter dans le siècle où vivaient ces auteurs, pour n'être pas choqué de manières de penser et de parler qui diffèrent beaucoup des nôtres. Sans cette sorte de tolérance, à laquelle peu d'esprits savent se plier, il sera impossible de bien apprécier les ouvrages offerts à notre examen.[1]

CHAPITRE VI.

CONDUITE D'AUGUSTIN ENVERS LES DONATISTES.

L'ESPRIT actif de l'évêque d'Hippone trouva assez d'occupation dans le long cours de ses travaux particuliers et publics contre les pélagiens, les manichéens et les donatistes, outre le soin général des églises d'Afrique, et l'inspection de son propre diocèse.

---

[1] Celui qui étudie les écrits des Pères doit aussi fixer continuellement son attention sur la parole de Dieu. Les Pères étaient excellens comme individus sous bien des rapports; mais nous avons vu que sur différens points de doctrine et de pratique, ils s'étaient éloignés de la première pureté de l'Église de Christ.

Il est juste d'établir une grande distinction entre les donatistes. Les uns étaient, comparativement parlant, des gens doux et paisibles; les autres, appelés *circoncellions*, étaient de véritables bandits, des gens violens qui ne faisaient cas ni de leur propre vie, ni de celle des autres, et que l'on vit plus d'une fois se tuer eux-mêmes dans un accès de frénésie. Ils avaient une haine particulière contre les pasteurs de l'Église générale, et leur tendaient souvent des embûches; quelquefois ils les attaquaient à main armée, les mutilaient ou les tuaient. Ils brûlaient les maisons de ceux qui ne voulaient pas être de leur secte, et se rendaient coupables des plus grands crimes. Ces misérables cherchèrent souvent à s'emparer d'Augustin, et il leur échappa une fois par une dispensation particulière de la Providence, son guide s'étant trompé de chemin, lorsqu'il visitait son diocèse, devoir dont il s'acquittait avec beaucoup de zèle et de régularité. Il apprit plus tard qu'on lui avait dressé une embûche sur le chemin par lequel il aurait dû passer.

Les donatistes n'admettaient aucune doctrine particulière : ils ne différaient de l'Église générale que par une chose de fait, savoir si Cæcilien avait été légalement consacré. Augustin leur disait avec beaucoup de raison, dans sa controverse avec eux, que lors même que leurs adversaires seraient dans l'erreur à cet égard, un semblable motif ne pouvait justifier leur séparation, puisque Jésus-Christ, sa grâce et sa doctrine demeuraient les mêmes. C'était cependant pour une semblable vétille que ces schismatiques croyaient devoir déchirer le corps de Christ depuis la fin du troisième siècle, quoique les deux partis eussent les mêmes articles de foi. Tant ils avaient oublié de garder l'unité de l'esprit par le lien de la paix!

Les donatistes paisibles avaient en horreur les

excès des circoncellions, mais ils n'avaient pourtant pas assez de discernement pour voir les maux qu'avait occasionnés leur schisme inutile. Ils formaient des partis subdivisés en petits corps qui se condamnaient les uns les autres ; chacun d'eux s'arrogeait le titre de la vraie Église ; ils ne s'unissaient que pour condamner l'Église générale.

Un de ces partis, celui des rogatiens, se distinguait soigneusement des circoncellions : ce qui n'est pas aussi évident par rapport aux autres partis. Ce que nous pouvons affirmer en toute sûreté, c'est que toutes les personnes animées d'une vraie piété parmi les donatistes (et nous espérons qu'il y en avait un grand nombre en Afrique), auraient dû se séparer d'eux. Mais il était très difficile pour ceux qui n'étaient pas vraiment pieux, de faire cette juste distinction. L'Afrique en était remplie, et le parti des furieux devait être très nombreux.

Lorsque Augustin vit ces multitudes de donatistes dont le sol de l'Afrique était couvert, son cœur fut d'abord saisi d'horreur à la pensée de les exposer aux lois pénales de l'empire ; et il écrivit à la cour impériale que son opinion et son désir étaient que l'on réprimât par la puissance séculière les violences des circoncellions, mais que l'on n'employât d'autres armes contre les paisibles donatistes que la prédication et les argumens, les conversions opérées par la force n'étant pas sincères, et ne tendant qu'à endurcir les hommes dans le péché. Il est à regretter qu'il ait recommandé plus tard des mesures plus sévères.

Les autres évêques de l'Église générale, en Afrique, ne furent pas aussi modérés : ils désirèrent que la contrainte civile s'exerçât contre tout le parti donatiste, et ils exprimèrent ces sentimens à la cour impériale, dans un temps où leurs esprits étaient exaspérés par le cruel traitement que les circoncellions avaient fait subir à un certain évêque qui était tombé entre leurs mains, et que l'on croyait avoir perdu la vie. Sous l'impression de cette conviction, la cour donna des ordres pour que les donatistes fussent soumis à des amendes et que leurs évêques fussent bannis. Ce ne fut qu'après la promulgation de ces édits, que l'on apprit que l'évêque maltraité par les circoncellions était sorti vivant de leurs mains.

On aurait dû véritablement distinguer avec soin, dans ces actes de sévérité, les donatistes furieux d'avec ceux qui étaient paisibles. Mais c'est ce qui était alors assez difficile à exécuter, bien que personne ne puisse mettre en doute aujourd'hui que les premiers sentimens d'Augustin ne fussent plus justes que les seconds. Il insistait beaucoup sur ce qu'il était très déraisonnable aux donatistes de borner à eux-mêmes les grâces du salut, comme s'il n'y eût pas eu de chrétiens dans tout le reste du monde, et que l'Afrique seule eût possédé la vérité. Et il faisait observer que leur absurdité était d'autant plus grande, en bornant le salut à quelques lieux particuliers tels que l'Afrique, qu'ils s'étaient subdivisés en petits partis dont chacun prétendait au monopole de la vérité. Mais l'Église générale n'aurait sûrement pas dû non plus imiter cette bigoterie, en condamnant tout le corps des donatistes.[1]

---

[1] Il serait aussi fatigant que peu intéressant d'indiquer toutes les fausses assertions dont M. Gibbon a rempli son histoire de l'Église. Nous nous contenterons d'une ou deux remarques pour mettre sur leurs gardes ceux qui lisent son histoire. Dans sa « Décadence de l'Empire romain », chap. XXXIII, vol. III, il affirme deux faits qui ne reposent sur aucun document authentique; tous deux ont rapport aux donatistes. En premier lieu il attribue la fureur, le tumulte et le sang répandu par les circoncellions aux persécutions impériales qui eurent lieu du temps d'Augustin. On pourrait examiner jusqu'à quel point ces violences furent accrues par la persécution; mais les donatistes avaient toujours été rebelles et turbulens.

L'évêque de Calame, un des disciples d'Augustin, allant visiter son diocèse, fut attaqué par les circoncellions, pillé, et si maltraité, qu'il leur échappa avec peine. Crispin, évêque donatiste de Calame, fut alors condamné à une amende, conformément aux lois. Il nia qu'il fût donatiste ; les deux évêques de Calame parurent devant le tribunal, et plaidèrent en présence d'une grande multitude ; et Augustin ne refusa pas son secours à l'Église en cette occasion. Le donatiste fut convaincu, et condamné à payer l'amende. Mais le disciple d'Augustin, satisfait de sa victoire, demanda que l'amende ne fût pas exigée, ce qui lui fut accordé. L'orgueil du donatiste refusa de se soumettre, et il en appela à l'empereur, qui ordonna que la loi fût exécutée avec la plus grande rigueur sur tout le parti. Les évêques de l'Église générale, et Augustin à leur tête, implorèrent cependant la clémence impériale en faveur des donatistes, et leur demande eut un plein succès.

Il eût sans doute été plus conforme aux maximes du christianisme, de n'employer contre les donatistes d'autres armes que les argumens. Mais nous avons déjà montré que la chose n'était pas ; et la conduite d'Augustin, comme aussi sûrement d'autres personnes pieuses en Afrique, fut généralement d'accord avec la douceur qu'on avait manifestée dans cette occasion. Il était pourtant impos-

---

Ils avaient été en scandale dès leur origine, et, dès le temps de Julien, leurs fureurs avaient nécessité l'intervention des magistrats civils. (Aug. Ad. Donat. Ep. 105, Fleury, vol. II, liv. xv, c. 32.) Sa seconde assertion est d'une fausseté encore plus évidente. Il attribue les succès des Vandales en Afrique à l'effet de la même persécution contre les donatistes, qui, comme il le suppose, joignirent leurs armes à celles de Genséric, contre l'Église générale. Il n'existe aucune preuve à l'appui de cette supposition. Autant aurait valu attribuer l'invasion de l'Écosse par le prétendant, dans la rebellion de 1745, au réveil religieux de la Grande-Bretagne qui eut lieu vers la même époque.

sible qu'au milieu de l'indignation qu'excitaient les circoncellions, il n'arrivât à des donatistes paisibles d'être exposés à des exactions et à des actes particuliers d'oppression. On ne peut avoir le moindre doute sur la sincérité, la douceur et la piété de l'évêque d'Hippone, malgré l'erreur de jugement qui lui fut commune avec tant d'autres personnes de son temps. C'est une chose délicate et difficile que de décider, pour tous les cas, jusqu'à quel point le magistrat civil doit intervenir dans les choses qui tiennent à la religion. Les différens siècles donnent dans des excès différens, selon que l'irréligion ou la superstition y domine. Il existe sans doute un juste milieu ; mais appliquer la règle avec exactitude à tous les cas et à toutes les circonstances, serait une tâche difficile en elle-même et étrangère au but de cette histoire. Cependant Augustin, par ses écrits et ses travaux charitables, donna au donatisme un coup dont il ne se releva pas ; cette secte déclina rapidement et devint bientôt insignifiante ; ce qu'il y eut de plus heureux en tout ceci, c'est que la disparition des circoncellions améliora beaucoup l'état de l'Église d'Afrique, et qu'il y eut probablement ainsi un grand accroissement à la véritable Église de Christ.[1]

---

[1] Après avoir examiné les ouvrages d'Augustin qui se rapportent aux donatistes, et en particulier les lettres 48, 50, 61 et 127, et le récit de Possidonius, nous avons renfermé dans ce chapitre la substance des faits historiques qu'ils contiennent, sans fatiguer le lecteur de citations inutiles. Nous avons suivi, dans cette occasion, la méthode que nous faisons profession d'adopter généralement ; nous avons formé notre jugement sur les documens originaux, et non sur les opinions et les raisonnemens d'aucun auteur moderne. Tâche laborieuse ! comparée à la facilité qu'il y aurait à copier les autres historiens ; tâche pénible ! parce qu'elle oblige souvent à attaquer des ouvrages modernes, mais aussi tâche du véritable historien.

CHAPITRE VII.

DES OUVRAGES D'AUGUSTIN QUI N'ONT PAS ENCORE ÉTÉ EXAMINÉS.

Nous allons essayer de passer rapidement en revue, dans ce chapitre, les ouvrages d'Augustin dont nous n'avons pas encore parlé, et qui nous paraissent dignes d'attention, en laissant de côté les portions de ces volumineux écrits qui n'offrent que des répétitions, qui ne contiennent point d'instructions intéressantes, ou qui traitent des sujets qui ont été beaucoup mieux traités par ceux qui ont eu l'avantage de venir plus tard.

Le livre des Méditations ne paraît pas être de lui, à cause du style qui est sentencieux, bref, et ne présente pas ces allusions classiques qui se trouvent dans les écrits authentiques de notre auteur, et aussi parce qu'il contient des prières adressées à des saints morts. Cette dernière circonstance indique que cet ouvrage est *postérieur* au siècle d'Augustin. On a souvent pratiqué des fraudes de ce genre sur les ouvrages des Pères dans les temps monastiques.

Les deux traités sur le Mensonge, adressés à Consentius, prouvent la solidité des opinions de l'auteur par rapport à la morale. Telle est en effet l'union qui existe entre les différentes portions de la vérité divine, que ceux qui ont les vues les plus justes et les plus larges de la grâce de l'Évangile ont toujours aussi les vues les plus exactes et les plus étendues du devoir moral; et ce qui est plus encore, ils en donnent l'exemple dans leur vie c dans leur conversation. Cette même justice propre qui ternit le lustre de la grâce divine excite toujours ceux qui en font leur appui à retrancher quelque chose de la sévérité de la loi divine, à la souiller par un mélange d'orgueil et d'amour du monde, et à déclarer permises dans la pratique mille choses qui font horreur à une âme sainte. Durant les progrès de la superstition, nous avons vu commencer à se répandre des notions vagues et dangereuses sur la véracité; des hommes tels qu'Ambroise et Chrysostôme en avaient eux-mêmes ressenti l'influence, et nous avons entendu louer quelquefois ce qu'on appelle de pieuses fraudes. Dans le traité que nous examinons, Augustin définit le mensonge *dire une chose et en penser une autre*; et il déclare que dans tous les cas, même pour favoriser les desseins les plus pieux et les plus salutaires, mentir est indigne d'un chrétien. On avait donné au second chapitre de l'épître aux Galates une interprétation qui n'était pas sans danger, dans ce qui se rapporte à la dissimulation de Pierre[1]. Il cherche à réparer cet abus, et démontre, d'après les décisions les plus expresses du Nouveau Testament, que toute tromperie de la langue est coupable. Cette tâche était digne de celui qui fut le principal instrument du réveil de la piété dans l'Eglise.

Son traité sur *la Foi et les œuvres* fut écrit pour combattre l'antinomianisme que quelques uns cherchaient à introduire. Des hommes, qui persévéraient encore dans leurs péchés, désiraient d'être baptisés; il s'en trouvait d'autres qui appuyaient leurs demandes, et qui jugeaient suffisant de leur enseigner, après le baptême, comment ils devaient vivre, leur laissant toujours l'espérance qu'ils pourraient être sauvés « comme hors du feu, »

---

[1] Aug. opera, t. IV, p. 2, édition de Paris, 1571.

parce qu'ils avaient été baptisés, quoiqu'ils ne se fussent jamais repentis de leurs péchés.

En réponse à ces abus, notre auteur montre que la véritable foi qui sauve opère par sa charité; que l'instruction des catéchumènes renferme la morale aussi bien que les doctrines; que l'œuvre de celui qui catéchise est extrêmement utile à l'Église, et que l'on doit recevoir l'instruction avant d'être baptisé, afin d'apprendre combien c'est une chose vaine que de penser qu'on peut être sauvé sans la sainteté. Il remarque, avec beaucoup de raison, que la réponse de l'eunuque à Philippe, « Je crois que Jésus est le fils de Dieu, » renfermait virtuellement la connaissance du véritable caractère de la personne et des attributions de Christ, et des qualités qui distinguent ses membres. Il appuie sa doctrine sur l'autorité de l'Écriture, en particulier sur l'épître de saint Jacques, et il répond à ceux qui disaient qu'ils voudraient croire en Christ et venir à lui, et qu'on les en empêchait : « Nous ne repoussons pas ceux qui veulent venir à Christ, mais nous prouvons par leur propre conduite qu'ils ne veulent pas venir à Christ; nous ne les empêchons pas de croire en Christ, mais nous démontrons que ceux-là ne veulent pas croire en Christ qui supposent que des adultères peuvent être ses membres. » Il combat de toutes ses forces la funeste opinion que ceux qui sont baptisés peuvent être sauvés en demeurant dans leurs péchés, et recommande que l'on apporte une sérieuse attention à la discipline de l'Église et au salutaire usage d'instruire les catéchumènes, montrant dans tout cet écrit beaucoup de zèle pour la cause de sainteté, et beaucoup de crainte de l'abus que l'on peut faire des doctrines de la grâce¹.

---

¹ Aug. opera, t. IV, p. 18.

Dans un court traité adressé à Simplicien, l'évêque de Milan, qui avait été le guide et le successeur d'Ambroise, Augustin entreprend de résoudre les difficultés que présente le chapitre IX de l'épître aux Romains, et défend à sa manière ordinaire la doctrine de la grâce. Ses remarques sur le passage : « Cela ne vient pas de celui qui veut, ni de celui qui court, mais de Dieu qui fait miséricorde, » méritent d'être citées. « Il n'est pas dit : cela ne vient pas de celui qui ne veut pas et qui méprise, mais de Dieu qui endurcit. — Dieu ne fait rien pour rendre les hommes plus méchans : seulement il ne donne pas à quelques hommes ce qui pourrait les rendre meilleurs. Puisque la société humaine est unie par donner et recevoir, qui ne voit que l'on n'accuse pas d'iniquité celui qui exige ce qui lui est dû, ou qui remet la dette ? Cette idée de l'équité a été mise en nous par la Divinité. Tous les hommes meurent en Adam, ne formant qu'une masse d'iniquité : cette mort peut être appelée une dette due à la justice divine, et, soit qu'elle soit exigée, comme elle l'est de quelques uns, ou qu'elle soit remise, comme elle l'est à d'autres, il n'y a point là d'iniquité. [1] «

Le traité sur *le Devoir de catéchiser les ignorans* mérite d'être lu à cause des instructions pieuses et solides dont il est rempli, et aussi à cause du jour qu'il répand sur les usages de l'ancienne Église. Il paraît que tous ceux qui désiraient d'être admis dans l'église chrétienne étaient obligés de suivre les leçons du catéchiste, et à en juger par la manière dont notre auteur s'acquittait de cette fonction, elle était très importante. La personne à qui il écrivait lui avait exprimé combien il lui était pénible de ne pouvoir parler de manière à être contente d'elle-

---

[1] Aug. opera, t. IV, p. 147.

même. Il avoue que c'était aussi généralement ce qui lui arrivait, et cherche à expliquer ce fait en disant que l'esprit d'un prédicateur ou d'un catéchiste zélé, concevant d'un coup d'œil la valeur et la beauté de son sujet, doit sentir que ses paroles ne le rendent que faiblement ou avec trop de lenteur, et en est honteux et déconcerté; cependant, continue Augustin, « il aurait tort d'en conclure que ses paroles soient perdues, ou qu'elles paraissent aussi peu satisfaisantes à ses auditeurs qu'à lui-même. Nous ne voyons, dit-il, qu'obscurément, et comme dans un miroir, et nous devons travailler patiemment pour avancer dans la vie divine; il est pourtant désirable de catéchiser avec liberté d'esprit, et avec une joie sensible. Mais c'est le don de Dieu. »

Quant à la manière de catéchiser, il recommande de commencer par la narration, pour donner aux auditeurs un aperçu clair et rapide des grands faits qui se rapportent à la religion, tant dans l'Ancien Testament que dans le Nouveau, en s'arrêtant sur les plus importans, et en passant légèrement sur le reste. Dans tout son enseignement, le maître doit avoir les yeux constamment fixés sur le grand but, et rapporter tout ce qu'il raconte au plan de l'amour de Dieu dans le don de Jésus-Christ, décrivant la chute et la rédemption, et la méthode de Dieu, qui ramène les hommes déchus à l'aimer, en retour de l'amour gratuit qu'il leur témoigne en Jésus-Christ. Il ajoute cependant que sans la crainte de la colère divine, les pécheurs n'ont pas de motifs assez forts pour s'approcher du Dieu d'amour, ou d'attraits suffisans pour engager leurs esprits à le chercher. Le catéchiste ne doit pas non plus se laisser refroidir par la pensée que les catéchumènes ne l'écoutent peut-être que par des motifs mondains.

Il arrive souvent, dit-il, par la grâce de Dieu, que celui qui n'a recherché nos instructions que dans des vues charnelles, est amené à sentir la valeur de ce qui n'était d'abord pour lui qu'un prétexte. Mais il serait à désirer que le catéchiste pût connaître d'avance la disposition du catéchumène. S'il n'a pas d'autre moyen d'y parvenir, il doit l'interroger lui-même, et régler son discours sur les réponses qu'il reçoit. Si le catéchumène avoue que la crainte de la colère divine dénoncée aux pécheurs, ou la terreur de quelque puissant avertissement de Dieu l'a amené à désirer d'entendre expliquer l'Évangile, le catéchiste alors a le plus précieux encouragement à l'instruire avec zèle.

Quand il a fini sa narration, il doit y ajouter l'exhortation, présentant à son catéchumène l'espérance de la résurrection, et les solennités des jugemens de Dieu, le ciel et l'enfer. Il doit s'armer contre les scandales et contre les tentations auxquelles il peut être exposé par la perversité des hérétiques, la malice des ennemis déclarés, ou la mauvaise conduite des chrétiens de nom. Et tout en l'excitant à faire ses efforts pour plaire à Dieu, et pour mener une vie sainte, il est nécessaire d'insister fortement sur ce qu'il ne doit se confier dans aucune de ses œuvres, mais uniquement sur la grâce de Dieu.

Si la personne qu'on instruit a reçu une éducation soignée, on ne doit pas la fatiguer en s'arrêtant trop long-temps sur les faits du christianisme, tandis qu'un plus long développement devient nécessaire pour ceux qui n'ont point fait d'études. Le discours doit être varié ; il est bon de s'étendre sur certains sujets, et, par rapport à d'autres, d'être plus bref. Par exemple, en mettant les gens instruits en garde contre l'orgueil du savoir, et en cherchant à former leur goût, il faut leur enseigner à éviter plutôt les fautes morales que les fautes littéraires, et à craindre d'offenser Dieu par leurs paroles ou par leurs actions, plus que de faire un barbarisme ou un solécisme; on doit aussi leur recommander de ne pas mépriser les chrétiens ignorans.

Une chose qui décourage souvent le catéchiste, c'est d'employer à répéter des choses qui ne lui sont plus nécessaires un temps pendant lequel il pourrait lire ou écouter ce qui contribuerait à son propre perfectionnement. C'est sûrement là un des motifs pour lesquels on voit si peu de personnes se plaire à instruire les ignorans. Ceux qui sont eux-mêmes ignorans ne sont pas propres à instruire, et ceux qui savent se regardent comme au-dessus de cette tâche. Un pasteur est occupé de quelque étude intéressante, et on vient lui dire qu'il faut qu'il catéchise : il est contrarié de voir interrompre ses travaux, et l'agitation de son esprit l'empêche de s'acquitter comme il faut de cette fonction importante.

Il est donc indispensable que le catéchiste apprenne lui-même les choses qui peuvent lui inspirer le zèle joyeux dont il a besoin pour bien remplir sa charge : car Dieu aime celui qui donne gaîment. On doit lui mettre devant les yeux l'exemple de la charité et de la douceur du Fils de Dieu, afin de lui faire honte de son orgueil et de son impatience, et s'il est vrai que nous ayons des études plus utiles à faire pour nous-mêmes, nous pouvons espérer que Dieu nous parlera avec plus de puissance, quand nous aurons entrepris de parler joyeusement aux autres pour lui. L'amour de Dieu répandu dans le cœur fera disparaître l'ennui de ce chemin rebattu de l'enseignement, et si nous considérons que nous sommes de mauvais juges de l'ordre dans lequel les choses doivent être placées, et qu'il vaut mieux laisser la direction des temps et des saisons au Dieu tout sage et tout bon, nous verrons sans peine les appels de la Providence déranger l'ordre que nous nous étions prescrit à nous-mêmes, et sa volonté se faire avant la nôtre.

En interrogeant le catéchumène, on doit lui demander s'il désire être chrétien pour cette vie ou pour l'autre. Et un des conseils les plus importans que l'on puisse lui donner, c'est de désirer d'être chrétien uniquement pour l'éternité.

Le plan d'instruction qu'il trace ensuite comprend les vérités essentielles de l'Evangile, le salut en Jésus-Christ par la foi, et les doctrines les plus importantes liées aux principaux devoirs des chrétiens. Que les pasteurs pour lesquels la religion n'est qu'une forme lisent et rougissent, qu'ils apprennent et qu'ils imitent.

Dans son traité sur *la Patience*, il s'applique à montrer quelle est l'origine de cette vertu, et il prouve qu'elle est entièrement distincte de tout ce qui semble d'abord avoir du rapport avec elle, mais qui ne vient que des forces naturelles de l'homme. Pour développer cette pensée, il met en avant une objection assez naturelle à un esprit incrédule : « Si, pour satisfaire leurs désirs mondains, les hommes peuvent, sans la grâce divine, et par leur énergie naturelle, supporter patiemment les choses les plus pénibles, pourquoi ne pourraient-ils pas aussi, par la même énergie, supporter des afflictions par amour pour la vie éternelle ? » Il répond que plus les désirs qui entraînent les hommes vers les objets de la terre sont vifs, plus ils ont de force et de fermeté pour supporter les choses pénibles, afin d'obtenir ce qu'ils souhaitent; de même, plus ils aiment sincèrement les choses célestes, plus ils supporteront avec joie ce qu'ils sont appelés à souffrir pour les posséder.

Les désirs mondains, ayant leur source dans la volonté humaine, se fortifient par le plaisir que l'homme prend naturellement aux biens de la terre, plaisir que l'habitude vient encore accroître. Mais l'amour de Dieu n'a pas une semblable origine ; il ne vient pas de nous, il vient entièrement du Saint-Esprit qui nous le donne. La grâce, qui n'est la conséquence d'aucune des œuvres de l'homme, mais qui les précède toutes, le choisit pour le salut, tandis qu'il est encore impie et privé de toute force, et lui donne la puissance de vouloir et d'exécuter, et exalte même la source primitive et décisive de tout le bien qu'il fait, bien pour lequel il est aidé, soutenu jusqu'au dernier moment, et enfin récompensé dans le ciel !

Ce n'est pas à *commenter* les Ecritures qu'excelle surtout Augustin. La manière fantastique d'Origène domina généralement depuis l'époque à laquelle il a écrit jusqu'à la réformation. Cependant Augustin en est plus exempt, et saisit mieux l'esprit des oracles sacrés que la plupart des Pères de son temps ; ce que l'on voit plus encore dans la manière dont il expose tel ou tel point de doctrine séparément, que dans ses commentaires réguliers. Son explication des Psaumes est pleine de sentimens pieux, et contient des observations très belles et très touchantes. Il voit Christ partout dans les Psaumes, bien qu'il ne soit pas toujours heureux dans la manière dont il en interprète les passages. Ce que nous venons de dire s'entend également de son explication de l'évangile de saint Jean. On doit reconnaître cependant que ses commentaires, quoique très imparfaits, ont été extrêmement utiles à l'Eglise ; car on y trouve des lumières qui n'ont pas seulement guidé les hommes pieux pendant les siècles de ténèbres, mais qui ont rendu de grands services aux réformateurs, lorsque l'on adopta un système d'interprétation plus simple et plus judicieux.

Son traité sur *la Doctrine chrétienne* mérite d'être lu en entier par les jeunes ministres, dont il peut contribuer à former le goût aussi bien qu'à éclairer l'esprit et à réchauffer le cœur. Augustin excellait certainement comme prédicateur; mais ce que l'on doit surtout estimer en lui, c'est qu'il cherchait plus à instruire le peuple qu'à plaire aux gens instruits. Le goût n'a peut-être jamais été plus corrompu qu'aujourd'hui sous ce rapport. Un style élégant et recherché est considéré par beaucoup de gens comme essentiel aux orateurs chrétiens : on s'attache plus à la forme qu'au fond; on ne réfléchit pas que le plus grand nombre de ceux qui composent nos auditoires ne font aucun cas de ces phrases si artistement arrangées ; et il est bien à craindre que ceux qui apportent tant de soin à leur style ne soient guère pénétrés eux-mêmes de l'importance des choses divines, et ne s'occupent bien plus de leur réputation comme orateurs que des intérêts spirituels de leurs auditeurs. Le Tout-Puissant n'a pourtant jamais montré d'une manière plus claire et par les effets ce qui lui est vraiment agréable. Quelle multitude de sermons brillans de savoir et d'éloquence qui n'ont produit aucun bien ! La vérité de la doctrine semble perdre quelque chose de sa puissance, lorsqu'elle est revêtue d'expressions empruntées à la sagesse humaine : tandis que des discours simples et sans art adressés au peuple par des hommes qui craignaient Dieu et qui parlaient avec ferveur et avec charité, ont été accompagnés « d'évidence d'esprit et de puissance, » pour arracher beaucoup d'âmes au péché et à Satan.

La science et le style ne sont pas les premières choses que doit rechercher un pasteur. S'il est très jeune, il fera bien de cultiver ses facultés sous ces deux rapports ; et, s'il a des dispositions pour l'éloquence, il apprendra bientôt tout ce qu'il a besoin de savoir pour l'exercice de sa profession.

Il y a certainement de l'éloquence dans les saintes Écritures, mais c'est de l'éloquence adaptée au sujet, et d'une divine simplicité. Un pasteur qui a le don de la parole et de l'instruction doit s'étudier à n'être jamais au-dessus de la capacité de son auditoire par des raisonnemens subtils ou par une trop grande élégance de diction. Il sera simple, fidèle, et, par-dessus tout, clair et facile à comprendre ; et, sans devenir incorrect ou grossier, il descendra à la portée de ses plus humbles auditeurs ; il sera grand et sublime par les choses et non par les mots ; il abandonnera avec joie sa réputation d'homme de talent à l'examen des critiques, car il a des âmes à faire entrer dans la bergerie du Christ, et il ne desire pas la louange des hommes. Il montrera, sans y songer, de temps en temps, qu'il peut parler avec plus d'érudition et d'élégance ; mais l'éloquence suivra son sujet, et ne le précédera pas. Un homme de génie s'humiliera en chaire, afin que Christ soit exalté ; car il sait que Christ peut accomplir et a souvent accompli son œuvre par des hommes qu'il n'avait pas doués de facultés brillantes [1].

---

[1] Augustin savait pratiquer les règles d'éloquence qu'il avait données ; et deux faits qu'il a rapportés lui-même prouvent que, malgré le mauvais goût de son siècle, il n'était pas à mépriser comme orateur. Tandis qu'il était prêtre à Hippone, sous Valérius son évêque, celui-ci l'engagea à prêcher au peuple sur les excès auxquels il se livrait dans les jours de fête. Il ouvrit les Écritures, et lut les reproches les plus véhémens. Il supplia ses auditeurs, par la honte et le malheur qu'ils attiraient sur eux-mêmes, et par le sang de Christ, de ne pas courir à leur perte, d'avoir pitié de celui qui leur parlait avec tant d'affection, et de montrer quelque respect pour leur vénérable évêque, qui, par tendresse pour eux, l'avait chargé de les instruire dans la vérité. « Je ne les fis pas pleurer,

Nous ne nous sommes pas éloignés du sujet de la doctrine chrétienne qu'a traitée Augustin; car les idées que nous venons d'exprimer sont en grande partie les siennes [1]. Il donne une règle importante, qui semble devoir se présenter d'elle-même à tous les esprits sérieux, et qui est cependant trop généralement négligée : « Que l'orateur chrétien, « dit-il, qui veut être compris et écouté avec plai- « sir, prie avant de parler; qu'il élève vers Dieu « son âme altérée avant de prononcer une seule « parole; car, puisque l'on peut dire tant de choses « différentes, et qu'il y a tant de manières de les « dire, qui sait, si ce n'est celui qui connaît les « cœurs de tous les hommes, ce qu'il convient le « mieux de dire dans la circonstance présente? et « qui pourrait nous faire dire ce que nous devons « dire, et nous le faire dire comme nous devons « le dire, si ce n'est celui qui tient entre ses mains « et nous et nos paroles? L'orateur chrétien ap-

dit-il, en pleurant d'abord sur eux, mais leurs larmes coulèrent avant les miennes. Alors, je l'avoue, je ne pus me contenir. Lorsque nous eûmes pleuré ensemble, je commençai à avoir une grande espérance de les voir s'amender. » Il laissa alors de côté le discours qu'il avait préparé, parce que l'état de leurs esprits semblait demander quelque chose de différent. Enfin il eut la satisfaction de voir cesser cet abus à dater de ce jour.

Voici le second fait : « Nous ne devons pas nous imaginer, dit-il, qu'un homme a parlé avec puissance quand il est très applaudi. On accorde souvent les applaudissemens à des tours d'esprit vulgaires et à de vains ornemens. Mais le sublime accable l'esprit par sa véhémence, et les auditeurs demeurent muets et fondent en larmes. Lorsque j'essayai de persuader au peuple de Césarée d'abolir les jeux barbares dans lesquels ils combattaient publiquement plusieurs jours de suite à une certaine époque de l'année, je dis ce que je pensais; mais tant que je n'entendis que leurs acclamations, je pensais que je n'avais rien fait; quand ils pleurèrent, je conçus l'espérance que cet horrible usage, qu'ils avaient reçu de leurs ancêtres, serait aboli. Huit années se sont écoulées depuis cette époque, et, par la grâce de Dieu, ils n'ont pas repris ces combats. » Il y avait là une vraie éloquence, et, ce qui est encore plus important, une vraie piété chez le prédicateur.

[1] Liv. IV.

« prendra ainsi tout ce qu'il doit enseigner, et ac-
« querra la faculté de parler comme il convient à un
« pasteur. A l'heure même de parler, un chrétien
« fidèle s'appliquera ces paroles du Seigneur : Ne
« soyez point en peine de ce que vous aurez à dire,
« ni comment vous parlerez, car ce n'est pas vous
« qui parlez, mais c'est l'esprit de votre père qui
« parle en vous. Si le Saint-Esprit parle en ceux
« qui sont livrés à la persécution pour l'amour du
« Christ, pourquoi ne parlerait-il pas aussi en ceux
« qui révèlent Christ à leurs disciples? Mais, d'un
« autre côté, si quelqu'un prétendait que les hom-
« mes n'ont besoin de connaître aucune règle, ni
« de se livrer à aucune étude, puisque c'est le
« Saint-Esprit qui fait les docteurs, on pourrait
« donc dire aussi : On n'a nul besoin de prier,
« puisque notre Seigneur dit : Votre père sait de
« quoi vous avez besoin avant que vous le lui de-
« mandiez ; et l'on rejetterait les règles que saint
« Paul donne à Timothée et à Tite. La prière et
« l'étude doivent marcher de front, et les épîtres
« à Timothée et à Tite ont une autorité perma-
« nente, et doivent être profondément méditées
« par tous ceux qui désirent enseigner dans l'église
« du Christ. »

Les jeunes ministres feront bien d'étudier d'une manière particulière le quatrième livre. Augustin y montre, dans des exemples tirés de la Bible, les trois espèces de style qu'a si bien décrites Cicéron, et il explique comment on peut les adapter à la nature des sujets que l'orateur chrétien est appelé à traiter.

Son traité sur *la Trinité* a été fait avec beaucoup de soin. On pourrait dire que l'on y retrouve tout ce qui a été dit dans tous les siècles pour expliquer et soutenir ce grand mystère. Il s'accorde parfaitement avec tous les hommes pieux qui l'avaient précédé, et, en particulier, avec Novatien, dans son traité sur le même sujet. A quelque secte qu'appartiennent ces auteurs, ils confessaient unanimement la Trinité dans l'unité, en prouvant cette doctrine d'après l'Ecriture, et en laissant, après tout, quelque chose d'inexplicable; car l'essence divine doit toujours rester, jusqu'à un certain point, incompréhensible pour l'intelligence humaine.

Augustin traite ce sujet d'une manière élevée; mais il faut reconnaître qu'il va trop loin, et qu'il se perd dans des subtilités métaphysiques et dans de vains efforts pour trouver des analogies et des comparaisons; cependant il montre beaucoup d'humilité et de prudence en séparant soigneusement les conjectures de la vérité divine, et en laissant intacte l'autorité de l'Écriture. L'esprit humble et sérieux de l'auteur se manifeste surtout dans les préfaces à ses diverses parties et dans la prière qui termine son livre, et dont voici un extrait : « O Seigneur, « notre Dieu! nous croyons en toi, Père, Fils et « Saint-Esprit! car la vérité n'aurait pas dit : Al« lez, et baptisez les nations au nom du Père, du « Fils et du Saint-Esprit, si tu n'étais pas une Tri« nité, et tu n'ordonnerais pas que l'on baptisât « au nom de celui qui n'est pas Dieu. Je t'ai cher« ché, j'ai beaucoup examiné et beaucoup tra« vaillé pour composer ce traité. Mon Dieu, mon « unique espérance, écoute-moi, de peur que la « lassitude ne m'empêche de te chercher! toi, qui « veux être trouvé, et qui m'as donné une espé« rance croissante de te trouver, donne-moi la force « de te chercher! Devant toi sont ma force et ma « faiblesse : conserve-moi la première, et guéris« moi de la seconde; devant toi sont ma science et « mon ignorance : là, où tu m'as ouvert un libre « accès, soutiens-moi lorsque j'entre; là, où tu l'as

« fermé, ouvre-moi quand je frappe. Je voudrais
« me souvenir de toi, te comprendre et t'aimer.
« Fais-moi croître dans la foi et dans l'amour jus-
« qu'à ce que tu m'aies entièrement créé de nouveau.
« Je sais qu'il est écrit : La multitude des paroles
« n'est pas exempte de péché ; mais je voudrais n'a-
« voir parlé que d'après ta parole et pour te louer ;
« et alors j'aurais fait ce qui t'est agréable, lors
« même que j'aurais beaucoup parlé ; car ton apô-
« tre n'aurait pas dit à son fils, dans la foi, de prê-
« cher la parole, et d'insister dans toutes les occa-
« sions, s'il n'en était pas ainsi. Délivre-moi, ô
« Dieu ! de la multitude de paroles intérieures
« que je sens dans mon âme misérable, pendant
« que je me réfugie dans ta miséricorde ; car mes
« pensées ne sont pas silencieuses, quand ma lan-
« gue se tait : elles sont en grand nombre, hélas !
« ces pensées que tu sais être vaines ! Ne permets
« pas que j'y consente ; et si ma nature y prend
« plaisir, fais que je les désapprouve, et que je ne
« m'y arrête pas. Ne permets pas non plus qu'elles
« deviennent assez fortes pour se manifester par
« quelque action ; que ma volonté, ma conscience
« soient en sûreté contre elles sous ta garde. Quand
« nous viendrons enfin à toi, plusieurs de ces cho-
« ses que nous disons maintenant cesseront, et tu
« demeureras seul tout en tous, et nous dirons
« sans fin une seule chose, te louant dans l'unité,
« étant devenus un en toi. Que toi et les tiens re-
« connaissent ce qu'il y a de toi dans ces livres ; et,
« s'il y a quelque chose de moi, que toi et les tiens
« le pardonnent ! »

En lisant les *Sermons* d'Augustin, on a peine à croire qu'ils aient été composés par le savant et éloquent auteur de la Cité de Dieu. Mais on doit se rappeler qu'ici il ne s'adressait plus aux savans, mais au peuple. Ces discours sont clairs et simples, sérieux et pleins de force. Il a suivi les règles qu'il a données aux pasteurs, et il a été lui-même le prédicateur qu'il avait dépeint.

Au milieu des nombreux et pénibles travaux d'Augustin, pour soutenir et défendre le christianisme contre les attaques de ses adversaires, et pour remplir les devoirs d'un zélé pasteur, il trouva encore le temps d'entretenir une vaste correspondance qui a été conservée en grande partie, et dont l'examen va terminer ce chapitre.

La *correspondance* d'Augustin avec Jérôme, le célèbre moine de Palestine, commence à la huitième de ses lettres, et finit à la dix-neuvième. Il y est surtout question de la réprimande que saint Paul adressa à saint Pierre [1]. Jérôme, entraîné par la foule des commentateurs grecs qui l'avaient précédé, et qui avaient suivi le faux système d'interprétation d'Origène, avait affirmé après eux que Paul ne pouvait pas blâmer sérieusement Pierre pour une chose qu'il avait faite lui-même lorsqu'il avait circoncis Timothée, et que, par conséquent, la réprimande qu'il avait adressée à Pierre était un mensonge officieux, les deux apôtres étant secrètement d'accord, et ayant pour but de tromper le peuple dans une intention charitable. Il paraît que Jérôme portait jusqu'à un excès superstitieux son admiration pour les deux apôtres, et qu'il ne pouvait supporter la pensée que Pierre eût été réellement censuré pour s'être rendu coupable de dissimulation [2]. Pour justifier Pierre, il entreprit d'établir qu'il était permis de tromper dans un but charitable; et, ce qui est plus funeste encore, il cherche à imprimer la tache d'un mensonge sur une portion de la parole révélée de Dieu, en représentant Paul comme coupable de fausseté, lors-

---

[1] Ép. aux Galates, II. — [2] Tome II, p. 9 à 119.

qu'il écrivait par l'inspiration du Saint Esprit. Telles sont les vues basses et dangereuses qu'inspirent la superstition et le système de justice propre. Ce fait prouve encore combien la vraie piété avait décliné à cette époque.

Augustin, ému d'une sainte jalousie pour l'honneur de la parole divine, et sentant le danger d'admettre la fausseté dans les livres inspirés, ou dans les relations de la vie commune, entreprit d'éclaircir ce sujet avec le même zèle qui le poussait à écrire contre toute espèce d'erreur; il expliqua toute cette affaire avec beaucoup de clarté, et de la même manière que nous l'avons nous-même exposée dans la première partie de cet ouvrage[1]. Il se trouva ainsi amené à développer deux points importans du christianisme; la doctrine de la justification, uniquement par la foi en Jésus-Christ, et le devoir de s'abstenir de toute espèce de mensonge. Quoique Augustin eût combattu le vieux athlète du christianisme avec la réserve et l'humilité qui convenaient à un frère plus jeune, Jérôme, blessé de se voir contredit, défendit son interprétation par l'autorité d'Origène, et parut trouver qu'Augustin montrait un esprit audacieux en s'écartant du chemin battu. Le moine irrité jugeait des dispositions d'Augustin par les siennes. Savant comme il l'était sans doute, il se distinguait encore plus par sa vanité que par son érudition, et il ne paraît pas avoir assez connu cet amour sincère de la vérité qui est intimement uni à l'amour de Dieu et au désir de conduire les âmes au ciel, et qui est sans mélange d'aucune considération égoïste; cet amour-là régnait, sans aucun doute, dans le cœur d'Augustin.

Augustin, s'apercevant qu'il avait offensé Jérôme, bien qu'il n'en eût pas eu l'intention, lui répondit ainsi : « Je trouve dans vos lettres bien des preuves

[1] Tome I, page 35.

« de votre bonté pour moi, et quelques signes de
« déplaisir. Loin de moi la pensée d'en être blessé ;
« j'aurai bien des motifs d'être reconnaissant, si je
« reçois de l'instruction par votre correspondance.
« Mais, mon cher frère, vous ne croiriez pas que
« je pusse être blessé de vos réponses, si vous ne
« vous sentiez vous-même blessé de mes écrits.
« Comme je ne puis pas croire que vous vou-
« liez me blesser injustement, il me reste à recon-
« naître la faute que j'ai commise en vous offen-
« sant par ces lettres, que je ne puis nier être de
« moi. Pourquoi lutterais-je contre le courant,
« plutôt que de demander pardon ? Je vous sup-
« plie donc, par la douceur de Christ, de me par-
« donner si je vous ai offensé, de peur que vous ne
« soyez entraîné, en me blessant en retour, à
« rendre le mal pour le mal. » Il continue avec un
esprit de douceur bien rare parmi ceux qui se mêlent de controverse ; et dans toute la suite de ce
débat, qu'il serait trop long de rapporter ici, nous ne
voyons rien qui puisse justement offenser Jérôme.

Des auteurs, qui ne paraissent pas avoir bien
connu les ouvrages de l'évêque d'Hippone, lui ont
reproché de montrer trop de chaleur et de témérité, mais ce sont des défauts dont il était exempt
d'une manière remarquable ; nous ne connaissons
personne qui ait écrit des livres de controverse avec
avec autant de candeur, de douceur et d'humilité[1].
« J'ai été très touché, écrit-il à Jérôme, de la fin
« de votre lettre, où vous me dites : Je voudrais
« pouvoir vous embrasser, et enseigner ou ap-
« prendre quelque chose par une conférence mu-
« tuelle. Je puis dire, pour ma part, que je vou-

---

[1] Rien n'est plus dangereux, et cependant plus ordinaire que de former notre opinion sur le caractère des hommes célèbres d'après le rapport des autres, plutôt que par une étude attentive qui nous conduirait à les bien connaître par nous-mêmes.

« drais du moins que nous vécussions plus près
« l'un de l'autre, afin de pouvoir conférer plus
« facilement par lettres ; car je vois qu'il n'y a, ni
« ne peut y avoir, autant de connaissance des Écri-
« tures en moi qu'en vous. Si je sais quelque chose
« sous ce rapport, j'emploie ce don au service de
« Dieu ; et mes occupations pastorales ne me lais-
« sent pas le loisir de me livrer à une étude de
« l'Écriture plus approfondie que celle qui m'est
« nécessaire pour diriger mon troupeau. »

Dans la même lettre, il témoigne une profonde douleur de la dispute qui s'était élevée entre Jérôme et Ruffin, et qui faisait alors beaucoup de bruit dans le monde chrétien. Jérôme lui-même en fut affligé, et demanda que le débat s'arrêtât de part et d'autre. Depuis cette époque, il montra toujours beaucoup d'estime et d'affection pour Augustin.

Les habitans de Madaure envoyèrent à Augustin un personnage nommé Florentius, chargé d'une lettre par laquelle ils réclamaient son secours pour quelque affaire séculière. Les habitans de cette ville étaient encore livrés à l'idolâtrie, et avec une fausseté très commune chez les esprits profanes et légers, ils avaient adressé leur lettre : « Au père
« Augustin, selon le Seigneur, salut éternel ; » et l'avaient terminée par ces paroles : « Nous désirons
« que vous vous réjouissiez pendant un grand
« nombre d'années dans votre clergé, en Dieu et
« en son Christ. » Celui qui avait écrit un livre pour soutenir qu'on doit dire la stricte vérité, sans équivoque, en toutes choses, ne pouvait laisser passer sans réflexion de semblables complimens. Il écrivit aux Madauriens qu'il s'était occupé, autant que Dieu le lui avait permis, de l'affaire de Florentius, et il chercha ensuite à leur faire sentir combien les professions que contenait leur lettre s'ac-

cordaient peu avec leurs habitudes idolâtres. Il exposa en peu de mots, mais avec beaucoup de force, les preuves du christianisme, et il ajouta : « Il y a un Dieu invisible, créateur de toutes cho-
« ses, dont on ne peut sonder la grandeur; il y a
« une personne[1] qui manifeste la majesté invisible,
« la PAROLE égale à celui qui l'a engendrée; et
« il y a une SAINTETÉ, qui sanctifie tout ce qui est
« fait dans la sainteté, qui est dans une communion
« intime et inséparable avec la Divinité invisible
« et la Parole. Qui pourrait regarder avec un es-
« prit serein et sincère, vers cet être des êtres que
« j'ai essayé d'exprimer, bien que je sois incapable
« de le dépeindre d'une manière exacte? Qui pour-
« rait, en le contemplant, s'oublier soi-même et
« obtenir le salut éternel, si ce n'est celui qui, en
« confessant ses péchés, renverse toutes les mon-
« tagnes de son orgueil, et s'abaisse pour recevoir
« Dieu comme son docteur? C'est pourquoi la pa-
« role s'est humiliée, afin que nous craignissions
« plus d'être enflés d'un orgueil humain que
« d'être humiliés à l'exemple de Dieu. Christ cru-
« cifié est l'objet suprême qui nous est présenté.
« Rien n'est plus puissant que l'humilité divine.—
« Je vous supplie, si vous n'avez pas nommé Christ
« en vain, dans votre épître, que je ne vous aie
« pas écrit ceci en vain. Mais si vous l'avez nommé
« par une insouciante légèreté de cœur, craignez
« Celui que le monde, qui doit lui être soumis,
« attend maintenant comme son juge. L'affection
« de mon cœur, exprimée dans cette lettre, s'élè-
« vera en témoignage au jour du jugement, pour
« vous consoler, si vous croyez; pour vous con-
« fondre, si vous demeurez dans l'incrédulité. »

[1] Le mot *personne* est le seul qui puisse exprimer ce qu'entend l'auteur; mais nous devons avertir le lecteur qu'il n'y a rien qui y corresponde dans l'original.

Les Madauriens ne s'attendaient pas à recevoir une pareille lettre. Elle peut servir d'exemple de la réponse franche, sérieuse et affectueuse que les chrétiens devraient faire aux complimens insignifians ou à cette dissimulation que produit souvent la politesse. Un grammairien, nommé Maxime, répondit par une lettre moitié complimenteuse et moitié satirique dans laquelle il mit en avant d'une manière assez supérieure cette opinion, que les païens et les chrétiens, croyant tous à un Dieu, entendent au fond à peu près la même chose [1]. Augustin lui répondit en lui donnant à entendre qu'un tel sujet devrait être traité sérieusement, et non avec légèreté; et qu'avec le secours du seul Dieu vivant et vrai, il discuterait ces choses plus au long, lorsqu'il le verrait disposé à les approfondir; mais il insista sur ce que les chrétiens de Madaure n'adoraient que le Dieu vivant et vrai.

Une lettre à Macédonius, sur le chemin qui conduit au vrai bonheur, mérite d'être méditée attentivement par tous les philosophes orgueilleux. Les hommes qui cherchent le bonheur en eux-mêmes peuvent être chrétiens par la forme, mais ils n'agissent réellement que d'après le plan des anciens stoïciens, dont cette lettre fait ressortir les orgueilleuses prétentions. [2]

En répondant à Dioscore [3], Augustin le met en garde contre l'esprit curieux et présomptueux de ceux qui mêlaient la philosophie à la religion, et il ne craint pas de contredire Clément d'Alexandrie, Origène, et plusieurs autres des Pères, en déclarant que la piété chrétienne n'avait pas besoin du secours de l'érudition séculière, et qu'elle ne devait reposer que sur les saintes Écritures. Il recommande à son ami de se défier de l'orgueil qui ac-

---

[1] Ep. 43. — [2] Ep. 52. — [3] Ep. 56.

compagne souvent la science profane, et lui représente l'humilité comme étant la première chose, la seconde, la troisième, tout enfin dans la vraie religion, de même que Démosthène avait dit que l'élocution était tout dans l'art oratoire. Ce conseil est une nouvelle preuve que la grâce de Dieu s'était servie d'Augustin pour opérer un réveil de la vérité apostolique.

Dans sa lettre à Proba sur la prière, nous trouvons un commentaire judicieux de l'oraison dominicale[1]. « Cette prière est si pleine, lui écrit-il, « et comprend tant de choses, que bien que nous « puissions prier par d'autres paroles et avec une « grande variété d'expressions, tout sujet légitime « de prière peut être ramené à l'une ou à l'autre « des demandes qu'elle contient. » Proba était une riche veuve qui avait une nombreuse famille, et lorsqu'on réfléchit au goût monastique de cette époque, on trouve remarquable qu'Augustin, au lieu de lui conseiller de suivre l'usage et de se retirer du monde, l'ait engagée à servir Dieu dans sa situation présente, à être veuve en esprit, à chercher les choses célestes et non les choses terrestres, et à se souvenir que la portion de nos prières qui peut être consacrée à demander les biens temporels doit être bien petite.[2]

Il conseilla comme remède à la tendance de multiplier des paroles dans la prière, de prononcer de courtes éjaculations, plutôt que de longues requêtes, lorsque l'esprit n'est pas disposé à la ferveur; mais il ajoute que lorsque l'esprit est plein de vigueur et de chaleur, on peut prolonger ses supplications sans craindre de désobéir au précepte que donne Notre-Seigneur dans son sermon sur la montagne. Il parle d'une manière instructive du

---

[1] Ep. 121. — [2] 1. Tim. v, 5.

Saint-Esprit comme intercédant pour les saints par des soupirs qui ne se peuvent exprimer. « Le « grand objet que nous devons avoir en vue dans « la prière, dit-il encore, c'est de jouir de Dieu ; « et bien que la vue du fidèle soit sûrement bien « au-dessous de la réalité, il a cependant une idée « assez distincte de son objet pour qu'on ne puisse « pas le tromper en lui offrant à la place quel- « que autre chose que ce soit. Il sait ce dont il a « besoin, et il sait que ce n'est pas ceci ou cela « qui peut le satisfaire. » A part quelques interprétations peu judicieuses, toute cette épître respire une haute piété.

Un homme nommé Cornélius, ayant témoigné le désir de recevoir de lui une lettre de consolation à l'occasion de la mort de sa femme, Augustin, qui savait que malgré la demande qu'il lui adressait, il vivait dans le libertinage, lui répondit en faisant allusion aux paroles de Cicéron contre Catilina : « Je voudrais être plein de douceur ; dans de si grands dangers, je voudrais n'être pas négligent ; mais un évêque peut-il écouter patiemment un homme qui vit dans le péché, et qui demande un panégyrique de sa pieuse épouse, pour adoucir la douleur que lui cause sa mort ? »[1]

A la fin d'une lettre à Florentine, qui avait appris de lui quelque chose de salutaire, il lui rappelle qu'elle devait se souvenir qu'elle avait besoin d'être enseignée par le maître de l'homme intérieur qui révèle au cœur la vérité, et que celui qui plante et celui qui arrose ne sont rien sans lui.[2] Tant que de semblables idées de l'enseignement divin dominaient dans l'Église, le feu de la vraie piété ne pouvait être étouffé même sous les dé-

---

[1] Ep. 125. — [2] Ep. 132.

combres de la superstition. C'est un des malheurs du temps où nous vivons, que non seulement ceux qui font profession d'être incrédules, mais beaucoup de ceux qui paraissaient croire, ne parlent pas avec assez de respect de l'œuvre du Saint-Esprit; et si nous réfléchissons aux funestes conséquences d'une semblable disposition, nous aurons peine à décider si la puérile superstition du siècle d'Augustin était plus fatale à la vraie piété que l'orgueilleux rationalisme du temps présent.

Le paganisme avait conservé un tel empire à Calame en Afrique, qu'en dépit des lois impériales qui interdisaient les cérémonies publiques de ce culte, une fête païenne eut lieu dans la ville, et une troupe de gens vinrent en dansant devant l'Eglise. Le clergé ayant cherché à empêcher le renouvellement de ces désordres, on attaqua l'Eglise à coups de pierres. Cette insulte se répéta plusieurs fois. Les chrétiens ne purent obtenir justice; leurs édifices furent brûlés et pillés; un chrétien fut tué, et l'évêque fut obligé de se cacher. On était tellement opposé au christianisme dans cette colonie que les magistrats et les hommes d'un rang élevé demeurèrent tranquilles spectateurs de ces excès. Un seul homme, un étranger qui avait une grande influence, osa se mettre en avant, sauva plusieurs chrétiens qui avaient couru le plus grand danger, et parvint à recouvrer une grande partie de ce qu'on leur avait enlevé; Augustin en conclut avec raison que si les magistrats avaient fait leur devoir, ils auraient empêché facilement ces scandales.[1]

Nectaire, païen de Calame, écrivit à l'évêque d'Hippone, pour le prier d'employer son crédit auprès des autorités supérieures, pour obtenir que

[1] Ep. 202.

les coupables ne fussent pas punis. Augustin, dans sa réponse, en appela à sa conscience, et lui demanda s'il était possible ou convenable que le gouvernement tolérât de pareils crimes. Il montra que les chrétiens vivaient en paix avec tous les hommes, et promit de travailler à inspirer un sentiment de justice et de miséricorde qui pût empêcher le retour de maux semblables, et disposer les païens à prendre soin de leurs meilleurs intérêts. Il ajoute qu'il était allé lui-même peu de temps auparavant à Calame, qu'il avait averti les habitans du danger que couraient leurs âmes, qu'ils avaient écouté attentivement son exhortation, et l'avaient supplié d'intercéder pour eux. « Mais à Dieu ne plaise, dit-il, que ce soit une « satisfaction pour moi que d'entendre les supplica- « tions de ceux qui refusent de supplier le Sei- « gneur ! » Comme Nectaire lui avait parlé de son amour pour son pays, Augustin l'exhorta à chercher à s'assurer une patrie céleste, et chercha à lui faire comprendre l'excellence de l'Evangile, en lui prouvant le néant du paganisme.

CHAPITRE VIII.

DIVERS DÉTAILS SUR AUGUSTIN.

Nous connaissons mieux les ouvrages littéraires d'Augustin que les travaux de son ministère. On peut cependant recueillir quelques particularités intéressantes sur l'œuvre de Dieu dans son temps.

Les Manichéens devaient nécessairement avoir une part considérable à l'attention et aux charitables travaux d'Augustin ; il avait lui-même partagé leurs erreurs ; ils habitaient l'Afrique, et Dieu bénit abondamment les efforts qu'il fit pour combattre leurs doctrines et ramener les âmes qu'ils avaient séduites. Nous citerons une preuve de ses succès, à la gloire de la grâce divine, et dans les propres termes de celui qui a écrit sa vie[1]. « Tous « les frères qui vivaient avec l'évêque d'Hippone « savent aussi bien que moi, qui écris sa vie (Possi- « donius), qu'un jour que nous étions à table « avec lui, il nous dit : Avez-vous remarqué que, « dans le sermon que j'ai prononcé aujourd'hui, « le commencement et la fin n'étaient pas d'ac- « cord comme ils le sont d'ordinaire? au lieu de « terminer ce que je m'étais proposé de dire, j'ai « laissé mon sujet en suspens. » Nous répondîmes « qu'au moment même cela nous avait étonnés, et « que nous nous le rappelions alors. « Je crois, nous « dit-il, que cela est arrivé parce que le Seigneur « voulait peut-être se servir de ma faute et de ma « distraction pour enseigner et guérir quelque « personne de la congrégation qui était dans l'er- « reur; car nous et nos paroles nous sommes tous « en sa main. Tandis que je traitais le sujet que « j'avais choisi, j'ai été entraîné dans une digres- « sion, et ainsi, sans terminer ce sujet, je me suis « étendu sur le manichéisme, dont je n'avais pas « l'intention de dire un mot. » — Le lendemain, ou « deux jours après, vint un marchand nommé Fir- « mus, qui, tandis qu'Augustin était assis au mi- « lieu de nous, se jeta à ses pieds en versant des « larmes et en demandant ses prières et les nôtres. « Il confessa qu'il avait été manichéen pendant « bien des années ; qu'il avait dépensé beaucoup « d'argent pour soutenir cette secte, et que, par la « grâce divine et par les discours de l'évêque, il « avait été dernièrement convaincu de son erreur,

---

[1] Possidonius vita Aug.

« et était rentré dans l'Eglise. Augustin lui de-
« manda, ainsi que nous, quel était en particulier
« le sermon qui l'avait convaincu; il nous l'expli-
« qua; et comme nous reconnûmes tous la sub-
« stance de ce même discours dont nous venons
« de parler, nous admirâmes le conseil de Dieu
« pour le salut des âmes, et nous glorifiâmes et
« bénîmes le saint nom de celui qui opère le salut
« des hommes comme il lui plaît, et par des ins-
« trumens qui ne savent pas eux-mêmes à quelle
« œuvre ils sont employés. Firmus se consacra dès
« ce moment au service de Dieu. Il renonça aux
« affaires, et faisant de rapides progrès dans la
« piété, il se vit forcé, par la volonté de Dieu et
« contre sa propre volonté, à recevoir dans un
« autre pays la charge de pasteur des âmes; il
« conserva toujours la même sainteté, et il vit
« peut-être encore au-delà des mers. »

Augustin s'appliquait à faire connaître les usages pernicieux et blasphématoires des manichéens, et mettait ainsi sur leurs gardes les jeunes gens sans expérience. Un manichéen nommé Félix, étant venu à Hippone pour y répandre ses opinions, Augustin disputa publiquement contre lui dans l'église, et après la seconde ou la troisième conférence, Félix s'avoua convaincu, et reçut l'Évangile.

L'arianisme, introduit en Afrique par les Goths, attira aussi l'attention d'Augustin, et il discuta avec Maximin, évêque des ariens.

Quant à ce qui concerne ses travaux contre le pélagianisme, il suffira de dire qu'il vécut assez pour en voir les fruits dans les progrès que firent dans la pureté chrétienne sa propre Église et plusieurs autres Églises d'Afrique.[1]

---

[1] Possidonius.

On eut toujours lieu de remarquer que, tandis qu'Augustin s'efforçait ainsi de soutenir la cause de la vraie piété, il supportait avec beaucoup de patience et de douceur la conduite déréglée de ceux qui résistaient à ses exhortations, et qu'il était plus disposé à gémir sur eux qu'à leur montrer de la colère.

Il faut ajouter aux travaux multipliés de cet évêque, à ses prédications, à ses visites pastorales, à ses nombreux écrits, la tâche pénible d'entendre plaider des procès; car, selon le conseil de saint Paul, les chrétiens d'Hippone portaient leurs différends devant l'évêque[1]. Il était occupé jusqu'à l'heure de son repas à écouter et à décider ces affaires, et quelquefois ces plaidoiries se prolongeaient à un tel point qu'il jeûnait tout le jour. Il n'est certainement pas convenable qu'un pasteur chrétien s'occupe d'une manière régulière d'affaires semblables; mais Augustin, qui se conformait en cela à l'usage du temps où il vivait, savait tirer un grand parti de ce moyen de connaître les dispositions des membres de son troupeau. Il s'assurait ainsi du point où ils en étaient sous le rapport de la foi et des bonnes œuvres; il leur expliquait leurs devoirs comme chrétiens, d'après la parole de Dieu; il les exhortait à la piété, et reprenait les pécheurs; il montrait en tout cela un désintéressement parfait.

Il se rendait exactement aux conciles, et s'y distinguait comme le fidèle soutien de la doctrine et de la discipline chrétienne. Lorsqu'il consacrait des prêtres, il avait soin de se conformer à l'usage de l'Église, et d'agir avec le concours de la majorité du troupeau[2]. Il évitait tous les extrêmes par rapport à ses vêtemens, à son ameublement et à sa nour-

---

[1] I. Cor. VI. — [2] Possidonius.

riture, et sans se laisser dominer par la superstition populaire, il buvait habituellement du vin, bien qu'avec une grande modération. Il pratiquait constamment l'hospitalité; à table, il aimait à avoir une lecture ou une discussion; et comme son esprit, si humble et si doux depuis sa conversion, ne pouvait supporter l'habitude trop générale de la médisance et des sots rapports, il avait fait écrire sur sa table un distique qui signifiait qu'il désirait en exclure ceux qui attaquaient la réputation des absens[1]. Non content de cette déclaration formelle, il avertissait sérieusement ses hôtes de s'abstenir de toute médisance. « Un jour, dit son biographe, quelques évêques, qui étaient ses amis intimes, ayant violé cette règle, il en vint à dire avec vivacité qu'il fallait que l'on effaçât les vers qui étaient écrits sur la table, ou que lui-même se retirât dans sa chambre. » Possidonius ajoute qu'il se trouvait alors présent, ainsi que plusieurs autres personnes.

Il s'occupait avec une attention soutenue des besoins des pauvres, et les soulageait avec les revenus de l'Église ou les oblations des fidèles. Des membres de l'Église ayant fait quelques observations pénibles sur les richesses amassées par l'Église, Augustin offrit de les remettre à celui des laïques que l'on voudrait charger de les administrer. Il n'est pas douteux que les progrès de la superstition ne préparassent dès lors au clergé cet accroissement de richesses qui amena plus tard de si grands abus; mais jamais les biens de l'Église ne se trouvèrent dans des mains plus pures que celles d'Augustin; on pourrait même l'accuser d'une sorte de négligence à cet égard, car il confiait tout

---

[1] *Quisquis amat dictis absentûm rodere vitam,*
Hanc mensam vetitam noverit esse sibi. (Poss.)

son revenu à tous les membres de son clergé l'un après l'autre, et ne s'informait pas assez des détails pour pouvoir exercer une inspection qui pût empêcher les abus. Il était lui-même entièrement détaché des biens du monde, vivant dans la même maison et à la même table que les membres de son clergé, et n'ayant jamais acheté ni terres ni maisons. Il réprimait aussi l'usage de léguer des possessions à l'Église, toutes les fois qu'il avait lieu de penser que les testateurs avaient de proches parens qui, selon la justice et l'équité, avaient plus de droits à l'héritage. Il se retirait aussi promptement que possible des soins séculiers qu'il n'avait pu éviter, afin de se donner tout entier aux choses spirituelles; ainsi il se contentait d'une vieille maison et de vieux meubles, dans la crainte de se laisser absorber par des occupations de cette nature; et pourtant il suivit l'exemple d'Ambroise, en ne se faisant pas scrupule de vendre les vases de l'Église pour secourir les indigens.

Nous trouverions aujourd'hui quelque chose d'exagéré dans le soin avec lequel il évitait la société des femmes, mais il était bien loin de négliger leurs intérêts spirituels.

Un peu avant sa mort, il s'occupa de revoir et de corriger ses ouvrages, ce qui l'amena à publier ses *Rétractations*. Ce livre est surtout utile en ce qu'il nous met en état de connaître les livres et les pensées qui sont véritablement de lui.

Il plut cependant à Dieu de ne pas le laisser quitter cette vie sans avoir éprouvé une douloureuse affliction; et le ciel, après lequel il soupirait avec une si vive ardeur depuis plusieurs années, lui apparut comme un refuge encore plus doux, lorsqu'il fut appelé, dans sa vieillesse, à sentir les maux les plus amers de cette vie.

Genseric, roi des Vandales, envahit l'Afrique,

et y porta la plus affreuse désolation. La dévastation du pays, les cruautés infligées aux pasteurs, le désastre des églises et la destruction de tout ordre, qui furent les résultats de cette invasion, devaient être bien affligeans pour un cœur aussi sensible que celui d'Augustin[1]. Le comte Boniface, un des plus grands héros romains de ce temps, entreprit de défendre Hippone contre ces barbares.

---

[1] Augustin fut une fois entraîné par une sorte de facilité de caractère dans une erreur qui l'affligea beaucoup. Fussale était une petite ville située à l'extrémité de son diocèse, à quarante milles d'Hippone. Les environs étaient remplis de donatistes; et ce ne fut qu'avec beaucoup de peine qu'on parvint à les réunir à l'église. Les prêtres qu'envoyait Augustin étaient tués ou mutilés; la distance l'empêchait de soigner cette église comme il l'aurait voulu, et il résolut enfin d'y établir un évêque qui serait chargé de Fussale et du district adjacent. Aussitôt qu'il eut trouvé un prêtre convenable, il engagea le primat de Numidie à venir se joindre à lui pour le consacrer. Lorsque le primat arriva, le prêtre qui avait été choisi s'était rétracté, et Augustin, qui regrettait de laisser partir le primat sans avoir achevé cette affaire, fut entraîné par la facilité de son caractère à présenter, pour être consacré, un jeune homme nommé Antoine, qui avait été élevé dans son monastère dès son enfance, mais qu'il n'avait jamais éprouvé comme il aurait dû le faire. L'évêque d'Hippone eut bientôt sujet de se repentir de sa précipitation. Le troupeau de Fussale se plaignit de la rapacité et des mœurs scandaleuses du jeune prélat. Il fut formellement déposé du siége de Fussale. Antoine en appela alors à l'évêque de Rome, qui parut disposé à le soutenir. Augustin insista sur son expulsion, et soutint que la compassion que l'on devait ressentir pour cet homme, aussi bien que pour les habitans de Fussale, envers lesquels il avait eu de si grands torts, exigeait que la sentence fût maintenue, de peur qu'il ne s'endurcît encore plus dans l'iniquité. Antoine restitua les sommes qu'il avait acquises par la fraude, et parvint même plus tard à persuader au primat de Numidie qu'il était innocent, et à l'engager à s'intéresser à lui.

Cette affaire causa beaucoup de chagrin à Augustin, qui avait alors soixante-huit ans. Il condamna sa propre imprudence, et déclara que le danger qu'Antoine avait fait courir à lui-même et à son troupeau l'avait tellement affecté qu'il avait presque résolu de renoncer à sa charge d'évêque, et de passer le reste de ses jours à déplorer sa faute dans la vie privée. Comme on voit Augustin après cette époque gouverner l'église de Fussale, il paraît que l'affaire fut arrangée à sa satisfaction, et qu'Antoine ne fut pas rétabli dans sa charge.

Il avait eu des convictions religieuses, et Augustin, qui était intimement lié avec lui, avait cherché à l'amener à une vraie piété. Mais on ne peut chercher en même temps la gloire humaine et celle qui vient de Dieu seul; Boniface obtint une brillante réputation, et demeura attaché au monde. Dans ces temps d'épreuve, Augustin essaya encore de le faire passer de l'amour du monde à l'amour de Dieu. Nous ne savons pas ce que Dieu a pu faire pour lui durant le temps qu'il vécut encore, après la blessure qu'il avait reçue dans un duel. On peut dire qu'il était brave et sincère et qu'il avait un grand respect pour les hommes d'une vraie piété. Il défendit pendant quatorze mois Hippone, qui tomba ensuite avec toute l'Afrique sous la puissance des Vandales.

Augustin fut « recueilli de devant le mal, » tandis qu'il gémissait sur les malheurs du temps avec Possidonius et plusieurs évêques qui étaient venus se réfugier à Hippone; il leur dit qu'il avait demandé à Dieu de faire lever ce siége, de douer ses serviteurs de patience, ou de le retirer du monde à lui. Dans le troisième mois du siége, l'an 430, il fut atteint d'une fièvre qui amena sa mort.

Il avait vécu soixante-seize ans, et avait été prêtre ou évêque pendant quarante. Il disait souvent qu'un chrétien ne devait jamais cesser de se repentir, même jusqu'à l'heure de sa mort. Il avait fait inscrire sur la muraille les Psaumes de la Pénitence de David; dans sa dernière maladie, il les lut, et pleura abondamment; pendant les dix jours qui précédèrent sa mort, il demanda à n'être pas dérangé, afin de pouvoir les consacrer avec aussi peu d'interruption que possible à la dévotion. Il avait continué à prêcher la parole de Dieu jusqu'à sa dernière maladie. Il ne laissa pas de testament : il n'avait ni agent ni terres à donner. Il légua sa bibliothèque à l'église. Il avait pris soin auparavant de ses parens.

« Le saint homme paraît sans doute dans ses « écrits, dit Possidonius; mais ceux qui lisent ses « ouvrages auraient une opinion encore bien plus « haute de lui, s'ils avaient pu le voir et l'entendre « parler en public et surtout en particulier. » Il est bien à regretter qu'un homme qui avait vécu avec lui quarante ans nous ait laissé un tableau si imparfait de sa vie. A cette époque, les esprits n'avaient, hélas! que bien peu de vigueur, et la superstition rendait les hommes puérils, lors même qu'elle ne détruisait pas en eux l'esprit de la piété.

CHAPITRE IX.

THÉOLOGIE D'AUGUSTIN.

En voyant quel était le déplorable état des églises d'Afrique à l'époque de la mort d'Augustin, le lecteur sera naturellement disposé à demander ce qu'elles devinrent après qu'il eut quitté la terre. La prospérité réelle de l'Église ne dépend pas des circonstances extérieures. L'empire romain tombait de tous côtés; et les plus belles provinces d'Afrique passèrent dans les mains des barbares. Mais la lumière qui avait brillé en Afrique ne s'éteignit pas : elle était indépendante de la grandeur ou du déclin de l'empire. Nous reviendrons plus tard à l'Afrique, et nous terminerons maintenant ce qui se rapporte à Augustin par un rapide examen de sa théologie.

Le sujet est important, non seulement en ce qu'il explique le réveil religieux de l'Occident dans son temps, mais aussi en ce qu'il nous présente les vues des chrétiens les plus éclairés et les plus pieux de l'Europe, depuis ce siècle jusqu'aux jours de Luther. Pendant un intervalle de mille ans et au-delà, la lumière de la grâce divine qui brilla çà et là dans les individus, durant la longue et sombre nuit de la superstition, fut nourrie par les écrits d'Augustin ; ils furent, après les saintes Écritures, les guides de ceux qui craignaient Dieu ; et peut-être il n'existe pas un autre exemple d'une utilité aussi étendue accordée aux écrits d'hommes non inspirés.

Il est évident pour ceux qui examinent la controverse avec Pélage que l'article de la justification par la loi faisait partie du système d'Augustin, et l'on ne peut douter qu'il ne se trouvât dans son cœur et dans celui d'un grand nombre de ceux qui l'avaient choisi pour guide ; il ne paraît pas cependant que ce saint homme eût bien compris la nature de la doctrine elle-même. Il entendait le terme de saint Paul *justifier* comme signifiant *sanctifier* ; il savait ce que c'est que la foi au Sauveur ; il comprenait et il aimait les portions de l'Écriture qui parlent du pardon des péchés ; mais il ne comprenait pas complètement ce qu'a écrit saint Paul sur la justification, parce que cette idée précise n'entrait pas formellement dans sa théologie.

Cette importante doctrine chrétienne, qui avait été, en quelque sorte, étouffée sous les décombres de la superstition, avait toujours décliné depuis le temps de Justin jusqu'à celui d'Augustin, et il est bien plus étonnant qu'il en ait si bien recouvré les différentes parties qu'il ne l'est qu'il n'ait pas su les ajuster parfaitement. Nous aurons peu de chose à ajouter à ce qui a été extrait de ses écrits sur ce sujet : nous ferons pourtant encore deux citations.
« Il a été fait péché, dit-il, comme nous avons été
« faits justice, non par notre propre justice, mais
« par celle de Dieu ; non pas en nous-mêmes, mais en

« lui ; comme il a été fait péché, non pas un péché
« qui lui fût propre, mais le nôtre ; et qu'il n'a
« pas été destiné à être fait péché en lui-même,
« mais en nous. »[1]

« Voici, le Psalmiste gémit sous le fardeau de ses
« péchés. Il regarda autour de lui, il considéra sa
« vie, il la vit couverte de souillures ; partout où
« il porta ses regards, il ne trouva rien de bon en
« lui, et il vit de tous côtés tant et de si grands
« péchés qu'il s'écria tout tremblant : « Si tu
« prends garde aux iniquités, Seigneur, qui est-ce
« qui subsistera ? » Car il voyait la vie humaine
« presque tout entière environnée de péchés et
« toutes les consciences chargées ; il ne trouvait pas
« un cœur pur qui pût s'appuyer sur sa propre jus-
« tice : et sentant cette impossibilité, il voulait
« que tous les cœurs se reposassent sur la miséri-
« corde du Seigneur son Dieu, et s'écriassent : « Si
« tu prends garde aux iniquités, qui est-ce qui
« subsistera ? » Mais quelle est mon espérance ? Il
« y a pardon par-devers toi. »[2]

L'œuvre particulière pour laquelle Augustin fut
évidemment suscité par la Providence fut de rétablir dans l'Église la doctrine de la grâce divine. Une
vaine philosophie l'avait corrompue en partie sous
Justin, et plus complètement sous Origène. Peut-
on s'en étonner ? La confiance en eux-mêmes était
ce dont se vantaient tous les philosophes. Quelques
uns avaient l'idée de la libéralité de la Providence
dans les choses extérieures ; mais ils n'attendaient
que d'eux-mêmes la vertu et l'excellence intérieure[3] ; et en cela ils n'étaient inspirés que par ce

---

[1] Enchirid. ad Lauren. c. 41. — [2] Ps. cxxx, 2-4.

[3] Écoutez Cicéron, *de Nat. Deor.* : *Virtutem nemo unquam Deo acceptam retulit nimirùm rectè ; propter virtutem enim jure lauda-mur, et in virtute rectè gloriamur, quod non contingeret, si donum a Deo, non a nobis haberemus.* Cette même opinion, que le cœur humain se suffit à lui-même et est l'auteur de sa propre vertu,

sentiment de propre justice qui nous est naturel à tous. La gloire distinctive de l'Évangile est d'enseigner l'humilité et de donner à Dieu l'honneur qui lui est dû; Augustin avait été préparé d'une manière toute particulière à l'œuvre qu'il était destiné à accomplir par le cours de son expérience intérieure. Il avait profondément senti la misère et l'incapacité de l'homme, il savait « qu'en lui il n'habitait point de bien. » Il était admirablement préparé à décrire la corruption totale et l'apostasie de la nature humaine, car il parlait de ce qu'il savait être vrai. La doctrine de la grâce ressuscita donc heureusement dans l'Occident, et les théories, bâties sur des raisonnemens, firent place à la vérité scripturaire, soutenue par l'expérience. En dépit de l'orgueil et des préventions, dans tous les siècles, cette doctrine a cet avantage, que la conscience, toutes les fois qu'elle se réveille pour remplir ses fonctions, parle toujours en sa faveur.

La naissance et les progrès du pélagianisme fournirent à Augustin l'occasion de présenter la doctrine de la grâce sous le jour le plus frappant. Il ne montra aucun empressement téméraire dans l'accomplissement de cette œuvre; il fut plutôt lent et prudent dans cette controverse, comme le sont toujours les esprits humbles et méditatifs. L'idée du salut uniquement par la grâce ne se présenta pas d'abord à lui dans toute sa clarté : il ne vit que la foi était entièrement le don de Dieu que lorsqu'une plus profonde expérience et une étude plus attentive des Écritures l'eurent confirmé dans la vérité. Lorsque, dans le cours de ses recherches, il fut amené à être pleinement convaincu de la complète apostasie de l'homme, et lorsqu'il réfléchit

qu'encouragent les hommes qui ne prêchent que la morale, est représentée ici par le philosophe païen comme le symbole de tous les hommes.

que lui-même avait été changé par la grâce efficace, non seulement sans la coopération, mais même en dépit de la résistance de la nature, il en vint à acquiescer aux vues de saint Paul sur la prédestination. Il n'embrassa pas cette doctrine pour elle-même, et comme faisant partie d'un système; elle suivit pour lui la religion expérimentale comme l'ombre suit le corps. Pendant long-temps il écrivit très peu sur ce sujet, et se contenta de rapporter les simples témoignages de l'Écriture, dans la crainte d'entraîner la masse de ses lecteurs dans un labyrinthe d'où ils n'auraient pu sortir.

La témérité impie des hérétiques qui combattent les doctrines que Dieu nous a révélées, parce qu'elles sont au-dessus de leur raison, oblige souvent les esprits prudens et modestes à annoncer clairement ces doctrines et ces vérités, afin de ne pas les abandonner aux insultes de l'ennemi. Dans le cours de la controverse, on fit les efforts les plus audacieux pour détruire toute idée de la grâce, et bien des gens pensèrent que le semi-pélagianisme en France allait renverser les argumens d'Augustin. L'Eglise d'Orient, plus philosophique que celle d'Occident, fut infectée de ces vues défectueuses et incomplètes de la grâce; et l'évêque d'Hippone aurait paru encourager par son silence des opinions qui n'étaient soutenues que par la nature corrompue, l'orgueil du raisonnement, et par l'autorité de noms illustres dans l'Eglise, s'il n'avait défendu d'une manière plus explicite la doctrine de la grâce efficace; c'est ce qu'il fit en particulier dans ses derniers ouvrages, en prouvant la vérité d'après l'Écriture, et en appelant à son sens simple et grammatical; mais quelques admirateurs de sa doctrine, plus zélés que judicieux, ayant manifesté un mépris antinomien pour l'usage des moyens et la piété pratique, avec sa force de raisonnement et sa pénétration ordinaires il montra l'accord qui existe entre les exhortations et les décrets de Dieu.[1]

Il est difficile de prononcer sur ce qu'il croyait par rapport à la doctrine de « la rédemption particulière; » si Christ est mort pour tous les hommes, ou seulement pour les élus, c'est une question qui ne se présenta jamais dans ses controverses; dans ses discours pratiques, il est bien certain qu'il représente toujours le sacrifice de Christ comme s'appliquant d'une manière universelle, ainsi que doit le faire tout prédicateur qui veut être utile à ses auditeurs. On a prétendu qu'il avait nié que Christ fût mort pour tous; mais Prosper, son admirateur et son disciple, qui avait embrassé la doctrine de la prédestination aussi positivement que quelque théologien que ce soit, soutient qu'Augustin croyait « que Christ s'était donné en rançon pour tous. » Dans un de ses ouvrages, l'évêque d'Hippone a expliqué le passage [2] « qui veut que tous les hommes soient sauvés » d'une manière ambiguë, et lui attribue différens sens; il liait généralement la doctrine de la grâce du Père à l'influence du Saint-Esprit; mais il n'a pas agi de même par rapport à la rédemption du Fils.

L'humilité était son sujet favori. Un homme peut adopter de la manière la plus claire les doctrines de la grâce, et demeurer pourtant lui-même orgueilleux. Il peut n'avoir pas des vues distinctes de quelques unes de ces doctrines, particulièrement de celles dont nous venons de parler, et être cependant rempli d'humilité; mais il est

---

[1] On distingue cette marche progressive dans la publication successive des ouvrages d'Augustin. Nous ne citerons point de passages particuliers, ce qui serait inutile pour ceux qui lisent ses écrits, fatigant et peu intéressant pour ceux qui ne les lisent pas.
[2] I. Tim. II.

impossible qu'il soit humble sans la connaissance réelle de la grâce. L'avantage qu'ont les croyances chrétiennes, scripturaires et précises, c'est qu'elles enseignent l'humilité. Sommes-nous obligés de soutenir les doctrines de la grâce par les argumens que la seule raison humaine pourrait inventer, sans le secours de la révélation? Non; la raison dans ce sens est au-dessous de ces doctrines, et si nous sommes vraiment humbles, nous nous soumettrons paisiblement à supporter le mépris que nous attirera cette confession de la part des philosophes. Augustin enseignait aux hommes d'une manière simple et sérieuse ce que c'est qu'être vraiment humble devant Dieu.[1]

Il est bien peu de théologiens qui aient aussi bien décrit qu'Augustin la lutte intérieure et mystérieuse entre la chair et l'esprit, que les philosophes ont confondue, dans leur ignorance, avec le combat entre la raison et la passion, et que les profanes ont représentée comme un vain fantôme évoqué par l'enthousiasme. Il l'a dépeinte comme ceux-là seulement qui l'ont éprouvée la connaissent; et les prétentions des pélagiens à la perfection l'obligèrent à en dire sur ce sujet plus qu'il

---

[1] Cette vertu qui dominait chez Augustin réprima en lui cet esprit entreprenant et hardi qui formait une partie frappante de son caractère, comme homme de lettres et de génie. En parlant des difficultés attachées à la doctrine du péché originel, il rejette l'idée de les résoudre d'une manière qui n'eût pas été scripturaire, et préfère rester dans son ignorance. « Bien que je désire, et que je « demande ardemment à Dieu de me tirer de mon ignorance, par « votre moyen, écrit-il à Jérôme, néanmoins si je ne puis pas « l'obtenir, je prierai pour obtenir la patience, puisque nous « croyons en lui et lui avons fait la promesse de ne jamais murmu« rer, quoiqu'il ne nous amène pas à la parfaite connaissance de « choses particulières. J'ignore plus de choses que je ne puis le « dire. » (*)

(*) Lettres à Jérôme. Aug. Ep. 165.

n'aurait été nécessaire autrement, pour prouver que les chrétiens les plus humbles et les plus saints ont à combattre, toute leur vie, contre le péché qui habite en eux.[1]

Il se plaisait à traiter deux autres sujets pratiques, la charité et la pensée habituelle des choses célestes. Dans tous ses écrits, il exprime l'amour le plus humble, et rapporte toutes choses à la vie éternelle; ce qui se manifeste en effet dans sa conduite depuis le moment de sa conversion. Les temps étaient défavorables; la superstition répand souvent ses ténèbres sur ses écrits; il lutte cependant quelquefois vigoureusement contre elle, et il y a un passage en particulier dans lequel il déplore les progrès de l'esprit de servitude de ces hommes qui coulaient un moucheron et avalaient un chameau; et il avoue qu'il y avait des choses auxquelles il ne se conformait que par amour pour la paix et la charité.

Enfin, pour ce qui tient à la morale, il est su-

---

[1] Aucun auteur n'a manié la controverse avec autant de charité qu'Augustin. Nous ne citerons en preuve de ce que nous avançons qu'un seul passage : « Si, dans la chaleur de la dispute, un mot « injurieux lui a échappé, je suis disposé à croire que cela est « arrivé par la nécessité de soutenir ses opinions, plutôt que dans « le but de m'offenser. Car, lorsque je ne connais pas la disposition « d'un homme, je pense qu'il vaut bien mieux avoir bonne opi- « nion de lui que le blâmer trop précipitamment. Il avait peut-être « une bonne intention, désirant me détromper. Dans ce cas, je « lui suis obligé de sa bonne volonté, bien que je sois dans la né- « cessité de combattre ses opinions. » (*)

Tous ceux qui s'occupent de controverse devraient imiter ce qu'il dit ici de lui-même : « Quand je réponds à quelqu'un de vive voix « ou par écrit, lors même que j'ai été attaqué dans un langage « offensant, autant que cela m'est donné du Seigneur, je me con- « tiens, et ne lâche pas la bride à une vaine indignation; ainsi, je « ne cherche pas à surpasser mon adversaire par des injures ou des « railleries, mais à lui faire du bien en le convainquant de son « erreur. » Liv. 3, contre Pétilien.

(*) Ep. 166.

périeur à la plupart des théologiens, sur les sujets de la véracité et de la fidélité à tenir ses sermens, et en général sur la pratique de la justice et de la miséricorde, et sur la communion humble et constante avec Dieu ; il ne se contenta pas d'écrire d'une manière admirable, mais ce qu'il recommanda avec éloquence, il le pratiqua avec sincérité.

CHAPITRE X.

VIE ET OUVRAGES DE JÉRÔME.

Ce moine célèbre était né l'an 331, sous l'empereur Constantin, à Stridon, sur les frontières de la Dalmatie et de la Pannonie. Ce lieu, qui n'avait que peu d'importance, fut désolé par les Goths, et l'on ne sait pas bien clairement s'il doit être considéré comme faisant partie de l'Italie [1]. Il paraît que Jérôme appartenait à une famille riche et considérée, d'après le soin que l'on donna à son éducation, qu'on l'envoya achever à Rome, pour qu'il pût acquérir toutes les grâces de la langue latine. C'est le plus savant des Pères romains, et il réunit le génie à l'ardeur pour le travail. Il fut élevé dès son enfance dans le christianisme, et de là vient probablement que, comme beaucoup d'autres hommes pieux qui ont eu le même avantage, il ne connut jamais ces combats contre le péché intérieur qui ont causé de si vives souffrances à des chrétiens convertis dans un âge plus avancé, mais qui leur ont aussi souvent donné une connaissance plus profonde de la religion vitale.

Après avoir été baptisé à Rome, il voyagea en

---

[1] Erasm, Vie de Jérôme.

France avec Bonose, son compagnon d'études. Il examina les bibliothéques, et ne négligea aucun moyen de s'instruire, et lorsqu'il fut retourné en Italie, il résolut de suivre la profession de moine, terme auquel on n'attachait pas la même idée qu'aujourd'hui. A l'époque où vivait Jérôme, un moine était un chrétien qui menait une vie retirée sans être enchaîné par des vœux et par des règles, et qui conservait la liberté d'agir selon sa volonté. Cette vie devait convenir à un homme aussi studieux que Jérôme. Il fut à la vérité consacré prêtre dans l'église, mais il ne voulut jamais accepter aucune dignité ecclésiastique.

Il passa quatre ans dans les déserts de la Syrie, lisant et étudiant avec une ardeur infatigable. Il publia ensuite un *Commentaire sur le prophète Abdias*, qui, comme il en convint lui-même plus tard, portait l'empreinte de l'inexpérience et de la témérité de la jeunesse. Ce fut aussi dans cette retraite qu'il étudia avec une assiduité infatigable l'hébreu, le chaldéen et le syriaque, à l'aide d'un juif, nouveau Nicodème, qui venait le voir la nuit, pour éviter de donner de l'ombrage à ses frères.

A son retour à Rome, il se lia intimement avec Paule, dame illustre qui descendait des Paul si célèbres dans l'histoire romaine, avec Marcelle et d'autres femmes riches. La vie monastique, qui était depuis si long-temps en honneur dans l'Orient, commençait à prendre faveur dans l'Occident; le célèbre Athanase et ses amis d'Égypte, qui avaient été les objets d'une grande vénération pendant leur exil à Rome, à cause de ce qu'ils avaient souffert pour la foi, avaient contribué à répandre de la dignité sur ce genre de vie; et le zèle de Jérôme entretint les mêmes dispositions chez les personnes pieuses. Ce fut ainsi que les femmes distinguées dont nous avons parlé furent amenées à encourager par leur propre exemple la vie monastique.

Paule, sa fille Eustochium, son gendre Pammaque, Marcelle et plusieurs autres personnes, admiraient et respectaient Jérôme; malgré son caractère violent et impérieux, il paraît avoir vécu dans un grand accord avec les femmes, probablement parce qu'elles se soumettaient plus facilement à lui que des hommes n'auraient été disposés à le faire.

La calomnie, par la tristesse et l'irritation qu'elle produisait chez Jérôme, le détermina à quitter Rome. Il n'avait pas appris à dominer ses passions et à mépriser de vaines paroles. Les attaques injustes dont il était l'objet excitaient en lui une aigreur très blâmable. Il retourna dans l'Orient, et plusieurs de ses admirateurs l'y suivirent. Il choisit Bethléem pour la retraite de sa vieillesse, et Paule y érigea quatre monastères : trois pour les femmes, qu'elle-même dirigeait, et un pour les hommes, dans lequel Jérôme passa le reste de sa vie, jouissant quelquefois de la société de ses savans amis. Il enseignait aussi la théologie aux femmes. Paule mourut après avoir passé vingt ans dans le monastère qu'elle avait fondé.

Nous ne nous arrêterons pas à défendre Jérôme contre les calomnies auxquelles il a été en butte sous le rapport de la chasteté; sa vie entière est une réponse suffisante. C'était certainement un homme pieux, et de mœurs graves et austères. Il mourut l'an 420, dans sa quatre-vingt-onzième année.

On doit regretter qu'un homme aussi sincère, et dont l'esprit était aussi vigoureux, n'ait pas rendu de plus grands services à l'humanité. Le fait est que ses connaissances théologiques n'avaient rien de large et d'élevé. Il confessait que tandis qu'il macérait son corps dans les déserts, il pensait aux plaisirs et aux délices de Rome. Il ne comprenait pas le mystère de la mortification du péché selon l'Évangile, et il contribua, plus que tout autre homme de cette époque, aux progrès de la superstition. La renommée de son érudition immense, mais mal digérée, ajoutait beaucoup de poids à l'exemple qu'il donnait en s'appliquant à cette dévotion volontaire qui a une apparence si spécieuse en ce qu'elle n'épargne pas le corps. Sa dispute avec Ruffin fait tort à la mémoire de l'un et de l'autre. Il paraît cependant que Jérôme était celui des deux qui avait les vues les plus évangéliques; car Origène avait certainement adopté des opinions erronées, et de cette controverse si peu intéressante il suffira de dire que Jérôme accusait Origène et que Ruffin le défendait. Nous avons déjà fait connaître la controverse de Jérôme avec Augustin.

On ne peut douter que Jérôme ne fût humble devant Dieu et vraiment pieux; et on peut dire de lui à l'honneur de la piété chrétienne, qu'avec un caractère naturel tel que le sien, il eût bien moins valu s'il n'eût eu aucune connaissance de Christ, et qu'il eût été bien supérieur à ce qu'il a été s'il l'eût connu d'une manière plus complète et plus intime.

Les ouvrages d'un auteur aussi superstitieux, bien qu'orthodoxes par rapport aux doctrines essentielles du christianisme, ne méritent pas un examen très détaillé. On voit briller çà et là un sentiment fort et évangélique au milieu des nuages dont il était enveloppé.

Dans le siècle précédent, Jovinien, moine italien, avait enseigné d'abord à Rome, ensuite à Milan, quelques points de doctrine directement opposés aux superstitions toujours croissantes. Ce n'est pas une chose facile que de bien apprécier son caractère et ses opinions. Ses écrits sont perdus. Les docteurs les plus célèbres de l'Eglise le combattirent avec violence. Ambroise, Jérôme et Augustin rendent témoignage contre lui. Il est vrai que le dernier n'a écrit que très peu de chose à son sujet, et le peu qu'il en savait venait d'un bruit populaire plutôt que d'une connaissance positive; car les préventions générales repoussèrent si promptement Jovinien, que ses doctrines ne pénétrèrent pas en Afrique, et l'évêque d'Hippone n'eut pas occasion de le connaître personnellement. S'il en eût été autrement, nous aurions pu devoir à son impartialité et à son jugement ce portrait exact et équitable de Jovinien, que nous cherchons en vain dans les écrits d'un auteur aussi irritable et aussi sujet aux préventions que l'était Jérôme. Il a laissé deux livres contre Jovinien[1], écrits d'un style âpre et violent, et dont les argumens ne sont ni justes en eux-mêmes ni appuyés sur les Ecritures; il est bien difficile d'y retrouver la trace des véritables opinions de son adversaire au milieu de torrens d'invectives.

Nous citerons pourtant ces quatre propositions, qui sont de lui, mais qui ne nous sont pas parvenues dans ses propres paroles. Sa première est que les vierges, les veuves et les femmes mariées qui ont été une fois lavées par la foi dans le sang de Christ, sont également agréables aux yeux de Dieu, si elles ne diffèrent pas sous les autres rapports.—La seconde, que ceux qui ont été régénérés ne peuvent être renversés par le diable. —La troisième, qu'il n'y a aucune distinction devant Dieu entre ceux qui s'abstiennent de certains alimens et ceux qui les reçoivent avec actions de grâces.—La quatrième, que tous ceux qui tiennent les vœux de leur baptême seront également récompensés dans le royaume des cieux.

[1] Tom. xi, 7 D.

D'après le petit nombre des documens qui nous sont parvenus, on peut se former deux opinions très opposées : la première, que Jovinien, éclairé d'en haut et ayant reçu de Dieu la foi des élus, entrait pleinement dans l'esprit du christianisme apostolique, condamnait la pente à la propre justice qui attribuait dans ce temps-là un certain mérite au jeûne, au célibat et à d'autres rites extérieurs ; qu'il ne recommandait ces choses que comme pouvant, dans certains cas, devenir des secours pour arriver à la piété, et mettait toute son espérance de salut dans la grâce de Jésus reçue avec une foi et une humilité sincères ; qu'il affirmait la perpétuité de cette grâce dans les élus ; et que tout en blâmant les feintes vertus des hommes orgueilleux, il était rempli de zèle pour la gloire de Dieu et de son Christ. Que ce soit là ou non ce que pensait Jovinien, c'est ce que pensaient les apôtres. S'il avait les mêmes croyances, il n'était pas hérétique, comme on l'a prétendu, mais un fidèle témoin de Christ.

Ce qui peut nous porter à espérer que tel était réellement son caractère, et que les hommes pieux de son temps ont été eux-mêmes dans l'erreur par rapport à lui, c'est la manière solide et judicieuse dont il interprétait l'Ecriture, autant qu'on peut le comprendre même d'après ce que rapporte Jérôme. Ainsi il dit, par exemple, que ceux qui étaient retombés n'avaient reçu que le baptême de l'eau et non celui du Saint-Esprit, comme on le voit clairement par rapport à Simon-le-Magicien, et d'après la déclaration de Saint-Jean, qui est que « celui qui est né de Dieu, ne vit pas dans le péché. » Il citait aussi le fait de la présence de Jésus aux noces de Cana, comme venant à l'appui de ce qu'il avait avancé à l'honneur du mariage. Jérôme lui répondit d'une manière ridicule, et dans d'autres occasions la faiblesse de ses raisonnemens nous prouve qu'une solide argumentation n'était pas un des mérites distinctifs de ce célèbre Père. — Si d'un autre côté l'opposition de Jovinien aux austérités réputées méritoires dans ce temps-là venait de l'amour du monde; s'il regardait tous les péchés comme égaux, et pensait que Satan n'a aucune puissance pour entraîner les régénérés dans le péché, il pouvait être stoïcien, épicurien, ou antinomien, mais il n'était pas chrétien.

Vers le commencement de ce siècle, Vigilanti, prêtre remarquable par son éloquence, qui était né dans les Gaules, et avait rempli les fonctions de son ministère en Espagne, marcha sur les traces de Jovinien; il écrivit avec beaucoup d'énergie contre l'usage d'accomplir des veilles dans les temples consacrés aux martyrs, et contre tout l'appareil des pélerinages, des reliques, des invocations aux saints et de la pauvreté volontaire. Il ne nous reste pas assez de documens pour pouvoir apprécier avec certitude le caractère de Vigilanti; mais comme, au milieu de beaucoup de paroles injurieuses, on ne lui reproche aucune immoralité, non plus qu'à Jovinien, il est très probable qu'ils étaient tous deux des hommes pieux, et qu'ils n'avaient nullement mérité le titre d'hérétiques.

Jérôme écrivit, pour ses livres contre Jovinien[1], des apologies qui ajoutent une nouvelle force aux accusations d'aigreur et d'âpreté qui ont été élevées contre lui. Il fait des éloges excessifs de la rhétorique, et montre un amour de la vaine gloire qui, bien qu'il n'en eût peut-être pas le sentiment lui-même, a quelque chose de pénible et de choquant. Ce qui lui manquait par rapport à

---

[1] 37. D. 43. D. 44. G.

la véritable connaissance du christianisme, se manifeste dans ce défaut d'humilité, de douceur et de charité. Augustin et Jérôme présentent un contraste frappant sous ce rapport. Les écrits de Jérôme contre Vigilanti méritent la même censure; et nous l'y voyons d'ailleurs attribuer aux saints une sorte de toute-présence et une grande puissance comme intercesseurs.

Il est remarquable que Jérôme reconnaisse que toute l'épître aux Romains lui paraît très obscure; elle devait produire cet effet sur un homme qui avait tant étudié, et dont l'esprit était aussi obscurci par les superstitions. Il était bien plus savant qu'Augustin sous le rapport des langues, mais il n'avait pas ce jugement étendu et lumineux qui montrait à l'évêque d'Hippone le chemin qu'il devait suivre à travers le labyrinthe le plus compliqué, et qui lui faisait apercevoir ordre et beauté là où Jérôme, indécis et troublé, ne voyait qu'embarras et confusion. Telle est la différence entre l'enseignement de l'homme et celui de Dieu.

Dans ses volumineux commentaires [1], Jérôme parle au hasard, se jette dans des allégories sans fin, et n'a presque jamais ni exactitude ni précision; il rabaisse l'enseignement du Saint-Esprit, dont parle saint Paul [2], à des choses purement morales et pratiques; il fait allusion à une sorte de première et de seconde justification devant Dieu; il affirme la prédestination, et puis se rétracte en quelque sorte; il admet la volonté pour le bien comme venant de Dieu, et suppose cependant que la puissance de choisir constitue toute la grâce divine; et quoiqu'il ne combatte jamais de propos délibéré les vérités fondamentales, il les reconnaît toujours d'une manière défectueuse, et les présente

---

[1] Vol. II en entier. — [2] I. Corr. II.

souvent comme ne s'accordant pas entre elles. Il faut convenir qu'on a beaucoup trop vanté l'érudition et les talens de Jérôme. Il arrive souvent que l'on prend pour la preuve d'un génie sublime une brillante profusion de science mal digérée, et colorée par une imagination ardente; c'est ce qui a eu lieu pour ce célèbre écrivain, et ce n'a pas encore été là le plus grand mal. Sa savante ignorance a contribué plus que toute autre cause à donner de la célébrité à la superstition dans le monde chrétien, et à obscurcir la lumière de l'Evangile. Cependant, lorsqu'il n'était point troublé par la contradiction, et qu'il était occupé de méditations qui n'avaient point de rapport avec la superstition, il pouvait parler avec une ferveur et une affection vraiment chrétiennes du caractère et des offices du Fils de Dieu.

Par une merveilleuse dispensation de la providence, tandis que toutes les autres vérités étaient plus ou moins obscurcies, celle qui se rapporte à la personne du Fils de Dieu, et sur laquelle repose le salut des hommes, demeura intacte. Depuis les jours de saint Jean jusqu'à Jérôme, nous avons vu toute l'Eglise unanime dans ses vues sur la divinité et l'humanité du divin Sauveur. Tous ceux qui les ont combattues n'ont jamais pu obtenir la sanction de l'Eglise, et les empereurs ont été obligés d'user de violence pour faire admettre comme pasteurs ceux qui ont professé de semblables opinions. Cet article essentiel du christianisme paraît avoir été étudié avec la plus grande exactitude; et parmi les théologiens modernes, il n'en est peut-être que bien peu qui aient atteint à la précision des anciens qui ont traité ce sujet. Les hérésiarques n'ont pas manqué de tirer parti de cette circonstance, et les idées étroites et imparfaites que certains auteurs se sont formées de la personne de Jésus-Christ, ont enhardi quelques personnes à supposer que l'assertion de l'humanité affaiblit la preuve de la divinité. L'infériorité au Père, sous quelques rapports que ce soit, inquiète bien des esprits qui ne sont pas accoutumés aux vues larges et libérales que les anciens apportaient dans l'examen de ce sujet; mais il est facile de répondre à toutes les difficultés apparentes de ce genre, que le Fils est « égal au Père sous le rapport de sa divinité, et inférieur au Père sous le rapport de son humanité. »

CHAPITRE XI.

L'ÉGLISE DE CHRIST DANS L'OCCIDENT.

Nous allons maintenant reprendre le fil de l'histoire, en avertissant toutefois le lecteur qu'il ne doit pas s'attendre à trouver ici un récit détaillé des événemens qui ont signalé les règnes des empereurs romains. Après la mort de Théodose, l'empire fut ébranlé, surtout dans l'Occident, par des convulsions qui préparaient sa chute. Au milieu de ces scènes de désolation, nos regards se porteront presque uniquement sur l'Église de Christ, qui survécut à l'extinction de la gloire temporelle de l'empire.

Honorius, fils de Théodose, gouvernait l'Occident, tandis que son frère Arcade régnait à Constantinople. Honorius, ou, pour mieux dire, ses ministres (car ses deux frères étaient des princes très faibles), protégea l'Église, et suivit l'exemple de Théodose en extirpant les restes de l'idolâtrie, et en soutenant l'orthodoxie contre les donatistes et les autres hérétiques. La supériorité d'un gouvernement chrétien sur un gouvernement païen, même dans les temps de déclin, se manifesta par un grand nombre de lois et d'édits qui abolissaient des divertissemens impurs et cruels, et qui protégeaient les affligés et les misérables. Pourrait-on trouver ailleurs que dans un gouvernement chrétien une loi aussi remplie d'humanité que celle que promulgua Honorius l'an 409, et qui ordonnait aux juges de faire sortir les prisonniers de leurs prisons tous les dimanches, pour leur demander si on leur donnait tout ce qui leur était nécessaire, et pour examiner s'ils étaient traités d'une manière convenable sous tous les rapports?

Ce fut pendant ce règne que Rome fut saccagée par les Goths; et les souffrances auxquelles les habitans de cette ville furent exposés fournirent des occasions d'exercer bien des vertus chrétiennes. Nous ne nous étendrons pas sur ce sujet, qui nous a déjà occupés quand nous avons examiné la Cité de Dieu d'Augustin.

Germain, évêque d'Auxerre, fut un des plus grands ornemens des Gaules dans ce siècle. Il était d'un rang distingué, et dans sa jeunesse il avait été conseiller. Amator, qui fut évêque d'Auxerre avant lui, crut distinguer en lui des symptômes de la grâce, et l'ordonna diacre [1]. Un mois après la mort d'Amator il fut élu unanimement évêque par le clergé, la noblesse, les citoyens et les paysans, et quoiqu'il manifestât la plus grande répugnance, il fut obligé d'accepter cette charge. Il s'occupa à fonder des monastères et enrichit l'Eglise en s'appauvrissant lui-même; et pendant les trente années qui s'écoulèrent de-

---

[1] Il prévit ce que devait être Germain en observant la disposition de son esprit, plutôt que par l'effet d'une révélation particulière. Nous avons recueilli ce que nous rapportons ici de Germain, dans différens passages de Fleury, et nous avons dépouillé son histoire de ce qui est merveilleux, pour ne conserver que ce qui est digne de foi.

puis sa consécration jusqu'à sa mort, il mena la vie la plus austère.

Vers l'an 430, c'est-à-dire à peu près à l'époque de la mort d'Augustin, Germain visita l'île de la Grande-Bretagne, dans l'intention de combattre Agricola, fils d'un évêque pélagien, nommé Severin, qui propageait l'hérésie dans les Eglises de ce pays. Loup, évêque de Troyes, accompagnait Germain dans cette mission, qui fut entreprise à la recommandation d'un nombreux concile des Gaules[1]. A leur arrivée, ces deux évêques ne prêchèrent pas seulement dans les églises, mais aussi sur les grands chemins et en pleine campagne, et des multitudes se rassemblèrent autour d'eux. Les pélagiens ouvrirent une conférence; on discuta les doctrines de la grâce; les évêques, en présence de tout le peuple, appuyèrent leurs argumens sur des passages de l'Ecriture. On déclara qu'ils avaient remporté la victoire, et le pélagianisme fut réduit au silence.

A cette époque, les Pictes, race de barbares qui habitaient le Nord, et les Saxons, qui avaient été appelés de la Germanie par les Bretons, pour les aider à se défendre contre les Pictes, unirent leurs forces contre les indigènes. Les derniers, épouvantés à l'approche de l'ennemi, eurent recours à Germain et à Loup. Un grand nombre de soldats bretons qui avaient été instruits par ces deux évêques, demandèrent le baptême, et le reçurent à Pâques, dans une église qu'ils construisirent avec des branches d'arbres entrelacées[2]. Après la célébration de cette cérémonie, Germain se mit à leur tête, et ils marchèrent contre l'ennemi. L'évêque se souvint de la profession qu'il avait suivie dans

---

[1] Loup fut à la tête de son Église cinquante-deux ans, et eut une grande réputation de sainteté.
[2] Bède 1. Hist.

sa jeunesse, et ayant posté sa troupe dans une vallée que les ennemis devaient traverser, il les surprit et les mit en déroute. Les deux évêques retournèrent ensuite sur le continent. L'an 431, le diacre Pallade fut consacré évêque d'Écosse, pays qui n'avait pas eu d'évêque jusqu'à cette époque, et qui était plongé dans la plus grande barbarie.

La même année mourut Paulin de Nole, qui avait été évêque de cette ville pendant vingt ans. Il était ami intime d'Augustin, et à travers le nuage de superstition qui obscurcit le récit de sa vie, on voit qu'il était un des meilleurs chrétiens de ce siècle. C'était un homme pieux, libéral, humble, et digne d'un siècle plus intelligent et de biographes plus éclairés que ceux qui ont terni sa mémoire en mêlant à la vérité des fictions qu'ils croyaient propres à lui faire le plus grand honneur.

Les doctrines de la grâce prévalurent dans la Grande-Bretagne, et y exercèrent sûrement une influence salutaire; mais le semi-pélagianisme se soutint dans les Gaules, et Prosper et Hilaire, qui l'avaient fait connaître à Augustin, travaillèrent avec zèle à défendre les doctrines qu'avait enseignées l'évêque d'Hippone. Célestin de Rome embrassa la même cause; et dans la même année il publia neuf articles qui sont dignes d'attention, en ce qu'ils prouvent que l'étincelle de la vérité brillait encore au milieu des ténèbres et de la corruption de l'Église d'Occident. Dans ces articles, Célestin reconnaissait que tous les hommes sont par leur nature, et à cause de la chute d'Adam, sous la puissance du péché, et que la grâce peut seule les en délivrer; que l'homme n'est pas bon par lui-même, qu'il a besoin d'une communication de Dieu qui vienne de Dieu lui-même; que celui-là même qui est régénéré ne peut vaincre la chair et le démon, s'il ne reçoit un secours journalier : et que Dieu opère sur les cœurs des hommes, de manière que les saintes pensées, les pieuses intentions et le moindre mouvement vers une bonne inclination viennent de lui.

Pallade, pasteur de l'Écosse, étant mort, Célestin envoya à sa place Patrick. Il était né en Ecosse, dans un endroit qui s'appelle aujourd'hui Dumbarton[1]. Il fut emmené captif en Irlande, y passa quelques années, et se familiarisa avec la langue et les usages de ce pays ; quelques pirates l'emmenèrent ensuite dans les Gaules ; après diverses aventures, il retourna volontairement en Irlande, dans le dessein de travailler à convertir les naturels du pays, qui étaient encore barbares, et qui ne paraissent pas avoir connu le christianisme avant cette époque. C'est un spectacle bien consolant que de voir la Providence faire servir les maux de la guerre à la propagation de l'Evangile. Patrick, uniquement occupé de la cause du Christ, au milieu des scènes variées de sa vie agitée, ne fut pas découragé par les mauvais succès qui accompagnèrent ses premiers travaux. Les barbares Irlandais ayant refusé de l'écouter, il revint dans les Gaules, et resta quelque temps auprès de Germain d'Auxerre, qui, comme nous l'avons déjà vu, avait rendu d'importans services dans la Grande-Bretagne. La conversation et l'exemple de Germain excitèrent son zèle, et d'après son conseil il se rendit à Rome pour être fortifié dans ses desseins par l'autorité de Célestin. Il reçut de cet évêque des secours qui le mirent en état de retourner en Irlande, et il obtint enfin de si grands succès qu'on le regarde jusqu'à ce jour comme l'apôtre de l'Irlande. Il

---

[1] Fleury, liv. XXVI, 13.

enseigna d'abord aux Irlandais l'usage des lettres ; et tout en laissant de côté les fictions qui remplissent les légendes de Rome, il n'y a pas lieu de douter qu'il n'ait été l'instrument d'un bien réel pour les Irlandais, tant pour cette vie que pour celle qui est à venir. De semblables événemens ne doivent pas être omis dans l'histoire de l'Eglise de Christ, et il est à regretter que nous ne les connaissions que d'une manière bien incomplète. Patrick mourut à un âge avancé, vers l'an 460.

Dans ce même temps, Cassien et le clergé de Marseille, qui, dans les dernières controverses sur le pélagianisme, avaient essayé de tracer une voie mitoyenne entre Augustin et Pélage, propagèrent le semi-pélagianisme avec succès. Nous n'avons pas lieu d'en être surpris : le semi-pélagianisme doit plaire au goût dépravé de l'homme déchu ; il partage l'œuvre du salut entre la grâce souveraine de Dieu et la capacité humaine, de manière à conserver une apparence spécieuse d'humilité envers Dieu, tout en flattant l'orgueil de l'homme. Des créatures déchues ne peuvent s'empêcher de sentir qu'elles sont faibles et ignorantes ; et par conséquent elles ne croient pas facilement qu'elles puissent complètement suffire à leur propre salut ; et cependant elles aiment l'indépendance, et luttent pour la conserver ; les opinions des semi-pélagiens doivent donc être généralement accueillies. Mais on peut bien dire que ce que les hommes, dans leur état naturel, reçoivent si aisément et si cordialement ne peut être « la sagesse de Dieu qui est en mystère, c'est-à-dire cachée »[1]. Prosper continua à lutter contre les opinions de Cassien, et à défendre les doctrines de la grâce de Dieu ; Marius Mercator combattit aussi

---

[1] I, Cor. ix, 7.

pour la même cause. Les Gaules et les pays voisins recueillirent sans doute le fruit de leurs travaux; car ils réussirent à comprimer avec assez de succès le semi-pélagianisme, pour que, durant les siècles de ténèbres qui suivirent, les doctrines de la grâce fussent cordialement reçues par les personnes pieuses. Dans les monastères en particulier, tous les hommes qui étaient humbles et contrits y puisèrent leur consolation et leur joie; tandis que les moines pharisaïstes adoptèrent le semi-pélagianisme, qui s'accordait mieux avec leurs sentimens orgueilleux [1]. Cassien s'acquit d'autant plus d'autorité qu'un esprit grave et pieux paraissait dominer dans d'autres portions de ses écrits, et l'Occident demeura ainsi partagé jusqu'à ce que la corruption ayant fait de grands progrès, le semi-pélagianisme prit tout-à-fait le dessus.

Vers l'an 439, Genseric, roi des Vandales, surprit Carthage dans un temps de paix, et usa de sa victoire avec une affreuse cruauté [2]. Il faisait profession d'arianisme, comme la plupart des nations barbares qui avaient reçu le christianisme, et le parti arien avait conservé le même esprit de persécution qui l'avait toujours caractérisé. Genseric fit beaucoup souffrir le clergé; il chassa un grand nombre de pasteurs de leurs églises, et fit de plusieurs d'entre eux des martyrs. Les abominations du temps semblaient appeler un pareil fléau. La lumière de la grâce divine, qui avait été ranimée dans l'Occident, avait purifié bien des âmes, et les avait préparées aux souffrances; mais par rapport à la généralité du peuple, on voyait tout à la fois un accroissement rapide de superstition et d'impiété. Carthage était plongée dans le vice, et la licence

---

[1] Il se présentera plusieurs exceptions dans le cours de cette histoire. Il y avait des hommes plus éclairés et plus avancés par le cœur que par l'esprit. — [2] Victor Vit., liv. I.

s'y montrait triomphante : tant c'est une chose déplorable pour les hommes de s'éloigner de la simplicité de la foi chrétienne ! Les superstitions toujours croissantes fortifiaient les hommes tout à la fois dans la confiance à leur propre justice et dans leur corruption naturelle. L'oppression et la cruauté dominaient à Carthage ; et les pauvres étaient poussés par les angoisses de la misère à prier Dieu de livrer la ville aux barbares.[1]

[1] Le récit d'un concile tenu à Braga, en Lusitanie(*), montrera quelle était la triste situation des affaires civiles dans ce siècle (car il paraît avoir eu lieu dans sa première moitié), et jettera aussi un peu de jour sur l'état de la religion en Portugal, pays dont il n'a pas encore été question dans cette histoire. L'évêque Pancratien, qui présidait ce concile, dit : « Vous voyez, mes frères, les dévas- « tations commises par les barbares. Mes frères, occupons-nous « surtout du salut des âmes, de peur que les malheurs des temps « n'entraînent nos troupeaux dans la voie des pécheurs ; donnons- « leur donc l'exemple de souffrir dans nos propres personnes pour « Jésus-Christ, qui a tant souffert pour nous. Et comme quelques « uns des barbares sont ariens et d'autres idolâtres, confessons « notre foi. » Il déclara alors en quelques mots les articles de la confession de foi chrétienne, auxquels ils donnèrent tous leur assentiment. Elypand, de Conimbre, dit : « Les barbares sont près « de nous ; ils assiègent Lisbonne ; ils seront bientôt sur nous. « Retournons tous dans nos demeures ; consolons les fidèles, ca- « chons décemment les corps des saints, et envoyons-nous les uns « aux autres l'indication des cavernes dans lesquelles ils sont déposés. » Tous les évêques approuvèrent cette motion. Pancrace ajouta : « Retournons chez nous en paix, excepté le frère Potamius ; son « église d'Œminie est détruite, et son pays est ravagé. » Potamius répondit généreusement : « Je n'ai pas reçu la charge d'évêque pour « vivre dans le repos, mais pour travailler. Je veux consoler mon « troupeau et souffrir avec lui pour Jésus-Christ. » — « Vous avez « bien parlé, répondit le président, Dieu soit avec vous. » — « Dieu « vous maintienne dans votre résolution, dirent tous les évêques. « Partons avec la paix de Jésus-Christ. »

A ce concile dix évêques signèrent les décrets. Arisbert de Porto (probablement l'Oporto d'aujourd'hui) écrivit à un ami, quelque temps après le concile, ces paroles touchantes : « Je vous plains, « mon frère. Dieu veuille porter sur notre misère des regards de « miséricorde. Conimbre est prise ; les serviteurs de Dieu sont tom- « bés par l'épée. Elypand (un des évêques du concile) est emmené

(*) Fleury, liv. XXIII, 6.

Nous apprenons de Salvien, prêtre de Marseille, que plusieurs chrétiens de nom assistaient aux sacrifices des païens, et allaient ensuite prendre la cène du Seigneur [1]. La licence était si générale qu'après que les Vandales furent devenus maîtres de Carthage, ils arrêtèrent les désordres et obligèrent les gens qui vivaient dans la prostitution à se marier; car ces barbares n'avaient pas encore atteint le raffinement de corruption des Romains. Salvien dit avec beaucoup de raison que les chrétiens qui donnaient de semblables scandales ne l'étaient que de nom. Ils étaient réellement idolâtres dans leur conduite, et au milieu des calamités publiques et de toutes les horreurs de la guerre, ils continuaient à mener une vie impure et voluptueuse. L'oppression et l'injustice étaient portées à un tel point que la domination des barbares paraissait plus tolérable que celle des Romains. Ces faits prouvent la justice adorable de la Providence, qui punissait les iniquités auxquelles s'abandonnaient dans ce siècle les chrétiens de nom, non seulement à Carthage, mais dans tout l'empire d'Occident. Ce qui était arrivé à l'ancienne Église juive, lorsque ceux qui la composaient étaient devenus corrompus et idolâtres, et n'avaient conservé que les formes de la religion, arriva aussi aux nations chrétiennes. On doit donc

« captif; Lisbonne s'est rachetée à prix d'or. Egitave est assiégée;
« on ne voit que misère, gémissemens et angoisse. Vous avez vu ce
« que les Suèves ont fait en Galice; jugez de ce que font les Alains
« en Lusitanie. Je vous envoie les décrets de la foi que vous avez
« demandés; je vous enverrai tout, si je découvre le lieu dans
« lequel vous êtes caché. Je m'attends chaque jour au même sort.
« Le Seigneur ait pitié de nous. »

Que nos lecteurs, qui jouissent paisiblement de si grands priviléges civils et religieux, se demandent s'ils ne devraient pas éprouver une vive reconnaissance de posséder ces biens si précieux dont ces hommes pieux étaient privés!

[1] Salvien de Gubern. liv. VII.

comprendre que Dieu retirait alors le pouvoir de leurs mains, afin qu'elles ne continuassent plus à profaner son saint nom.

Genseric chassa les évêques de leurs siéges, et il fit esclaves pour la vie ceux qui lui opposèrent quelque résistance; il infligea cette punition, non seulement à plusieurs évêques, mais à plusieurs laïques de qualité. Quod-vult-Deus, et un assez grand nombre de membres de son clergé qui furent expulsés, s'enfuirent par mer à Naples. D'autres, après avoir souffert divers tourmens en Afrique, furent embarqués sur un vieux vaisseau et débarqués en Campanie. On donna les siéges vacans à des évêques ariens [1]. Quelques évêques qui restaient encore dans les provinces, se présentèrent devant Genseric, et lui représentèrent qu'ils avaient perdu leurs églises et leurs richesses, et qu'ils venaient demander qu'il leur fût du moins permis de rester en Afrique pour consoler et soutenir le peuple de Dieu. « J'ai résolu de ne laisser personne de votre nom; » telle fut la réponse de l'inflexible Genseric; et ceux qui l'entouraient eurent peine à l'empêcher d'ordonner que ces évêques fussent jetés dans la mer.

Au milieu de la décadence de la grandeur de Rome, de l'accroissement de la superstition idolâtre, et de toutes les horreurs dont ce siècle fut témoin, il est consolant de voir le christianisme, quelque imparfait et quelque corrompu qu'il fût alors, exercer cependant une salutaire influence sur la société. Nous avons déjà montré qu'il avait amené les Romains à renoncer aux jeux barbares du cirque; nous ajouterons ici qu'il fit aussi cesser le cruel usage d'exposer les enfans, qui avait duré pendant tout le temps de la grandeur de Rome.

---

[1] Victor Vit., liv. I.

Constantin, l'an 331, et Honorius, l'an 412, avaient fait tous deux des décrets pour mettre un terme à cette barbarie. Ceux qui prenaient soin des enfans continuaient pourtant à être tourmentés; mais dans un concile qui se tint à Vaison, en 443, on ordonna que le dimanche le diacre déclarerait à l'autel qu'un enfant exposé avait été recueilli et qu'on pouvait le réclamer dans un espace de dix jours; mais que celui qui le réclamerait plus tard serait censuré par l'Église comme homicide.[1]

L'an 443, Genseric passa en Sicile, et persécuta l'Église dans toutes les villes de cette île où ses armes furent victorieuses.

Germain d'Auxerre fut appelé une seconde fois dans la Grande-Bretagne, A. D. 446, pour combattre l'hérésie de Pélage, qui se répandait de nouveau dans ce pays. Il avait personnellement beaucoup d'autorité, et l'on doit reconnaître qu'il la faisait servir aux buts les plus louables, la propagation de la doctrine chrétienne et le bonheur de l'humanité. Il est à regretter que les documens qui nous restent sur cet homme remarquable soient presque entièrement remplis de miracles que nous ne rapporterons pas, et dont nous ne saurions admettre la réalité. Il mourut l'an 448, après avoir été trente ans évêque d'Auxerre.

Attila, roi des Huns, fit des ravages terribles dans plusieurs parties de l'empire; cependant, tel est l'ascendant que la religion, accompagnée d'une certaine régularité de conduite, exercera toujours sur la barbarie et l'ignorance, que le respect qu'elle inspirait à Attila, et qui avait déjà arrêté sa marche dans les Gaules, l'empêcha d'entrer en Italie, l'empereur d'Occident lui ayant envoyé Léon, évêque de Rome, en ambassade, en 452.

[1] Fleury, liv. xxvi, 55.

Deux ans après, Genseric, roi des Vandales, arriva à Rome, et trouva la ville sans défense : Léon alla à sa rencontre, et obtint de lui de se contenter du pillage, et de ne permettre ni les massacres ni les incendies. Il retourna en Afrique, emmenant avec lui plusieurs milliers de captifs, ce qui donna lieu à une manifestation de la charité chrétienne que nous ne devons pas passer sous silence.

Après un long intervalle, Deogratias fut consacré évêque de Carthage, en 454, d'après le désir de Valentinien, empereur de Rome, et, à ce qu'il paraît, avec l'approbation de Genseric. Les captifs de ce roi barbare furent partagés entre ses guerriers, qui séparèrent les maris de leurs femmes et les enfans de leurs parens. Le cœur de Deogratias fut ému de compassion, et il racheta les captifs en vendant tous les vases d'or et d'argent qui appartenaient aux églises. Comme il n'y avait pas de local assez vaste pour loger cette multitude de personnes, il les mit dans deux grandes églises, où il fit porter des lits et de la paille, et donna des ordres pour qu'on leur fournît tout ce qui leur était nécessaire. Il chargea des médecins de soigner les malades, leur fit distribuer en sa présence les alimens qu'on leur permit de prendre, et, malgré son grand âge et ses infirmités, il visitait tous les lits pendant la nuit [1]. Il ne vécut que trois ans après avoir été élevé à l'épiscopat, et ses vertus rendirent sa mémoire bien chère aux fidèles ; ainsi, tandis que les ariens se signalaient par de grands exploits militaires et nageaient dans le sang, ce disciple d'Augustin rendait honorables les véritables doctrines de l'Évangile par sa douceur et sa charité. Tel est le lien qui unit les principes à la pratique chez

---

[1] Vict. Vit. liv. 1.

ceux qui suivent l'agneau de Dieu. Le spectacle de ces vertus vraiment chrétiennes devait déplaire à Genseric; il prit soin de ne plus souffrir de semblables pasteurs, et il n'y eut bientôt plus en Afrique que trois évêques orthodoxes.

Plusieurs personnes pieuses, après avoir été exposées à toutes sortes de privations et de tortures, tombèrent enfin entre les mains de Capsur, roi maure, parent de Genseric. Elles virent souvent dans le désert qu'il habitait des sacrifices idolâtres, et commencèrent à amener les barbares à la connaissance de Dieu par leurs discours et par leurs exemples; elles convertirent une grande multitude dans un pays où le nom de Jésus était demeuré inconnu jusqu'alors. Désirant y établir une église, ces chrétiens envoyèrent à travers le désert des messagers à un ville romaine; une partie de l'Afrique était encore soumise à l'empire. L'évêque de cette ville envoya des ministres qui bâtirent une église, et baptisèrent un grand nombre de barbares. Capsur ayant informé Genseric de ce qui se passait, celui-ci, irrité du zèle de ces hommes pieux, les condamna à mourir. Les Maures convertis témoignaient une profonde douleur en les voyant conduire au supplice; mais les martyrs leur disaient en passant auprès d'eux : « Mon frère, priez pour moi; Dieu a accompli « mon désir ; c'est ici le chemin qui conduit au « royaume céleste. »

Dans une ville appelée Regia, au moment où les chrétiens orthodoxes célébraient la pâque dans l'église, ils furent assaillis par les ariens, qui en firent un horrible massacre. Valerien, évêque d'Abbenze, qui avait plus de quatre-vingts ans, fût chassé de la ville, et l'on défendit sévèrement de lui donner asile. Il demeura long-temps presque nu sur le grand chemin, exposé aux injures du temps, et mourut ainsi pour la foi de Christ.

Genseric déclara qu'il ne voulait avoir que des ariens dans sa maison et auprès de ses enfans. Un chrétien nommé Armogaste, qui était au service de Théodoric, fils du roi, souffrit les tourmens les plus ignominieux, jusqu'à ce que la mort vint mettre un terme à ses souffrances. Genseric chercha à séduire un autre chrétien nommé Archinimus en lui promettant des richesses immenses, s'il voulait embrasser l'arianisme; mais il fut invincible, et Genseric ayant dit en secret aux bourreaux de l'épargner s'il montrait un courage indomptable au moment du supplice, on lui laissa la vie.

Satur, intendant de la maison d'Huneric, fils et successeur de Genseric, se permit de censurer très librement l'arianisme. Il fut accusé et menacé de perdre tous ses biens, et l'on ajouta que s'il persévérait, sa femme serait mariée à un conducteur de chameaux. Cette femme, qui avait plusieurs enfans, et qui allaitait encore le dernier, supplia son mari de céder; il lui répondit : « Tu parles « comme une femme insensée; qu'ils fassent ce « qu'ils voudront, je dois me souvenir des paroles « du Seigneur : Celui qui ne quitte pas sa *femme*, « ses enfans, ses champs et ses maisons ne peut être « mon disciple. » On le dépouilla de tout ce qu'il possédait, et on le réduisit à la mendicité. Partout où triomphaient les armes de Genseric, les enfans de Dieu éprouvaient les effets de sa fureur; il bannit les ministres de Carthage, et fit fermer la grande église.

Tout l'empire d'Occident tombait en ruines. En 476, Odoacre, roi des Hérules, s'empara de Rome, et quoiqu'il fût ensuite obligé de céder aux armes victorieuses de Théodoric le Goth, depuis cette époque il n'y a plus eu d'empereurs romains en Italie¹. Nous avons déjà vu que l'Afrique gémissait sous le joug des Vandales; les Goths avaient soumis l'Espagne et une grande partie des Gaules; le reste de ce pays était subjugué par les Francs; ils s'emparèrent peu à peu de toutes les Gaules, qui prirent d'eux le nom de France; les Saxons, qui étaient idolâtres, s'étaient rendus maîtres de la partie méridionale de la Grande-Bretagne. Les anciens Bretons, qui faisaient profession de christianisme, se retirèrent presque tous dans les montagnes inaccessibles du pays de Galles. Les habitans des parties septentrionales de l'île durent leur tranquillité à leur pauvreté. Les barbares qui dominaient dans les autres contrées étaient ariens, mais il ne paraît pas qu'ils persécutassent les fidèles avec autant de rage que les Vandales. Cependant Evaric, roi des Goths d'Espagne, sembla vouloir marcher sur les traces de Genseric : il défendit de remplacer les évêques qui étaient enlevés par la mort, et bannit les autres. Les églises tombèrent en décadence; les troupeaux se rassemblaient rarement. Ce fut une époque bien sombre pour toute l'Église d'Occident. L'abus qu'on avait fait si long-temps des grâces de Dieu avait évidemment attiré sa colère sur les églises; mais il y avait encore des hommes, animés d'une vraie piété, auxquels il était donné de « posséder leurs âmes par la patience, » et de montrer que la véritable Église était loin d'être anéantie. ²

---

¹ Tous les empereurs d'Occident, depuis Théodose, avaient été des hommes faibles ou obscurs, dont il eût été sans intérêt de nous occuper dans cette histoire.

² Parmi les individus qui se distinguèrent à cette époque désastreuse, on peut citer Sidonius, de Lyon, qui appartenait à une des plus nobles familles des Gaules, et qui était un orateur et un poète célèbre. Vers l'an 472 on le nomma malgré lui évêque de Clermont

D'après les renseignemens assez confus qui sont parvenus jusqu'à nous sur un concile qui se tint alors dans les Gaules, il paraît que le semi-pélagianisme continuait à y exercer une grande influence, et l'on ne peut s'en étonner lorsqu'on voit que la lumière des Écritures ne brillait alors que bien faiblement dans l'Église.

Genseric étant mort l'an 477, il eut pour successeur son fils aîné Huneric [1]. Ce prince se montra assez favorable aux fidèles au commencement de son règne, et après un intervalle de vingt-quatre ans, il permit que l'on consacrât un évêque de Carthage, mais à la condition que les ariens jouiraient à Constantinople du même degré de liberté que possédaient les membres de l'Église générale à Carthage. Les fidèles de cette dernière ville protestèrent avec raison contre cette condition, puisque le pouvoir de l'exécuter n'était pas entre leurs mains : « Nous n'accepterons pas un « évêque à une semblable condition, disaient-ils ;

---

en Auvergne. Nous n'osons pas cependant prononcer sur son caractère, car nous le trouvons continuellement au milieu des princes et des empereurs, écrivant leurs panégyriques et se laissant absorber par la politique, et il est bien difficile de savoir jusqu'à quel point il était animé du véritable esprit de l'Evangile. Il était remarquable par sa libéralité; il lui était arrivé, même avant d'être évêque, de donner plusieurs fois, à l'insu de sa femme, des pièces de son argenterie pour fournir aux besoins des pauvres. Fleury nous apprend que son beau-frère Ecdicius se distinguait par la même qualité. Les Goths ayant ravagé le pays, la famine vint s'ajouter à tous les autres fléaux sous lesquels les peuples gémissaient alors. Edicius recueillit quatre mille personnes des deux sexes, qu'il logea dans ses maisons, et qu'il nourrit pendant toute la durée de la disette. Patient, évêque de Lyon, étendit aussi sa libéralité jusqu'aux extrémités des Gaules. La providence de Dieu tempéra les misères des chrétiens dans ces temps, en suscitant de semblables exemples de bienfaisance. Patient réunissait à un haut degré toutes les vertus pastorales, et il ramena à la vérité un grand nombre de Bourguignons ariens. Gondebaud, roi de Bourgogne, qui habitait Lyon, avait un grand respect pour ses vertus.

[1] Victor Vit. liv. II.

« Jésus-Christ gouvernera l'Eglise comme il l'a
« fait jusqu'à présent. » Mais Huneric n'eut aucun égard à cette protestation, et Eugène fut élu évêque de Carthage.

Les vertus d'Eugène lui attirèrent bientôt la vénération générale. Les revenus de l'Eglise étaient entre les mains des ariens; mais on apportait tous les jours à l'évêque des sommes considérables, qu'il distribuait fidèlement aux pauvres en ne se réservant que son pain quotidien. Les évêques ariens murmurèrent; ils représentèrent Eugène comme un prédicateur dangereux, et lui reprochèrent d'admettre à ses prédications des gens qui portaient l'habit vandale, qui était à cette époque complètement différent de celui des Romains. « La maison de Dieu, répondit-il, est ouverte « pour tous, sans acception de personnes. »

Huneric, qui n'avait traité avec douceur les chrétiens romains de ses états que pour faire sa cour à l'empereur d'Orient, qui habitait Constantinople, commença à montrer peu à peu la férocité de son caractère. Craignant de perdre ses Vandales s'il les laissait écouter la prédication d'Eugène, il plaça à la porte de l'église des gardes qui, lorsqu'ils voyaient entrer un homme ou une femme avec l'habit vandale, les frappaient sur la tête avec des bâtons courts et dentelés, qu'ils entortillaient dans les cheveux et retiraient ensuite brusquement, en enlevant les cheveux et la peau de la tête [1]. On infligea ainsi de cruelles souffrances à un grand nombre de personnes; et des femmes qui avaient été maltraitées de cette manière furent promenées dans les rues, précédées d'un crieur public qui les signalait à la curiosité du peuple. Cependant les fidèles demeurèrent

---

[1] Fleury, liv. xxx.

fermes, et Huneric ne put persuader à ceux-là même qui faisaient partie de sa cour d'embrasser l'arianisme. On les priva de leurs pensions, on les envoya moissonner dans les champs; et comme c'étaient des personnes qui tenaient un rang élevé, cette punition était aussi ignominieuse que pénible. Ils portèrent cette croix pour l'amour de celui qui s'était donné pour eux.

C'est à Victor, évêque de Vite, qui fut témoin oculaire de cette persécution, et qui eut lui-même à en souffrir, que nous en devons le tableau; et bien qu'il raconte quelques visions qui furent considérées comme des signes des désolations qui s'approchaient, nous pouvons les laisser de côté sans faire aucun tort au lecteur, et sans y trouver un motif de rejeter le témoignage de l'historien sur d'autres points plus faciles à vérifier.

Huneric commença par déclarer que les ariens seuls obtiendraient des emplois; il confisqua ensuite les biens des orthodoxes, et les exila en Sicile et en Sardaigne. Il saisit les vierges consacrées, et les traita de la manière la plus cruelle et la plus indécente, dans le but de leur extorquer des accusations contre les évêques. Mais, bien que plusieurs d'entre elles succombassent à leurs tourmens, le tyran ne put obtenir les aveux qu'il désirait. Huneric exila ensuite dans le désert les pasteurs et les membres du troupeau, au nombre de quatre mille neuf cent soixante-seize personnes. Félix d'Abbirite avait été évêque quarante-quatre ans, et la paralysie lui avait enlevé l'usage de la parole et même les facultés de l'intelligence. Les fidèles, émus de compassion, supplièrent le roi de laisser ce vieillard mourir tranquillement à Carthage. Huneric, comme s'il eût voulu surpasser la cruauté des empereurs païens, répondit : « Qu'on l'attache « sur des bœufs sauvages, et qu'on le porte ainsi

« au désert. » On l'attacha donc en travers sur une mule comme une pièce de bois.

Ces héros chrétiens furent conduits dans les deux villes de Sicca et Larée, d'où les Maures devaient les mener au désert. Durant leur séjour dans ces villes, on les mit d'abord dans une prison, où l'on permit à leurs frères de les visiter, pour les prêcher et leur administrer la cène du Seigneur.

Peu de temps après, on punit sévèrement les gardes pour avoir accordé ces priviléges à leurs prisonniers, et on ne permit plus à personne de les visiter; on les entassa tellement les uns sur les autres qu'ils ne pouvaient s'écarter pour satisfaire les besoins de la nature. On peut juger de l'horrible état dans lequel ils étaient. Quelques uns de leurs frères trouvèrent moyen de parvenir jusqu'à eux sans être observés. Victor, notre auteur, qui était de ce nombre, dit que, lorsqu'il entra, il enfonça profondément dans la fange. — Quelle était puissante, cette grâce qui faisait supporter patiemment à ces chrétiens de pareilles souffrances, plutôt que de s'en délivrer en étant infidèles à leur Dieu ! [1]

Les Maures leur ordonnèrent enfin de se mettre en marche. Ils partirent le jour du Seigneur; leurs habits, leurs têtes et leurs visages étaient couverts d'ordure, et ils chantaient en marchant : « C'est « là l'honneur qu'ont tous ses saints. » Cyprien, évêque d'Unizibe, les consola, et leur donna tout ce qu'il avait; il désirait l'honneur d'être emmené avec eux, et ne put l'obtenir. Mais plus tard, il

---

[1] Il y avait parmi eux quelques jeunes gens qui furent tentés par leurs mères, qui les engageaient à recevoir le baptême arien ; mais « de la bouche des enfans fut fondée la force »; ils demeurèrent fidèles.

fut mis en prison, souffrit beaucoup, et fut envoyé en exil. Il y a dans le cœur de l'homme une voix qui parle bien haut en faveur de l'innocence. Tout le pays retentissait des cris et des gémissemens du peuple, qui courait voir les martyrs; on mettait les enfans à leurs pieds, et on leur disait : « Hélas! à qui nous laissez-vous? qui baptisera « ces enfans? qui nous administrera la cène du « Seigneur? Pourquoi ne nous permet-on pas de « vous suivre? » On remarqua entre autres une femme qui tenait un jeune garçon par la main : « Cours, mon enfant, lui disait-elle; regarde com- « bien ces saints hommes se hâtent pour recevoir « la couronne. » Comme on lui reprochait de désirer de suivre les exilés, elle répondit : « Je suis « la fille du dernier évêque de Zurite, et j'emmène « cet enfant, qui est mon petit-fils, de peur qu'il « ne reste seul, et que l'ennemi ne l'entraîne dans « les piéges de la mort. » Les évêques, les yeux remplis de larmes, pouvaient seulement dire : « La « volonté de Dieu soit faite. » Quand les vieillards ou les enfans n'avaient pas la force d'avancer, les Maures qui les accompagnaient les poussaient en avant avec leurs lances, ou leur jetaient des pierres. On attachait par les pieds ceux qui ne pouvaient pas marcher, et on les traînait ainsi. Plusieurs moururent en chemin; les autres arrivèrent au désert. On leur donna d'abord du pain d'orge, mais on le leur retrancha plus tard.

L'an 483, Huneric envoya à Eugène un édit qu'il lui ordonna de lire dans l'église de Carthage, et des courriers en répandirent des copies dans toute la province. Après avoir reproché aux évêques fidèles le zèle avec lequel ils répandaient leurs doctrines, on leur ordonnait de se rendre à un jour marqué à Carthage, pour disputer avec les évêques ariens, et prouver leur foi par l'Écriture, si cela leur était possible.

Les paroles « étant décidé à ne souffrir aucun scandale dans nos provinces » alarmèrent les évêques chrétiens, car ils comprirent qu'Huneric ne voulait souffrir dans ses états aucun de ceux qui soutenaient la doctrine de la Trinité. Ils dressèrent donc une remontrance qui contenait en substance la demande qu'Huneric fît venir les évêques qui étaient au-delà des mers. Huneric n'y eut aucun égard, et persécuta sous divers prétextes les évêques les plus instruits. Il bannit l'évêque Donatien après lui avoir fait donner cent cinquante coups de bâton ; il traita d'autres évêques avec beaucoup de cruauté, et défendit à tous ceux qui faisaient partie de sa secte de manger avec les fidèles.

Le 1er de février, jour désigné pour la conférence, on vit arriver à Carthage des évêques de toutes les portions de l'Afrique et de toutes les îles soumises aux Vandales. Pendant plusieurs jours, Huneric ne dit pas un mot de la conférence, et sépara les plus habiles des autres, afin de les faire mourir sous de faux prétextes. Il fit brûler vif Létus, un des plus savans, dans le but d'intimider les autres. Lorsque la conférence fut enfin ouverte, les orthodoxes choisirent dix d'entre eux pour répondre au nom de tous. Cirila, chef des évêques ariens, était assis sur un trône magnifique, entouré de ses partisans, placés sur des siéges élevés, tandis que les orthodoxes restaient plus bas et debout. Ces derniers, voyant bien que cette conférence ne serait qu'une vaine parade, firent des remontrances, et les ariens ordonnèrent que l'on donnât à chacun d'eux cent coups de bâton. « Que Dieu voie la violence que l'on nous « fait », dit Eugène. Cirila, les trouvant mieux préparés qu'il ne l'avait pensé, eut recours à toutes sortes de subtilités pour éviter la conférence. Les orthodoxes, qui avaient prévu la chose, avaient préparé une confession de foi, dans laquelle la doctrine trinitaire est déclarée de la manière la plus explicite, et qui se termine ainsi : « Telle est « notre foi, appuyée sur l'autorité des évangé- « listes et des apôtres, et fondée sur l'assentiment « de toutes les églises générales dans tout le monde; « et par la grâce de Dieu, nous espérons y persé- « vérer jusqu'à la mort. »[1]

Les ariens, irrités de cette confession, dirent au roi que les orthodoxes avaient suscité des troubles dans l'assemblée pour éviter la conférence. Le tyran avait pris ses mesures : on envoya dans toutes les provinces des ordres en vertu desquels toutes les églises devaient être fermées le même jour, et leurs revenus donnés aux ariens. Il donna aux orthodoxes jusqu'au 1er juin de cette année (484) pour examiner s'ils voulaient mériter leur pardon en se rétractant publiquement.

On mit en œuvre les moyens les plus abominables pour anéantir la foi aux doctrines de la grâce divine en Afrique, où elles avaient été si glorieusement remises en lumière par Augustin. Huneric ordonna de chasser les évêques de Carthage, de leur ôter leurs chevaux, et de ne leur laisser que les habits qu'ils avaient sur eux, et il défendit, sous les peines les plus terribles, de leur fournir un asile ou des alimens. Les évêques restèrent hors des murs de la ville, exposés aux injures du temps; et comme ils se trouvèrent sur le passage du roi, ils allèrent tous à lui, et lui dirent : « Pourquoi sommes-nous traités de cette « manière? » Il les regarda d'un air furieux, et ordonna à des cavaliers armés de les disperser;

[1] Victor, liv. III.

plusieurs d'entre eux furent blessés. Il était impossible qu'Huneric ne sentît pas que sa conduite était aussi absurde que coupable; après avoir réfléchi, il ordonna aux évêques de se rendre dans un édifice appelé le Temple de Mémoire, où on leur montra un papier roulé, en leur commandant de prêter serment à ce qui y était contenu. « Sommes-nous donc comme des bêtes qui n'ont ni raison ni intelligence, s'écrièrent deux des évêques, que nous puissions jurer au hasard, sans savoir ce que contient ce papier? » Enfin, de quatre cent quarante-six évêques qui étaient venus à la conférence, il en mourut quarante-huit, la plupart probablement par suite des mauvais traitemens auxquels ils avaient été exposés; quarante-six furent bannis en Corse, trois cent deux dans d'autres lieux; et la plupart des cinquante autres parvinrent à s'échapper.

Parmi ceux qui furent exilés était Vigile de Tapse, célèbre par ses ouvrages. Pour empêcher la persécution de devenir plus violente, il composa un assez grand nombre de traités sous les noms de quelques uns des Pères les plus célèbres, comme il l'a avoué lui-même par rapport à plusieurs de ses écrits. On lui attribue le célèbre symbole qu'on appelle le symbole d'Athanase[1]. Il paraît que son intention était bonne; mais l'artifice était certainement indigne d'un homme pieux, et soit par la fraude dont lui-même s'est rendu coupable, soit par celles qui ont été le fruit de l'exemple qu'il a donné, il a causé beaucoup d'embarras et d'incertitude à ceux qui se sont occupés de

---

[1] Cette circonstance pourrait-elle fournir un motif de triomphe à ceux qui rejettent la doctrine de la Trinité? si les croyances qu'expriment le symbole peuvent être soutenues d'après l'Ecriture, le nom de Vigile ne peut leur faire aucun tort; s'il en est autrement, celui d'Athanase ne peut rien en leur faveur.

classer les ouvrages des différens Pères. Vigile se retira à Constantinople.

Huneric, digne imitateur de Galère, poursuivit avec la plus grande vigueur ses desseins sanguinaires. Il envoya parmi les laïques des bourreaux qui fouettèrent, pendirent et brûlèrent vifs plusieurs membres des églises. Avant de quitter Carthage, Eugène avait écrit une lettre énergique pour fortifier son troupeau, et l'on doit reconnaître que bien des fidèles donnèrent les plus nobles preuves de leur sincérité. Pendant que l'on fouettait Donise, et que le sang ruisselait sur son corps, elle disait : « Ministres du démon, ce que « vous faites maintenant pour me couvrir de honte « (car on l'avait mise toute nue) est ma gloire », et elle exhortait les autres au martyre. Voyant que son fils paraissait craindre la torture, elle le regarda sévèrement et lui dit : « Souviens-toi, mon « fils, que nous avons été baptisés au nom de la « Trinité ; ne perdons pas la robe de noce, de « peur que le Maître ne dise : Jetez-les dans les « ténèbres de dehors. » Le jeune homme souffrit la mort avec courage, et elle rendit grâces à Dieu à haute voix en embrassant son corps; plusieurs souffrirent avec elle, fortifiés par ses exhortations.[1]

Plusieurs autres chrétiens furent exposés à des souffrances si horribles que le seul récit en serait pénible. Une femme nommée Victoire supporta avec une fermeté extraordinaire de cruels tourmens, sans se laisser ébranler par les sollicitations de son mari, qui la suppliait d'avoir pitié de leurs enfans.

Victorien d'Adrumet était alors gouverneur de Carthage au nom du roi; c'était l'homme le plus riche de toute l'Afrique, et l'on regardait comme

[1] Victor, liv. v.

très important de l'amener à l'arianisme. Huneric lui promit de l'honorer d'une faveur particulière, s'il voulait se soumettre à être baptisé une seconde fois et renoncer à la foi à la Trinité. « Dites au roi, répondit-il, que, lors même qu'il « n'y aurait pas d'autre vie après celle-ci, je ne « voudrais pas, pour quelques honneurs tempo-« rels, être ingrat envers mon Dieu, qui m'a fait « la grâce de croire en lui. » Le roi, irrité de cette réponse vraiment chrétienne, le fit tourmenter de la manière la plus cruelle; il mourut et s'endormit en Jésus. A Tambaïe, deux frères furent suspendus un jour entier avec de grandes pierres attachées à leurs pieds; enfin, l'un des deux, vaincu par la torture, désira se rétracter, et demanda qu'on le remît sur ses pieds : « Non, non, « mon frère, lui dit l'autre; ce n'est pas là ce que « nous avons promis à Jésus-Christ; je témoignerai « contre toi, lorsque nous paraîtrons devant son « tribunal, que nous avions fait vœu par son corps « et par son sang de souffrir pour l'amour de lui. » Il continua à l'exciter et à l'encourager, et enfin il l'amena à crier : « Tourmentez-moi tant qu'il « vous plaira, je suivrai l'exemple de mon frère. » Les bourreaux étaient fatigués de les torturer avec des fers chauds et des crochets de fer; et voyant que plusieurs autres fidèles paraissaient tout prêts à suivre l'exemple des deux frères, et que personne ne se montrait disposé à embrasser l'arianisme, ils finirent par les mettre en liberté. Nous retrouvons encore ici les marques de l'Eglise de Christ, souffrant patiemment pour la cause de la vérité, et victorieuse dans ses souffrances.

A Typase, le secrétaire de Cyrila, l'évêque arien qui présidait le concile de Carthage, fut consacré évêque. La plupart des habitans de cette ville prirent alors le parti de se transporter en

Espagne ; la distance étant peu considérable, il ne resta en Afrique que ceux qui ne purent trouver de vaisseaux. Le nouvel évêque chercha à s'attirer leur faveur ; mais, méprisant son ministère, ils s'assemblèrent dans une maison particulière pour célébrer le culte public. Huneric, ayant été informé de cette circonstance par l'évêque, ordonna de leur couper la langue et la main droite, sur la place du marché, voulant bien, à ce qu'il paraît, leur permettre de se retirer à Constantinople, mais étant décidé à les empêcher de confesser publiquement la Trinité.¹

¹ Et ici devons-nous nous arrêter, ou continuer le récit d'après les témoignages des historiens du temps ? Le lecteur examinera les circonstances, et jugera par lui-même. Bien que leurs langues fussent coupées jusqu'à leur racine, ils parlèrent aussi bien qu'auparavant. « Si quelqu'un doute de ce fait, dit Victor de Vita, qu'il « aille à Constantinople, et il y trouvera un sous-diacre, appelé « *Reparat*, qui a subi cet indigne traitement, qui parle distincte- « ment, et qui est entouré de beaucoup de considération dans le « palais de l'empereur Zenon, et est surtout honoré de la bien- « veillance de l'impératrice. » Enée, de Gaze, philosophe platonicien, homme prudent et circonspect (*), se trouvait à cette époque à Constantinople, et s'exprime ainsi dans la conclusion de son dialogue sur *la Résurrection* : « J'ai vu moi-même ces personnes-là ; je « les ai entendues parler, et j'ai été étonné que leur prononciation « fût si bien articulée. J'ai cherché l'organe de la parole, et ne m'en « fiant pas à mes oreilles, j'ai voulu avoir aussi le témoignage de « mes yeux. Je leur ai fait ouvrir la bouche, et j'ai vu que leurs « langues étaient arrachées jusqu'à la racine, et alors j'ai été en- « core plus surpris de ce qu'ils pouvaient vivre que de ce qu'ils « pouvaient parler. » Procope, l'historien, dit dans son histoire de *la Guerre des Vandales* (**) : « Huneric fit couper la langue à plu- « sieurs chrétiens, que l'on vit ensuite dans les rues de Constan- « tinople, où j'étais alors, parlant sans aucune difficulté, et sans « se ressentir d'aucune manière de ce qu'ils avaient souffert. » Le comte Marcellin dit dans ses Chroniques : « J'ai vu à Constanti-

(*) Gibbon paraît frappé de ce témoignage ajouté à tant d'autres (*Décadence de l'Empire romain*, vol. III, chap. XXXVIII) ; il laisse entendre cependant que le doute de l'incrédule est incurable. Fait-il ainsi allusion à lui-même ? S'il ne veut pas parler de lui-même, pourquoi s'exprime-t-il ainsi ? s'il parle réellement de lui, n'est-ce pas là nier toute évidence suffisante, et se reconnaître déraisonnable ?

(**) Liv. I, chap. VIII.

Un grand nombre de chrétiens furent mutilés de différentes manières : les uns perdirent les mains, d'autres les pieds, les yeux, le nez ou les oreilles. Dagila, femme d'un des échansons du roi, quoiqu'elle fût de famille noble et qu'elle eût été élevée dans le luxe, fut cruellement fouettée, et bannie dans un désert, abandonnant avec joie pour son Sauveur sa maison, son mari et ses enfans.

Sept moines de Capse, auxquels on avait persuadé de venir à Carthage, en leur faisant les plus belles promesses, montrèrent qu'ils étaient « animés d'un autre esprit » que celui qu'on leur avait supposé. Ils demeurèrent inflexibles dans la profession de leur croyance à la Trinité, et Huneric, irrité de se voir trompé dans ses espérances, les condamna à souffrir le martyre.

Après que le clergé de Carthage eut long-temps souffert de la faim, on l'exila tout entier. Elpidiphore, qui avait été baptisé dans la foi de la Trinité, et qui avait eu pour parrain le diacre Muritta, se montra très ardent dans la persécution contre les fidèles. Au moment où l'on se préparait à étendre Muritta sur la roue, le vénérable vieillard tira tout d'un coup de dessous sa robe le linge dont il avait couvert Elpidiphore après son baptême, et l'étendant en présence de tous ceux qui l'entouraient, il dit à l'apostat qui était assis pour le juger : « Vois ce linge, qui t'accusera à « l'avènement du juge suprême, et qui te fera

« nople quelques-uns de ces fidèles confesseurs du nom de Christ, « qui avaient eu la langue coupée, mais qui parlaient cependant « sans qu'aucune imperfection se fît sentir dans leur prononciation. » Pour ne citer qu'un témoin de plus, le grand empereur Justinien, dans une constitution qu'il publia pour l'Afrique, après qu'elle fut tombée sous sa puissance, déclare qu'il a vu le même fait. (*)

(*) Liv. I. Cod. de off. Afr.

« précipiter dans l'étang de feu et de souffre,
« parce que, renonçant au vrai baptême et à la
« vraie foi, tu t'es revêtu de malédiction comme
« d'un vêtement. » Elpidiphore demeura confondu,
et ne put articuler un seul mot.

Deux Vandales, attachés à la foi et accompagnés de leur mère, abandonnèrent leurs possessions et suivirent le clergé dans l'exil. Theucarius, qui avait apostasié, conseilla aux gouverneurs ariens de rappeler quelques-uns des jeunes enfans auxquels il avait appris à chanter le service de l'église, et qu'il connaissait pour avoir les plus belles voix. On envoya des messagers pour en ramener douze; ils embrassèrent en pleurant les genoux des fidèles pasteurs exilés, et refusèrent de les quitter. On les leur arracha par force, et on les ramena à Carthage; mais ni les flatteries ni les mauvais traitemens ne purent leur ôter leur attachement, et lorsque la persécution eut pris fin, on les eut en grande estime dans l'Eglise.

Les évêques ariens se montraient partout armés d'épées et suivis de leur clergé. Un de ces évêques, nommé Antoine, se distingua par sa cruauté envers Eugène de Carthage, qui était son prisonnier, et qu'il essaya en vain de faire périr par de mauvais traitemens de toute espèce. Il attacha aussi les mains et les pieds à un autre évêque, nommé Habet-Deum, et lui fermant la bouche, il versa de l'eau sur son corps. « Mon frère, lui
« dit ensuite l'arien en le déliant, vous êtes main-
« tenant chrétien, tout comme nous : qu'est-ce
« qui vous empêchera à l'avenir d'obéir à la vo-
« lonté du roi? » — « Pendant que vous me fer-
« miez la bouche, dit le saint confesseur, je faisais
« tout bas une protestation contre votre violence;
« les anges l'ont écrite, et la présenteront à Dieu. »

La persécution était générale : on arrêtait sur

les grands chemins des gens qu'on amenait aux évêques ariens qui les rebaptisaient, et leur donnaient des certificats pour les exempter d'être exposés une seconde fois à la même violence. On ne pouvait voyager sans ces certificats; les prêtres ariens entraient même pendant la nuit dans les maisons avec des hommes armés; et portant de l'eau avec eux, ils en aspergeaient les gens qui étaient dans leurs lits, en criant qu'ils les avaient rendus chrétiens.

Après avoir mis le médecin Libérat et sa femme dans des prisons séparées, ils vinrent dire à cette dernière que son mari avait obéi au roi. « Laissez-« moi le voir, dit-elle, et je ferai ce qu'il plaira à « Dieu. » On la conduisit à son mari; et, le prenant à la gorge, elle lui dit : « Malheureux que « tu es, homme indigne de la grâce de Dieu, pour-« quoi veux-tu périr éternellement pour obtenir « une gloire passagère? Ton or et ton argent te « délivreront-ils du feu de l'enfer? » — « Qu'as-tu « donc, ma femme? lui répondit-il; qu'est-ce « qu'on t'a dit? Je suis encore ce que j'étais par « la grâce de Jésus-Christ, et je ne renoncerai « jamais à la foi. »

Plusieurs personnes des deux sexes moururent de faim et de froid en fuyant pour échapper à la persécution; on cite entre autres un prêtre de la ville de Myzente, nommé Cresconius, qui fut trouvé mort dans une caverne du mont de Zique.

Enfin, après un règne de sept ans et dix mois, pendant lequel l'Église fut purifiée par une persécution aussi terrible qu'aucune de celles qu'elle eût déjà souffertes, le tyran Huneric mourut, l'an 485, d'une maladie dans laquelle il fut rongé des vers : exemple signalé de la justice divine! Gontamond, son neveu et son successeur, arrêta la persécution, et rappela Eugène à Carthage.

L'an 487, on tint à Rome un concile qui fut présidé par l'évêque Félix; il s'y trouvait quarante évêques d'Italie, quatre d'Afrique, et soixante-seize prêtres [1]. Les règles de pénitence que prescrivit ce synode à l'occasion de la dernière persécution portent tout à la fois l'empreinte des superstitions dominantes et de la sévérité primitive de la discipline. Les ecclésiastiques qui s'étaient laissés rebaptiser ne furent pas seulement privés de leur charge, mais de la communion. La même sévérité se retrouve dans d'autres articles : au milieu de l'abus de la discipline, nous voyons que la vraie religion était honorée, et un des décrets du concile ordonnait qu'aucun ecclésiastique ne recevrait dans sa ville le pénitent d'un évêque sans un certificat signé de celui-ci. »

L'an 493, Théodoric, l'Ostrogoth, étant devenu maître de toute l'Italie par la défaite d'Odoacre, fit une loi pour défendre aux partisans de ce dernier de faire des testamens et de disposer de leurs biens. Toute l'Italie fut troublée, et l'on supplia Épiphane, évêque de Pavie, d'intercéder auprès du roi. Laurent, évêque de Milan, se joignit à lui, et ils se rendirent tous deux à Ravenne, où résidait Théodoric [2]. Épiphane obtint la faveur qu'il demandait pour tous les partisans d'Odoacre, à l'exception de quelques chefs de parti. Théodoric, qui respectait depuis long-temps les vertus d'Épiphane, lui dit dans un entretien particulier : « Vous voyez
« dans quel état de désolation est l'Italie. Les
« Bourguignons ont emmené en captivité un grand
« nombre d'habitans ; je désire les racheter. Vous
« êtes de tous les évêques celui qui peut le mieux
« réussir dans une semblable ambassade ; je vous
« ferai remettre tout l'argent nécessaire. » Épi-

---

[1] Ep. 7, Félix. — [2] Ennodius, vita Epiph.

phane accepta cette mission sous la condition que Victor, évêque de Turin, l'accompagnerait.

L'an 494, Épiphane passa les Alpes : de toutes parts on venait à sa rencontre, et on lui apportait des présens qu'il distribuait aux pauvres.

Lorsqu'il arriva à Lyon, où résidait Gondebaud, roi des Bourguignons, il lui conseilla de renvoyer les captifs sans rançon. Gondebaud, qui connaissait Épiphane de réputation, et qui avait beaucoup de vénération pour son caractère, suivit son conseil, et lui rendit sans rançon tous les prisonniers, à l'exception de ceux qui avaient été pris les armes à la main, et qui appartenaient à ceux qui les avaient faits captifs. Six mille personnes recouvrèrent ainsi la liberté sans rançon; et les autres captifs furent rachetés avec les sommes données par Théodoric, et avec celles données par une dame de haut rang et d'une grande charité, nommée Syagria, et par Avit, évêque de Vienne.

Épiphane se rendit à Genève pour obtenir aussi la liberté des captifs qu'avait faits Godégisile, frère de Gondebaud, et ses sollicitations eurent auprès de lui un égal succès. L'évêque retourna en Italie avec des multitudes de captifs rachetés, et il obtint aisément de Théodoric de leur rendre leurs terres.

Il peut paraître extraordinaire que deux rois ariens aient pris pour intermédiaire un évêque orthodoxe; mais il était convenable de rapporter ce fait afin que l'on ne suppose pas que tous les ariens étaient animés du même esprit qu'Eusèbe de Nicomédie, ou le Vandale Huneric. La mission d'Épiphane nous montre le triomphe de la vraie piété et de la vertu chrétienne, qui est d'adoucir les maux de l'humanité. Les philosophes diront peut-être que tout cela n'était que l'effet de la superstition ; mais c'est un devoir que de montrer que même dans un siècle superstitieux la piété existait, et opérait ce que n'aurait pu faire la seule superstition. Et la philosophie doit se souvenir qu'elle a rarement rendu autant de services à la société que la religion chrétienne, lors même que celle-ci était défigurée par la superstition.

Épiphane était né à Pavie, l'an 438. Dès sa jeunesse il s'était occupé des choses de la religion, et à l'âge de vingt ans il avait été ordonné diacre. Il devint évêque à l'âge de vingt-huit ans, et l'on doit reconnaître qu'il se consacra entièrement au service de Dieu et au bien de l'humanité. Il fut souvent employé dans les affaires publiques, et toujours avec succès.

Il fut envoyé, en 474, par Népos, empereur d'Occident, à Evarit, roi des Visigoths, qui demeurait alors à Toulouse ; car ce ne fut qu'après avoir été chassé des Gaules que les Visigoths habitèrent l'Espagne. Epiphane réussit à négocier la paix avec Evaric, mais il refusa une invitation à dîner avec lui, parce qu'il était arien. En 476, Odoacre s'étant rendu maître de l'Italie, Epiphane obtint par son intercession la délivrance d'un grand nombre de captifs ; et avec les ressources que la Providence lui envoya, il répara la ville de Pavie, qui avait été mise au pillage, et rebâtit les églises. Lorsque Théodoric entra en Italie, en 489, Epiphane vint le trouver à Milan, et fut honorablement accueilli. Il adoucit encore les horreurs de la guerre durant la lutte qui eut lieu entre Odoacre et Théodoric, fit du bien à tous, et secourut ceux-là même qui avaient pillé ses terres. Il mourut en 496, âgé de cinquante-huit ans.

Vers cette époque furent publiées les décrétales de Gelase, évêque de Rome. Nous citerons ce qui se rapporte à la consécration des prêtres : « On « peut consacrer prêtres au bout d'un an ceux qui

« menaient auparavant la vie monastique; mais il
« ne faut pas qu'ils soient illétrés; celui qui ne
« sait pas lire ne peut être que portier. Tous les
« laïques qui seront consacrés seront soumis à une
« épreuve de six mois, et ne seront admis comme
« prêtres qu'au bout de dix-huit mois. Il est dé-
« fendu aux évêques de recevoir et surtout de faire
« avancer en dignité les ecclésiastiques qui passent
« d'une église à l'autre. »

Il paraît que Gelase[1] lui-même rendit la religion honorable par ses vertus. Il mourut l'an 496. Il composa un traité contre quelques Romains qui désiraient rétablir l'ancienne superstition des lupercales. « Je défends, dit-il, à tous les chrétiens
« de pratiquer ces superstitions : laissez-les aux
« païens. Je pense qu'il est de mon devoir de dé-
« clarer aux chrétiens qu'elles sont pernicieuses.
« Je ne doute pas que mes prédécesseurs n'aient
« sollicité les empereurs d'abolir cet abus; ils n'ont
« pas été écoutés, et c'est là ce qui a perdu l'em-
« pire. » Nous voyons par là que ce ne fut qu'avec beaucoup de peine et de lenteur que l'on parvint à détruire les anciennes idolâtries. Le témoignage de Gélase mérite notre attention, parce que sa vie était sainte. Il était continuellement occupé à prier, à lire, à écrire, à faire les affaires de l'Eglise, et à s'entretenir des choses spirituelles avec des hommes pieux. Il évitait avec le plus grand soin l'oisiveté et le luxe; il pensait que la négligence des évêques était extrêmement dangereuse pour les âmes, et sa libéralité pour les pauvres était sans bornes. Nous ajouterons qu'il a composé des cantiques dans le genre de ceux d'Ambroise.

Clovis, roi des Francs, fut baptisé vers l'an 496, et reçu dans l'Eglise générale. Ce prince perfide,

---

[1] Fleury, liv. xxx. 41.

ambitieux et cruel, ne peut être regardé comme un vrai chrétien, et, sous ce rapport, aucune portion de l'Eglise ne peut s'honorer de le compter au nombre de ses membres. Mais les circonstances remarquables qui l'amenèrent à embrasser le christianisme doivent trouver place dans cette histoire.

Les Francs, ou Français, étaient une nation germanique connue depuis long-temps, et qui habitait les bords du Rhin. Ayant passé ce fleuve, ils entrèrent dans les Gaules vers l'an 420, ayant à leur tête Pharamond, leur premier roi : Clodion, Mérovée, Childeric et Clovis régnèrent successivement après lui. Comme les autres nations barbares qui désolèrent le Bas-Empire, ils étendirent peu à peu leurs conquêtes, et Clovis détruisit enfin totalement la puissance des Romains dans les Gaules. Mais il eut à lutter contre d'autres peuples barbares qu'il parvint à subjuguer, et à la suite de guerres opiniâtres, il devint le fondateur de la monarchie française. Quelque corrompu qu'il fût lui-même, il était propre à devenir un utile instrument de la Providence, comme le fut Henri VIII d'Angleterre, quelques siècles plus tard. Il avait épousé Clotilde, nièce de Gondebaud, roi des Bourguignons ; elle était zélée pour la doctrine de la Trinité, quoique son oncle et toute la nation des Bourguignons fissent profession d'arianisme. Son histoire particulière eût probablement été instructive et intéressante à connaître, car ce ne put être que par le secours de la grâce de Dieu et par l'opération efficace de son Esprit que cette princesse, élevée parmi des hérétiques, et mariée à un païen puissant, put persévérer seule avec tant de fermeté dans la foi apostolique, dans un siècle où la vérité divine avait à peine un seul protecteur puissant en Europe. [1]

[1] Greg. tur. II Hist. c. XXVI.

Lorsqu'elle eut donné un fils à Clovis, elle chercha à lui persuader de permettre que l'enfant fût baptisé; elle lui parla de la vanité de ses idoles, et lui prêcha le christianisme avec une grande sincérité. Clovis, qui avait, à ce qu'il paraît, beaucoup d'affection pour elle, consentit enfin au baptême de l'enfant, mais l'enfant mourut quelques jours après. Clovis dit alors dans un accès de fureur : « J'ai perdu mon enfant parce qu'il a été consacré « à vos divinités; s'il eût été consacré aux miennes, « il vivrait encore. » La pieuse reine répondit : « Je rends grâce à Dieu de ce qu'il m'a trouvée « digne de mettre au monde un enfant qu'il a ap- « pelé dans son royaume. » Elle eut ensuite un autre fils, qui fut baptisé sous le nom de Clodomir. Comme il vint à tomber malade, le roi dit : « Oui, « je vois qu'il mourra comme son frère, parce « qu'il a été baptisé au nom de votre Christ. » La mère pria pour sa guérison; l'enfant recouvra la santé. Clotilde persévéra dans ses exhortations; Clovis les écoutait patiemment, mais demeurait inflexible. Dieu lui donna enfin une leçon frappante qui aurait dû lui apprendre où se trouvaient la vérité et le bonheur. Il combattait contre les Allemands, et étant au moment d'être entièrement défait, il se trouvait dans le plus grand danger, lorsqu'il leva vers le ciel des yeux remplis de larmes et dit : « O Jesus-Christ! que Clotilde affirme être « le fils du Dieu vivant, j'implore ton secours. Si « tu me donnes la victoire, je croirai et je serai « baptisé; car c'est en vain que j'ai invoqué mes « dieux. » Pendant qu'il parlait encore, les Allemands tournèrent le dos, et commencèrent à fuir, et ils finirent par se soumettre et demander quartier.

Pénétré des sentimens de la bonté divine comme l'ont été pour un temps plusieurs hommes étrangers à la vraie piété, Clovis se soumit aux instructions de Remi, évêque de Reims, que la reine lui envoya pour l'instruire. La principale difficulté qu'il lui opposa était que son peuple ne l'imiterait pas dans son changement de religion. Cette difficulté s'évanouit bientôt, car les Francs se montrèrent très disposés à recevoir les leçons de Remi. Nous ignorons quelles étaient ces leçons et quels furent les sentimens et les expériences qui accompagnèrent ce changement ; nous ne connaissons que les formes et les circonstances extérieures, qui ne nous présentent rien de très édifiant.

Le roi fut baptisé à Reims, ainsi que sa sœur, et trois mille de ses soldats. Il était à cette époque le seul prince qui fît profession du christianisme orthodoxe. Anastase, l'empereur d'Orient, favorisait l'hérésie ; les autres princes européens étaient ariens. Ainsi, une femme fut employée comme l'instrument d'une révolution remarquable ; il est vrai que Clovis ne devint guère chrétien que de nom, mais son changement de religion eut des résultats très importans pour l'Europe.

Gontamond, le Vandale, se montra de plus en plus favorable à l'Église, et l'an 494 il fit rouvrir tous les lieux consacrés au culte public, qui avaient été fermés dix ans et demi, et, à la demande d'Eugène, il rappela tous les autres évêques. Il mourut l'an 496, et son frère Thrasamond lui succéda.

Ici se termine l'histoire générale de l'Occident pendant ce siècle. La Providence divine et la grâce du Seigneur s'y manifestent d'une manière remarquable. La superstition s'était accrue par degrés dans ce siècle et dans le précédent ; on montrait une vénération toujours plus grande pour les reliques et les autres objets du même genre. Les solitudes monastiques favorisaient l'extension de ce mal ; et les écrits de plusieurs hommes pieux présentent souvent des invocations imprudentes aux martyrs ; ils les considéraient sûrement plutôt comme des ornemens de rhétorique que comme des prières proprement dites; mais elles encourageaient d'une manière déplorable les envahissemens de la superstition. Tant que cette disposition domina, toute cérémonie nouvelle devait donner de nouvelles forces à l'esprit superstitieux, et rendre les hommes moins disposés à s'attacher uniquement au Sauveur, ce qui est, comme l'exprime l'apôtre, *retenir le chef* [1] dans la foi et dans l'amour de l'Evangile; et si ce siècle n'eût pas été le grand et solide réveil de la doctrine de la grâce, dont les effets se perpétuèrent dans l'Occident, le christianisme lui-même aurait, humainement parlant, couru le danger d'être totalement éteint.

Admirons donc les dispensations de la Providence et la bonté du Seigneur, qui prépara et bénit les travaux importans d'Augustin, par lesquels un si grand nombre de chrétiens d'Afrique furent disposés à glorifier leur Sauveur en étant fidèles jusqu'à la mort, dans une cruelle persécution. L'Église, méprisée et désolée par les hérétiques et par les païens, demeura vivante en Italie, en Espagne, en France et dans la Grande-Bretagne, jusqu'à la fin de ce siècle, où la Providence suscita Clovis pour soutenir cette religion dont lui-même ne connaissait pas le prix. Nous laissons l'Eglise en Italie et en Espagne, non seulement tolérée, mais traitée avec douceur; dans la Grande-Bretagne, elle était renfermée dans les montagnes du pays de Galles et du Cornouailles et dans le nord de l'île; en France, elle était au moment de ressaisir la prééminence; en Afrique, elle échappait à peine à la lutte terrible dans laquelle elle avait si glorieusement souffert.

[1] Coloss. II, 19.

Bien que les changemens purement séculiers eussent été très remarquables pendant cette période, et qu'ils attirassent seuls les regards des hommes mondains, ils ne purent pas détruire l'Eglise de Christ, qui n'a pas sa racine dans ce monde. Ces événemens éprouvèrent la patience des fidèles; ils punirent les péchés de l'Eglise, et l'Evangile s'étendit parmi les barbares. Une doctrine corrompue se répandait partout comme un torrent dévastateur. L'idolâtrie est trop profondément enracinée dans la nature humaine pour pouvoir être arrachée des cœurs de ceux qui ne sont pas vraiment chrétiens, et nous la verrons bientôt s'établir avec les formes du culte public. Il n'était cependant rien arrivé jusqu'alors qui n'eût été prédit. Les persécutions de l'Eglise [1], le court intervalle de paix [2], et les désolations de l'empire qui suivirent [3], tout avait été révélé à saint Jean. Il n'est pas inutile de faire remarquer que, même au milieu de cette décadence et de cette corruption, les empereurs chrétiens et les ministres de cette religion se montrèrent très supérieurs à des païens placés dans des situations semblables. L'amélioration du sort des esclaves, l'abolition des tortures, et d'autres usages cruels ou impurs, la fondation de diverses institutions pour le soulagement des pauvres et le perfectionnement général de l'ordre établi dans la société, doivent être attribués en grande partie à la salutaire influence de la religion chrétienne.

---

[1] Apoc. vi. — [2] *Ib.*, viii, 1. — [3] *Ib.*, viii.

CHAPITRE XII.

L'ÉGLISE D'ORIENT DANS LE CINQUIÈME SIÈCLE.

D'après ce que nous avons dit dans l'histoire de la vie de Chrysostôme, on ne doit pas s'attendre à trouver beaucoup de vie spirituelle dans cette portion de l'empire. La superstition, le goût des subtilités polémiques, et l'esprit monastique dont nous avons signalé la déplorable influence dans l'Occident, où elle était pourtant si fortement combattue par le réveil religieux qui s'était opéré en Afrique, et qui s'était répandu dans toutes les églises latines, dominaient presque universellement dans l'Orient, et s'y manifestaient avec des formes beaucoup plus décidées : l'esprit de Dieu planait pourtant encore çà et là au-dessus de ce chaos.

Arsace, qui était très vieux, et qui avait été élu évêque de Constantinople à la place de Chrysostôme, mourut l'an 405. L'année suivante, Atticus, qui avait été un des principaux agens de la persécution contre Chrysostôme, lui succéda [1]. Il paraît qu'il était fait pour plaire dans un siècle et dans une capitale où la religion était devenue pour la généralité une affaire de forme et de convenance; il n'était ni assez zélé pour choquer par ses reproches, ni assez immoral pour dégoûter par l'irrégularité de sa conduite. Il connaissait les

---

[1] Il est possible que cette expression soit trop forte. Elle se trouve dans Palladius, p. 95. Les panégyristes de Chrysostôme pouvaient aisément être entraînés à représenter la conduite d'Atticus comme une persécution positive.

hommes, il avait du bon sens ; et quoiqu'il ne fût pas très savant [1], il possédait l'art de faire valoir ses connaissances. Possédant comme il le faisait l'art du courtisan, il devait naturellement ramener un grand nombre de mécontens : il y avait cependant des fidèles qui aimaient mieux se réunir pour célébrer le culte en pleine campagne que d'entrer dans la communion d'Atticus. Cet évêque avait l'habitude de composer des sermons qu'il récitait par cœur ; il s'aventura à la fin à prêcher d'abondance, mais il n'eut pas de succès comme prédicateur.

Atticus avait certainement un caractère aimable, et se plaisait à faire du bien aux pauvres. On avait eu l'usage de citer d'une manière honorable les noms des anciens évêques dans l'Église ; et dans le but de se concilier les amis de Chrysostôme, Atticus fit mentionner son nom avec les autres. Il distribuait des aumônes aux pauvres des autres Églises aussi bien qu'aux siens, et envoya trois cents pièces d'or à Calliopius, prêtre de Nicée, pour qu'il les fît distribuer à ceux qui avaient honte de mendier, et aussi aux pauvres des autres communions que celle de l'Église générale. Il dit à Asclynius, évêque des novatiens : « Vous êtes « heureux d'avoir été employé pendant cinquante « ans au service de l'Église » ; en toute occasion il témoigna aux novatiens beaucoup de bienveillance, et reconnut, avec raison, qu'ils s'étaient montrés fidèles à la cause commune du christianisme dans les jours de Constance et de Valens. Cette libéralité

---

[1] Socrate dit au contraire qu'Atticus avait beaucoup d'instruction, de piété et de prudence. Si l'on examine quels étaient l'esprit et les opinions de cet auteur, on s'expliquera facilement ces contradictions. Socrate avait du bon sens et le goût des choses morales ; mais il paraît être demeuré étranger au zèle qu'inspira la vraie piété.

dans les opinions et dans la conduite est certainement très digne de louanges; nous avons présenté le caractère d'Atticus tel que nous l'ont dépeint les historiens avec ses ombres et ses côtés brillans. Il mourut après avoir été évêque pendant plus de vingt ans.

Théodoret nous représente les chrétiens de Perse comme ayant été cruellement persécutés sous le règne de Théodose le jeune, fils et successeur d'Arcade. Socrate dit, au contraire, qu'ils furent traités avec douceur dans ce pays, et qu'il leur fut permis d'y propager l'Evangile; et les deux historiens entrent dans des détails qui confirment leurs assertions contradictoires. Comme ils sont tous deux bien informés et dignes de foi, leurs récits peuvent être vrais, mais se rapporter à des époques différentes du règne d'Ildegerde, qui peut n'avoir pas toujours accordé la même confiance aux mages perses. La persécution ayant été occasionnée par le zèle indiscret d'un chrétien, il est très probable que les chrétiens avaient commencé par être bien traités. Il paraît donc, si l'on adopte cet ordre de dates, que Maruthas, évêque de Mésopotamie, avait acquis beaucoup d'influence sur le roi de Perse, et que malgré les artifices des mages il lui avait presque persuadé d'être chrétien. Mais vers la fin de son règne, un évêque nommé Andas, présumant trop de la faveur du roi, détruisit un des temples où les Perses adoraient le feu. Cette action n'était pas moins opposée à la douceur chrétienne qu'à la prudence, et elle peut servir d'avertissement aux chrétiens de tous les siècles qui ont été exhortés par leur divin maître à être prudens comme des serpens et simples comme des colombes. Les mages qui n'attendaient qu'une occasion aussi favorable, se plaignirent au roi de cette violence; il envoya chercher Andas, lui reprocha avec douceur ce qu'il avait fait, et lui ordonna de rebâtir le temple. Andas refusa d'obéir, et Ildegerde, furieux, déclara qu'on allait renverser toutes les églises chrétiennes qui se trouvaient dans ses Etats. Il ne connaissait pas assez le vrai christianisme pour distinguer la faute d'un individu de la croyance de l'Eglise, et l'événement prouva que lorsque l'Eglise est appelée à lutter contre le monde, le combat est bien inégal, puisque l'erreur d'un chrétien devint le motif d'une persécution qui dura trente ans. Ildegerde la commença; et son fils et successeur, Varanane, excité par les mages, poursuivit les chrétiens de la manière la plus cruelle.

Les mages firent ordonner aux chefs des Sarrasins sujets de la Perse, de garder les chemins, et d'arrêter les chrétiens pour les empêcher de s'enfuir auprès des Romains. Agabete, un de ces chefs, touché de compassion de la détresse des chrétiens, les aida au contraire à s'échapper. Apprenant qu'il y avait une accusation portée contre lui à la cour de Perse, il s'enfuit lui-même avec sa famille chez les Romains. Il emmena un assez grand nombre d'Arabes, qui, comme lui, reçurent le baptême, et il est probable que la véritable Eglise de Christ reçut ainsi de l'accroissement.

Les chrétiens affligés implorèrent le secours de Théodose, et leurs sollicitations furent appuyées par l'humanité de l'évêque Atticus. Le roi de Perse envoya demander que les chrétiens fugitifs fussent remis entre ses mains. L'empereur n'y voulut pas consentir, et il s'ensuivit une guerre, dans laquelle Théodose eut l'avantage, du moins en ce qui concernait la cause du christianisme.

Acace, évêque d'Armide, sur les frontières de la Perse, fit dans le cours de cette guerre une action qui est plus digne de louange que tous les exploits guerriers. Les Romains [1] avaient pris sept mille captifs qu'ils ne voulaient pas relâcher, et qui mouraient de faim. Le roi de Perse, affligé de leur cruelle position, ne savait comment les en délivrer. Acace, touché de compassion pour les captifs, assembla les membres de son clergé, et leur parla ainsi : « Notre Dieu n'a pas besoin de « coupes ni de plats ; puis donc que notre Eglise a « reçu un grand nombre de vases d'or et d'argent « de la libéralité des fidèles, employons-les à déli- « vrer ces soldats captifs. » En effet, il fit fondre les vases, paya aux soldats romains la rançon des Perses, donna aux captifs les provisions qui leur étaient nécessaires pour le voyage, et les renvoya à leur roi. C'était là vaincre d'une manière vraiment chrétienne. Le roi désira témoigner personnellement à l'évêque sa vive reconnaissance, et Théodose engagea Acace à se rendre à sa cour.

Théodose n'avait que quarante-neuf ans à l'époque de sa mort ; il en avait régné quarante-et-un. C'était un prince faible, et il tenait les rênes du gouvernement d'une main lâche et négligente. Il y avait heureusement plus de sagesse et de vigueur chez sa sœur Pulchérie, qui n'avait que deux ans de plus que lui, mais qui sut conserver par sa prudence et par sa douceur l'ascendant que lui avait acquis sa capacité supérieure. Cette période fournit peu de matériaux pour l'histoire de la vraie Eglise de Christ, et nous ne sommes nullement disposé à rapporter ces actes merveilleux qui étaient alors si fameux, surtout en Orient. Examinons plutôt si nous ne trouverons pas à la cour de Constantinople quelques faibles traces des traits qui caractérisent l'Eglise.

Pulchérie fit vœu de vivre dans la virginité avant

---

[1] Socrate, liv. VII, 21.

d'avoir atteint quinze ans, et elle persuada à ses deux sœurs de prendre la même résolution. A seize ans elle prit le titre d'Auguste, et comme elle eut la prudence de laisser à son frère l'apparence du pouvoir, elle gouverna en son nom avec beaucoup de succès; elle fut la seule personne de la famille du grand Théodose, qui fut vraiment distinguée par son énergie et par ses talens. Elle accoutuma son frère à prier souvent, à honorer les ministres de la religion, et à se tenir sur ses gardes par rapport aux nouveautés en matière de foi.

Théodose eut l'honneur d'achever de détruire les temples des idoles et d'abolir leur culte. Le jeune empereur se levait de grand matin pour chanter avec ses sœurs les louanges de Dieu. Il savait par cœur des portions considérables des Ecritures, et pouvait converser avec les évêques comme un vieux théologien[1]. Il se donna beaucoup de peine pour rassembler les livres de l'Ecriture avec tous les commentaires auxquels ils avaient donné lieu. Il était d'un caractère très doux, et se montrait toujours disposé à pardonner les injures. On lui demandait un jour pourquoi il ne punissait jamais de mort ceux qui l'avaient offensé: « Plût à Dieu », répondit-il, « que je pusse « rappeler les morts à la vie! » On lui fit la même question dans une autre occasion, et il dit: « C'est « une chose bien facile pour un homme que de « mourir, mais il appartient à Dieu seul de rendre « la vie, lorsqu'on l'a perdue. » Il paraît que sa clémence envers les criminels allait jusqu'à l'excès.

Ce n'était qu'avec répugnance qu'il se conformait à l'usage établi, en donnant au peuple les jeux et les spectacles du cirque. Il survint un jour, pendant qu'on les célébrait, une affreuse tem-

---

[1] Socrate, liv. VII, 22.

pête; l'empereur ordonna aussitôt aux crieurs publics d'avertir le peuple qu'il vaudrait beaucoup mieux renoncer aux spectacles et recourir à la prière. Cette proposition fut bien accueillie; l'empereur donna l'exemple en chantant des cantiques, et toute l'assemblée se joignit à lui. La nouvelle d'une victoire arriva aussi une fois au milieu de la célébration des jeux du cirque: l'empereur persuada également au peuple de laisser les plaisirs pour la prière et les actions de grâces. Il fit une loi pour défendre, même aux juifs et aux païens, de fréquenter le théâtre et le cirque le jour du Seigneur, et à certains jours de fête.

Il fit aussi des lois pour empêcher le judaïsme de faire des progrès; mais il est bon d'ajouter qu'il défendit de vexer les juifs et les païens, tant qu'ils demeureraient paisiblement soumis au gouvernement. Il changea la peine de mort prononcée contre ceux qui offraient des sacrifices idolâtres en exil, avec confiscation des biens. Voilà quel était le zèle dont était animé Théodose; et s'il contribua peu à propager la vraie piété, il fit certainement beaucoup pour les progrès de la religion extérieure.

Malgré tous les éloges qui ont été prodigués à cet empereur, qui paraît avoir eu une vraie crainte de Dieu, il est évident que la vaine puérilité de son siècle exerça une grande influence sur les facultés de son esprit. Un moine, à qui il avait refusé une faveur, eut la hardiesse de l'excommunier [1]. Théodose en fut tellement affecté qu'il déclara qu'il ne mangerait pas une bouchée de pain tant que l'excommunication ne serait pas levée. L'évêque de Constantinople l'assura qu'il ne devait nullement s'inquiéter d'une excommunication

---

[1] Théodoret, v. 36.

aussi irrégulière ; mais il ne fut tranquille que lorsqu'on eut trouvé le moine, et que celui-ci l'eut rétabli dans sa communion. Dans quel triste esclavage vivaient alors les personnes consciencieuses ! mais quelle serait la folie de ceux qui, fermant les oreilles à la voix de leur conscience, et les yeux à la lumière de l'Evangile, croiraient trouver dans ce spectacle un motif légitime de triomphe !

Sisinnius fut désigné par le vœu de tout le peuple comme le successeur d'Atticus à Constantinople. C'était un homme de manières simples, poli, extrêmement généreux pour les pauvres, et sous tous ces rapports il ressemblait beaucoup à son prédécesseur.

Il paraît qu'il y avait, à cette époque, beaucoup de support mutuel entre l'Eglise générale et celles qui étaient divisées d'opinions avec elle sur quelques points : le caractère prudent et modéré des évêques des deux partis contribuait beaucoup à cet état de choses, ainsi que la douceur extraordinaire de l'empereur [1]. Si nous avions quelques preuves que la grâce divine opérât alors avec énergie dans les âmes, ce serait une époque bien glorieuse pour l'Eglise d'Orient ; mais la superstition rongeait les principes vitaux de la religion. Nous ne devons pas passer sous silence un événement remarquable qui eut lieu dans ce temps-là :

On vit s'élever dans l'île de Crète un juif imposteur qui prétendit qu'il était Moïse, et qu'il avait été envoyé du ciel pour diriger les juifs de l'île de Crète, et les faire marcher sur la mer. Il prêcha une année entière dans l'île, dans le but d'engager les juifs à se confier en lui. Il les exhortait à quitter

---

[1] Lors des funérailles de Paul, l'évêque des novatiens, son cercueil fut suivi par des chrétiens de toutes les dénominations, qui chantaient des psaumes. Cet homme était estimé de tout le monde à cause de la sainteté de sa vie.

tous leurs biens, et promettait de les conduire à travers la mer, comme sur la terre ferme, et de les faire entrer dans la terre promise. Un grand nombre de ces pauvres juifs furent assez insensés pour négliger leurs affaires, et abandonner leurs possessions à ceux qui voudraient s'en rendre maîtres. Au jour indiqué par l'imposteur il alla devant eux, et ils le suivirent avec leurs femmes et leurs petits enfans. Ce fut une preuve mémorable de cet endurcissement dans lequel est tombé Israël, « jusqu'à ce que la plénitude des gentils soit entrée[1] », et qui montre l'accomplissement de ce que dit l'Ecriture de cette folie qui est leur châtiment. Quand il les eut conduits jusqu'à un promontoire, il leur ordonna de se jeter dans la mer. Il paraît qu'aucun d'eux n'eut la présence d'esprit d'insister pour qu'il donnât l'exemple. Ceux qui se trouvaient au bord du précipice firent le saut, et plusieurs d'entre eux moururent fracassés contre les rochers ou noyés dans la mer; et il en aurait péri un nombre encore plus considérable, si la Providence n'avait envoyé des pêcheurs qui sauvèrent plusieurs de ces pauvres gens; ceux-ci, éclairés par l'expérience, empêchèrent les autres de les imiter. Tous cherchèrent alors l'imposteur pour se venger; mais il s'était échappé. Plusieurs des juifs de Crète furent amenés, par suite de cet événement, à la foi chrétienne.

Les Eglises d'Orient furent troublées à cette époque par deux controverses sur lesquelles on a beaucoup plus écrit qu'il n'eût été à désirer pour l'édification des fidèles. La première fut occasionnée par les objections que présenta Nestorius contre une expression que l'on employait alors généralement : « Marie, mère de Dieu. » Il paraît qu'il

---

[1] Rom. XI.

regardait l'union entre la nature divine et la nature humaine de Jésus-Christ plutôt comme morale que comme réelle, et qu'il préférait l'idée d'un lien établi entre les deux natures à celle d'une union. Le siècle précédent avait vu plusieurs hérésies fondées sur le rejet de la doctrine de l'union des trois personnes dans la Trinité, et celui-ci fut troublé par des hérésies fondées sur le rejet de la doctrine de l'union de la nature divine et de la nature humaine dans le Fils de Dieu. Tout bien considéré, il est évident que Cyrille, évêque d'Alexandrie, qui combattit Nestorius, ne fit qu'exprimer la foi de la primitive Eglise ; mais les théologiens de l'Orient, favorisés par une langue abondante et remplie de finesses, ne cessaient d'inventer de nouvelles subtilités.

Le moine Eutychès suscita une seconde hérésie qui niait l'existence des deux natures dans la personne de Jésus-Christ. Cette hérésie était directement opposée à celle des nestoriens. On sait avec quelle âpreté ces controverses se poursuivirent, et combien peu de piété pratique manifestèrent les deux partis dans ces discussions inconvenantes qui troublèrent la paix de l'Eglise. Quant à nous, il nous suffira de dire que les doctrines de l'Ecriture furent soutenues par les deux conciles d'Ephèse et de Chalcédoine, et par les écrits des hommes les plus estimés dans l'Eglise. Christ veilla sur son Eglise pour préserver les doctrines fondamentales qui se rapportent à sa personne et à l'union des deux natures en lui ; tous les efforts que firent les hommes pour les renverser, en les expliquant selon des imaginations humaines, furent infructueux ; et la doctrine fut transmise dans son intégrité à l'Eglise de tous les siècles, comme la nourriture et la consolation des âmes humbles et sincères. C'est avec raison qu'on admire la force et la clarté des écrits de Léon, évêque de Rome, sur ce sujet.

Théodose II mourut l'an 450. Sa sœur Pulchérie, demeurant seule maîtresse de l'empire d'Orient, épousa, pour des raisons politiques, Marcien, qu'elle fit empereur; et il ne paraît pas que cette union ait porté aucune atteinte à ses vertus religieuses. Marcien et Pulchérie étaient tous deux aussi remarquables par leur piété que pouvaient l'être des personnes de leur rang dans ce siècle superstitieux. Marcien, qui survécut, mourut l'an 459, à l'âge de soixante-cinq ans, illustré par les services qu'il avait rendus à la religion. Il s'était surtout appliqué à conserver l'orthodoxie, à encourager les bonnes mœurs et à détruire l'idolâtrie.

Son successeur Léon défendit d'ouvrir les tribunaux et de célébrer publiquement des jeux et des spectacles le jour du Seigneur. Cette loi porte la date de 469. La complète observation de la plus ancienne des institutions divines ne reçut donc qu'à cette époque avancée la sanction de l'autorité civile[1]. Léon promulgua la même année une loi contre la simonie, dans laquelle il déclarait que l'élection des évêques devait avoir lieu sans l'intervention personnelle de celui qu'on choisissait, et que ceux qui travaillaient à se faire élire montraient par là même qu'ils n'étaient pas dignes de ces importantes fonctions.

Gennade, archevêque de Constantinople, mourut vers l'an 473. Ce que nous trouvons de plus remarquable à citer de lui, c'est qu'il ne voulut jamais consacrer prêtre quiconque ne pouvait répéter le psautier par cœur.

L'horizon s'obscurcit en Orient vers la fin de

---

[1] *Voyez* Genèse, 11.

ce siècle. Des discussions vaines et subtiles sur les doctrines attisèrent partout des passions haineuses. Nos lecteurs trouveront dans le chapitre suivant des scènes plus dignes de fixer leur attention.

CHAPITRE XIII.

AUTEURS CHRÉTIENS DU CINQUIÈME SIÈCLE.

Nous nous sommes étendus tout au long sur la vie et les écrits d'Augustin, cette grande lumière du cinquième siècle. Le plus bel éloge que l'on puisse faire de quelques autres auteurs chrétiens, c'est qu'ils ont éclairci et défendu les vues évangéliques de cet illustre docteur sur la foi et sur la piété pratique; et au milieu des ténèbres de la superstition, nous pouvons découvrir plusieurs rayons de piété, même chez des personnes qui n'avaient jamais lu les ouvrages de l'évêque d'Hippone.

Marc l'Hermite vivait vers le commencement de ce siècle [1]; il écrivit sur la vie spirituelle, et dépeignit les combats et les travaux des hommes vraiment pieux qui vivent pour l'éternité. Plusieurs des écrivains ascétiques ou mystiques furent entachés de semi-pélagianisme; mais Marc se montra en général un humble avocat des doctrines de la grâce, et parla comme un homme qui sent bien ce que sont la corruption et la misère de la nature humaine. Il décrivit la spiritualité de la loi et la grâce de l'Evangile; et, au milieu de ses efforts pour exciter à la piété pratique, il protesta contre l'idée que nous puissions être justifiés par nos œuvres, comme étant très dangereuse. Nous regrettons

[1] *Voyez* Dupin

d'avoir si peu de chose à dire d'un tel homme; nous ne savons même pas de quel pays il était; nous voyons seulement qu'il appartenait à l'Eglise d'Orient.

Paulin de Nole, s'il ne fut pas un des auteurs les plus savans de cette époque, fut un des plus humbles et des plus pieux. Il était né à Bordeaux, vers l'an 353. Son style et son goût étaient classiques, et comme il appartenait à une famille illustre, il était parvenu aux plus hautes dignités de l'empire. Il avait épousé Therasia, qui lui avait apporté des domaines considérables. Dieu inspira à sa femme l'amour des choses célestes, et elle contribua beaucoup à décider son mari à préférer une vie retirée aux grandeurs du monde. Ils accomplirent ce projet avec autant de piété et aussi peu de superstition que cela était possible dans ce temps-là. Paulin abandonna peu à peu ses richesses, et il remarque dans une de ses lettres qu'il ne sert pas à grand'chose à un homme de renoncer à ses biens temporels s'il ne renonce pas à lui-même; et que l'on pourrait très bien renoncer au monde de tout son cœur, sans renoncer à tous ses biens. Les habitans de Barcelonne en Espagne, où il vivait dans la retraite, conçurent une si grande estime pour lui qu'ils insistèrent pour qu'il fût consacré. Il écrivit à ce sujet à un ami: « Le jour de Noël, « on m'a obligé à recevoir les ordres, contre ma « volonté, non pas que j'aie aucune aversion pour « ces fonctions; bien au contraire, j'aurais voulu « commencer par être portier, et m'élever par de- « grés jusqu'à être prêtre; je me suis soumis ce- « pendant au joug de Christ, et je me trouve « maintenant engagé dans un ministère bien au- « dessus de mon mérite et de mes forces. C'est à « peine si je puis encore bien comprendre le poids « de cette dignité; je tremble en considérant

« quelle en est l'importance, sentant comme je le
« fais ma propre faiblesse ; mais celui qui donne
« de la sagesse aux simples, et qui tire sa louange
« de la bouche des petits enfans, peut accomplir
« son œuvre en moi, pour me donner sa grâce, et
« pour me rendre digne, moi qu'il a appelé quand
« j'étais indigne. »[1]

Paulin vécut ensuite seize ans à Nole comme simple particulier, et il y fut enfin ordonné évêque en 409. Il fut troublé pendant quelque temps par les incursions des Goths ; et ce fut dans cette occasion qu'il pria Dieu de ne pas permettre qu'il fût tourmenté pour des biens terrestres, lui qui en était sevré depuis long-temps par ses affections. Dieu permit qu'après le siége de Nole par les Goths il remplît paisiblement sa charge jusqu'à sa mort, qui eut lieu en 431.

Cet homme excellent était intimement lié avec Alype, évêque de Tagarte, dont nous avons déjà parlé comme du compatriote et de l'ami d'Augustin. Ce fut par lui qu'il apprit à connaître les écrits de l'évêque d'Hippone, qui devaient plaire à un homme qui sentait comme Paulin ce que c'est que « le péché qui habite en nous. » Ainsi se forma une amitié très intime entre les deux évêques, et elle fut cimentée par leur participation aux priviléges et aux doctrines de l'Evangile.

---

[1] Ce langage humble et sérieux annonce un esprit vraiment consciencieux, qui sent profondément quelle est la sainteté de Dieu et sa propre indignité. Rien ne montre mieux la supériorité de la piété primitive sur la religion moderne, que la différence de conduite par rapport aux charges pastorales. Il arrive fréquemment aujourd'hui que des jeunes gens qui ont des dispositions religieuses s'imaginent qu'ils sont propres à remplir le plus important de tous les ministères. On voit aussi des parens destiner au ministère celui de leurs enfans qui a le moins de moyens; et il est bien à craindre que le désir d'avoir un état qui leur donne de quoi vivre ne soit le motif qui engage à devenir ministres bien des gens qui n'ont jamais songé sérieusement à leur propre salut.

Sa lettre à Amand nous fait bien connaître sa théologie, qu'il développe d'après les déclarations de l'Ancien et du Nouveau Testament, à peu près de la même manière que l'évêque d'Hippone. En écrivant à Delphin, qui avait été dangereusement malade, il parle des avantages des afflictions pour les justes, en ce qu'elles exercent leur piété, les préservent de l'orgueil, et impriment en eux la crainte de la justice divine, qui confondra certainement de la manière la plus terrible les impies, puisqu'elle châtie si sévèrement les justes.

Paulin était très lié avec l'historien Sulpice Sévère, qui était prêtre d'Agen ; sa naissance était noble ; il avait de grands talens, mais il était très superstitieux, et disciple de Martin de Tours. En exprimant dans un langage si élégant des pensées si puériles, il fournit une preuve de plus de ces inconséquences que présente si souvent la nature humaine. On trouve cependant dans ses écrits bien des marques de jugement, et l'esprit de la piété domine partout. Paulin, comparant la conversion de Sulpice à la sienne, préfère celle de son ami, « parce que, » dit-il dans une de ses lettres, « il a « secoué tout d'un coup le joug du péché, et « rompu, à la fleur de l'âge, les liens de la chair et « du sang ; et qu'à une époque où il était célèbre « dans le barreau et dans la carrière des honneurs « terrestres, il a méprisé la grandeur humaine « pour suivre Jésus-Christ, et a préféré la prédica- « tion des pécheurs galiléens à toute l'éloquence « de Cicéron. »

Sévère avait désiré avoir le portrait de Paulin : l'évêque de Nole refusa sa demande, qu'il appela insensée ; il en prit cependant occasion de lui dépeindre son propre cœur. Augustin admirait beaucoup ce passage [1] : « Comment oserais-je vous don-

---
[1] Ep. d'Augustin, LXXXVI.

« ner mon portrait, moi qui suis entièrement sem-
« blable à l'homme terrestre et qui représente par
« ma conduite l'homme charnel ? De tous côtés la
« honte m'accable. Je serais confus si mon portrait
« me représentait tel que je suis, et je n'ose pas
« consentir à ce qu'il soit infidèle. Je déteste ce
« que je suis, et je ne suis pas ce que je voudrais
« être. Mais à quoi me sert, misérable que je suis,
« de détester le mal et d'aimer le bien, puisque je
« suis ce que je déteste, et que ma lâcheté m'em-
« pêche de m'efforcer de faire ce que j'aime ? Je me
« trouve en guerre avec moi-même, et je suis dé-
« chiré par une lutte intérieure. La chair lutte
« contre l'esprit, et l'esprit contre la chair. La loi
« des membres est opposée à la loi de l'esprit.
« Malheur à moi, parce que je n'ai pas détruit la
« saveur de l'arbre maudit par celle de la croix du
« salut ! Le poison que notre premier père a com-
« muniqué à tous les hommes opère encore en
« moi. » [1]

Dans une lettre à Florent, évêque de Cahors, nous trouvons une réponse à une objection qui naîtra peut-être de l'extrait que nous venons de présenter, c'est-à-dire : « Comment un homme qui se trouve aussi misérable peut-il jouir de quelque consolation ? » — « Jésus-Christ, dit-il, est le ro-

---

[1] On reconnaît ici le langage d'un chrétien qui sait bien ce qu'est le péché dans sa nature et dans son influence constante. Paulin décrit d'après son cœur des choses qu'une âme éclairée par la grâce peut seule comprendre; car on ne connaît le péché originel que par l'expérience. Combien ce langage est d'accord avec celui des hommes les plus pieux de l'Ancien et du Nouveau Testament! Bien que des Pharisiens, ornés d'une décence extérieure de conduite, puissent être portés à le trouver exagéré, il est encore trop faible. Tout vrai chrétien sait qu'il n'est point d'expressions qui puissent bien dépeindre la force de la corruption intérieure. Voilà quelle est la source de l'humilité de la foi en Christ, de l'amour pour l'Évangile et de la vraie sainteté; et l'on voit toujours que les hommes qui connaissent le mieux leur corruption naturelle et qui la déplorent le plus vivement, sont les plus saints dans leur vie et dans leur conduite.

« cher qui contient cette source d'eau vive que nous trouvons heureusement si près de nous lorsque nous nous sentons altérés : c'est là ce qui nous rafraîchit et nous empêche d'être consumés par l'ardeur de la concupiscence. C'est là le rocher sur lequel est fondée la maison qui ne s'écroulera jamais. C'est le rocher qui a été ouvert au côté, et dont il a jailli de l'eau et du sang, pour nous faire goûter l'eau de la grâce et le sang du sacrement, qui est tout à la fois la source et le prix de notre salut. »

Dans une lettre à Augustin, il dit en parlant des saints après la résurrection : « Ils n'auront alors d'autre occupation que de louer Dieu éternellement, et de lui rendre de continuelles actions de grâces. »

Cet évêque était les délices de tous ceux qui le connaissaient ; il menait une vie de tempérance et de retraite, mais sans aucun excès d'austérité ; il était remarquable par la délicatesse de sa conscience, la douceur de son esprit, un sentiment habituel de sa propre faiblesse et du besoin de la grâce divine.

Isidore de Péluse, en Égypte, passa toute sa vie dans l'état monastique, et fit honneur à une manière de vivre qui n'est certainement pas la plus sage. Il vécut dans la pratique d'une sérieuse piété, et les lettres qu'il a laissées montrent qu'il connaissait mieux le monde et qu'il avait été plus utile à l'Église et à la société qu'on n'aurait pu l'attendre d'un moine.

Il disait que l'on avait bien sujet d'admirer cette divine sagesse qui a permis qu'il y ait dans les Écritures des choses très claires et d'autres très obscures, pour nous encourager à les étudier, et pour réprimer notre présomption. Il a donné des règles utiles pour l'explication de l'Écriture, mettant les fidèles en garde contre les interprétations bizarres d'expressions concises dont on n'a pas assez considéré la liaison avec ce qui précède et ce qui suit, voulant souvent mal à propos retrouver les mystères de l'Évangile dans tous les passages de l'Ancien Testament.

Cet auteur a laissé d'excellentes règles pratiques : nous citerons le conseil qu'il donna à un médecin qui vivait dans le désordre. « Vous professez une « science qui exige beaucoup de sagesse ; mais vous « vous montrez inconséquent : vous guérissez de « petites blessures chez les autres, et vous ne gué-« rissez pas vos propres maladies, qui sont bien « grandes et bien dangereuses. Commencez d'abord « chez vous. »

CASSIEN fut moine dès son enfance, et passa la fin de sa vie à Marseille. Nous avons parlé de lui comme du père du semi-pélagianisme. Ses opinions, auxquelles leur apparence de modération donnait quelque chose de plausible, l'entraînèrent dans une confusion inextricable. Il reconnaît que la grâce est nécessaire même pour le commencement de la foi, et cependant il affirme que l'homme peut naturellement choisir le bien, quoiqu'il ait besoin de la grâce pour l'accomplir. Il pense que le premier mobile vient, tantôt de la grâce, et tantôt de la volonté de l'homme. Il cite en premier lieu les conversions de saint Paul et de saint Matthieu, en second lieu, celles de Zachée et du bon brigand. C'est ainsi qu'on tombe dans d'absurdes distinctions, lorsqu'on oublie la déclaration de l'Écriture : « Or, « si c'est par la grâce, ce n'est plus par les œuvres, « autrement la grâce n'est plus grâce. » Cependant son système a été adopté par bien des personnes qui ont fait profession de piété ; et quoi qu'on en puisse dire, il plaira à tous ceux qui ne connaissent pas la profonde corruption de la nature humaine. Le semi-pélagianisme trouva en lui un très utile avocat, parce que son érudition et la pureté de sa vie lui donnaient droit au respect des hommes. Il arrive en pareil cas qu'un système dont tout homme qui se connaît bien lui-même découvre en un moment l'absurdité et les contradictions, a pourtant en théorie l'apparence la plus plausible, et paraît éviter les écueils opposés de la propre justice et de l'antinomianisme.[1]

Célestin, évêque de Rome, est le même que celui dont nous avons déjà parlé, comme ayant soutenu Prosper et Hilaire, disciples d'Augustin, dans leur lutte contre le semi-pélagianisme. Il combattit les évêques français qui favorisaient les doctrines de Cassien, et il publia quelques articles sur la grâce dont nous avons déjà présenté le sommaire. Le sérieux de ses paroles prouve qu'il sentait

---

[1] Cassien a écrit des institutions et des règles monastiques, dans lesquelles il enseigne « des doctrines qui ne sont que des commandemens d'hommes. » Il recommande aux pauvres moines les devoirs de la soumission implicite et de l'humilité volontaire, qui tendent plutôt à l'esclavage de la volonté qu'à une véritable mortification du péché. C'est surtout sous ce point de vue que se manifeste le triomphe du système d'Augustin sur celui de Cassien. Ces deux hommes avaient pour but de conduire les hommes à une vie sainte. Ils étaient tous deux entachés de superstition; mais chez Cassien cette maladie du siècle domine; elle est réduite en système, elle conduit ses disciples à une multitude d'actes extérieurs et artificiels, dans l'intention de briser la volonté humaine, et de l'amener à quelque chose qui ressemble à la vertu. Quoi de plus absurde, par exemple, que les recommandations qu'il adresse au jeune novice, de s'assujétir complètement à la volonté du supérieur de son couvent, de se soumettre à des ordres en quelque sorte impossibles à exécuter, de supporter des croix et des privations pénibles, sans aucune autre raison que la volonté arbitraire d'un maître? Ce sont là des folies qui se sont maintenues pendant des siècles dans le papisme. Voyez au contraire Augustin; son système le conduisit à lutter contre le torrent de la superstition; à essayer au moins d'émanciper les chrétiens du joug de l'esclavage; à enseigner une humilité vraie et non feinte, intérieure et non pas seulement extérieure; à conduire l'âme à Christ; à enseigner la charité; à recommander une conduite chrétienne d'après des motifs spirituels; enfin à tendre à la pureté du cœur et aux affections célestes.

ce qu'il disait ; et le témoignage qu'il rend à l'évêque d'Hippone mérite d'être cité. « Nous avons toujours eu dans notre communion Augustin de bien heureuse mémoire, dont la vie et le mérite sont bien connus ; sa réputation est sans tache, et sa science est si célèbre que mes prédécesseurs l'ont regardé comme un des plus excellens docteurs de l'Église. Tous les chrétiens orthodoxes l'ont toujours hautement estimé, et il a été généralement vénéré dans tout le monde. » — Bien que l'Église de Christ fût déjà bien déchue de sa pureté primitive, on ne peut la regarder comme antichrétienne, tant qu'elle soutenait les vraies doctrines de Christ ; et bien que l'ambition mondaine s'insinuât peu à peu parmi ses évêques, quelques-uns d'eux étaient pourtant des hommes de bien et de fidèles pasteurs ; tout nous porte à croire que Célestin fut de ce nombre.

Un homme nommé Daniel quitta l'Orient pour se retirer en France. Il fut accusé de crimes scandaleux dans le monastère qu'il habitait, et eut cependant assez d'influence pour se faire consacrer évêque. Ce fut en vain que Célestin travailla à l'empêcher de réussir. Il blâma l'évêque qui l'avait consacré, et déclara qu'il était lui-même déchu de l'épiscopat pour avoir consacré un homme aussi indigne. Il ne paraît pas cependant qu'il ait fulminé un décret d'excommunication contre lui. Jusqu'à cette époque, la dignité supérieure de l'évêque de Rome en Occident était fondée plutôt sur l'opulence de ce siége et sur l'importance civile de la ville de Rome que sur aucune prétention positive de domination. La conduite de Célestin ressemblait plus à celle d'un évêque pieux qu'à celle d'un pape. Il blâma le clergé de France d'avoir élevé tout à coup à la dignité épiscopale des laïques [1] qui n'avaient pas

---

[1] Fleury, liv. XXIV, 56.

passé par les différens degrés de la prêtrise. Il décida ¹ que lorsqu'on aurait à élire un évêque, les membres du clergé de la même église qui avaient une réputation honorable et avaient bien rempli leurs charges, devaient être préférés à des prêtres étrangers et inconnus; qu'on ne devait imposer un évêque à aucun troupeau contre sa volonté, mais qu'on devait avoir égard aux vœux du clergé, du peuple et des magistrats; qu'il ne fallait pas élire un prêtre d'un autre diocèse, lorsqu'il se trouvait dans la même église un prêtre capable de bien remplir les fonctions de l'épiscopat. ²

Les trois historiens grecs contemporains qui ont continué l'histoire ecclésiastique là où l'avait laissée Eusèbe, c'est-à-dire pendant le quatrième siècle et une partie du cinquième, sont Socrate, Sozomène, et Théodoret de Cyr. Nous nous sommes servis de leurs ouvrages, et ils nous ont surtout été utiles là où nous n'avions pas pour nous guider les écrits des Pères eux-mêmes, qui donnent des lumières bien plus satisfaisantes sur les événemens auxquels ils ont pris part. Le premier est certainement un auteur judicieux, remarquable par son impartialité pour les novatiens, et par un caractère paisible et généreux. Mais nous ne trouvons ni dans ses écrits ni dans ceux de Sozomène des documens suffisans pour porter un jugement décisif sur leur caractère personnel. — Le dernier, Théodoret, est moins judicieux et très partisan des moines. Il les surpasse tous deux par son admiration pour les institutions

---

¹ Les exhortations des évêques de Rome avaient pris depuis quelque temps le titre de Décrétales, bien que les évêques qui étaient hors de l'Italie ne fussent pas certainement, du moins encore, soumis à leur juridiction. On ne peut cependant justifier le style impératif qu'employaient alors les évêques de Rome, et il indique le trop grand accroissement de leur puissance.

² Il est presque inutile de faire remarquer que les papes agirent plus tard d'une manière directement opposée à ce décret.

monastiques, et en tout ce qui se rapporte aux sujets de cette nature, il est d'une crédulité sans bornes. C'était pourtant un des hommes les meilleurs et les plus savans de l'Eglise d'Orient. Sa conduite pacifique déplut aux bigots, pendant les controverses bruyantes suscitées par Nestorius et Eutychès. Il est évident que ses opinions étaient orthodoxes ; mais il fut condamné dans un des synodes, parce qu'il inclinait vers des moyens de conciliation, et ce ne fut pas sans peine qu'il fut rétabli dans son église.

Sa lettre à Léon de Rome fait connaître son caractère et son histoire [1]. « Je suis évêque depuis « vingt-six ans, et n'ai point mérité de reproche. « J'ai ramené à l'Église plus de mille marcionites « et beaucoup d'ariens. Il n'y a plus maintenant « un seul hérétique dans les huit cents paroisses de « mon diocèse. J'ai été souvent attaqué à coups de « pierres, et j'ai soutenu des combats contre les « juifs et les païens. Ne rejetez pas, je vous en « supplie, mon humble prière, et ne méprisez pas « ma vieillesse, accablée de honte après tant de « travaux. Dieu m'est témoin que ce qui m'inquiète « n'est pas le soin de mon honneur, mais le scan- « dale que l'on a donné et la crainte que bien des « ignorans, et en particulier les hérétiques con- « vertis, ne me regardent comme un hérétique, en « considérant quelle est l'autorité de ceux qui « m'ont condamné, et en oubliant que depuis tant « d'années que je suis évêque, bien loin d'avoir « acquis des maisons, des terres ou de l'argent, « j'ai embrassé une pauvreté volontaire. »

THÉODORET était né à Antioche, l'an 386, et avait été consacré évêque de Cyr, ville de Syrie, par l'évêque d'Antioche, vers l'an 420. Les habi-

---

[1] Fleury, xxvii, 44.

tans de son diocèse parlaient généralement le syriaque, peu d'entre eux comprenaient le grec, et presque tous étaient aussi ignorans que les païens. Théodoret mérite surtout l'estime par la manière dont il s'acquitta de ses devoirs pastoraux. Il travailla et souffrit pour l'amour de Christ, et la rage de la multitude lui fit souvent courir de très grands dangers. Mais Dieu bénit ses efforts, et il lui arriva ce qui arrive souvent aux pasteurs qui persévèrent, il finit par obtenir l'affection de son troupeau. Il résidait constamment dans son diocèse, et y fut extrêmement utile par sa prédication et par son exemple. Lorsqu'il était invité par l'évêque supérieur ou patriarche à se rendre à Antioche pour assister au synode, ce qui n'arrivait que rarement, il prêchait à Antioche, et ses sermons y laissaient une profonde impression. Pendant tout le temps qu'il fut évêque, il n'eut de procès avec personne, et ni lui ni aucun membre de son clergé ne parurent devant les tribunaux. Il était très généreux, et il paraît qu'il manifestait dans toute sa conduite morale cet esprit particulier qui distingue les vrais chrétiens.

L'autorité de Léon de Rome lui fut utile dans la persécution dont nous avons parlé, et il mourut paisiblement dans son évêché, bien que la calomnie et les préventions aient réussi à le faire condamner après sa mort, sous le règne de Justinien. Théodoret a beaucoup écrit, et sur une grande variété de sujets. Ses ouvrages ne lui font pas autant d'honneur que sa vie ; sa théologie, qui était fortement empreinte de superstition, avait une grande ressemblance avec celle de Chrysostôme ; mais il avait un esprit humble, charitable, affectionné aux choses d'en haut, et il paraît qu'il a marché dans la foi et l'espérance de l'Évangile, et qu'il a été un brillant ornement de l'Église dans un pays et dans un siècle de ténèbres.

Léon, évêque de Rome, fut un des hommes remarquables de son temps. Autant qu'on peut en juger par les événemens, il soutint généralement la cause de la vérité, tout en s'occupant constamment de l'agrandissement du siége de Rome. L'Ante-Christ n'était pas encore parvenu à sa pleine stature; mais *il croissait rapidement*. Léon essaya d'étendre son influence en France, où il rencontra une ferme résistance. Il se montra plus sévère, sous le rapport du célibat du clergé, qu'aucun des évêques de Rome qui l'avaient précédé. Cependant il ne se contenta pas de soutenir les doctrines évangéliques, mais il laissa des preuves de la peine qu'il s'était donnée pour bien comprendre les Écritures. Nous avons déjà dit que sa lettre aux Églises d'Orient sur les natures divine et humaine de Christ est complétement scripturaire. Il combattit le pélagianisme avec beaucoup de zèle; il dévoila les subtilités de ceux qui faisaient de la grâce l'effet des mérites de l'homme; et il réduisit tout à la grâce d'une manière si claire et si complète que si son propre cœur était influencé par les opinions qu'il professait, il doit avoir été un chrétien distingué; mais on n'a pas de preuves aussi irrécusables de sa piété que de sa capacité et de la justesse de ses vues.

Léon blâma avec raison les consécrations d'évêques africains qui avaient été faites avant l'invasion de Genseric, comme ayant eu lieu contre toutes les lois de l'ordre et des convenances. Nous avons extrait les morceaux suivans de quelques-uns de ses décrets sur la discipline ecclésiastique et pastorale.

« Que fait-on, dit cet évêque, lorsqu'on impose
« avec précipitation les mains à un homme, si ce

« n'est de conférer l'ordre de la prêtrise à des per-
« sonnes dont on ne sait quelle est la valeur mo-
« rale, avant d'avoir eu le temps de les éprouver,
« avant qu'elles se soient montrées compétentes par
« leur zèle, et qu'elles aient donné quelques preu-
« ves de connaissance et d'expérience?— Les pas-
« teurs devraient avoir passé par tous les ordres
« inférieurs et avoir été éprouvés pendant quel-
« que temps, avant d'être nommés évêques.—
« Ceux qui n'ont pas été choisis par le clergé, ni
« désirés par le peuple, ni consacrés par les évê-
« ques de la province, avec le consentement du
« métropolitain, ne doivent pas être tenus pour
« évêques.

« Celui-là doit être choisi évêque qui est choisi
« par le clergé et par le peuple. En cas qu'ils ne
« soient pas du même avis, le métropolitain doit
« préférer celui qui a le plus de mérite et le plus
« grand nombre de votes. Mais on ne doit jamais
« nommer évêque celui que le peuple refuse.

« Celui qui voudrait passer d'une église à l'autre,
« par mépris pour celle qu'il gouverne, doit être
« privé tout à la fois de celle qu'il a et de celle qu'il
« voudrait avoir, afin qu'il ne gouverne ni ceux
« qu'il a désirés par avarice, ni ceux qu'il a mé-
« prisés par orgueil. »

Léon lui-même prêchait et instruisait son troupeau à Rome; il existe encore un certain nombre de ses sermons. Il ne négligea pas, durant le
cours de son ministère, d'insister sur l'union de la
nature divine et de la nature humaine dans la personne de Christ. C'était encore la doctrine générale, malgré le nombre et les subtilités de ceux
qui la combattaient. Léon fut un de ceux qui la
défendit avec le plus de talent : et le passage suivant de son neuvième sermon sur la nativité peut
aider le lecteur à décider s'il n'était attaché à cette

doctrine que d'une manière spéculative : « Car si
« la foi ne croit pas que les deux substances étaient
« unies en une seule personne, le langage ne l'ex-
« plique pas; et voilà pourquoi il ne manque ja-
« mais de matière pour la louange de Dieu, parce
« que les talens de celui qui loue ne suffisent jamais.
« Réjouissons-nous donc de ce que nous ne som-
« mes pas capables de parler d'un si grand mystère
« de grâce ; et lorsque nous ne pouvons pas sonder
« la profondeur de notre salut, sentons qu'il est
« bon pour nous d'être vaincus dans nos recher-
« ches. Car nul n'approche de la connaissance de
« la vérité plus que celui qui comprend que par
« rapport aux choses divines, bien qu'il fasse beau-
« coup de progrès, il lui reste toujours quelque
« chose à étudier. »

HILAIRE succéda à Honorat comme évêque d'Arles[1]. Ce dernier était abbé du monastère de Lérins,
île située sur la côte de France, qui était alors célèbre par ses moines[2]. Il se donna beaucoup de
peine pour amener Hilaire à être sérieusement
chrétien ; ce que l'on confondait alors beaucoup
trop avec la vie monastique. Honorat fut ensuite
élu évêque d'Arles, et son disciple Hilaire fut
unanimement choisi pour lui succéder. Hilaire
nous a laissé la vie d'Honorat, dans laquelle il justifie l'usage d'écrire les éloges des saints après leur
mort. Il dit, avec une heureuse inconséquence,
car on doit le considérer comme un semi-pélagien :
« Dieu est loué dans ses saints, car tout leur mé-
« rite et toute leur excellence doivent être impu-

---

[1] Cet Hilaire n'est pas celui qui s'unit à Prosper pour soutenir en France la doctrine d'Augustin sur la grâce. Ses opinions approchent plutôt du semi-pélagianisme ; il mérite pourtant une place dans ces Mémoires, parce qu'il professa, au moins implicitement, les fondemens de la vérité divine, qu'il était pieux, et qu'il prouva qu'il était un membre sincère de l'Église de Christ.

[2] On l'appelle aujourd'hui saint Honorat, ou Honoré de Lérins.

« tés à l'auteur de la grâce. » C'est là un sentiment excellent et vraiment chrétien. Que l'on se montre ferme et conséquent en le soutenant, qu'il influence le cœur, et les hommes seront humbles, et ils se reconnaîtront entièrement dépendans de la grâce de Christ; ceux qui feront profession d'adopter les doctrines de Cassien seront à la vérité de mauvais logiciens, mais leurs vues pratiques seront saines et solides. Cependant on ne peut douter que l'approbation donnée en France aux opinions de Cassien, qui furent appuyées par d'autres hommes justement respectés, n'ait produit un effet pernicieux sur la génération suivante.

On ne peut blâmer Hilaire d'avoir écrit la vie d'un saint; mais ce que l'on doit blâmer, c'est la manière dont il l'a écrite, bien qu'il n'ait malheureusement pas été le seul à écrire ainsi. A ses yeux Honorat n'est qu'excellence et perfection, et ressemble plus à un ange qu'à un homme. Les circonstances qui accompagnèrent sa mort sont intéressantes; il tomba dans une maladie de langueur, qui ne l'empêcha pourtant pas de remplir les fonctions de son ministère. Il prêcha dans l'église, l'an 429; mais sa maladie ayant augmenté, il mourut peu de jours après. Hilaire, qui était alors auprès de lui, rend témoignage à la piété qu'il manifesta dans ses derniers momens.

La vie d'Hilaire lui-même a été écrite avec les mêmes exagérations : on croit qu'Honorat, évêque de Marseille, en est l'auteur[1]. Il rapporte certains faits qui portent de fortes marques de crédibilité. Hilaire avait souvent repris en particulier le gouverneur de la ville, dont la conduite avait été très répréhensible; et le voyant un jour entrer dans l'église avec ses gardes, il interrompit son

---

[1] *Voyez* page 550 de ce volume.

discours, et dit que ceux qui n'avaient aucun égard aux exhortations particulières n'étaient pas dignes d'en recevoir de publiques. On rapporte encore à la louange de cet évêque, que, bien qu'il sût prêcher devant les auditoires les plus distingués, et qu'il montrât dans l'occasion de grands talens littéraires, il savait aussi parler de la manière la plus simple pour se mettre à la portée du peuple : talent rare et précieux chez un prédicateur, et qui vient sûrement plus du cœur que de la tête. Hilaire entreprit de grands travaux, et il avait tant d'ardeur pour la prédication qu'il était obligé de se faire avertir par un signe convenu d'avance, de peur que ses discours ne fussent trop longs. Prosper reconnaît avec beaucoup d'impartialité que sa vie et sa mort ont été saintes. Léon de Rome, qui avait eu une malheureuse discussion avec lui pendant sa vie, parle honorablement de lui après sa mort. Nous regrettons de n'avoir rien de plus à dire sur les travaux et les écrits d'un pasteur si pieux et d'un si zélé prédicateur.

Vincent, moine de ce même monastère de Lérins, fut aussi renommé pour sa piété. Il a laissé un traité sur les marques de l'hérésie. Il ajoute au témoignage de l'Écriture l'universalité et l'antiquité comme des marques essentielles de l'évidence de l'orthodoxie ; et bien que le papisme ne puisse les revendiquer (car il n'avait pas encore véritablement existé dans l'église), il s'est pourtant approprié ces règles, et les a adoptées à son service.

Eucher, de Lyon, fut aussi un des hommes les plus pieux de ce siècle, et Prosper rend témoignage de sa vie et de sa mort édifiantes.

Prosper de Riès, dans l'Aquitaine, fut un laïque qui se distingua dans ce siècle par la manière dont il combattit pour les doctrines de la grâce. Il tira des ouvrages d'Augustin les fondemens de ses propositions, et les défendit avec beaucoup d'ardeur. Il soutint une longue controverse avec les semi-pélagiens en France; mais une controverse qui s'exerce sur des sujets d'une importance réelle, et qui est dirigée par un esprit sérieux et impartial, qui emploie les argumens et non les injures, sert la cause de la vraie religion, au lieu de lui nuire. Comme nous l'avons déjà vu, Prosper rendit franchement témoignage à la piété solide de plusieurs de ses adversaires en France, et son zèle eut évidemment pour objet la vérité divine, et non le triomphe d'un parti. La vérité remise en lumière par Augustin, fut expliquée, éclaircie, débarrassée d'odieuses objections par la prudence et la sagesse de Prosper, et entre ses mains elle ne perdit rien de sa pureté primitive. Nous ne pouvons rien dire de Prosper lui-même, si ce n'est que ses écrits proclament sa piété, son humilité et son intégrité. Il répond dans un de ses ouvrages aux objections les plus spécieuses qui aient été présentées contre les opinions d'Augustin[1] : « En laissant de côté « cette distinction que la science divine renferme « dans le secret de la justice éternelle, nous de- « vons croire et déclarer que Dieu veut que tous « les hommes soient sauvés, puisque l'apôtre qui « a écrit cette parole recommande instamment ce « qu'on observe dans toutes les églises, de présen- « ter des prières pour tous les hommes. D'où il ré- « sulte que si plusieurs périssent, c'est la faute de « ceux qui périssent, et que si plusieurs sont sau- « vés, c'est le don du Sauveur. »[2]

[1] Pro. Aug. doct.
[2] Il se peut que le lecteur se souvienne que c'est là le sentiment de l'auteur anonyme de *la Vocation des Gentils*. Il n'existe peut-être pas deux propositions plus certainement et plus décidément scripturaires que celles de Prosper. La vaine entreprise de les dé-

« Que la faiblesse humaine, dit-il ailleurs, se
« reconnaisse elle-même dans le premier homme, et
« dans la suite des générations condamnées en lui;
« et lorsque les morts sont vivifiés, les aveugles
« éclairés, les impies justifiés, qu'ils confessent
« que Jésus-Christ est leur vie, leur lumière et
« leur justice. »

« Nous agissons avec liberté, mais avec une li-
« berté rachetée, que Dieu gouverne. »

« La grâce fait plus que persuader et enseigner
« par des conseils et de douces exhortations; elle
« change aussi l'esprit intérieurement, elle le crée
« de nouveau, et d'un vase fêlé elle en fait un neuf
« dans l'énergie de la création. C'est là ce que ne
« peuvent faire ni les déclarations de la loi, ni les
« paroles d'un prophète, ni la nature, qu'on fait
« profession de lui préférer. Celui-là seul qui a
« créé, régénère. Un apôtre peut parcourir le
« monde, prêcher, exhorter, planter, arroser,
« reprendre avec le plus grand zèle; mais si ces
« moyens agissent sur l'auditeur, il ne faut l'im-
« puter ni à celui qui parle ni à celui qui écoute,
« mais à la grâce seule. — C'est elle qui fait pren-
« dre racine à la semence de la foi, c'est elle qui
« soigne la plante et la conduit à la maturité. —
« C'est Dieu qui ressuscite les morts, qui délivre
« les prisonniers, qui répand l'intelligence dans
« les cœurs ténébreux, et qui y fait pénétrer l'a-
« mour qui nous inspire, un amour qui répond au
« sien, et cet amour qu'il y fait pénétrer est lui-
« même. »

Il rend encore un énergique témoignage à l'entière corruption de la nature, dont le sentiment
individuel et profond l'avait amené à sentir com-

barrasser de la prétendue contradiction qui semble exister entre
elles, est ce qui a confondu bien des raisonneurs. Savoir où
s'arrêter est la vraie sagesse.

bien les vues qu'il avait de la grâce s'accordaient admirablement avec les besoins de l'humanité déchue : « L'esprit, qui dans l'origine tirait sa lu-
« mière de la lumière suprême, enveloppe la vo-
« lonté de ténèbres, et laissant de côté la lumière,
« il préfère de se plonger dans une obscurité ter-
« restre ; et il ne peut pas volontairement lever en
« haut ses yeux captifs, parce qu'il a perdu jusqu'à
« la connaissance de la grandeur du mal sous le-
« quel il est accablé. »

PRIMASE était évêque en Afrique, et avait suivi pendant quelques années le ministère d'Augustin. Il paraît d'après ses ouvrages, et en particulier d'après ses commentaires sur les épîtres de saint Paul, qu'il avait adopté les principes de ce Père. Il ne s'est pas borné à copier les écrits d'Augustin et de Jérôme ; on trouve chez lui la verve d'un auteur original et beaucoup d'instruction. Il dit : « La foi est le don de Dieu, et elle pénètre dans
« le cœur par l'inspiration secrète de la grâce, et
« non pas par le travail de l'homme, ni par la na-
« ture, mais par le Saint-Esprit. » Il combat avec force les sentimens de propre justice, et soutient les pures doctrines de l'Évangile. On a lieu de s'étonner d'avoir si peu d'informations sur la vie et sur les travaux d'un auteur si remarquable. [1]

TIMOTHÉE ÆLURUS, évêque d'Alexandrie, n'a rien écrit qui soit digne d'une mention particulière. Nous ne le citerons que comme une preuve du déplorable état dans lequel était tombée cette ville chrétienne, jadis si florissante. Elle avait eu une suite d'évêques turbulens et ambitieux : leur fatale influence ne se manifesta que trop par la conduite des habitans de cette ville : ils avaient massacré le prédécesseur de Timothée, et il ne se maintint

---

[1] Centur. Magdeb. Cent. v. c. x.

dans sa charge qu'en flattant les vices de son troupeau. Nous aurions bien de la peine à citer quelque chose qui fît honneur à Alexandrie dans tout ce siècle. Il paraît que cette ville se précipitait dans les ténèbres du mahométisme, que Dieu se préparait à lui envoyer comme un châtiment de l'abus qu'elle avait fait de la lumière de l'Évangile.

Salvien, prêtre de Marseille, a écrit avec pureté et avec éloquence. Il y a dans sa manière beaucoup de sérieux, et il insiste avec force sur la nécessité des bonnes œuvres et en particulier de l'aumône. Il revient souvent, et avec une grande énergie, sur la justice des jugemens de Dieu sur les chrétiens de son temps, qui pour la plupart ne l'étaient que de nom, et vivaient dans le péché. Mais il nous reste trop peu de chose de lui pour que nous puissions décider s'il avait une profonde connaissance du vrai christianisme.

Honorat, évêque de Marseille, est célèbre par la facilité avec laquelle il prêchait d'abondance; son ministère était assidûment suivi par le clergé et par le peuple, et on l'engageait souvent à prêcher dans d'autres églises. Gelase, évêque de Rome, avait une haute estime pour lui.

Fauste, évêque de Riès, était Anglais, et fut d'abord moine du monastère de Lérins, dont il fut ensuite nommé abbé. Après la mort de Maxime, évêque de Riès, il fut choisi pour lui succéder. Il composa plusieurs traités, gouverna son diocèse sans reproche, mena une vie sainte, et mourut regretté et estimé par l'Église. — Bien qu'il ait favorisé le semi-pélagianisme, dans la controverse qui tint une si grande place dans ce siècle, il paraît qu'il le fit plutôt par crainte des abus de la prédestination et parce qu'il ne comprenait pas bien les conséquences de la doctrine d'Augustin, que faute de piété ou d'humilité ; car il a composé un traité sur la grâce qui nous sauve, dans lequel il montra que la grâce de Dieu attire, précède et aide toujours la volonté humaine, et que toute la récompense de notre travail est le don de Dieu. — Un prêtre, nommé Lucidus, qui soutenait avec beaucoup de vivacité les opinions d'Augustin, fut combattu par la plupart des évêques de cette portion de la France. Fauste s'efforça de mitiger ses idées en insistant sur ce qu'on ne doit pas séparer la grâce des efforts de l'homme, et que tout en détestant le pélagianisme, on doit rejeter aussi l'opinion de ceux qui pensent qu'un homme peut être au nombre des élus sans travailler à son salut. Il traita Lucidus avec tolérance et avec douceur. Ce prêtre fut amené à donner son assentiment à tout ce que le concile devant lequel il fut appelé exigea de lui.

On trouvera peut-être que ce que nous rapportons ici est tout simple et peu important; mais nous croyons y voir une preuve que la vraie religion exerçait encore dans ce siècle une grande influence en France. Les controverses sur les vérités évangéliques peuvent être accompagnées de circonstances fâcheuses; mais elles prouvent que Christ est présent par son Esprit. Tout considéré, et après un examen attentif des autorités de l'antiquité sur ce sujet, il paraît qu'il y avait en France un certain nombre de personnes pieuses et sérieuses des deux côtés de la question. La controverse fut soutenue avec une sorte de modération. Des hommes qui craignaient réellement Dieu, et qui vivaient par la foi en son fils dans l'humilité pratique, différaient plutôt dans les mots que dans les choses, en discutant ce sujet difficile.

Les vues d'Augustin sont scripturaires, et dans une harmonie parfaite entre elles, et c'est là ce qu'on s'accorderait à reconnaître dans tous les siècles, si les hommes avaient un degré suffisant d'attention patiente pour distinguer ses propositions de l'abus qu'on peut en faire. Le semi-pélagianisme a pourtant été soutenu par des hommes dont l'expérience contredisait les opinions, par des hommes vraiment pieux ; mais le danger de ces notions (il y a du danger dans toutes les erreurs sur les sujets qui se rapportent à la grâce) consiste dans l'abus qu'en feront certainement les personnes qui ne connaissent pas les opérations du Saint-Esprit. La France était alors divisée entre les deux partis ; mais à mesure que l'ignorance de la vraie religion augmenta, les vues d'Augustin sur la grâce perdirent de leur influence, et tant que régna l'iniquité, elles ne furent adoptées que par quelques particuliers.

L'incrédulité n'a pas le droit de triompher de ces controverses : leur existence et la manière sérieuse et charitable dont elles furent soutenues prouvèrent que la vraie religion était vivante en France, et il n'est pas probable qu'il y eût alors plus de piété réelle dans aucune autre portion du monde. Lorsque les hommes se taisent sur le sujet de la grâce divine, lorsqu'ils écoutent volontiers les railleries des auteurs profanes qui affectent de traiter avec un égal mépris tous ceux qui s'occupent de controverse, et qu'ils ne donnent à la religion que cette attention superficielle qui n'adopte aucune opinion déterminée sur les doctrines de l'Écriture, alors l'iniquité règne sans opposition, et l'on voit dominer ce qu'on appelle la philosophie.

Victor de Vita, dont nous avons déjà parlé à l'occasion de son histoire des persécutions d'Afrique, et qui souffrit lui-même pour la justice, mérite de n'être pas oublié dans cette liste.

Gélase, évêque de Rome, nous a déjà occupés dans le chapitre précédent; à ce que nous avons dit de lui, nous nous contenterons d'ajouter qu'il écrivit avec zèle contre le pélagianisme.

Julien Pomerius, qui était prêtre en France vers la fin de ce siècle, a écrit des ouvrages pratiques qui sont dignes d'attention. Quelques passages qui montrent quels sont les traits caractéristiques des évêques et des prédicateurs, feront connaître le goût du temps, et ne seront peut-être pas sans intérêt pour les pasteurs de nos jours.

« Un mauvais évêque recherche les promotions « et les richesses; il vise surtout à satisfaire ses « passions, à affermir son autorité, et à s'enrichir. « Il évite les fonctions laborieuses et humiliantes « de sa charge, et ne se plaît que dans celles qui « sont agréables et honorables. » Julien recommande à la méditation de ces hommes-là le trente-quatrième chapitre d'Ezéchiel. « Un bon évêque, « dit-il, convertit les pécheurs à Dieu par sa pré- « dication et par son exemple; enfin il se tient for- « tement attaché à Dieu en qui seul il se confie. »

Il expose ainsi quelle est la différence entre un bon et un mauvais prédicateur : « L'un cherche « la gloire de Jésus-Christ, en expliquant les doc- « trines dans des discours familiers; l'autre met « en avant toutes les ressources de son éloquence « pour s'attirer de la réputation. Le dernier dissi- « mule la puérilité du fond par la recherche de la « forme; le premier relève un discours simple par « l'importance des pensées. »

FIN DU SECOND VOLUME.

TABLE DES MATIÈRES

CONTENUES

DANS LE DEUXIÈME VOLUME.

QUATRIÈME SIÈCLE.

Chap. Ier. Persécution de Dioclétien........ Page 1
Édit contre les chrétiens. — Nombre de victimes. — Preuves fournies par les monumens et les médailles. — Martyrs d'Égypte, de la Thébaïde et d'Antioche. — Cruautés et artifices des païens. — Conduite des martyrs. — Zèle pour les Ecritures. — Galérius, empereur. — Maximien, martyr de Palestine. — Apphien et OEdesius. — Agapius et Theodorias. — Pamphile et autres. — Edits de Maximin. — Durée de la persécution. — Déclin de la piété. — Exemples de fidélité. — Constantin, empereur. — Mort de Galérius. — Maximin gouverne la Syrie, et renouvelle la persécution. — Ses projets renversés. — Mort de Dioclétien. — Mort de Maximin. — Fin de la persécution.

Chap. II. État de la religion chrétienne sous Constantin... 41
Constantin se fait chrétien. — Il défait Maxence et Licinius. — Christianisme établi. — Décadence de la foi. — Schisme de Donat. — Tolérance de Constantin.

Chap. III. De la controverse arienne jusqu'à la mort de Constantin.................................. 50
Alexandre et Arius. — Synode d'Alexandrie. — Epitre d'Arius. — Concile de Nicée. — Athanase, diacre. — Eusèbe de Nicomédie. — Arius déposé. — Canons du concile. — Les novatiens. — Athanase, évêque. — Influence de Constantia. — Athanase accusé. — Athanase déposé. — Arius cité à Constantinople. — Il souscrit. — Mort d'Arius. — Mort de Constantin.

Chap. IV. Continuation de la controverse arienne sous les fils de Constantin (*)................ 79
Mort d'Eusèbe de Césarée. — Mort d'Alexandre de Con-

_____

(*) Chap. IV, p. 79, au lieu de : sous le règne de Constantin, lisez : sous les fils de Constantin.

stantinople. — Concile d'Antioche. — Lettre d'Athanase. — Mort d'Eusèbe de Constantinople. — Conciles à Rome et à Sardique. — Rappel d'Athanase. — Constance, empereur. — Concile à Milan. — Persécution arienne. — Confession d'Osius. — Apologie d'Athanase. — Chute d'Osius. — Chute de Libère. — Succès des ariens. — Mort de Constance.

Chap. V. De l'esprit monastique et de quelques autres particularités, depuis l'établissement du christianisme sous Constantin jusqu'à la mort de Constance II.................................... *Page* 101

Le moine Antoine. — Sa mort. — Grégoire de Nazianze. — Pélerinages à Jérusalem.

Chap. VI. Propagation du christianisme depuis le commencement de ce siècle jusqu'à la mort de Constance II (*)................................... 108

Dans l'Abyssinie, l'Arabie-Heureuse, la Grande-Bretagne, les Gaules, la Perse.

Chap. VII. Décadence de l'idolâtrie païenne dans ce siècle jusqu'à la mort de Constance II...... 113

Déclin de l'idolâtrie. — Porphyre; ses écrits et son exemple. — Constantin et ses fils travaillent à renverser le paganisme.

Chap. VIII. Efforts de Julien pour rétablir l'idolâtrie.. 120

La jeunesse de Julien; — son zèle pour le paganisme; — sa politique contre le paganisme; — son injustice envers les chrétiens; — ses artifices; — son activité et sa haine obstinée.

Chap. IX. De l'Église chrétienne pendant le règne de Julien..................................... 134

Les hérésies protégées. — Exemples de fidélité parmi les chrétiens. — Troubles excités par Julien. — Mort de George d'Alexandrie. — Retour d'Athanase. — Divisions à Antioche. — Athanase encore accusé et expulsé. — Fuite d'Athanase. — Julien envahit la Perse. — Mort de Julien; — son caractère.

Chap. X. De l'Église chrétienne sous Jovien..... 152

Jovien se déclare chrétien; — sa fidélité à sa parole; — il s'occupe de l'Église; — il rétablit le christianisme. — Retour d'Athanase. — Opposition des ariens. — Caractère et mort de Jovien.

(*) Chap. VI, p. 108, *au lieu de* : Constantin, *lisez*: Constance II.

Chap. XI. De l'Église chrétienne sous Valens. — Mort, caractère et écrits d'Athanase..... Page 164

Valens persécuté en Orient. — Quatrième fuite d'Athanase. — Concile de Laodicée. — Valens, arien zélé; — sa lâche cruauté. — Mort d'Athanase; — ses écrits; — son caractère. — Les ariens persécuteurs en Égypte et ailleurs. — Eusèbe de Samosate. — Mort de Valens.

Chap. XII. De l'Église chrétienne sous Valentinien. — Ambroise, évêque de Milan.............. 178

Luxe des évêques de Rome. — Diverses sectes chrétiennes. — Ambroise, évêque de Milan. — Simplicien. — Mort de Valentinien.

Chap. XIII. De l'Église chrétienne sous Gratien et Théodose, jusqu'à la mort du premier........ 188

Piété de Gratien; — sa lettre à Ambroise. — Réponse d'Ambroise. — Les ariens insultent Ambroise. — Déclin de l'arianisme. — Concile à Constantinople. — Tentatives d'uniformité. — Gratien assassiné.

Chap. XIV. Hérésie de Priscillien. — Conduite de Martin. — Progrès de la superstition......... 197

Conduite d'Ithace et de Martin. — Priscillianistes mis à mort. — Grand scandale. — Martin de Tours.

Chap. XV. Conduite d'Ambroise sous Valentinien II, et persécution qu'il eut à souffrir de la part de Justine.................................... 204

Ambroise et Valentinien II. — Efforts des ariens pour avoir les églises de Milan. — Fermeté et patience chrétiennes d'Ambroise. — Zèle et superstition d'Ambroise.

Chap. XVI. De l'Église chrétienne sous Théodose. 211

Théodose. — Massacre à Thessalonique. — Ambroise punit Théodose. — Théodose s'oppose aux païens; — son discours au sénat. — Mort et caractère de Théodose.

Chap. XVII. Du devoir des chrétiens, lorsqu'une religion fausse domine dans les lieux qu'ils habitent....................................... 220

Chap. XVIII. Vie privée et écrits d'Ambroise.... 221

Vie et écrits d'Ambroise. — Traité sur les offices, — sur la repentance, — sur les avantages de la mort, — sur le Saint-Esprit.

CHAP. XIX. Propagation de l'Évangile parmi les barbares. — Progrès du novatianisme et de l'esprit monastique.................... *Page* 230

Les Sarrasins. — Moïse, moine. — Les Goths. — Ulfile, apôtre. — Les novatiens. — Agéliens, leur évêque. — L'esprit monastique.

CHAP. XX. Auteurs chrétiens de ce siècle........ 236

Macaire. — Victorin. — Pacien. — Optat. — Les Appollinaires. — Didyme. — Grégoire de Nysse.

CHAP. XXI. Éphrem le Syrien................. 243

Sa charité; — ses écrits.

CHAP. XXII. Hilaire de Poitiers.............. 250

CHAP. XXIII. Basile de Césarée.............. 254

CHAP. XXIV. Grégoire de Nazianze. — Épiphane. 261

CINQUIÈME SIÈCLE.

CHAP. Ier. Jean Chrysostôme.................. 269

Ses parens; — sa conduite à Antioche; — nommé évêque de Constantinople; — ses travaux; — persécuté par l'impératrice; — déposé; — rétabli; — banni et conduit en Arménie — Mort de Chrysostôme. — Réflexions. — Écrits de Chrysostôme.

CHAP. II (*). Abrégé des Confessions d'Augustin... 287

LIVRE Ier. Son enfance; — ses premières études. — Remarques sur les auteurs classiques.

LIV. II. Corruption de sa jeunesse; — son père; — piété de sa mère. — Dépravation de la nature humaine.

LIV. III. Son séjour à Carthage. — Lecture de Cicéron. — Il devient manichéen. — Prières de sa mère.

LIV. IV. Il enseigne la rhétorique. — Mort d'un ami. — Ses misères spirituelles.

LIV. V. Sa vingt-neuvième année. — Fauste, évêque manichéen. — Il va à Rome. — Prières de sa mère. — Er-

---

(*) *Erratum.* — Page 287, *au lieu de* CHAP. X, *lisez* CHAP. II.

reurs des manichéens. — Augustin s'établit à Milan ; — reçoit les instructions d'Ambroise.

Liv. VI. Sa mère le suit à Milan. — Prédications d'Ambroise. — Expériences d'Augustin ; — ses conversations avec Alype et Nébride ; — ses conflits intérieurs.

Liv. VII. Il est délivré de son attachement pour le système manichéen et pour l'astrologie ; — il éprouve un désir pour Dieu ; — il étudie les œuvres de Platon ; — il lit avec soin le volume inspiré.

Liv. VIII. Simplicien lui raconte la conversion de Victorin. — La chair et l'esprit. — Politien. — Lutte intérieure. — Délivrance.

Liv. IX. Il cesse d'enseigner la rhétorique ; — il reçoit le baptême. — Anecdotes de sa mère ; — sa piété et sa patience ; — sa mort.

Liv. X. Confessions ; — sa confiance dans Jésus-Christ, seul médiateur entre Dieu et l'homme. — Augustin et Valérius. — Augustin nommé évêque d'Hippone.

CHAP. III. Controverse avec Pélage....... *Page* 370

Hérésie de Pélage. — Pélage et Célestius. — Leurs artifices et leurs erreurs. — Demetriade, — Timase, — Jacques. — Réponse d'Augustin à Pélage. — Synode de Diospolis. — Concile à Carthage. — Décrets contre Pélage. — Zosime trompé et détrompé. — Julien défie Augustin. — Pélagianisme décrédité. — Leporius. — Semi-pélagianisme.

CHAP. IV. Documens pélagiens................ 391

Traité anonyme sur la vocation des gentils. — Extraits des écrits de Pélage. — Réponse d'Augustin. — Lettre anonyme. — Lettres des conciles d'Afrique et de Milève. — Lettres et écrits d'Augustin contre le pélagianisme.

CHAP. V. De la Cité de Dieu d'Augustin........ 415

CHAP. VI. Conduite d'Augustin envers les donatistes................................. 426

Violences des circoncellions. — Esprit des donatistes. — Efforts d'Augustin et déclin du donatisme.

CHAP. VII. Des ouvrages d'Augustin qui n'ont pas encore été examinés..................... 432

Sur la foi et les œuvres. — Contre l'antinomianisme. — Sur le chapitre IX de l'Épître aux Romains. — Sur le devoir de catéchiser. — Sur la patience. — Sur les Psaumes. — Sur la doctrine chrétienne. — Sur l'éloquence chrétienne. — Sur la Trinité. — Sermons et correspondance. — Lettres à Jérôme, aux Maudauriens, à Dioscore, à Proba, à Cornélius, à Florentine, à Nectaire.

Chap. VIII. Divers détails sur Augustin.... *Page* 456
Preuves de ses succès. — Simplicité de ses mœurs. — Ses dernières épreuves. — Mort d'Augustin.

Chap. IX. Théologie d'Augustin................ 464
Ses vues sur la justification; — sur la grâce divine; — sur la rédemption; — sur l'humilité; — sur d'autres sujets pratiques.

Chap. X. Vie et ouvrages de Jérôme............ 472
Jérôme se fait moine. — Il se retire à Bethléhem. — Son savoir et son ignorance. — Jérôme, Jovinien et Vigilanti. — Défauts de ses écrits.

Chap. XI. L'Église de Christ dans l'Occident..... 481
Rome saccagée. — Germain visite la Grande-Bretagne. — Articles de Célestin. — Patrick en Irlande. — Semi-pélagiens de Marseille. — Genseric surprend Carthage. — Carthage plongée dans le vice. — Cruautés des Vandales. — Triomphe des ariens. — Ravages d'Attila. — Influence du christianisme. — L'empire tombe en ruines. — Huneric succède à son père. — Férocité de son caractère. — Chrétiens envoyés au désert. — Leurs souffrances et leur dévouement. — Conférence à Carthage. — Confession des orthodoxes. — Horreurs commises par Huneric. — Constance des martyrs. — Baptêmes forcés par les ariens. — Mort de Huneric. — Concile à Rome. — Epiphane et les Goths. — Mort d'Epiphane. — Gélase combat la superstition. — Clovis, roi des Francs. — Clotilde; sa piété. — Clovis se fait chrétien. — Prophéties accomplies.

Chap. XII. — L'Église d'Orient dans le cinquième siècle.................................... 519
Atticus de Constantinople. — Les chrétiens de la Perse. — Théodose, empereur. — Pulchérie, sa sœur. — Théodose détruit les idoles. — Lois de Théodose. — Support entre les opinions. — Imposteur juif. — Nectorius et Eutychès. — Marcien. — Léon.

Chap. XIII. Auteurs chrétiens du cinquième siècle. 530
Marc, l'hermite. — Pauline de Nole. — Isidore de Péluse. — Cassien de Marseille. — Célestin de Rome. — Socrate. — Sozomène. — Théodoret de Cyr. — Léon de Rome. — Hilaire d'Arles. — Vincent de Lérins. — Eucher de Lyon — Prosper de Riès. — Primase. — Ælurus. — Salvien et Honorat de Marseille. — Fauste de Riès. — État religieux de la France — Victor de Vita. — Pomerius. — Fin du ve siècle.

FIN DE LA TABLE.

www.ingramcontent.com/pod-product-compliance
Lightning Source LLC
Chambersburg PA
CBHW060759230426

43667CB00010B/1634